Klaus Mainzer

Die Berechnung der Welt

Klaus Mainzer

Die Berechnung der Welt

Von der Weltformel
zu Big Data

C.H.Beck

© Verlag C.H.Beck oHG, München 2014
Gesetzt aus der Legacy und der Avenir bei:
Fotosatz Amann, Memmingen
Druck und Bindung: Druckerei C.H.Beck, Nördlingen
Umschlagentwurf: Kunst oder Reklame, München
Umschlagabbildung: © Orlando Rosu | Thinkstock
Gedruckt auf säurefreiem, alterungsbeständigem Papier
(hergestellt aus chlorfrei gebleichtem Zellstoff)
Printed in Germany
ISBN 978 3 406 66130 3

www.beck.de

Inhalt

Vorwort

Dass diese Welt von einer steigenden Datenflut überrollt wird, ist Alltagserfahrung in Beruf und Freizeit, in Schule, Ausbildung und Studium. Nur Zahlen und Fakten zählen. Die wenigsten wissen, woher
die Datenströme kommen, wie sie entstehen und welche Gesetzmäßigkeiten ihnen zugrunde liegen. Einige wissen, dass im Hintergrund
Computernetze wirken, die wie Nervensysteme unsere Zivilisation
weltweit durchziehen. Immer schnellere, kleinere und preiswertere
Computerfunktionen erzeugen immer mehr Daten und automatisie-
ren die Welt. Menschen werden durch ihre Daten immer besser kontrollierbar. Andererseits erlauben große Datenmassen günstige Geschäftsmodelle. Warum sollten wir uns lange mit dem Warum und
Wieso aufhalten? Schnelle Suchmaschinen finden scheinbar Lösungen unserer Probleme, bevor wir die Ursachen und Gesetze verstanden haben. So taumeln wir effektivitätsversessen und mit rasanter
Geschwindigkeit in eine Zukunft, in der nur noch der schnelle Erfolg
zählt. Einflussreiche Propheten der digitalen Welt propagieren bereits «das Ende der Theorie».

Was passiert, wenn wir uns nur auf unverstandene Formeln und
Eckdaten verlassen, hat die Wirtschaftskrise von 2008 gezeigt. Medikamente in der Medizin helfen wenig, wenn wir auf kurzfristige
Dateneffekte setzen, ohne die gesetzmäßigen Zusammenhänge verstanden zu haben. Die Vorausberechnung von Kriminalität, Terror
und Kriegseinsätzen hilft wenig, wenn wir die zugrunde liegenden
Ursachen und Wirkungszusammenhänge nicht begreifen. Auch in

der Datenwelt ist Nachhaltigkeit gefordert! Dieses Buch ist ein Plädoyer für die Besinnung auf die Grundlagen, Theorien, Gesetze und Geschichte, die zu der Welt führen, in der wir heute leben. Die Welt der Software und schnellen Rechner wurde erst durch logisch-mathematisches Denken möglich, das tief in philosophischen Traditionen verwurzelt ist. Wer dieses Gedankengeflecht nicht durchschaut, ist blind für die Leistungsmöglichkeiten, aber auch Grenzen unserer Alltags- und Berufswelt. Am Ende zielt das Buch also auf eine Stärkung unserer Urteilskraft, d. h. der Fähigkeit, Zusammenhänge zu erkennen, das «Besondere», wie es bei Kant heißt, mit dem «Allgemeinen» zu verbinden, in diesem Fall die Datenflut mit Reflexion, Theorie und Gesetzen, damit uns eine immer komplexer werdende und von Automatisierung beherrschte Welt nicht aus dem Ruder läuft.

Nun hat sich aber die Lese- und Lernkultur seit Kant gerade unter dem Eindruck heutiger Online-Medien drastisch verändert. Die wenigsten haben leider noch den langen Atem, um ein Buch von vorne bis hinten zu lesen. Die Voraussetzungen und das Vorwissen sind aber auch für viele zu unterschiedlich, um die komplexen naturwissenschaftlichen, wirtschaftlichen, technischen, kulturellen und gesellschaftlichen Zusammenhänge zu verstehen, die heute in Datenströmen von Computerprogrammen und mathematischen Modellen erfasst werden. Natürlich sind die Leserin und der Leser herzlich eingeladen, das Buch kapitelweise nacheinander zu lesen. Die nachfolgende Einleitung zeigt den roten Faden für die «Berechnung der Welt» von den physikalischen und logisch-mathematischen Grundlagen über die Evolution des Lebens und der Gehirne bis zur Big Data-Welt der heutigen Zivilisation mit einem Ausblick auf mögliche Zukunftsszenarien.

Man kann aber auch im ausführlichen Inhaltsverzeichnis stöbern: Dort sind unter den Kapitelüberschriften ausführlich die behandelten Stichwort und Begriffe aufgelistet, die thematisch untereinander vernetzt sind. Man greift ein Stichwort auf, das Neugierde weckt und den eigenen Interessen nahesteht, und liest sich dann zu anderen Themen durch, um so das gesamte Netzwerk oder wenigstens Teile zu erschließen. So mag jemand, der z. B. mit logisch-mathematischen und philosophischen Grundlagenfragen in Kapitel 4 und 5 beginnt, Interesse dafür entwickeln, wie die theoretische Frage nach Konsistenz von formalen Systemen zentral für moderne Computerprogramme wird, um Sicherheit in komplexen Versorgungssystemen (Stichworte «soziotechnische Systeme», «Cyberphysical Systems») zu garantieren. Andere steigen über Stichworte wie «Big Data in der Ökonomie» oder «Big Data und die schöne neue Welt der Spionage» in Kapitel 12 ein, um auf die Grundlagenfragen zu stoßen. Zusätzliche Details, Literaturhinweise und technisch-formale Ausführungen können in den ausführlichen Anmerkungen nachgesehen werden, um den Lesefluss des laufenden Textes nicht zu unterbrechen. Hinzu kommen auch eingestreute Hinweise auf bedeutende Autoren für Leserinnen und Leser mit historischem Interesse. Kurt Gödel und Alan Turing, um zwei zentrale Namen herauszugreifen, sind nicht nur als Grundlagentheoretiker und Computerpioniere für das Thema der Berechenbarkeit der Welt bedeutsam, sondern waren auch in politische und gesellschaftliche Ereignisse ihrer Zeit verwickelt und unterstreichen die Zusammenhänge, um die es in diesem Buch geht. Wenn z. B. Gödel beim Studium der amerikanischen Verfassung Zweifel an der vollständigen Absicherung einer Demokratie gegenüber totalitären Entwicklungen bekommt, dann erhält das unter den Bedingungen von Big Data und damit möglichen Überwachungen noch einmal eine besondere Gewichtung.

Dieses Buch entstand auf dem Hintergrund langjähriger Arbeit und Publikationen über Philosophie und Grundlagenfragen von Berechenbarkeit, zellulären Automaten und komplexen Systemen. Hier sind besonders Kooperationen mit Leon O. Chua (Electrical Engineering & Computer Science/U. C. Berkeley), Stephen Wolfram (Wolfram Computer Research, Inc./Champaign, IL) und dem Euler International Mathematical Institute (St. Petersburg) zu erwähnen. Vorarbeiten reichen zurück bis in meine Zeit als Gründungsdirektor des Instituts für Interdisziplinäre Informatik an der Universität Augsburg. An der Technischen Universität München sind neben Forschungskooperationen und Lehrverpflichtungen in den Fakultäten für Informatik, Mathematik und Ingenieurwissenschaften zwei interdisziplinäre Institutionen hervorzuheben – die Carl von Linde-Akademie, deren Leitung ich 2008 übernommen hatte, und das Munich Center für Technology in Society (MCTS), dessen Gründungsdirektor ich Anfang 2012 im Rahmen der Exzellenz Initiative wurde. Am MCTS waren von Anfang an die soziotechnischen Systeme, die in den Kapiteln 10–12 behandelt werden, ein zentrales Forschungsthema. Dem Verlag C.H.Beck und Herrn Dr. Raimund Bezold danke ich für die bewährte Unterstützung bei der Publikation des Buchs.

München, im September 2013   *Klaus Mainzer*

Einführung

Epidemien, Marktprodukte und Verbrechen lassen sich, so melden Zeitungen und Medien, immer besser vorausberechnen. Grund sind exponentiell steigende Datenmengen, die immer preiswerter gespeichert und mit gigantisch wachsender Rechenpower immer schneller verarbeitet werden können. Es sind nicht nur die Daten, die viele Millionen von Nutzern in Informations- und Kommunikationsnetzen hinterlassen. Bücher, Musik, Fotografien und Videos gehören ebenso dazu wie Telefonanrufe oder Navigationssysteme unserer Fahrzeuge. Im Internet der Dinge beobachtet die Welt sich selber und produziert über Sensoren Milliarden von Dateneinheiten. Informationskonzerne wie z. B. Google und Facebook vermessen damit die Welt, berechnen Persönlichkeitsprofile und bestimmen unsere Zukunft.

Einige dieser Strategen verkündigen bereits das «Ende der Theorie» – ein radikaler und neuer Paradigmenwechsel, so glaubt man, der die Ursachen und Wirkungen von Krankheiten, Märkten und Verbrechen nicht mehr verstehen muss, sondern durch blitzschnelles Durchforsten von riesigen Datenmengen Muster und Korrelationen erkennt, die Voraussagen in Echtzeit erlauben. Gemeint ist dabei keine wahrscheinlichkeitstheoretisch begründete Hochrechnung aus repräsentativen Stichproben. Gemeint ist die Berechnung von Korrelationen aus nahezu allen Daten eines gesamten Datensatzes. Tatsächlich waren es nur Korrelationen über Anfragen und Kaufverhalten im Internet, die Google 2009 den Ausbruch einer Epidemie voraussagen ließen, ohne langwierige Datenerhebungen von z. B. Gesundheitsämtern und repräsentative Stichproben abwarten oder sogar medizinisch begründete Modelle des Krankheitsverlaufs kennen zu müssen.

Ebenso lassen sich Markttrends und Profile von Produkten aus scheinbar zufälligen und nicht zusammenhängenden Daten über Personen, ihre Themen und Präferenzen schneller und verlässlicher erschließen als über gezielte Befragungen. Bemerkenswerte Erfolge gelangen in der Prävention von Verbrechen, indem aufgrund von automatischen Datenanalysen die Wahrscheinlichkeit von Diebstahl, Einbrüchen und Tötungsdelikten in bestimmten Straßen berechnet wurde und präventiv Polizei vor Ort die Straftaten verhinderte: Das kommt dem Science-Fiction-Film «Minority Report» erstaunlich nahe, in dem in einer total vernetzten Welt eine Art von Gedankenpolizei Strafdaten vollständig ausschalten wollte.

Technisch bezeichnet man mit dem Schlagwort «Big Data» gigantische Datenmengen, die in konventionellen Datenbanken nicht mehr bearbeitet werden können. Dazu wurden neue Softwarewerkzeuge entwickelt, die nicht mehr wie klassische Computerprogramme mit einem Rechnerprozessor auskommen. Vielmehr werden in Parallelrechnung Hunderte oder Tausende von Prozessoren in Superrechnern gleichzeitig eingesetzt, um so eine Reduktion der Komplexität in der Bearbeitung zu erreichen. In diesem Sinn lassen sich mit «Big Data» konkrete Geschäftsmodelle für Firmen aller Art entwickeln, die möglichst adaptiv, trendsicher und schnell auf Märkte reagieren sollen. Die deutsche Industrie sieht daher durchaus das Potential solcher Art von Big Data-Technologie, gibt sich aber bescheiden und bedeckt gegenüber den weitreichenden Visionen von jenseits des Atlantiks.

Es wäre allerdings leichtfertig und fahrlässig, den Big Data-Hype als typisch amerikanische Marketingstrategie herunterzuspielen, um sich auf derzeit vorhandene Software-Technologien zu beschränken. Tatsächlich wird hier ein Trend sichtbar, der bereits die Dynamik menschlicher Zivilisation maßgeblich bestimmt und auch die Wissenschaften erfasst hat: Was wäre, wenn in Zukunft tatsächlich neue Erkenntnis und die Lösung unserer Probleme nur von der schieren Steigerung von Datenmenge, Datenanalyse und Rechenpower abhängen? Ist die Suche nach Erklärungen, Ursachen und kausalen Zusammenhängen, Gesetzen und Theorien angesichts der steigenden Komplexität der Probleme nicht völlig überholt? Können wir uns angesichts des Tempos zivilisatorischer Entwicklung und der Notwendigkeit schneller Entscheidungen überhaupt noch solche zeitraubende Grundlagenforschung leisten? Sollten wir nicht die «Warum»-Frage vergessen und uns auf das «Was» der Daten beschränken? Historisch steht die «Warum»-Frage am Anfang menschlichen Denkens in Wissenschaft und Philosophie. Warum bewegen sich Sterne und Planeten in regelmäßigen Bahnen? Ist die Vielfalt der Stoffe aus einfachen Grundbausteinen aufgebaut? In griechischer Tradition entstand eine faszinierende Idee, die den weiteren Entwicklungsgang von Forschung grundlegend beeinflusste. Der scheinbar chaotischen Vielfalt der Sinneseindrücke liegen einfache Gesetze der Symmetrie, Regelmäßigkeit und Harmonie zugrunde, die mathematisch beschreibbar sind. Diese Entwicklung begann mit den regulären Körpern Platons und führte zur Suche nach Symmetrien in den Grundgesetzen der modernen Elementarteilchenphysik. Die Suche nach der Weltformel ist der Versuch, die Komplexität der Welt durch einfache Symmetriegesetze zu bewältigen (*Kapitel 1*). Das ist der Trend einer theoriegeleiteten («hypotheses-driven») Forschung. Dahinter steht die Überzeugung: Erst wenn wir eine gute Theorie haben, können wir wissen, wonach wir suchen, um die Vielfalt der Welt zu verstehen und zu bewältigen.

Aber auch die datengetriebene («data-driven») Forschungsperspektive ist keineswegs neu, wie leider historisch wenig gebildete Trendmacher von Big Data glauben machen wollen. Vielmehr ist dieser Trend tief in den Anfängen der Wissenschaftsentwicklung verwurzelt. In einer technisch-wissenschaftlich geprägten Zivilisation bekommen die dahinterstehenden wissenschaftlichen und philosophischen Traditionen eine dramatische Bedeutung. Die Forderung, auf Fakten und Messdaten zu setzen und Hypothesen zu misstrauen, findet sich von Francis Bacon bis Isaac Newton. Der schottische Aufklärungsphilosoph David Hume kritisiert kausale Verknüpfungen von Ereignissen als Hirngespinste und führt sie auf Korrelationen von Sinneseindrücken zurück. Mit Auguste Comtes Positivismus zieht der Glaube an Fakten und Daten auch in die Sozialwissenschaften ein.

Daten werden Zahlen zugeordnet und damit berechenbar. Gesetze werden zu Rechenregeln, um mathematische Gleichungen zu lösen. Ende des 18. Jahrhunderts ist für den Mathematiker und Astronomen Pierre Simon Laplace die Welt durch Anfangsdaten und Bewegungsgleichungen vollständig bestimmt. Daher kommt es nur auf die Berechnung von Gleichungslösungen an, um zu präzisen Voraussagen zu gelangen. Wenn also, so argumentiert Laplace, einer «Intelligenz» alle diese Daten und Gleichungen gegeben wären, müsste für sie die Welt total berechenbar sein. Diese von Laplace unterstellte «Intelligenz» geht als Laplacescher Geist in die Geschichte ein (*Kapitel 2*). Naheliegend ist es heute, sich darunter einen Superrechner vorzustellen. Berechnungen sind nach Laplace keineswegs auf deterministische Abläufe beschränkt. Die Wahrscheinlichkeit von abhängigen und unabhängigen Ereignissen und ihre Erwartungswerte sind Thema seines zweibändigen Werks über Wahrscheinlichkeitsrechnung von 1812.

Sind Gesetze aber tatsächlich überflüssig, ein Relikt aus einer Zeit, als Naturgesetze noch wie bei Galilei und Newton als «Gedanken Gottes» in der Sprache der Mathematik aufgefasst wurden? Von Nietzsches «Gott ist tot» zum «Tod der Gesetze» als unumkehrbarer Trend der modernen Welt? Massen von Daten und Zahlen alleine sind für uns aber ebenso sinnlos wie die Milliarden von Sinneseindrücken, die unsere Sinnesorgane tagtäglich bombardieren. Seit frühster Jugend haben wir gelernt, uns an Mustern und Regelmäßigkeiten dieser Daten zu orientieren. Stellen wir uns ein Gerät vor, das eine Folge von Werten aus den Ziffern 0 und 1 (Bits) generiert. In der Bitfolge 01010101010101010101 erkennen wir die periodische Abfolge des Paares 01. Es ist daher kürzer, die Regel «10 mal 01» zu notieren und mit dieser Regel die nächsten Schritte dieser Abfolge vorauszusagen. In der Datenfolge 01100010111001011110 ist kein Muster zu erkennen und damit auch keine Möglichkeit der Voraussage. Um diese Abfolge zu beschreiben, gibt es keine kürzere Darstellung als die Folge selber. Regeln und Gesetze sind also zunächst Datenkompressionen, die ein Muster zum Ausdruck bringen. ·

Unser Gehirn wurde während seiner Evolution auf Datenkompression und Reduktion von Komplexität trainiert. Blitzschnelle Entscheidungen hängen von dieser Fähigkeit ab. Das traf nicht nur im Überlebenskampf während der Steinzeit zu. Auch im heutigen Geschäftsleben und in der Politik stehen wir unter dem Druck häufig reflexartiger Entscheidungen. Superrechner und Big Data scheinen diesen Trend zur schnellen Entscheidung zu bedienen. Gelegentlich bilden wir uns aber auch Zusammenhänge und Muster ein, denen nur scheinbare Korrelationen von Ereignissen zugrunde liegen. Wetterregeln unserer Vorfahren waren häufig nicht besser begründet als das Zockerverhalten von Börsenspekulanten. Aber die Muster und Korrelationen von Big Data bleiben zufällig, wenn wir die zugrunde liegenden Zusammenhänge nicht verstehen. Natürlich greift ein Krebspatient in seiner äußersten Not nach dem Strohhalm einer statistischen Korrelation zwischen einer unverstandenen Medikamentenwirkung und einer beobachteten Lebensverlängerung. Die langjährige Forschung nach den biochemischen Gesetzen, die dieser Korrelation zugrunde liegen oder auch nicht, mag für ihn persönlich zu spät kommen. Endgültig bieten aber nur diese Gesetze eine verlässliche und reproduzierbare Therapie.

Dieses Buch ist ein Plädoyer für Theorie und Gesetze, gegen Big Data-Verheißungen und für die ungebrochene Bedeutung von Grundlagenforschung und philosophischer Reflexion. Das wird zunächst am Beispiel mathematischen Denkens und algorithmischer Computerverfahren gezeigt, mit denen die technisch-wissenschaftliche Welt erst möglich wurde. Bereits in den historischen Anfängen der Mathematik finden sich die Vertreter von Big Data. Es sind die Babylonier, die für damalige Verhältnisse große Massen von Daten über astronomische Beobachtungen, Ernteergebnisse, Handel, Gewerbe und Verwaltungsabläufe auf unzähligen Tontafeln in Keilschrift festhalten. Aus den Regelmäßigkeiten in den astronomischen Daten werden erstaunliche Voraussagen über Planetenkonstellationen abgeleitet, ohne sie allerdings erklären zu können und zu wollen.

Ganz anders die griechische Mathematik: Im Zentrum ihres Interesses stehen geometrische Modelle und Beweise. In der Astronomie werden Planeten mit idealen Kugelschalen verbunden, die sich zentrisch um die Erde, aber in anderen Modellen auch bereits um die Sonne drehen. Beobachtete Schleifenbewegungen von Planeten werden mathematisch exakt auf kombinierte Umläufe von Kugelschalen zurückgeführt. Das sind noch keine Naturgesetze im Sinn neuzeitlicher Physik, aber die Reduktion komplexer Erscheinungen der Natur auf einfache mathematische Gesetze. In Euklids «Elementen» entwirft die griechische Mathematik erstmals das Idealbild einer mathematischen Theorie, die aus wenigen als wahr vorausgesetzten Grundgesetzen (Axiomen und Postulaten) logisch exakt weitere Sätze (Theoreme) ableitet, um so geometrische Konstruktionen mit Zirkel und Lineal zu rechtfertigen. Der Satz des Pythagoras gilt nicht, weil die Menschheit bei der Feldvermessung immer wieder diese Datenverhältnisse angetroffen hat, sondern weil sie logisch aus den Euklidischen Axiomen folgen. Kurz: Es gibt Wahrheiten, die nicht von Big Data abhängen, mit denen wir aber Big Data beherrschen können: die Gesetze der Mathematik!

Big Data wird mit Zahlen dargestellt. Big Data mag heute und zukünftig unvorstellbar große Zahlen verarbeiten. Diese Anwendungen sind aber nur ein Bruchteil der unendlichen mathematischen Welt der Zahlen, die in der Zahlentheorie axiomatisch beschrieben wird. Hier sehen wir par excellence, was Gesetzeserkenntnis durch Datenkompression und Reduktion von Komplexität bedeuten. Schon das einfachste Gesetz der Arithmetik, das dem Zählen zugrunde liegt, kondensiert die unendliche Folge der natürlichen Zahlen 1, 2, 3, ... in eine einfache Regel aus endlich vielen Symbolen: (a) Beginne mit 1. (b) Wenn bis zur Zahl n gezählt ist, addiere 1 zu n hinzu. Durch sukzessive Anwendung dieser Regel entsteht die unendliche Folge 1, 1+1, 1+1+1, ..., die den bekannten Symbolen der natürlichen Zahlen 1, 2, 3, ... entspricht.

So einfach die Zahlenwelt in ihren Anfängen zu sein scheint, so dass sie jedem Schulkind zugänglich ist, so ist man schon nach wenigen Schritten in den tiefsten Geheimnissen der Mathematik wie z. B. der Fermatschen Vermutung, deren Beweis über Jahrhunderte verschlossen blieb und die erst durch höchst abstrakte Theorien und Beweise entschieden werden konnte. Anfang des 20. Jahrhunderts hatte der große Mathematiker David Hilbert eine Liste von offenen Beweisen und Problemen aufgestellt, die noch zu lösen waren. Wenn alle mathematischen Theorien nach dem Vorbild der Arithmetik in axiomatischen Regeln mit endlich vielen Symbolen formalisiert werden, dann müssten, so war seine feste Überzeugung, alle mathematischen

Wahrheiten formal bewiesen werden können: «Wir müssen wissen –
wir werden wissen,» ließ Hilbert sich auf seinen Grabstein meißeln
(*Kapitel 3*).

Hilberts Programm schien den Laplaceschen Geist in einer entscheidbaren und berechenbaren Welt der Mathematık zu vollenden.
Bald schon bewies aber Kurt Gödel, dass bereits die Arithmetik keine
vollständige Formalisierung zulässt. Er konnte in der Formalisierung der Arithmetik eine nicht entscheidbare Aussage nachweisen.
Selbst wenn das Axiomensystem um diese nicht entscheidbare Aussage erweitert würde, gäbe es wieder eine nicht entscheidbare Aussage im erweiterten System. Es bleiben also prinzipiell immer blinde
Flecken, die von den jeweiligen Axiomatisierungen nicht erfasst werden. Auch die Widerspruchsfreiheit der Arithmetik lässt sich mit den
Methoden der Arithmetik selber nicht beweisen (*Kapitel 4*).

Philosophisch wurde Gödels Ergebnis häufig als Scheitern des
Hilbertschen Programms gedeutet. Tatsächlich handelt es sich nur
um eine Relativierung. Ein Schüler Hilberts, Gerhard Gentzen, bewies die Widerspruchsfreiheit der Zahlentheorie, wenn stärkere Methoden vorausgesetzt werden, als sie in der Arithmetik zur Verfügung stehen. Es ist also wie bei dem Baron Münchhausen, der sich
nicht selber aus dem Sumpf (hier der Widersprüche) herausziehen
kann, aber mit einem Werkzeug von außen. Es geht also weiterhin
um logisch exakte Beweise von Gesetzen und nicht um quasi-empirisches Probieren. Gerhard Gentzen leitete die Entwicklung einer
neuen mathematischen Theorie der Beweise ein. Diese mathematische Beweistheorie verschafft uns erst neue Erkenntnis über die
unterschiedlichen Stärken von Beweismethoden. Gödel war also
nur der Anfang. Ferner sind Gentzens Methoden von Bedeutung,
um konsistentes und verlässliches Arbeiten von komplexen Computerprogrammen in der praktischen Anwendung zu garantieren
(*Kapitel 5*).

Big Data ist ohne immer stärker werdende Superrechner nicht
möglich. Aber auch der Computertechnik liegt eine mathematische
Theorie zugrunde, die erst die Rechenleistungen der Vergangenheit
und Zukunft möglich macht. Es war der britische Logiker und Mathematiker Alan Turing, der als Zeitgenosse von Gödel und Gentzen
maßgeblich die Theorie der Berechenbarkeit begründete. Mit der

logisch-mathematischen Definition der nach ihm benannten Turingmaschine schuf er den Prototyp, auf den wir mathematische Theoreme über Berechenbarkeit unabhängig von technischen Standards
ihrer Realisation beziehen können. In Kapitel 3 werden wir sehen, wie
er damit eine prinzipiell nicht berechenbare Zahl definieren konnte.
Im nächsten Schritt kann bewiesen werden, dass es prinzipiell keine
Rechenmaschine geben kann, die für jedes Rechenverfahren (Algorithmus) und beliebige Eingaben entscheiden kann, ob die Maschine
nach endlich vielen Schritten stoppt und ein Ergebnis liefert oder
unbegrenzt weiter suchen muss. Es lässt sich beweisen, dass Gödels
Unvollständigkeit formaler Theorien daraus unmittelbar folgt.

Analog zu Gödels Satz ist Turings Ergebnis keine absolute
Grenze der Berechenbarkeit, sondern eröffnet eine mathematische
Theorie, in der sich unterschiedliche Grade und Stärken von Berechenbarkeit unterscheiden lassen. Berechenbarkeit und Beweisbarkeit werden also genauer unterschieden und besser begründet. Das
hat unmittelbare Folgen auch für die Praxis: Wenn wir von einem
komplexen Computerprogramm einer industriellen Produktions-
straße vorher mathematisch beweisen können, dass es widerspruchsfrei und vollständig arbeitet, können später auftretende Unfälle und
teure Produktionsfehler vermieden werden. Probieren und mehr
oder weniger zufällige Daten helfen nur wenig. Umso komplexer die
moderne Lebenswelt wird und umso abhängiger wir von Softwareprogrammen werden, umso größer sind die Herausforderungen an
ein sicheres Software-Engineering. Verlässlichkeit und Nachprüfbar-
keit kommt an Beweisen und Gesetzen nicht vorbei.

Andererseits machen die Sirenenklänge von schnellen Erfolgen
mit Big Data und Superrechnern auch vor der Mathematik nicht
halt. Der amerikanische Logiker Gregory Chaitin propagiert ein
quasi-empirisches Vorgehen in der Mathematik. Gödels und Turings
Ergebnisse werden als Grenzen der klassischen Auffassung von Beweisbarkeit und Berechenbarkeit aufgefasst. Weitere Axiome sind
bestenfalls Hypothesen wie in den Naturwissenschaften, die als plausibel gelten, sich bisher bewährt haben und deren Annahmen für neue
Problemlösungen dienen. Das ist der Maßstab ihrer Akzeptanz. Ob
sie beweisbar sind oder sich widerspruchsfrei in Theorien einfügen,
spielt keine Rolle mehr. Ähnlich hatte schon der Popper-Schüler

Imre Lakatos argumentiert, der mathematisches Denken als quasi-empirische Problemlösungssuche mit Hypothesen statt Axiomen und Beweisen beschrieb. Big Data und Superrechner versprechen eine neue Auflage dieser Problemlösungssuche unter den Bedingungen moderner Technik. So verkündete der amerikanische Informatiker und Software-Unternehmer Stephen Wolfram 2002 eine «neue Art der Wissenschaft» («A New Kind of Science»), in der Computerexperimente anstelle mathematischer Beweise und Theorien treten werden (*Kapitel 6*). Wolfram hatte umfangreiche Musterentwicklungen von zellulären Automaten in einem bis dahin nicht gekannten Umfang durchgeführt und bemerkenswerte Zusammenhänge zwischen vielfältigen Strukturbildungen beobachtet. Zelluläre Automaten bestehen aus schachbrettartigen Gittern, deren Zellen nach ausgewählten Regeln ihre Zustände (z. B. die Farben Schwarz oder Weiß) wechseln und dabei von der Farbverteilung der jeweiligen Zellumgebung abhängen. Schnelle Computerleistungen erlaubten Musterentwicklungen in vielen nachfolgenden Generationen, die vorher nicht möglich waren. Wie heute bei Big Data konnte man nun feststellen, dass sich bestimmte komplexe Muster aus scheinbar zufälligen Regeln gebildet hatten. Die Frage «Warum» blieb unbeantwortet. Stattdessen wurden, wie heute bei Big Data, Klassifikationen und Korrelationen von beobachteten Gemeinsamkeiten vorgenommen.

Für Wolfram war das ein neues Forschungsparadigma, wie zukünftig auch Mathematik und theoretische Physik sich entwickeln werden: Mit gewaltigen Rechenleistungen wird man probieren und experimentieren, um Problemlösungen zu finden. Theorien, Beweise und Erklärungen werden überflüssig, da sie zu aufwendig seien und bestenfalls im Nachhinein nur das bestätigen, was man sowieso schon gesehen und beobachtet hat. Man sollte die Ressourcen stattdessen lieber nutzen, um weiter Neues zu entdecken und zu erzeugen. Zehn Jahre später entwickelt Wolfram mit seiner Firma die Such- und Wissensmaschine WolframAlpha, mit der er nach dem Vorbild von Big Data gewaltige Datenmengen in Facebook mit Mustern, Clustern und Korrelationen durchforstet. Wieder lautet die Devise: Computerexperiment, Überraschung und Entdeckung, statt Begründung, Erklärung und Beweis!

2011 schrieb ich mit Leon Chua, Informatiker und Elektroingenieur der Universität Berkeley, das Gegenbuch «The Universe as Automaton». Am Beispiel der zellulären Automaten bewiesen wir systematisch, dass die Musterbildungen sich keineswegs zufällig aus den zugrunde gelegten Regeln ergaben. Jeder zelluläre Automat konnte durch ein Gesetz in Form einer Gleichung charakterisiert werden, mit dem präzise Erklärungen und Voraussagen aller Musterbildungen mathematisch gefolgert werden konnten. Einige Annahmen Wolframs über Musterbildungen erwiesen sich sogar als fehlerhaft oder ungenau. Neue Entdeckungen wurden durch Beweise erst möglich. Schließlich konnten wir systematisch Theoreme über Musterbildung aus einer grundlegenden Theorie beweisen, die durch fundamentale Symmetrien ausgezeichnet ist. Wie in der Physik erklären also Gesetze und Theorien die beobachteten Phänomene, die bei zellulären Automaten in den Musterbildungen von Computern auftreten. Wenigstens in der Welt der zellulären Automaten hatten wir die «Weltformel» zur Erklärung aller beobachteten Zusammenhänge gefunden. Big Data alleine reicht nicht. Klasse statt Masse, heißt die Devise. Wenn auch noch nicht die «Weltformel», aber Formeln, Gesetze und Beweise werden durch Big Data nicht überflüssig!

Überall in der Natur finden wir komplexe Muster- und Strukturbildungen, die aus der Wechselwirkung vieler Elemente mit wenigen Regeln entstehen. Zelluläre Automaten sind nur ein einfaches Beispiel für Musterbildungen, bei dem der Computer die Rolle der Natur übernimmt. In der Natur kann es sich um Musterbildungen in chemischen Reaktionen, um die Bildung von Zellstrukturen, von Mustern auf Fell oder Gefieder von Tieren oder Verschaltungsmuster von Neuronen im Gehirn handeln. Man kann die ungeheure Vielfalt dieser Muster wieder nur beobachten und klassifizieren, ohne ihre Ursachen erklären und ihren Entstehungsprozess gesetzmäßig voraussagen zu können.

Das wäre erneut der Ansatz von Big Data, nämlich Sammeln und Generieren von Daten und Berechnung von Korrelationen. Tatsächlich lassen sich wenigstens für Physik, Chemie, Biologie und Gehirnforschung die gesetzmäßigen Grundlagen in einer gemeinsamen mathematischen Theorie angeben. Mit den Gesetzen dieser Theorie in Form von Gleichungen lassen sich nicht nur genaue Erklärungen, sondern auch die Prognose von neuen Phänomenen präzise berechnen.

Dies nenne ich das Newtonsche Forschungsparadigma, das die Erfolge der modernen Physik und Technik durch Theorie- und Gesetzesbildung erst möglich machte, auch wenn die abschließende «Weltformel» noch nicht gefunden ist. Newton hatte die axiomatische Methode Euklids aus der Mathematik in die Physik übertragen. Seiner Mechanik liegen fundamentale Bewegungsgesetze als Axiome zugrunde, die er durch die Erfahrung als begründet annimmt. Beobachtete Wirkungen in der Natur sollen durch Kräfte als Ursachen erklärt werden. Bei Newton stand die Gravitation im Zentrum. Die beobachteten Planetengesetze Keplers oder Wurfgesetze Galileis, aber auch die gesammelten Daten von Ebbe und Flut konnten aus den Grundaxiomen der Mechanik und dem Gravitationsgesetz mathematisch gefolgert und als Erklärungen vergangener Ereignisse bzw. Voraussagen zukünftiger Ereignisse verwendet werden.

Die Gesetze von Kepler, Galilei und Newton sind zwar geniale Datenkompressionen und Reduktionen von unbegrenzten Datenmassen in einfachen Gesetzen. Andererseits wurden sie aber nicht durch Big Data möglich. Die historisch nachgewiesenen Versuche von Galilei mit der schiefen Ebene halten sich deutlich in Grenzen. Und Newtons Idee des Schwerkraftgesetzes kam ihm nicht, weil er unentwegt Äpfel von Bäumen fallen ließ. Entscheidend war eine mathematische Theorie mit Gesetzen und Beweisen, mit denen er überschaubar viele Daten seiner Messungen erklären konnte.

Im 18. Jahrhundert wurden Newtons geometrische Gesetze in Gleichungen übertragen. Kraftursachen wurden nun als Lösungen von Bewegungsgleichungen aufgefasst, die durch den neuen Kalkül der Differential- und Integralrechnung berechenbar waren. Die Laplacesche Vision der totalen Berechenbarkeit der Natur ging davon aus. Nach der Mechanik traten weitere physikalische Theorien wie Elektrodynamik und Quantenphysik für die neu entdeckten Kernkräfte und die schwache Wechselwirkung hinzu. Auch diese Theorien sind durch fundamentale Grundgleichungen bestimmt. Die Physik verfolgt das Forschungsprogramm, diese Kräfte unter enormen Energiebedingungen schrittweise zu vereinigen und die so vereinigten Kräfte (z. B. elektromagnetische und schwache Wechselwirkung) durch neue fundamentale Gleichungen zu erklären. Die bisher gefundenen Gesetze einer vereinigten Theorie von elektromagnetischer, schwacher und starker Wechselwirkung unter den Bedingungen der Quantenphysik unterstützt die Hoffnung auf eine finale Theorie der Vereinigung aller Grundkräfte, mit der alle physikalischen Ereignisse erklärbar wären. Das wäre dann die «Weltformel».

Die Verfolgung dieses Forschungsziels ist allerdings nur mit Big Data möglich. Die Teilchenkollisionen im CERN, mit der die ungeheuren Energien von Vereinigungszuständen erreicht werden sollen, produzieren Datenmassen, die nur teilweise durch die größten Superrechner verarbeitet werden können. Auch in der Astrophysik und Kosmologie produzieren unsere Satelliten, Raumsonden und Teleskope Datenmengen, die ohne Superrechner nicht zu erfassen sind. Big Data ist überall, aber auch eine hochentwickelte Mathematik von Gleichungen, in denen Muster und Korrelationen erfasst werden. Sie müssen allerdings auf die fundamentalen Naturkonstanten und Grundgleichungen der Physik zurückführbar sein, um die Ursachen dieser Korrelationen zu verstehen und um sie als zufällige Zusammenhänge auszuschließen.

Die verwendeten Gleichungen sind aber in der Regel nicht mehr «von Hand» lösbar, wie man das von Schulaufgaben gewohnt ist. Aufwendige Computerprogramme berechnen numerische Approximationen mit digitalen Daten. Die Vorgänge der physikalischen Welt werden in dem Umfang berechnet, der in digitalen Modellen erfasst ist. Big Data führt zu einer digitalen Physik der Superrechner, in der Gleichungen in Computerprogramme überführt werden. Physiker wie Richard Feynman und Computerpioniere wie Konrad Zuse haben sich daher die Frage gestellt, ob die Natur nicht selber als ein Computer aufgefasst werden kann, in dem Veränderungen und Wechselwirkungen von Atomen und Molekülen Rechenschritten und Rechenprozessen entsprechen. Diese Idee führte zum Konzept der Quantencomputer mit neuartigen Möglichkeiten, aber auch Grenzen der Berechenbarkeit (*Kapitel 7*).

Grenzen der Berechenbarkeit zeigten sich schon in der Mechanik, als der Mathematiker und Philosoph Henri Poincaré knapp hundert Jahre nach Laplace Instabilität und Chaos in komplexen Rückkopplungsschleifen der Himmelsmechanik entdeckte. Aber auch hier handelt es sich nicht um absolute Grenzen der Berechenbarkeit. Mit der Theorie komplexer dynamischer Systeme eröffnet sich vielmehr eine genaue Analyse und Bestimmung nichtlinearer Dynamik mit ihren überraschenden Nebeneffekten. Genau das benötigen wir aber für Frühwarnsysteme unserer Klimamodelle, Turbulenzen und extremen Ereignisse, die unsere Erde erschüttern (*Kapitel 8*).

In den Lebenswissenschaften und der Gehirnforschung bricht Big Data weiter in die Naturwissenschaften ein. Gensequenzen und Proteinfaltungen produzieren Datenmengen, deren Korrelationen nur durch aufwendige Algorithmen entdeckt werden können. Wie verlässlich sind aber solche Korrelationen, wenn keine gesetzmäßigen Erklärungen vorliegen? In dem Buch «Local Activity Principle» vertrete ich mit Leon Chua die Auffassung, dass solche Gesetze identifiziert werden können und müssen. Tatsächlich gelingt es für bestimmte Klassen der Struktur- und Musterbildung, die kausalen Ursachen gesetzmäßig zu erklären und mathematisch zu berechnen. Wie können scheinbar leblose Zellen «am Rand des Chaos» zum Leben erweckt werden und durch ihre Wechselwirkungen neue Ordnung und Struktur erzeugen?

Diese Vorgänge finden wir auch im Gehirn als einem der komplexesten Systeme der Natur. Muster- und Verschaltungsnetze von Neuronen, die mentalen und kognitiven Zuständen des Wahrnehmens, Denkens, Fühlens und des Bewusstseins zugrunde liegen, lassen sich mit den Hodgkin-Huxley-Gleichungen genau prognostizieren und berechnen. Damit verstehen wir zwar die «Maschinensprache» des Gehirns auf der molekularen und zellulären Ebene. Die Brücke zur Kognition und damit zur Berechnung der Dynamik unserer Gefühle, Gedanken und Vorstellungen bleibt aber nach wie vor eine große Herausforderung. Gilt auch hier Hilberts Devise «Wir müssen wissen – wir werden wissen»? Jedenfalls können wir nur so die Gründe für die Entstehung menschlicher Kreativität, aber auch von mentalen Krankheiten verstehen (*Kapitel 9*).

Big Data eröffnet erstaunliche Möglichkeiten, um aus unüberschaubar vielen Daten und Spuren im Netz persönliche Profile über Vorlieben, Veranlagungen und Neigungen zu erschließen. Personalisierte Ernährung und Gesundheitsfürsorge werden so möglich. Die

Rede ist bereits von einer personalisierten Medizin. Das wäre tatsächlich die passende Antwort auf den hochkomplexen menschlichen Organismus, der keine starren Standards wie ein mechanischer Automatismus kennt. Von der Zytologie der Zelle über die Physiologie der Organe bis zur Immunologie und ihren psychosomatischen Wirkungen können individuell sehr unterschiedliche Krankheitsverläufe entstehen. Kurz: Was der eine wegsteckt, kann für den anderen gefährlich werden. Big Data wird den Trend zur personalisierten Medizin unterstützen. Aber Heilen und Helfen setzt ein gründliches Verständnis von Ursachen voraus.

Der Rohstoff «Daten» wird zunehmend nicht in den vielen einzelnen Computern, Datenbanken und Datenträgern gelagert, die wir im Alltag benutzen. Das wäre so wie früher die Daten und Informationen in den Büchern und Zeitschriften zu Hause, am Arbeitsplatz oder in einigen öffentlichen Bibliotheken. Sie sind in unsichtbaren Informations- und Kommunikationsnetzen global verteilt und werden daher als Daten-«Wolke» (englisch «cloud») bezeichnet. Das Internet gilt als Nervensystem der globalisierten Welt. Die Metapher vom Nervensystem passt insofern gut, da Nerven und Gehirne nur mit einem Organismus funktionieren. In der Tat wächst die digitale Welt mit den sozialen Infrastrukturen zusammen (*Kapitel 10*). Energiesysteme, logistische Versorgungssysteme und mobile Infrastrukturen werden durch «intelligente» Netze gesteuert, die zunehmend autonom und lernfähig Entscheidungen treffen. Die Rede ist von soziotechnischen Systemen und Cyberphysical Systems, in denen Technik und Mensch über Elektronik, Sensorik und Software zusammenwachsen. Das Schlagwort von Industrie 4.0 ist eine Umsetzung des Internets der Dinge am Arbeitsplatz: Nicht mehr der starre Ablauf der Produktion am Fließband, sondern Werkstücke und Maschinen sind es, die sich über Sensoren wahrnehmen, mit Menschen kommunizieren und ihren Arbeitsprozess bedarfsgerecht selber organisieren. Damit zeichnet sich eine neue Industriewelt ab, in der nicht länger nach gleichen Standards für alle produziert wird. Von Automobilen bis zur Kleidung könnte in dieser Infrastruktur nach persönlichen Wünschen und Profilen on-demand hergestellt und geliefert werden. Der maßgeschneiderte Anzug, der individuell zu einem gewünschten Zeitpunkt entsteht, wird für alle preiswert

möglich. Big Data liefert Informationen über Trends dieser soziotechnischen Systeme. In soziotechnischen Systemen wachsen Infrastrukturen und
IT-Welt zusammen. Daher sind Risiken nicht alleine technisch bedingt, sondern ebenso ökonomischer, ökologischer und sozialer
Natur. Die mathematische Berechnung von Risiken ist mit der Entstehung der Wahrscheinlichkeitstheorie eng verbunden (*Kapitel 11*).
In der mathematischen Naturwissenschaft werden Gesetze und
Modelle angenommen, deren Erklärungen und Voraussagen in Experimenten und Voraussagen überprüfbar sind. In den Sozial- und
Wirtschaftswissenschaften liegen zwar auch mathematische Modelle
vor. Ihr Voraussagepotential ist aber bekanntermaßen schwach, wie
die vergangenen Finanz- und Wirtschaftskrisen zeigen. Von Früh-
warnsystemen konnte in diesen Situationen keine Rede sein. Vielmehr führten falsch verstandene Modelle noch zusätzlich tiefer in
die Krise. Nassib Taleb, Finanzspekulant, Hobby-Philosoph und Er-
folgsschriftsteller, machte aus der Not eine Tugend, wetterte gegen
den «Platonismus» mathematischer Modelle, pries den Zufall und
vertraute seiner Intuition. Big Data scheint diese Haltung zu unterstützen: Statt Intuition wird nun auf das Erfassen aller erreichbaren
Daten gesetzt, die nach hilfreichen Korrelationen zu durchforsten
sind, ohne die kausalen Ursachen und Wirkungen zu verstehen. Sind
hier grundsätzliche Grenzen der Berechenbarkeit erreicht, oder fehlt
einfach noch der «Newton der Wirtschaftswissenschaften»? Wir zeigen, dass man sich bereits in der Finanzwirtschaft nicht auf ein einziges Modell verlassen darf. Vielmehr muss eine Klasse von möglichen
Modellen Stresstests unterzogen werden, um ihre Konsequenzen unter extremer Belastung (worst case) zu bestimmen. Dazu wurden
robuste Risikomaße entwickelt. Ohne genaue Analyse des «Faktors
Mensch» hängen mathematische Modelle aber in der Luft. Verhaltensökonomie und experimentelle Ökonomik liefern neue Daten
über kognitive und emotionale Einflüsse auf Entscheidungen unter
Untersicherheit, die gleichwohl in mathematischen Modellen berücksichtigt werden können.

Wie berechenbar ist aber die soziale Welt? Voraussagen über soziales Verhalten gelten als praktisch ausgeschlossen, da für einzelne
Menschen keine Bewegungs- und Entwicklungsgleichungen wie bei

Molekülen und Zellen bekannt sind. Tatsächlich zeigt Big Data in ersten Ansätzen, dass überraschend genaue Voraussagen möglich sind – nur durch große Datenanalyse und Berechnung von Korrelationen (*Kapitel 12*). So könnten in Zukunft Konflikte in bestimmten Wohnvierteln vorausgesagt und Schadensbegrenzung durch präventive Maßnahmen der Polizei erreicht werden. Damit sind aber die sozialen Ursachen wie z. B. Jugendarbeitslosigkeit oder Ghettobildung von Migranten noch nicht verstanden.

Ähnliches gilt für die Prävention von Terror und Krieg: Was ist die Zukunft von Krieg und Terror in einer Welt von Big Data und soziotechnischen Infrastrukturen? Auch hier könnte Big Data als Frühwarnsystem für Attentate und kriegerische Auseinandersetzungen dienen. Jedenfalls sind verbesserte Vorwarnzeiten denkbar, um sich besser vorbereiten zu können. Damit sind aber wiederum die Konfliktursachen nicht verstanden, um sie nachhaltig zu verändern. Die persönliche Killerdrohne maßgeschneidert für einen Terroristen löst das Problem nicht und wäre auch mit dem deutschen Grundgesetz nicht vereinbar. Intelligente Computerviren, die Infrastrukturen lahmlegen und zerstören, sind der Albtraum soziotechnischer Systeme. Sie wären der Zusammenbruch global vernetzter Zivilisation.

Big Data bricht nicht nur in die Sozial- und Wirtschaftswissenschaften ein, sondern macht auch vor den Geisteswissenschaften nicht halt. Die Rede ist von «Digital Humanities». Es geht nicht nur um Digitalisierung von Texten, sondern ihre statistische Auswertung und Vermessung. Ein Leser kann nur begrenzt viele Texte zu einem Thema lesen. Hier kommt Big Data ins Spiel, in dem aus der Masse der maschinell erfassten Dokumente Korrelationen und Zusammenhänge bestimmt werden. Diese Kontexte, so hofft man, lassen auch auf Textinhalte von Literatur schließen. Andere befürchten die Austreibung des Geistes aus den Geisteswissenschaften. Die Linguistik meldet bereits Erfolge mit Textverarbeitungssystemen, die selbstständig im Stil eines Autors Texte verfassen. Auch hier hält digitale Personalisierung und Profilbildung Einzug. Was ist von Filmen und Fernsehsendungen, Musik, Kunst und Theater zu halten, die aufgrund von Big Data Korrelationen den Publikumsgeschmack genau vorausberechnen, um Quote und Zustimmung zu erreichen? Spätestens dann stellt sich die Frage nach Ursache und Gründen von Kreativität, die immer wieder für Überraschungen sorgte, auf Widerstand stieß und schließlich überzeugte. So manche Biographie von großen Schriftstellern, Malern und Komponisten führt uns das eindrücklich vor Augen.

Schließlich stellt sich die Frage nach der Berechenbarkeit unserer Zukunft (*Kapitel 13*). Formeln erweisen sich als Schlüssel zur Macht – Macht über die Natur, Macht über die Gesellschaft und Macht über die Zukunft. Ein Blick in die Geschichte zeigt, wie Theoretiker die Grundlagen der Zukunft gelegt haben. Wie weit reichen aber ihre Modelle und Gesetze? Werden tatsächlich Roboter unsere Alltagsarbeit übernehmen, intelligente Infrastrukturen sich selber steuern, Nanosensoren unseren Körper täglich auf entstehende Krankheiten scannen, Medizintechnologien verbrauchte Organe durch gezüchtetes Gewebe ersetzen, Drohnen entstehende Konflikte frühzeitig erkennen und Raumschiffe zunächst unser Planetensystem erforschen und dann zu interstellaren Reisen aufbrechen? Das sind Zukunftsvisionen bestehender Technologien und Forschungstrends, die im Rahmen physikalischer Gesetze hochgerechnet werden.

Zukunft bedeutet aber auch Lebensstil und Lebensqualität, die sich Menschen wünschen. Big Data kann hier Trends und unbewusste Neigungen entdecken. Globale Kommunikationssysteme, die Menschen zeitnah mit Daten und Informationen versorgen, bestärken den Wunsch, Zukunft mitgestalten zu wollen und sich nicht vom Diktat der Märkte, Produkte und Technologien überrollen zu lassen. Wir sprechen bereits von partizipativer Demokratie, in der klassische repräsentative Politikformen sich auflösen und Teilhabe und Mitgestaltung in den Vordergrund rücken. Auch diese politische Veränderung wird letztlich durch die Entwicklung von Informationstechnologie und Big Data möglich. Wie weit können wir dabei gehen, ohne das Gesamtsystem nachhaltig zu destabilisieren? Jedenfalls wird deutlich, dass nur von Zukünften und nicht von «der» Zukunft die Rede sein kann.

Am Ende kommen wir noch einmal zum Ausgangspunkt: Warum passen die Mathematik und ihre Formeln so gut auf die Welt? (*Kapitel 14*) Mathematisches Denken ist eine der erstaunlichsten Fähigkeiten des Menschen. Ursprünglich aus unserer evolutionären Fähigkeit zur Mustererkennung in der Datenvielfalt entstanden, konnten wir uns abstrakte Welten mit mathematischen Strukturen schaffen, von denen nur ein Bruchteil Anwendung in der physischen Welt findet. Die Mathematik lässt uns die Grundlagen und Berechenbarkeit der Welt verstehen, in der wir leben. Die Philosophie lässt uns fragen, warum wir uns auf welche ihrer möglichen Zukünfte einlassen sollten. Datenmassen ohne theoretische Grundlagen bleiben blind. Theorien und Formeln ohne Daten sind aber leer. Am Ende benötigen wir Urteilskraft, die Big Data mit theoretischer Fundierung verbindet, um über unsere Zukunft zu entscheiden.

Kapitel 1:
Auf der Suche nach der Weltformel

Seit frühsten Anfängen war Big Data ein Problem der Menschheit. Täglich wird der menschliche Organismus von einer Vielzahl von Signalen bombardiert. Licht und Schatten, bewegte Gestalten, akustische Töne, Wärme und Kälte, Druck und Schwere wirken auf unsere Sinnesorgane ein. In der Evolution hat sich eine Vielzahl von Organen und Funktionen herausgebildet, die automatisch auf diese Signale reagieren und sie verarbeiten. Zusätzlich sorgen Filter dafür, dass nur ein Teil der Signalflut von uns bewusst wahrgenommen wird. Ohne diese Filter droht uns völlige Überlastung, wie von Autisten bekannt ist. Auch mit diesen Filtern bleiben genügend Signale übrig, die von uns eingeordnet und für Einschätzungen von Situationen verwendet werden müssen, um nicht in Chaos und Orientierungslosigkeit unterzugehen.

Die Suche nach Mustern im Meer der chaotischen Signale war und ist für uns lebensnotwendig. Mustersuche bedeutet Reduktion von Komplexität. Hier ist der Ursprung unserer Suche nach Gesetzen, mit denen wir die Vorgänge in der Welt verstehen, erklären und voraussagen wollen. Nun gibt es auch komplexe Muster und Zusammenhänge von Signalen und Ereignissen. Einfache, regelmäßige und harmonische Muster wurden immer schon ausgezeichnet, um das Komplexe und Unverständliche darauf zurückzuführen. Bis heute üben daher Symmetrien auf Menschen aller Kulturen und Religionen eine eigentümliche Faszination aus.[1] Ob die Kuppel der Hagia Sophia in Istanbul, das Tadsch Mahal in Indien oder der Rundbau des Aachener Doms – seit alters her scheinen Menschen die Vollkommenheit des Himmels mit Symmetrien darstellen zu wollen. Im Judentum und Islam, in denen das Göttliche nicht als Person dargestellt werden darf, wurden besonders kunstvolle Ornamente entwickelt. Gelegentlich bauten die Künstler kleine Abweichungen von Symmetrien in die Ornamente ein, da vollkommene Symmetrie nur Gott vorbehalten war und Symmetriebrüche die endliche Welt bestimmten.

Weltformel der Platonischen Körper: Euklids Lehrbücher der Geometrie gipfelten in dem Nachweis, dass es im dreidimensionalen Raum genau fünf reguläre Körper gibt, nämlich der Würfel aus sechs gleichseitigen Quadraten, das Tetraeder aus vier regulären Dreiecken, das Oktaeder aus acht regulären Dreiecken, das Ikosaeder aus zwanzig regulären Dreiecken und das Dodekaeder aus zwölf regulären Fünfecken (Abb. 1).[2] Diese mathematisch faszinierenden Körper machten auf Platon einen derart starken Eindruck, dass er sie mit den damals angenommenen Elementen des Universums identifizierte: Das Feuer sei danach aus Tetraedern gemacht, Erde aus Würfeln, Luft aus Oktaedern und Wasser aus Ikosaedern. Später wird das aus Fünfecken aufgebaute Dodekaeder als «Quintessenz» und Baustein der Himmelssphären hinzugenommen. Eine geniale Idee war geboren: Das Universum lässt sich trotz aller Vielfalt auf grundlegende mathematische Symmetrien zurückführen. Diese Vorstellung beherrscht noch heute die mathematische Naturforschung, zum Beispiel in der Quanten- und Elementarteilchenphysik. An die Stelle einfacher geometrischer Körper treten heute mathematische Formeln, auf denen die Komplexität der Welt zurückgeführt werden soll.[3]

Am Beginn der Neuzeit beschäftigte der Glaube an Symmetrie den großen Mathematiker und Astronomen Johannes Kepler. So unternahm er systematische Untersuchungen an regulären Vielecken und Körpern und beschäftigte sich mit Anwendungen auf Kristalle in der Natur. In seinem Frühwerk «Mysterium cosmographicum» von 1596 versuchte er sogar, die Entfernungen im Planetensystem auf die regulären «Platonischen Körper» zurückzuführen. Hierbei ging er bereits von einem geozentrischen Weltmodell aus, in dem sich die Planeten auf Kugelsphären um den Mittelpunkt der Sonne drehen.

Elemente	Platonische Körper	Netze	Elementarteilchen

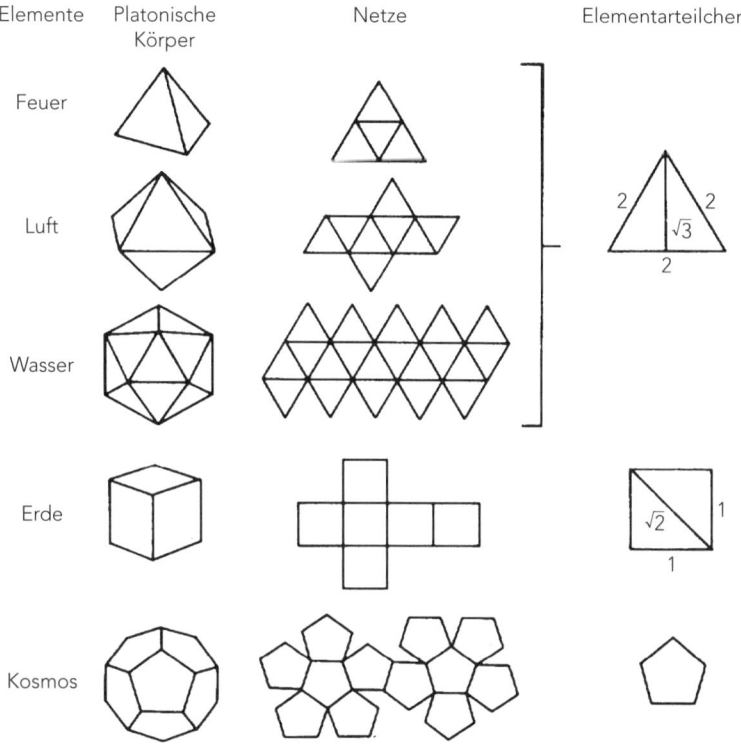

Feuer

Luft

Wasser

Erde

Kosmos

Abb.1: Platonische Körper als Weltformel

Die Planeten Saturn, Jupiter, Mars, Erde, Venus und Merkur entsprachen sechs ineinander gelagerten Sphären, die in dieser Reihenfolge durch Würfel, Tetraeder, Dodekaeder, Oktaeder und Ikosaeder getrennt wurden. Die Keplerschen Spekulationen konnten schon deshalb nicht zutreffen, da die Entdeckung weiterer Planeten späteren Jahrhunderten vorbehalten blieb. Aufgrund genauerer Beobachtungen gab Kepler schließlich sein Sphärenmodell zugunsten von Ellipsenbahnen auf.

Mathematische Symmetrie: Die Suche nach Symmetrien als Grundlagen der Natur verlagerte sich später von Figuren und Körpern auf die mathematischen Naturgesetze. Um das zu verstehen, muss man sich klarmachen, was Symmetrie mathematisch heißt.

In der Antike bezeichnete das griechische Wort für Symmetrie das gemeinsame Maß, also die Harmonie der Proportionen von Figuren und Körpern. So werden zum Beispiel Spiegelung, Rotation und Periodizität (regelmäßige Wiederholung) als Symmetrieeigenschaften angesehen. Bei symmetrischen Rotationen, Spiegelungen oder periodischen Verschiebungen werden Figuren oder Körper in sich selber überführt. Dreht man etwa ein reguläres Achteck um die acht gleichen Winkel, die durch seine Diagonalen gebildet werden, dann bleibt die Form dieser Figur nach jeder Drehung unverändert oder «invariant». Es sind diese Drehungen und die möglichen Spiegelungen, welche die Symmetrie dieser Figur definieren. Ebenso sind Ornamente durch periodische Verschiebungen und Spiegelungen charakterisiert, nach denen ihre Form unverändert bleibt. Auch in den Platonischen Körpern finden sich derartige Symmetrien. Mathematiker bezeichnen solche Veränderungen als Symmetrietransformationen.[4]

Globale Symmetrie physikalischer Gesetze: Statt der Symmetrie von Figuren und Körpern untersucht die moderne Physik, inwieweit mathematische Naturgesetze gegenüber Symmetrietransformationen invariant sind. So gelten die Gesetze der klassischen Physik, etwa die Keplerschen Planetengesetze, unverändert in allen gleichförmig zueinander bewegten Bezugssystemen. Sie treffen auf dem Mars ebenso wie auf der Erde zu. Werden die Koordinaten in Raum und Zeit nach den sogenannten Galilei-Transformationen[5] verschoben, bleiben die mechanischen Gesetze gleich. Und weil diese Symmetrie überall gilt, wird sie eine «globale Symmetrie» genannt. In diesem Fall sind die Gleichungen unempfindlich gegenüber einer gleichmäßigen Verschiebung aller Koordinaten.

Lokale Symmetrie physikalischer Gesetze: Albert Einstein erweiterte diese Symmetriebetrachtung zunächst für seine Spezielle Relativitätstheorie, indem er die Symmetrien der klassischen Mechanik mit der Elektrodynamik vereinigte. In seiner Allgemeinen Relativitätstheorie arbeitete Einstein hingegen erstmals mit Bezugssystemen, in denen die globale Symmetrie gebrochen wird. An manchen

Stellen im Raumzeit-Gefüge können plötzlich lokale Beschleunigungen auftreten. Um auch in den Gleichungen der Allgemeinen Relativitätstheorie eine mathematische Symmetrie zu erhalten, kompensiert Einstein die lokalen Abweichungen, indem er dort jeweils eine Kraft walten lässt: die Gravitationskraft. Mit dieser bleibt Einsteins Gravitationsgesetz trotz der lokalen Symmetriebrüche gegenüber Raumzeit-Verschiebungen invariant. Diese Beobachtung am Beispiel der Gravitation war später eine nützliche Heuristik, um quantenphysikalische Wechselwirkungen durch «lokale Symmetrien» zu charakterisieren.[6]

Eichsymmetrie und Große Vereinigungstheorie: Tatsächlich lassen sich die übrigen physikalischen Grundkräfte, die elektromagnetische Wechselwirkung sowie die zwischen Elementarteilchen dominierende starke und schwache Wechselwirkung, durch lokale Symmetrien ihrer Gesetze charakterisieren. Die von der Theorie vorhergesagten Wechselwirkungen ändern sich somit nicht, wenn man bestimmte Größen an einem Ort («lokal») frei wählt. Das erinnert an das Eichen von Maßstäben. Daher sprach der Mathematiker Hermann Weyl in den 1920er Jahren von Eichinvarianz beziehungsweise Eichsymmetrie, wenn Gleichungen invariant sind gegen beliebige Verschiebungen einer Größe.

Nach heutigem Verständnis der Grundkräfte in der Natur gibt es zu jeder Kraft Vermittlerteilchen, sogenannte Bosonen, welche die Kraft übertragen und die Symmetrie der Kraftgleichungen retten.[7] So überträgt nach dem Verständnis der Quantenphysik das Photon die elektromagnetische Wechselwirkung. 1954 entwickelten die Physiker Chen Ning Yang und Robert Mills eine Eichtheorie, die zur Beschreibung der starken und schwachen Wechselwirkung herangezogen werden sollte. Sie erwies sich zunächst als falsch, da sie die entsprechenden Vermittlerteilchen als masselos annahm, wie es für das masselose Photon der Fall ist. Tatsächlich jedoch haben etwa die 1984 entdeckten Bosonen der schwachen Wechselwirkung eine beträchtliche Masse. Die Reichweite der von ihnen übertragenen Kraft ist somit endlich.

Verschiedenen Vermittlerteilchen mit verschiedenen Massen? Das ist wiederum eine Symmetriebrechung und ein Hindernis, will man alle Kräfte der Natur in einer Grand Unified Theory (GUT: Große Vereinigungstheorie), also in einem Formelwerk, zusammenführen. Die Symmetriebrechung der Teilchenmassen lässt sich jedoch kitten, nimmt man an, dass es einen zusätzlichen, im Hinblick auf Massen invarianten Mechanismus gibt. Das ist der von dem schottischen Physiker Peter Higgs in den 1960er Jahren aufgezeigte Mechanismus.[8] Er kann erklären, wieso verschiedene Eichbosonen verschiedene Massen haben. Doch erfordert die Higgs-Theorie selbst wiederum ein Boson, sozusagen das Vermittlerteilchen für Masse. Vieles spricht nun dafür, dass das vom Europäischen Kernforschungszentrum CERN gefundene Teilchen ein solches Higgs-Teilchen ist.

Eichsymmetrie als Weltformel?   Kosmologen nehmen an, dass alle heute beobachtbaren Grundkräfte sich kurz nach dem Urknall aus einer einheitlichen Urkraft schrittweise separiert haben. Es müsste somit eine überwölbende Formel geben, die sich aus den Splittern der einzelnen heute bekannten Kraft-Formeln zusammensetzt. Tatsächlich ist es Anfang der 1980er Jahre am Forschungszentrum CERN experimentell gelungen, zumindest zwei dieser einzelnen Kräfte zu vereinigen: die schwache und die elektromagnetische Wechselwirkung.[9] Bei sehr hoher Energie sind beide Wechselwirkungen nicht mehr zu unterscheiden. Bei niedriger Energie bricht diese Symmetrie jedoch spontan auseinander. Bei noch höherer Energie lässt sich auch die starke Wechselwirkung mit der elektromagnetischen und schwachen Wechselwirkung vereinigen.[10]

Mathematische Spekulation ist allerdings noch jene Ursymmetrie, aus der womöglich einst alles entstand. Dazu wäre es nötig, auch die Gravitation mit den drei bekannten quantenphysikalischen Kräften und ihren lokalen Eichsymmetrien zu vereinigen. Einsteins Allgemeine Relativitätstheorie müsste mit der Quantenfeldtheorie der starken, schwachen und elektromagnetischen Wechselwirkungen zusammengeführt werden. Während Einsteins Theorie im Sinn klassischer Physik von beliebig kleinen Einheiten ausgeht, nimmt die Quantenwelt eine kleinste Größe (Plancksches Wirkungsquantum) an, von der die starken, schwachen und elektromagnetischen Wechselwirkungen abhängen. Anschaulich gesprochen ist die Quantenwelt «gekörnt», während die klassische Welt stetig ist. Die klassische Physik wird daher als eine Approximation an die Quantenwelt aufgefasst: In den Größendimensionen des Alltags sieht man noch nicht die Quanten des Mikrokosmos und die Welt erscheint stetig.

Spontane Symmetriebrechung: Spontane Symmetriebrechung ist auch im Alltag zu finden. So besitzt ein Ei idealerweise eine vollkommen symmetrische Form. Um die Längsachse herum sieht es von allen Seiten gleich aus. Stellen wir es aber mit der Spitze auf eine glatte Tischplatte, dann fällt es spontan zu einer Seite und bricht damit die Rotationssymmetrie, obwohl zunächst keine Richtung ausgezeichnet war. Ähnlich könnten sich kurz nach dem Urknall die zuvor vereinigten Kräfte spontan separiert haben, und ihre Austauschteilchen erhielten nach dem Higgs-Mechanismus jeweils verschiedene Massen, so wie ein Ei bei mehreren Versuchen jedesmal in eine andere Richtung kippt. Vorausgegangen war jedoch eine Symmetrie, die in der Großen Vereinigungstheorie (GUT) beschrieben wird.[11]

In jedem Fall erklärt sich die Existenz des heutigen Universums durch eine Reihe von Symmetriebrechungen, in der sich die Teilkräfte des Universums an kritischen Zuständen der Energie und Temperatur während der Expansion des Universums separierten (Abb. 2). Das bringt uns zu den eingangs erwähnten Künstlern zurück, die Symmetriebrechungen in ihre Ornamente einbauten. Werner Heisenberg war überzeugt: «Die Elementarteilchen haben die ihnen von Plato zugeschriebene Form, weil sie die mathematisch schönste und einfachste Form ist. Die letzte Wurzel der Erscheinungen ist also nicht die Materie, sondern das mathematische Gesetz,

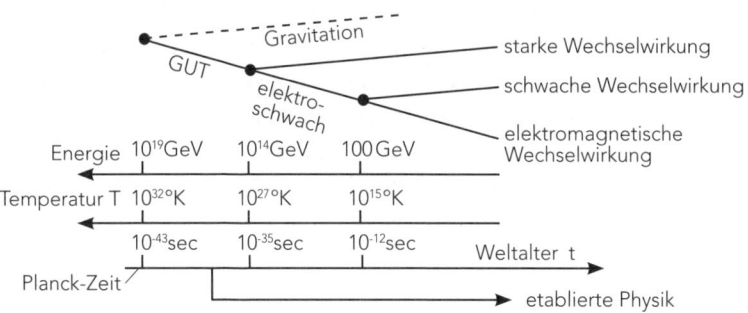

Abb. 2: Spontane Symmetriebrechung und Separation der Teilkräfte

die Symmetrie, die mathematische Form.»[12] Hier drückt sich eine Faszination für mathematische Symmetrien aus, die noch heute Forscherinnen und Forscher verschiedener Kulturen teilen. Mancher mag auch vor der «kalten» Symmetrie zurückschrecken, so wie Thomas Mann in seinem Roman «Zauberberg», in dem er Hans Castorp bei der Betrachtung von Schneekristallen sagen lässt: «Dem Leben schauderte vor der genauen Richtigkeit.» Tatsächlich wurden in der Biochemie des Lebens charakteristische Symmetriebrechungen von Makromolekülen – zum Beispiel linkshändige Aminosäuren oder rechtshändige Zuckermoleküle – nachgewiesen, von denen vermutet wird, dass sie auf eine Symmetriebrechung der schwachen Wechselwirkung zurückgehen.[13] Ob die Entdeckung des CERN nun ein «Gottesteilchen» ist, mag bezweifelt werden. In jedem Fall ist es ein weiterer Schlüssel zum Hochenergielaboratorium des Universums, in dem wir leben.

Symmetrie und Eleganz von Formeln: Die mathematischen Gleichungen der Quantenphysik, die in den 1920er Jahren eingeführt wurden, waren elegant und zeichneten sich durch formale Symmetrien aus. Physiker wie Werner Heisenberg, Paul Dirac, Erwin Schrödinger hatten für diese mathematische Glanzleistung den Nobelpreis erhalten. Allerdings sind diese Formeln auch abstrakt und können nicht mehr ohne weiteres so anschaulich gedeutet werden, wie wir das aus der klassischen Physik gewohnt sind. So entsprechen den Differentialgleichungen der Quantenmechanik keine eindeutigen Bewegungskurven von z. B. Kugeln wie in der klassischen Mechanik. Vielmehr können nur Wahrscheinlichkeiten für das zukünftige Verhalten von Elementarteilchen vorausgesagt werden. Dabei müssen alle möglichen Bahnen und ihre jeweilige Wahrscheinlichkeit berücksichtigt werden, um die Wahrscheinlichkeit eines zukünftigen Ereignisses zu berechnen. Ein brillanter mathematischer Physiker wie Paul Dirac war daher der Ansicht, dass exakte Formeln ohne anschauliche Deutung ausreichen, um die Quantenwelt zu berechnen.

Feynman-Diagramme und abstrakte Formeln: Richard P. Feynman (1918–1988) gehörte einer jüngeren Physikergeneration an und wollte sich mit abstrakten Formeln nicht zufriedengeben. Menschen arbeiten im Unterschied zu herkömmlichen Computern nun einmal mit Anschauung und Bildern. Das hängt mit unseren in der Evolution hoch ausgebildeten visuellen Fähigkeiten zusammen. Mit großem Gespür für Didaktik schlug Feynman anschauliche Diagramme für die Quantenelektrodynamik vor, mit denen die Wechselwirkungen von Elementarteilchen illustriert werden. In der Quantenelektrodynamik wird die Wechselwirkung von Elektronen durch Austauschteilchen wie Photonen (Lichtteilchen) beschrieben.[14] In Abb. 3 werden zwei Elektronen e gezeigt, die sich durch Austausch eines Photons gegenseitig abstoßen. Teilchen wie Elektronen werden durch gerade Linien symbolisiert, die kurzlebigen (virtuellen) Austauschteilchen durch gewellte Kurven. Aber dieses Diagramm zeigt nur einen möglichen Fall der Begegnung. Denkbar ist auch der Austausch von zwei oder mehr Photonen, allerdings mit weitaus geringerer Wahrscheinlichkeit. Jedenfalls steht jedes dieser anschaulichen Bilder für einen mathematischen Term. Durch Multiplikation dieser Terme erhält man die Wahrscheinlichkeit, mit der die Wechselwirkung stattfindet.

Ganze Physikergenerationen sind der Suggestion dieser Feynman-Diagramme bis heute gefolgt. Sie erklären eigentlich nichts, sondern helfen uns Menschen, durch einen hoch abstrakten mathematischen Apparat und komplizierte Rechnungen hindurch zu fin-

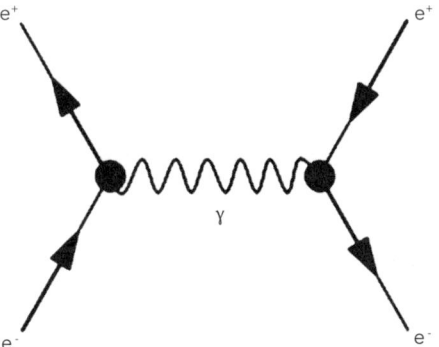

Abb. 3: Veranschaulichung von Formeln durch Feynman-Diagramme

den. Die Physikergeneration von Feynman wurde zum ersten Mal von einer Datenflut der Hochenergiephysik überschwemmt. Feynman hatte als junger Physiker bereits im Manhattan-Projekt am Bau der Atombombe teilgenommen. Dabei wird sich ihm die Bedeutung von Daten und die entscheidende Rolle von Ingenieuren eingeprägt haben. Tatsächlich erinnern seine Diagramme an die Schaltbilder der Elektrotechnik. Auch sie lassen sich unmittelbar in Differentialgleichungen übersetzen, mit denen Stromdaten berechnet werden können. Später kamen in den USA Forschungsreaktoren und Teilchenbeschleuniger hinzu, mit denen immer neue Elementarteilchen entdeckt wurden.

Big Data und vorläufige Erfolgsrezepte: Big Data brach damit in die Physik ein. Feynman-Diagramme erwiesen sich als zweckmäßige Werkzeuge, um diese Daten zu deuten und zu beherrschen. Für den Laboralltag waren es nützliche und leicht verständliche Rezepte für die wachsende Zahl der Physiker weltweit, um zu schnellen Rechnungen und noch mehr Daten zu kommen. In den 1950er Jahren hatte der Ergebnisdruck von Forschung nicht zuletzt durch den Kalten Krieg zugenommen. Schnelle Ergebnisse waren gefragt, weniger die langwierige Suche nach fundamentalen Gesetzen, die noch das philosophische Erkenntnisinteresse z. B. der Kopenhagener Schule in den 1920er Jahren bewegt hatte.[15] Angesichts von Big Data schienen Theorien durch Bilder und Rezepte verdrängt zu werden.

Ein weiteres Beispiel für erfolgreiche, aber nicht erklärte Rezepte in der Physik ist das sogenannte Renormierungsverfahren der Quantenelektrodynamik.[16] Dabei müssen Strahlungskorrekturen für spontan abgestrahlte Photonen berücksichtigt werden. Bei der Berechnung divergierten allerdings entsprechende Integrale gegen unendlich. Unendliche Werte machen in der Physik des endlichen Universums keinen Sinn. Das Renormierungsverfahren ist nun nichts weiter als ein mathematischer Trick. Die unendlichen Anteile der Terme wurden als physikalisch bedeutungslos erklärt. Nur endliche Teile wurden als gültig akzeptiert. Masse und Ladung eines Elektrons wurden so definiert, dass die unerwünschten Teile nicht mehr auftraten. Dieses Rezept funktionierte tadellos und wurde auch in anderen physikalischen Theorien mit Erfolg angewendet. Dem praktisch arbeitenden Physiker reichte das, um vorläufig erfolgreich zu sein. Eine Erklärung war das nicht.

Big Data auf Kosten von Theorie traf nicht nur für die Quantenphysik der elektromagnetischen Wechselwirkung zu, sondern zunächst auch für die starke Wechselwirkung. Die starke Kraft war als Kernkraft bekannt, die Proton und Neutron im Atomkern zusammenhält. In den 1950er und 1960er Jahren entdeckte man eine Fülle von neuen Teilchen, die mit der starken Kraft in Wechselwirkung stehen und deshalb Hadronen (griechisch «stark») genannt werden. Mit stärkeren Teilchenbeschleunigern und Energien ließen sich immer weitere Hadronen erzeugen. Die Entdeckung und Untersuchung dieser Teilchen wurde abhängig vom Entwicklungsstand der Hochenergietechnologie.

Von einer grundlegenden Theorie der starken Kraft war man allerdings zu dieser Zeit weit entfernt. Wissenschaftshistorisch zeigte die Physik der starken Kräfte ein bemerkenswertes Entwicklungsschema. Am Anfang stand ebenfalls Big Data mit einer unübersehbaren Vielfalt von ungeordneten Messdaten und Teilchenentdeckungen, die geradezu zu einem «Zoo der Hadronen» führte. In einer zweiten Phase wurden Gemeinsamkeiten, Analogien und Korrelationen bemerkt, die zu Ordnungsschemata führten. Aber sie waren weitgehend nur Approximationen und keine exakten physikalischen Erklärungen. Gemeint sind die sogenannten Ladungsmultipletts,[17] mit denen man Teilchen nach ihren Ladungen in geometrisch-anschaulichen Ornamenten anordnete (Abb. 4).

Gelegentlich führten diese Bilder zur Entdeckung neuer Teilchen. Trotz dieser heuristischen Erfolge wirkten die Teilchenmultipletts auf viele Physiker wie die mystischen Symmetrien der Kabbalistik, deren einfache Kombinationsregeln zwar gelernt werden konnten, deren Begründung aber im Dunkeln blieb. Einen mathematisch wichtigen Schritt taten 1962 Murray Gell-Mann und Yuval Ne'emann, als sie mathematische Symmetrien in diesen Ornamenten mit der mathematischen Gruppentheorie beschreiben konnten. Mit Anspielung auf die buddhistische Weisheitslehre sprach man auch vom «achtfachen Weg», der notwendig ist, um hinter der Teilchenvielfalt die zugrunde liegende Symmetrie zu erkennen.[18] Trotzdem blieben

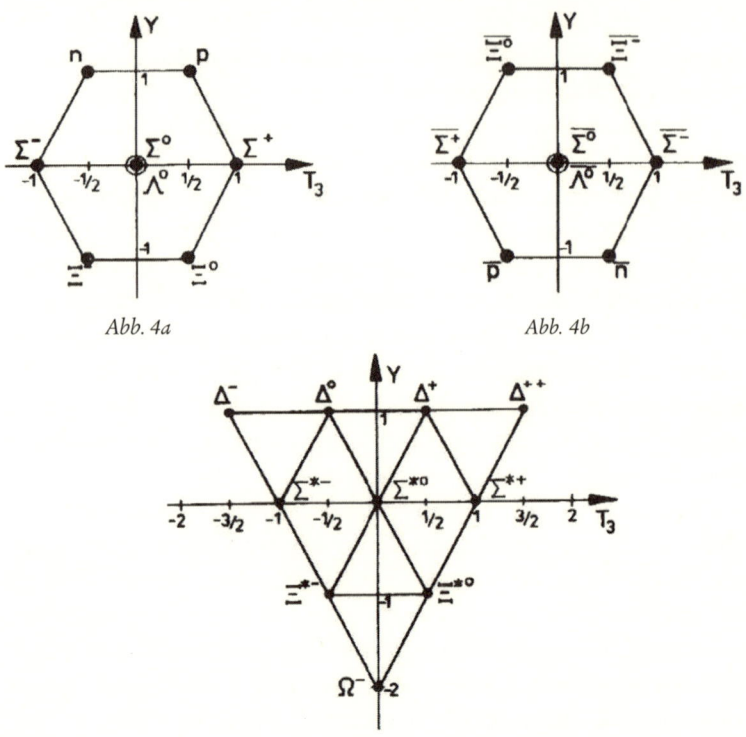

Abb. 4a   Abb. 4b

Abb. 4: Symmetrien von Teilchenmultipletts

einige Eigenschaften ungeklärt und die Multipletts bestenfalls denk-
ökonomische, ästhetische und approximative Beschreibungen im Big
Data des Hadronenzoos.

Big Data und fundamentale Symmetriegesetze: Die entscheidende Erklärung gaben Gell-Mann und George Zweig 1963 mit dem
Vorschlag, alle Hadronen auf wenige elementare Bausteine zurückzuführen. Für diese als «Quarks» bezeichneten Teilchen lassen sich
tatsächlich exakte fundamentale Symmetriegruppen angeben, mit
denen Big Data der Hadronen exakt berechnet und prognostiziert
werden kann. Gell-Mann, der maßgeblich an der Entwicklung dieser
Theorie beteiligt war, war auch für die kulturelle Dimension der

Symmetrien sensibel. Der Verfasser erinnert sich an einen Besuch in Gerona (Spanien), als Gell-Mann dort anlässlich einer Symmetriekonferenz mit tiefer Bewunderung über dieses mittelalterliche Gelehrtenzentrum spanischer Juden sprach, in dem die jüdische Kabbalistik in Blüte war.[19] Kulturelle Traditionen und ästhetische Neigungen mögen zwar methodisch für die Theorieentwicklung keine Rolle spielen. Im psychologischen Hintergrund des Forschungsprozesses wirken sie jedoch häufig in unbewusster Weise und dürfen daher nicht ausgeblendet werden, wenn man den gesamten Forschungsprozess als kulturelle Leistung des Menschen in den Blick nimmt.

Big Data ist auch heute noch in der Physik auf der Suche nach dem schnellen Erfolg. Auf der Erde ist z. B. CERN ein Hochenergielaboratorium, das die kosmischen Ereignisse im Kleinen nachbildet. Protonenkollisionen erzeugen für Bruchteile einer Sekunde die Energie, die für eine Vereinigung der Grundkräfte nötig ist. Dabei werden solche gigantischen Datenmengen erzeugt, dass nur ein geringer Teil mit Messgeräten zu erfassen ist. Dieser Bruchteil erfüllt bereits alle Kriterien von Big Data. Klassische Datenbanken könnten diese Datenmengen nicht speichern. Menschen hätten keine Chance, so wie früher Kepler oder Newton, in dieser Datenflut möglichst schnell irgendwelche Muster und Zusammenhänge zu erkennen. Dazu müssen neuartige Algorithmen und leistungsstarke Superrechner eingesetzt werden. Andererseits würden wir ohne den Leitfaden mathematischer Theorie überhaupt nicht wissen, wonach wir suchen sollen. Big Data ohne fundamentale Grundformeln wäre blind. Fundamentale Grundformeln ohne Big Data bleiben allerdings leer.

Kapitel 2:

«Nichts wäre ungewiss ...» (Laplacescher Geist)

Pierre Simon Laplace (1749–1827) kannte sich mit Daten aus. Bereits vor der Französischen Revolution hatte er sich mit Bevölkerungsstatistik beschäftigt und in der Militärausbildung engagiert. Interesse für Politik und Macht war seiner Karriere als aufstrebender Mathematiker und Naturwissenschaftler keineswegs hinderlich. Seit 1772 war Laplace Professor für Mathematik an der École militaire und unterrichtete dort den jungen Napoleon Bonaparte. Die private Wissenschaftsgesellschaft Académie d'Arcuei, der er mit namhaften Mathematikern, Physikern und Chemikern angehörte, stand ebenfalls in engem Kontakt mit Bonaparte. So verwundert es nicht, dass Laplace 1795 nach Ende der jakobinischen Schreckensherrschaft von Napoleon zum Innenminister berufen wurde.

Als Mathematiker hochbegabt verfolgte Laplace seine wissenschaftliche Karriere mit äußerstem Ehrgeiz. Gefördert wurde er in seinen Anfangsjahren durch Jean-Baptiste le Rond d'Alembert, dem damals führenden französischen Physiker. Man erzählte sich, dass der junge Laplace die schwierigsten mathematischen Aufgaben, die d'Alembert ihm stellte, in wenigen Tagen löste. Um in die französische Académie des Sciences aufgenommen zu werden, schrieb er zwischen 1770 und 1773 zahlreiche anspruchsvolle theoretische Arbeiten zu unterschiedlichen Gebieten wie Differential- und Integralrechnung, Himmelsmechanik und Wahrscheinlichkeitstheorie. 1773 begann seine Akademielaufbahn zunächst als beigeordneter Mécanicien, dann 1783 als assoziierter Mécanicien und schließlich

1785 als Pensionnaire der Classe de Mécanique der Akademie der Wissenschaften.[1]

Formeln analytischer Geometrie: Die französische Mathematik und Physik war zu dieser Zeit führend in Europa. Sie hatte den Differential- und Integralkalkül von Leibniz übernommen und den Aufbau einer analytischen Theorie der Mechanik vorangetrieben. Damit wurde eine Methode in die Physik übertragen, die ebenfalls in Frankreich zunächst in der Geometrie erfolgreich angewendet wurde. René Descartes (1596–1650), der als einer der Begründer der neuzeitlichen Mathematik und Philosophie gilt, hatte bereits Anfang des 17. Jahrhunderts damit begonnen, die Euklidische Geometrie der Formen und Konstruktionen in eine analytische Geometrie der Koordinaten und Gleichungen zu überführen:[2] Punkte der Ebene wurden durch die Zahlenpaare eines Koordinatenkreuzes ersetzt. An die Stelle von Geraden und Kurven traten Gleichungen von Funktionen, die Zahlenwerte auf Koordinaten einander zuordneten. Der Schnittpunkt zweier Geraden wurde nicht länger durch Zirkel und Lineal, sondern durch Lösung zweier linearer Gleichungen bestimmt. Jedem Schulkind sind heute diese Aufgaben bekannt.

Formeln analytischer Mechanik: Mechanische Probleme, die in Newtonscher Tradition noch geometrisch konstruiert werden mussten, wurden nun ebenfalls in elegante mathematische Gleichungen übersetzt, deren Lösungsverfahren sich aus der Differential- und Integralrechnung ergaben. Ein einfaches Beispiel aus der Mechanik ist die Geschwindigkeit eines Körpers, die als Veränderung seines Ortes in einem Zeitabschnitt, also als Quotient eines Längenintervalls geteilt durch ein Zeitintervall definiert wird. Um die Veränderung des Ortes in einem Zeitpunkt zu bestimmen, lassen wir das Zeitintervall beliebig klein werden, also anschaulich auf einen Zeitpunkt zusammenschrumpfen. Leibniz nannte diese «infinitesimal» kleinen Intervalle «Differentiale» im Unterschied zu den endlichen Differenzen aus den Anfangs- und Endpunkten der Orts- und Zeitintervalle. Bei der Ortsveränderung in einem Zeitpunkt (als Grenzwert eines unendlich klein werdenden Zeitintervalls) geht dann ein Differenzenquotient in einen «Differentialquotienten»

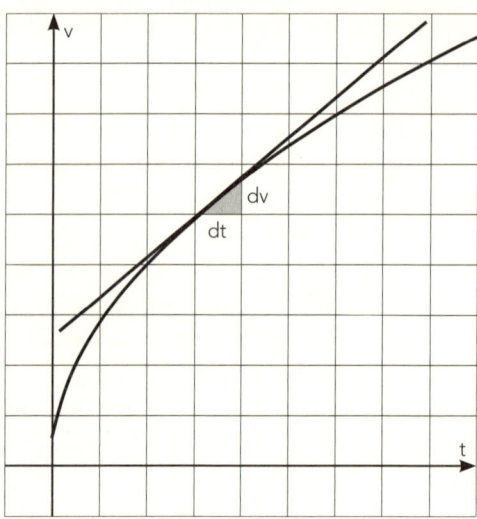

Abb. 5: Berechnung der Beschleunigung

über. Bewegungsgleichungen sind daher entsprechende Differentialgleichungen (Abb. 5).[3]

An die Stelle der Newtonschen Suche nach Kräften als Ursachen von beobachteten Veränderungen in der Natur traten Rechenverfahren zur Lösung dieser Gleichungen. Naturphilosophische Debatten, wie man sich z. B. die unsichtbare Kraft der Gravitation vorzustellen hätte, spielten keine Rolle mehr. Naturgesetze wie das Newtonsche Gravitationsgesetz waren nun Differentialgleichungen. Geschossbahnen, wie sie den jungen Artillerieoffizier Bonaparte interessierten, ließen sich durch Bewegungsgleichungen bestimmen, die aus der analytischen Mechanik ableitbar waren. Die analytische Mechanik ist nicht nur mathematisch effizient, sondern lässt sich mit schematischen Verfahren gut vermitteln. Auf Militärakademien, wie sie Napoleon besuchte, wurden diese Verfahren Standard. Einfache Aufgaben dieser Art gehören heute zum Schulstoff.

Formeln der Verwaltung? Laplace wurde ein Meister dieser Methode und wendete sie auf die damals bekannten schwierigsten Probleme der Mechanik an. Wer sich so erfolgreich mit mechanischer Problemlösung beschäftigt, muss den Eindruck gewinnen, dass Effizienz von Problemlösung und Kontrolle der Realität nur eine Frage von noch so komplizierten Gleichungslösungen sein müsste. In der Staatsverwaltung stieß der ehrgeizige Laplace mit dieser Einstellung allerdings auf große Reibungskräfte. Wer auf die Analyse des unendlich Kleinen pocht, kann bei seinen Zeitgenossen leicht als kleinlich empfunden werden. Jedenfalls wurde Laplace von Napoleon nach nur sechs Wochen als Innenminister mit der Begründung entlassen, dass er versucht habe, den Geist des unendlich Kleinen in die Verwaltung mitzunehmen: «Laplace apporte l'esprit des infiniment petits dans la gestion des affaires.»[4]

Damit war die politische Karriere von Laplace keineswegs am Ende. Napoleon machte ihn zum Mitglied des Senats. 1803 wurde er dessen Vizepräsident und damit ein wohlhabender Mann. 1804 stimmte er im Senat für die Einsetzung Napoleons als Kaiser. 1806 wurde er von Napoleon als Graf in den Adelsstand gehoben. Laplace war auch unentwegt in der Wissenschaftspolitik tätig. So wurde er Gründungsmitglied des berühmten Institut de France, zunächst Vizepräsident und schließlich Präsident dieses Instituts. Zudem leitete er das Pariser Observatorium. Neben der Verwaltung war damals wohl die Astronomie der Wissensbereich, in dem «Big Data» vor allem anfiel.

Laplace und Gott: In dieser Zeit entstand das epochemachende Hauptwerk von Laplace zur Himmelsmechanik: «Traité de Mécanique Céleste» (1799 bis 1823). Wie immer bei den wissenschaftlichen Arbeiten von Laplace war es mathematisch anspruchsvoll und keine leichte Lektüre. Ein zentrales Ergebnis war der rechnerische Beweis, dass die Planetenbahnen stabil sind. Es bestand nämlich die Befürchtung, dass die Planetenbahnen aufgrund ihrer beobachteten Unregelmäßigkeiten kollabieren könnten. Die Himmelsmechanik von Laplace erwies sich also in jeder Hinsicht als Krönung der Newtonschen Physik. Es sollte über ein halbes Jahrhundert als umfassende Darstellung des Wissens über Himmelsmechanik gelten. Laplace überreichte dieses fünfbändige Werk Napoleon, dem er offenbar den mathematisch anspruchsvollen Stoff zutraute. Dabei soll dann der berühmte Dialog stattgefunden haben, der ebenfalls in die Wissenschaftsgeschichte einging. Napoleon, so wird berichtet, fragt: «Aber wo ist Gott in alledem? (Mais où est Dieu dans tout cela?)» Selbst Newton hatte noch Gott bemüht, um die Stabilität seines Universums zu garantieren. Die kühle Antwort von Laplace lautet: «Sire, ich habe diese Hypothese nicht notwendig (Sire, je n'ai pas eu besoin de cette hypothèse-là).»[5] Besser war das neue Verständnis von Naturgesetzen nicht zu präzisieren: Messdaten, Rechnung und Gleichungen sind nach Laplace der wissenschaftliche Garant einer mathematisch-naturwissenschaftlichen Theorie. Gott wird nicht aus atheistischer Überzeugung abgelehnt, sondern ist für die vorgelegten Ergebnisse eine überflüssige Annahme. Eine weitere Diskussion über dieses Thema erübrigt sich daher für ihn.

Andererseits war Laplace an einer breiten Akzeptanz seiner Himmelsmechanik durchaus interessiert. So verfasste er bereits 1796 eine «Exposition du Système du Monde», die ohne mathematische Formeln die Grundzüge seiner Himmelsmechanik beschreibt. Der Stil ist aber keineswegs populär, sondern wie gewohnt bei Laplace genau und analytisch. Wer seine Formeln kennt, sieht sie im französischen Text durchscheinen. Wer sie nicht kennt, wird Mühe haben, seinen Gedanken und Begründungen in allen Details zu folgen. Bekannt aus diesem Werk wird seine mechanische Entstehungstheorie des Planetensystems, deren Grundannahmen Kant in seiner Himmelstheorie bereits vertreten hatte.

Laplacescher Geist und die Berechnung der Welt: Entscheidend für das Thema der Berechenbarkeit wird aber das zweite große Arbeitsgebiet von Laplace – die Wahrscheinlichkeitstheorie. Wie im Fall der Himmelsmechanik veröffentlicht er neben dem zweibändigen mathematischen Hauptwerk «Théorie Analytique des Probabilités» von 1812 eine Darstellung ohne Formeln unter dem Titel «Essai Philosophique sur la Probabilité» (Philosophischer Essay über die Wahrscheinlichkeit). Hier findet sich das berühmte Zitat, wonach alle Zustände im Universum genau berechenbar wären, wenn nur die entsprechenden Gleichungen mit ihren Anfangsbedingungen genau bekannt wären:

«Wir müssen also den gegenwärtigen Zustand des Universums als Folge eines früheren Zustandes ansehen und als Ursache des Zustandes, der danach kommt. Eine Intelligenz, die in einem gegebenen Augenblick alle Kräfte kennt, mit denen die Welt begabt ist, und die gegenwärtige Lage der Gebilde, die sie zusammensetzen, und die überdies umfassend genug wäre, diese Kenntnisse der Analyse zu unterwerfen, würde in der gleichen Formel die Bewegungen der größten Himmelskörper und die des leichtesten Atoms einbegreifen. Nichts wäre für sie ungewiss, Zukunft und Vergangenheit lägen klar vor ihren Augen.»[6]

Eine solche Intelligenz, so fährt Laplace fort, kann aber durch einen menschlichen Verstand nicht erreicht werden, obwohl diese Annahme prinzipiell der Mechanik zugrunde liegt. Daraus ergibt sich für ihn die Rechtfertigung der Wahrscheinlichkeitsrechnung. Wenn wir schon den genauen Verlauf nicht exakt berechnen können, dann doch wenigstens seine Wahrscheinlichkeit:

«Alle Anstrengungen in der Suche nach Wahrheit streben danach, den menschlichen Geist dieser Intelligenz zu nähern, der er aber immer unendlich ferne bleiben wird ... Die Wahrscheinlichkeitsrechnung bezieht sich zum Teil auf diese Unwissenheit und zum Teil auf unsere Kenntnisse.»[7]

Damit formuliert Laplace prägnant die Position, die in der klassischen Physik bis Einstein vertreten wurde. Laplace wird nicht mehr die statistische Mechanik von Ludwig Boltzmann und Josiah Willard Gibbs erleben, in der Strömungen von Flüssigkeiten und Gasen durch Wahrscheinlichkeitsverteilungen von Molekülen berechnet werden. Dennoch wird dabei angenommen, dass wenigstens im Prinzip diese Partikel im Sinn von Laplace durch Bewegungsgleichungen eindeutig determiniert seien, wenn auch Milliarden solcher Gleichungen praktisch nicht zu lösen sind. So sind auch später für Einstein die Wahrscheinlichkeitsaussagen der Quantenmechanik nur ein vorläufiges Hilfsmittel. Am Ende steht für ihn die Hoffnung auf den Laplaceschen Geist, der die noch unbekannten deterministischen Gleichungen der Quantenwelt lösen kann.

Bereits die Zeitgenossen von Laplace bemerkten, dass dieser Gelehrte seinen Lebensweg gemäß seiner mathematischen Prinzipien kühl kalkulierte. Als der Stern Napoleons sank, stimmte er 1814 für seine Absetzung und nahm Partei für die Bourbonen. König Ludwig XVIII. ernannte Laplace daraufhin 1815 zum Pair von Frankreich und 1817 zum Marquis. Seine Karriere gipfelte in der Aufnahme in den Kreis der 40 Unsterblichen der Académie francaise. Im komplexen Ränkespiel der Politik gibt es aber häufig keine eindeutigen Lösungen. Als Laplace 1826 die königliche Verschärfung des Pressegesetzes verteidigte und auf Kollegen Einfluss nahm, schlug ihm blanker Hass entgegen. Wer, wenn nicht Laplace mit seinen wissenschaftlichen Leistungen, so denkt man heute, hätte es verdient gehabt, im Panthéon beigesetzt zu werden? Dieser letzte Höhepunkt blieb ihm aber verwehrt, während sein einstiger Gönner, der Imperator Napoleon, dort schließlich aufgenommen wurde. Alexander von Humboldt, der Laplace bewunderte, hat den Neid und die Ablehnung gespürt, als er an seiner Beerdigung teilnahm.[8]

Berechenbarkeit in der Politik?   Dass mit dem Entwurf der Moderne in der Französischen Revolution die Berechenbarkeit auch zum Thema der Politik wird, lässt sich in einer nahezu gleichzeitig verlaufenden Karriere in Frankreich verfolgen. Charles-Maurice de Talleyrand-Périgord (1754–1838) wird zum Prototyp des kühl kalkulierenden Technokraten der Macht, der verschiedenen französischen Regimen als Diplomat diente und dabei bereits so etwas wie die Stabilität des europäischen Staatensystems im Auge hatte.[9] Ähnlich wie Laplace war er im Ancien Régime für die kirchliche Laufbahn bestimmt, wechselte aber zu Beginn der Französischen Revolution die Seite und setzte sich für die Verstaatlichung des Kirchenbesitzes ein. Ähnlich wie Laplace wich er der Terrorherrschaft der Jakobiner aus, wurde schließlich Außenminister Napoleons und durch Spekulationen ein reicher Mann. Statt imperialer Kriegsmacht versuchte er aber die Vormachtstellung Frankreichs durch langfristige Bündnisse und Strategien zu erreichen. Von Napoleon zog er sich daher rechtzeitig zurück und ebnete den Bourbonen nach dessen Fall den Weg zur Macht. Dank seiner überragenden diplomatischen Schachzüge konnte Frankreich das nachnapoleonische Staatensystem in Europa wieder mitgestalten. Nachdem die Bourbonen ihn zu isolieren versuchten, setzte er sich für die Opposition ein. Als französischer Botschafter in London agierte er bei internationalen Krisen geschickt im

Hintergrund und zog sich erst im hohen Alter aus der Politik zurück. Ähnlich wie Laplace war er ein äußerst intelligenter Kopf und bei seinen Zeitgenossen geschätzt und gefürchtet, aber wenig beliebt. Die höchsten Würden blieben ihm ähnlich wie Laplace verwehrt.

Erbe von Laplace – Rechenverfahren und die Berechenbarkeit der Welt: Was bleibt von Laplace? Er steht in der französischen Tradition großer Mathematiker-Philosophen vom 17. bis 20. Jahrhundert, aus der Namen wie Descartes, Pascal, Laplace und Poincaré herausragen. Seine philosophischen Schriften zeichnen sich durch analytische Prägnanz aus, die er aus der Mathematik in die philosophische Debatte überträgt. In der deutschen Philosophie wurde er weniger als Philosoph wahrgenommen, obwohl seine Schriften die Methode der mathematisch geprägten Naturwissenschaften seit Ende des 18. Jahrhunderts wissenschaftstheoretisch genau analysierten.[10] Geblieben ist häufig nur die Wirkungsgeschichte vom «Laplaceschen Geist» als Wissenschaftsmotto. Es ist bezeichnend, dass auf deutscher Seite Carl Friedrich Gauß (1777–1855) ähnliche Gedanken hegte, aber nie veröffentlichte. Von Gauß ist seine Vorsicht und sein Misstrauen gegenüber der politischen und philosophischen Öffentlichkeit bekannt. So hatte er auch die nicht-Euklidische Geometrie mathematisch klar als eigene Theorie neben der Euklidischen Geometrie erkannt. In einem Brief von 1829 schreibt er aber, dass er «das Geschrei des Böotier» fürchte und sich deshalb nicht weiter darüber äußern werde.[11]

Zur gleichen Zeit trennten sich in Deutschland die Wege der mathematischen Naturwissenschaft von einer Philosophie, die durch den deutschen Idealismus und die Naturphilosophie von z. B. Hegel und Schelling dominiert wurde. Selbst Kritiker dieser philosophischen Richtung wie Schopenhauer waren sich mit Hegel in der Geringschätzung der mathematisch-analytischen Methode einig. Die Nachwirkungen dieser Spaltung sind bis heute in der deutschen philosophischen Bildungstradition zu spüren. Damit wurde die Auseinandersetzung mit dem grundlegenden Projekt der europäischen Moderne versäumt, das mit den Namen Gauß und Laplace verbunden ist – die Vermessung und Berechnung der Welt.

Was bleibt von Laplace in den mathematischen Disziplinen? Es ist keine naturwissenschaftliche Theorie wie Maxwells Elektrodynamik oder Einsteins Relativitätstheorie. Auch keine Naturkonstante wie im Fall von Boltzmann ist nach ihm benannt. Seine Himmelsmechanik ebenso wie seine Wahrscheinlichkeitstheorie ist mittlerweile Wissenschaftsgeschichte. Der Name von Laplace wird aber auf immer verbunden sein mit Rechenverfahren der angewandten Mathematik, die in vielen mathematischen Modellierungen bis heute unverzichtbar sind. Das ist typisch für die Generation angewandter Mathematiker und mathematischer Physiker in Frankreich: Die Lagrange-Funktion der analytischen Mechanik nach Joseph-Louis de Lagrange (1736–1813) wird in weiterentwickelter Form bis heute in der modernen Physik verwendet. Jeder Schulabsolvent kennt die Poisson-Verteilung aus der Wahrscheinlichkeitsrechnung und ein Studierender der Technik- und Naturwissenschaften die Poisson-Gleichung aus der Thermodynamik, die auf den Laplace-Schüler Siméon Denis Poisson (1781–1840) zurückgehen.

So wird der Laplace-Operator[12] in Differentialgleichungen verwendet, um die Dynamik physikalischer Felder zu berechnen. Dabei kann es sich um Gleichungen der Elektrostatik ebenso handeln wie um Wellengleichungen elektromagnetischer Felder, Diffusionsgleichungen der Wärmeleitung oder die Verteilung von Schwerefeldern. Die Laplace-Transformation[13] ist das Beispiel eines Funktionals, das Funktionen mit reellen Zahlen in solche mit komplexen Zahlen überführt. Ursprünglich von ihm in der Wahrscheinlichkeitsrechnung angewendet erlangt sie später große Bedeutung in der mathematischen Physik, Elektrotechnik und Systemtheorie. Als Laplace-Gleichung[14] wird in der Physik die Potentialgleichung bezeichnet, mit der im Fall von Wärmeleitung z. B. die Isolation von Häusern berechnet werden kann. In der Elektrostatik erfüllt das elektrische Potential im ladungsfreien Raum die Bedingungen der Laplace-Gleichung. Letztlich lässt sich damit auch der Faradaysche Käfig erklären.

Laplace-Verfahren gehören zum Alltag von Ingenieuren und Mathematikern. Ein weiteres Beispiel ist der nach ihm benannte Entwicklungssatz zur Bestimmung der Determinante einer Matrix.[15] Die Mathematik war also für Laplace nicht wie bei Galilei und Newton die Sprache, in der Gott ewige Naturgesetze offenbart – sie war ein Instrument des menschlichen Denkens, mit dem die Natur mit äußerster Präzision berechnet und kontrolliert werden sollte.

Kapitel 3:
«Wir müssen wissen – wir werden wissen» (David Hilbert)

Die Pariser Weltausstellung von 1900 verstand sich als Bilanz eines Jahrhunderts. Tatsächlich feierte sich hier eine Epoche mit ungebrochenem Fortschrittsoptimismus der Technik, Wissenschaft und Kultur. Es war bereits die fünfte Weltausstellung in Paris, der unangefochtenen damaligen Metropole von Kunst, Wissenschaft und Technik. Daher wurde der zweite internationale Mathematiker-Kongress parallel zur Weltausstellung in Paris veranstaltet. Als der damals bereits führende deutsche Mathematiker David Hilbert (1862–1943) eingeladen wurde, einen Vortrag über Geschichte und Methodologie der Mathematik zu halten, wurde allgemein eine Leistungsbilanz des grandiosen Aufschwungs dieser Disziplin in der Neuzeit erwartet. Stattdessen sprach Hilbert über die Zukunft der Mathematik «während der künftigen Jahrhunderte», in dem er eine Liste von 23 bisher ungelösten Problemen aus dem gesamten mathematischen Themenspektrum vortrug. Anders als die Physik, die sich Ende des 19. Jahrhunderts bereits auf ihrem Höhepunkt und Abschluss wähnte, war bei Hilbert von «neuen Methoden» und «neuen Tatsachen» die Rede – «auf dem weiten und reichen Feld mathematischen Denkens».[1] Hilberts Rede verkündete den Aufbruch der Mathematik in die Moderne, der sich zur Jahrhundertwende auch in Kunst, Literatur und Musik abzeichnete.

Euklids Axiomensystem der Geometrie: Die Vermessung und Berechnung der Welt beginnt mit der Geometrie und Arithmetik. Wie Hilbert in seinem Vortrag zeigte, waren die Grundlagen dieser beiden Disziplinen keineswegs elementar. In griechischer Tradition berief man sich in der Mathematik auf Beweise, die logisch aus Axiomen abgeleitet wurden. Dabei galten die Grundbegriffe und Axiome der Euklidischen Geometrie als intuitiv klar und keiner weiteren Erklärung bedürftig. Der große Pascal hatte Regeln des Beweisens aufgestellt, wonach man nur das beweisen müsse, was nicht evident und daher als Axiom vorausgesetzt werden kann. Jedermann weiß, was ein Punkt oder eine Gerade ist, und beruft sich dabei auf gewisse anschauliche Vorstellungen. Es ist auch klar, dass zwei Geraden, die nicht parallel sind, sich in einem Punkt schneiden. Aber Definitionen der Art «Ein Punkt ist, was keine Ausdehnung hat» zeigen, wie vage diese Vorstellungen sind. Auch das berühmte Parallelenaxiom Euklids ist keineswegs anschaulich. Hier wird gefordert, dass durch einen Punkt in einer Ebene genau eine Gerade existiert, die eine andere Gerade außerhalb dieses Punkts nicht schneidet. Messtechnisch wäre es doch durchaus vorstellbar, dass alle Geraden durch diesen Punkt sich mit der vorgegebenen Gerade in unvorstellbar großen Entfernungen unter äußerst spitzen Winkeln schließlich doch schneiden. Von Newton bis Gauß wurde daher auch vermutet, dass die Geometrie eigentlich keine mathematische Disziplin sei, sondern von physikalischen Anschauungen abhängt.[2]

Hilberts formales Axiomensystem der Geometrie: Ein Jahr vor seiner Jahrhundertrede in Paris hatte Hilbert die Euklidische Geometrie einer grundlegenden Revision unterzogen. In seinen «Grundlagen der Geometrie» von 1899 verzichtet er auf Erklärungen und Definitionen der Grundbegriffe und beginnt mit formalen Festlegungen von Bezeichnungen und Regeln ihrer Beziehungen:

> «Wir denken drei verschiedene Systeme von Dingen: die Dinge des ersten Systems nennen wir Punkte und bezeichnen sie mit $A, B, C, \ldots$. Die Dinge des zweiten Systems nennen wir Geraden und bezeichnen sie mit $a, b, c, \ldots$ Die Dinge des dritten Systems nennen wir Ebenen und bezeichnen sie mit $\alpha, \beta, \gamma, \ldots$. Die Punkte heißen auch die Elemente der linearen Geometrie, die Punkte und Geraden heißen die Elemente

der ebenen Geometrie und die Punkte, Geraden und Ebenen heißen die Elemente der räumlichen Geometrie oder des Raumes.»[3]

Was sich Mathematiker unter ihren Grundbegriffen vorstellen, spielt für den logischen Beweis ihrer Sätze keine Rolle. In einem Brief an den Logiker Gottlob Frege schreibt Hilbert:

> «Wenn ich unter meinen Punkten irgendwelche Systeme von Dingen z. B. das System: Liebe, Gesetz, Schornsteinfeger denke und dann nur meine sämtlichen Axiome als Beziehungen zwischen diesen Dingen annehme, so gelten meine Sätze, z. B. der Pythagoras, auch von diesen Dingen.»[4]

Modelle formaler Axiomensysteme: Statt für «Liebe, Gesetz und Schornsteinfeger» prüfen Mathematiker und Physiker, welche unterschiedlichen Modelle die formalen Festlegungen einer axiomatischen Theorie erfüllen.[5] So wissen wir seit Einstein in der Physik, dass ein Lichtstrahl durch die Schwerkraft gekrümmt wird. In diesem Fall ist die kürzeste Verbindung zwischen zwei Punkten, die ein Lichtstrahl zurücklegen kann, keine Euklidische Gerade wie in der klassischen Physik Newtons, sondern eine mehr oder weniger gekrümmte Bahn. Bereits Gauß wendete die sphärische Geometrie der gekrümmten Kugeloberfläche an, um geodätische Vermessungen auf der Erdoberfläche vorzunehmen. Die kürzesten Verbindungen von Punkten auf der Kugeloberfläche sind gekrümmt. Im sphärischen Modell werden daher Großkreise wie der Äquator auf der Kugeloberfläche als «Geraden» interpretiert. Als «Ebene» wird die unbegrenzte Kugeloberfläche aufgefasst.[6]

Bei weiterer geeigneter Interpretation der Grundbegriffe und ihren Beziehungen lassen sich viele Sätze der Euklidischen Geometrie auch für die Kugeloberfläche beweisen. In einem sphärischen Dreieck auf der Kugeloberfläche ist aber die Summe der Winkel, unter denen sich die drei gekrümmten Seiten des Dreiecks schneiden, nicht 180° wie in der Euklidischen Geometrie, sondern größer. Das Parallelenaxiom der Euklidischen Geometrie, das mathematisch äquivalent mit dem Winkelsummensatz von 180° ist, gilt also nicht im sphärischen Modell. Das wusste schon Gauß, und daher wollte er durch Messung prüfen, welches mathematische Modell der Geometrie in der Physik zutrifft. Wenn wir aber kleine Dreiecke auf der riesigen Oberfläche der Erdkugel betrachten, sind die Krümmungen gering und Abweichungen vom Winkelsummensatz verschwindend klein. Sie könnten erst mit äußerst genauen Messinstrumenten registriert werden. Im Kleinen des menschlichen Alltags ist also die Euklidische Geometrie eine gute Annäherung. Erst im Großen der Erdgeodäsie und Astronomie werden nicht-Euklidische Modelle für die Anwendung wichtig.

Die Geometrie war aber für Hilbert nur ein Beispiel, um allgemein den Aufbau und die Anforderungen einer mathematischen Theorie zu zeigen. Eine Theorie ist ein System aus endlich vielen Formeln («Axiomen»), die Beziehungen zwischen Grundbegriffen festlegen. Die Grundbegriffe und Beziehungen werden durch Symbole für Leerstellen («Variablen») bezeichnet, die unterschiedlich interpretiert werden können. Wenn eine solche Interpretation die Bedingungen der Axiome erfüllt, handelt es sich um ein Modell der Theorie. Jede axiomatische Theorie ist also durch eine Klasse von Modellen bestimmt.

Traditionell wurden die Axiome als wahre Sätze vorausgesetzt. Nach Hilbert handelt es sich aber nur noch um ausgewählte Formeln, aus denen andere Formeln nach formalen logischen Regeln abgeleitet werden. Ihre traditionelle Rechtfertigung durch Intuition, Evidenz oder Anschauung gilt als vage und wird ausgeschlossen. Ihre Festlegungen sind allerdings nicht völlig willkürlich, sondern sollen drei formale Anforderungen erfüllen: Die Axiome sollen unabhängig, vollständig und widerspruchsfrei sein.

Unabhängigkeit formaler Axiome: Nach der Forderung der Unabhängigkeit soll es nicht möglich sein, dass ein Axiom aus den anderen Axiomen in einem Beweis logisch ableitbar ist. Tatsächlich lässt sich die Unabhängigkeit eines Axioms von den übrigen Axiomen eines Axiomensystems mathematisch exakt beweisen. So ist z. B. das Parallelenaxiom unabhängig von den übrigen Axiomen der Euklidischen Geometrie. Wie oben erwähnt wurde, lässt sich nämlich ein sphärisches Modell angeben, in dem alle Axiome der Euklidischen Geometrie außer dem Parallelenaxiom gelten. Damit ist gezeigt, dass ein Beweis des Parallelenaxioms unter Voraussetzung der übrigen Axiome prinzipiell nicht möglich ist. Gäbe es nämlich einen solchen Beweis, dann müsste jeder Schritt dieses Beweises auch im sphärischen Modell zutreffen. Dort gilt aber das Parallelenaxiom nicht.[7]

Widerspruchsfreiheit formaler Axiome: Die schwerwiegendste Forderung Hilberts ist allerdings die formale Widerspruchsfreiheit der Axiome.[8] Wenn wir ihre Wahrheit schon nicht voraussetzen können, dann muss wenigstens garantiert sein, dass sie keine formalen Widersprüche enthalten. In diesem Fall würde alles beweisbar und die Theorie wäre wertlos. In den «Grundlagen der Geometrie» beweist Hilbert die Widerspruchsfreiheit seines Axiomensystems der Euklidischen Geometrie durch eine Modellkonstruktion, die uns aus der Schule vertraut ist. Gemeint ist die analytische Geometrie, in der bereits Descartes Aussagen der Geometrie in solche der Arithmetik der (reellen) Zahlen überführt hatte. Punkte werden als Koordinatenpaare reeller Zahlen, Geraden als lineare Gleichungen, Schnittpunkte von Geraden als Lösungen entsprechender Gleichungen etc. interpretiert. Gäbe es Widersprüche im Hilbertschen Axiomensystem der Geometrie, dann müssten sie auch in der Arithmetik auftreten. Die Geometrie ist danach widerspruchsfrei, wenn die Arithmetik widerspruchsfrei ist. Wenn wir die Geometrie im ursprünglichen Sinn als Theorie des Messens und die Arithmetik als Theorie des Rechnens auffassen, dann wird die Widerspruchsfreiheit des Messens auf die Widerspruchsfreiheit des Rechnens zurückgeführt. Man spricht deshalb auch von einem bedingten oder relativen Widerspruchsfreiheitsbeweis. Ist aber die Arithmetik widerspruchsfrei? Das war das zweite Problem, das Hilbert in seinem Pariser Vortrag von 1900 in seiner Liste von 23 noch zu lösenden mathematischen Problemen nannte.[9]

Vollständigkeit formaler Axiome: Eng damit zusammen hängt Hilberts Vollständigkeitsforderung an eine formale Theorie. Eine formale axiomatische Theorie heißt vollständig, wenn jeder Satz der Theorie bewiesen oder widerlegt werden kann. Hilbert war davon überzeugt, dass es für jede mathematische Theorie ein formales Entscheidungsverfahren gibt, mit dem die Sätze der Theorie bewiesen

oder widerlegt werden können. Widerspruchsfreiheit und Vollständigkeit sind die grundlegenden Kriterien, mit denen Hilbert die gesamte Mathematik in dem nach ihm benannten «Hilbert-Programm»
neu sichern und begründen wollte.[10] Die Formulierung dieses Programms fällt in die Jahre 1918–1922, die durch Revolutionen, Zusammenbrüche und Krisen bestimmt waren. Nicht nur in Politik und
Wirtschaft, sondern auch in Kunst und Kultur fanden radikale Um-
brüche statt. Es ist der schwierige Weg in die Moderne, der sich in
Europa vollzog. So sprach man auch von einer «Grundlagenkrise der
Mathematik»,[11] die durch Widersprüche und Antinomien ihrer
Grundbegriffe ausgelöst wurde. Hilbert wollte die mathematischen
Grundlagen durch sein Programm der Formalisierung ein für alle
Mal sichern.

Grundlagenkrise der Mathematik: Es hatte sich nämlich gezeigt,
dass beliebig abstrakte Begriffs- und Mengenbildungen in der Mathematik zu Widersprüchen führen. So entstehen Anzahlen durch
Mengenvergleiche, indem man jedes Objekt einer Menge einem Objekt einer anderen Menge umkehrbar eindeutig zuordnet. Werden
dabei alle Objekte der Menge erfasst, nennt man diese Mengen
gleichmächtig oder von gleicher Anzahl. In diesem Fall sind z. B. in
einem Korb genauso viele Birnen wie in einem anderen Korb Äpfel.
Man zählt dazu nicht die Äpfel und Birnen ab, sondern ordnet jedem
Apfel eine Birne zu und umgekehrt. Solche Zuordnungen können
für beliebige andere Mengen von Objekten vorgenommen werden.
Eine Zahl steht dann für die Menge aller Mengen, die gleichmächtig
bzw. von gleicher Anzahl sind. Eine Menge von Zahlen ist dann bereits eine Menge von Mengen von Mengen. Natürliche Zahlen repräsentieren endliche Mengen. Stellt man sich nun vor, dass Brüche
oder rationale Zahlen aus Paaren von natürlichen Zahlen (nämlich
Zähler und Nenner) und reelle Zahlen als Dezimalbuchentwicklun-
gen als Folgen von Brüchen bestehen, dann ist man schon in der elementaren Mathematik sehr schnell bei sehr abstrakten Mengenbildungen.[12]
 Insbesondere unendliche Mengen wie z. B. die Mengen der natürlichen, rationalen und reellen Zahlen führten zu merkwürdigen Ergebnissen. Während die Mengen der natürlichen und rationalen Zah-

len gleichmächtig sind, erweist sich die Menge der reellen Zahlen als mächtiger als die der natürlichen Zahlen. Das erste Problem von Hilberts Liste von 1900 fragte deshalb, ob es eine Menge gibt, die «zwischen» der Mächtigkeit der natürlichen und reellen Zahlen liegt, also mächtiger als die natürlichen Zahlen ist, aber in der Mächtigkeit echt kleiner als die reellen Zahlen – ein, wie wir heute wissen, unentscheidbares Problem im Rahmen der (Zermelo-Fraenkel-)Mengenlehre.[13]

Cantors Axiomensystem der Mengenlehre: Georg Cantor (1845–1918) hatte Axiome für die Bildung beliebiger Mengen formuliert. Danach könnte man z. B. auch die Menge aller Mengen bilden, die sich selber nicht als Element enthalten. Für diese Menge lässt sich aber beweisen, dass sie sich sowohl als Element enthält als auch nicht enthält, was offenbar ein Widerspruch ist. Bertrand Russell, der britische Mathematiker und Philosoph, hatte diesen Widerspruch 1918 anschaulich in das Paradoxon von einem Barbier gekleidet, der alle und nur jene Menschen seines Dorfs rasiert, die sich nicht selber rasieren. Rasiert dieser Barbier sich nun selber? Angenommen, er rasiert sich selber, dann gehört er zu den Dorfbewohnern, die er nach unserer Definition nicht rasiert, was im Widerspruch zu unserer Annahme steht. Wird aber angenommen, dass er sich nicht selber rasiert, dann gehört er zu den Dorfbewohnern, die er rasiert, wiederum im Widerspruch zur Annahme.[14] Wenn aber mathematische Begriffe allgemein auf Mengenbildungen von Objekten zurückgeführt werden, die gewisse Eigenschaften erfüllen, dann wären, wie dieses Beispiel zeigt, schon in den Grundlagen Widersprüche möglich, die das ganze Haus der Mathematik zum Einsturz bringen könnten.

Mathematischer Intuitionismus und Konstruktivismus: Wie damals in der Politik, gab es auch in der Mathematik einen «Putschversuch», der die Mengenbildung der Mathematik radikal einschränken wollte, um so Widersprüche zu vermeiden. Der niederländische Mathematiker Luitzen Egbertus Jan Brouwer plädierte 1907 dafür, nur noch Begriffsbildungen nach dem Vorbild des Zählens zuzulassen.[15] Schritt für Schritt lässt sich jede natürliche Zahl durch Addition von 1 aus ihrem Vorgänger konstruieren. Mengen sollten nur noch erlaubt sein, deren Elemente zunächst nach diesem Vorbild konstruiert

wurden. So werden Zirkelschüsse vermieden und die Widerspruchsfreiheit in jedem einzelnen Konstruktionsschritt Schritt für Schritt
garantiert. Demgegenüber erinnerten beliebige Mengenbildungen
einige Zeitgenossen damals an das «Papiergeld» der Inflation, das für
nicht existierende Werte stand. Die Analogie der logischen Widersprüche mit den Konflikten in Wirtschaft und Politik entsprach
ebenfalls der damaligen Stimmung.

Brouwers Kritik an beliebigen Mengen- und Begriffsbildungen
war nicht ohne Vorläufer in der klassischen Mathematik. Bereits der
deutsche Zahlentheoretiker Leopold Kronecker meinte: «Die ganzen
Zahlen hat der liebe Gott gemacht, alles andere ist Menschwerk.»[16]
Henri Poincaré kritisierte wie viele andere Mathematiker (u. a. Gauß)
die Annahme von unendlichen Mengen als gegebenen Objekten. Tatsächlich war Cantor als Begründer der Mengenlehre von theologi-
schen Vorstellungen inspiriert, wonach «aktuale Unendlichkeit» in
der Scholastik des Mittelalters für Gott reserviert war. Demgegenüber stellte Poincaré fest:

> «Es gibt kein Aktual-Unendlich, was wir unendlich nennen, ist nur die
> Möglichkeit, unaufhörlich neue Objekte zu schaffen, wie zahlreich
> auch die schon geschaffenen Objekte seien.»[17]

Brouwer machte die uneingeschränkte Verwendung des Satzes vom
ausgeschlossenen Dritten der klassischen Logik auf unendliche Mengen dafür verantwortlich, dass zirkuläre und widersprüchliche Men-
gen- und Begriffsbildungen entstehen können. Nach diesem Prinzip
ist eine Aussage entweder wahr oder falsch. Eine dritte Möglichkeit
ist nicht gegeben (lateinisch «tertium non datur»). Mit diesem Prinzip lässt sich die Existenz einer unendlichen Menge beweisen, ohne
dass wir ein Konstruktionsverfahren zur Herstellung ihrer Elemente
kennen: Wir nehmen das Gegenteil an, dass nämlich diese Menge
nicht existiert, und führen diese Annahme auf einen logischen Widerspruch. Dann gilt nicht, dass die Behauptung der Existenz der unendlichen Menge nicht gilt. Da es eine dritte logische Möglichkeit
nicht gibt, muss also diese Menge existieren. Brouwers Kritik würde
zum Ausschluss von vertrauten Sätzen und Beweisen schon in den
Anfängervorlesungen der Mathematik führen.[18]

Nun sind zwar keine Widersprüche der Sätze der klassischen

Analysis bekannt. Das wäre aber nur eine vorläufige Bewährung der Sätze bis zu einer zukünftigen Widerlegung. Man könnte noch anführen, dass sich die Sätze der klassischen Analysis bei Anwendungen in der Physik und Technik bewährt haben. Aber auch das ist keine mathematische Begründung. Häufig sind keine konstruktiven Beweise bekannt, und wenn sie bekannt sind, gelten sie als umständlich.

Hilberts Programm finiter Formalismen: Hilbert wollte daher die Mathematiker ihre gewohnte erfolgreiche Arbeit (mit dem «tertium non datur») machen lassen, aber ihre Theorien nachträglich durch axiomatische Präzisierung der Grundbegriffe und widerspruchsfreie Formalisierung sichern und rechtfertigen.[19] Bei den formalen Ableitungen der Formeln sollten nur konstruktive Methoden zugelassen sein, die auch von den Anhängern Brouwers akzeptiert würden. Hilbert sprach von «finiten» Methoden, da bei den Konstruktionsschritten immer nur endliche («finite») Symbolreihen erzeugt werden.

Ein einfaches Beispiel ist das Zählen, das wir durch zwei Regeln zur Erzeugung einer Folge des Symbols / formalisieren können:

a) Beginne mit /
b) Wenn die Symbolfolge n erzeugt ist, erzeuge n/

Nach Anwendung der Regel a) entsteht durch schrittweise Einsetzung des Symbols / in die Variable n nach der Regel b) die Symbolfolge /, //, ///, ...[20] Aus heutiger Sicht kann man diese Regeln auch als Programm eines Computers auffassen, das schrittweise endliche Datenfolgen beliebiger Länge und Größe erzeugt.

Hier sehen wir die Urform, wie Big Data entsteht. Statt wie in diesem einfachen Beispiel nur ein Alphabet mit dem einen Symbol / zu verwenden, könnte man auch ein Alphabet mit endlich vielen Symbolen verwenden, um in dieser Weise Schritt für Schritt komplexe Formeln aus diesen Symbolen zu erzeugen. Damit lassen sich formale Sprachen einführen. Bei einer Formalisierung werden Sätze und Ausdrücke einer mathematischen Theorie durch entsprechende Formeln einer formalen Sprache dargestellt. Beim formalen Beweis eines mathematischen Satzes werden die Symbole einer Formel, mit der die Voraussetzung eines mathematischen Satzes (z. B. ein Axiom der mathematischen Theorie) formalisiert ist, in endlich vielen Beweisschritten nach formalen Regeln so lange verändert, bis die Formel erreicht ist, die den zu beweisenden mathematischen Satz repräsentiert.

Formale Beweise könnten also ebenso mechanisch von einem
Computerprogramm ausgeführt werden, ohne die «Bedeutung» der
Symbole zu verstehen. Das Ziel von Hilbert war es, ein formales System zu finden, um mit finiten Mitteln für jeden mathematischen
Satz beweisen zu können, ob er wahr oder falsch ist (Widerspruchsfreiheit). Alle wahren Sätze einer mathematischen Theorie sollten in
diesem formalen System beweisbar sein (Vollständigkeit). Zunächst
gelang es auch Hilbert und einigen Mitarbeitern, dieses Programm
für Teilsysteme der Logik und Arithmetik zu realisieren.[21] Finites Beweisen ist also wie elementares Rechnen mit endlich vielen Symbolen. Am Ende hätte man ein einfaches Rechenprogramm, mit dem
alle Probleme der Mathematik entschieden werden könnten.

Axiomatische Methode und Weltformel: Als führender Mathematiker seiner Zeit interessierte sich Hilbert nicht nur für die Grundlagen der Mathematik, sondern auch für ihre Anwendung in den
Naturwissenschaften. Nach den Erfolgen in der klassischen Physik
erwies sich die Mathematik für die neue Physik des 20. Jahrhunderts
als unverzichtbar. Relativitätstheorie und Quantenmechanik wären
ohne die mathematischen Theorien z. B. der Differentialgeometrie
und Funktionalanalysis überhaupt nicht denkbar. Wesentliche mathematische Grundbegriffe der Physik tragen den Namen Hilberts
wie z. B. der Hilbertraum als Zustandsraum von Quantenzuständen
der Elementarteilchen des Universums. Es verwundert daher nicht,
dass Hilbert sein Programm der Axiomatisierung auch auf die Physik
ausweiten wollte. In seiner Jahrhundertrede von 1900 lautete daher
das 6. Problem: Wie kann die Physik axiomatisiert werden?[22]

Um 1900 dachte Hilbert zunächst an die Mechanik. So hatte
Heinrich Hertz bereits 1898 seine «Prinzipien der Mechanik» veröffentlicht, nach denen mathematische Modelle mechanischer Vorgänge
in einer Theorie zusammengefasst wurden. Ihre Kriterien waren nach
Hertz Richtigkeit, Zuverlässigkeit und Zweckmäßigkeit.[23] Ziel von
Hertz war es, die Mechanik als ein vollständig in sich zusammenhängendes Systems aus einem einzigen Grundsatz heraus zu entwickeln.

Mit Beginn der Relativitätstheorie und Quantenphysik zeigte sich aber bald, dass die klassische Mechanik nicht länger die Grundlagendisziplin bleiben konnte. Bevor man aber an eine Formalisierung und Axiomatisierung der Physik denken könnte, müsste sie zunächst (wie in der Mathematik) auf eine fundamentale Grundtheorie zurückgeführt werden. Aus heutiger Sicht müssten dazu die Grundgesetze der bekannten physikalischen Kräfte in einer Grundformel vereinigt werden. Das wäre dann die berühmte «Weltformel», aus der sich alle Zustände der Welt berechnen lassen könnten.

Hilbert war an der Suche nach einer solchen «Weltformel» führend beteiligt. Als er 1915 und 1917 seine «Grundlagen der Physik» veröffentlichte, waren aber nur die Gravitation und der Elektromagnetismus als physikalische Grundkräfte bekannt.[24] Sein Ziel war daher eine einheitliche Materietheorie, in der Gravitation und Elektromagnetismus auf ein gemeinsames Prinzip zurückgeführt werden sollten. Ähnlich wie in seinen «Grundlagen der Geometrie» geht Hilbert axiomatisch vor.

Raum und Zeit, Gravitation und Elektromagnetismus werden als mathematische Grundbegriffe definiert: Raum und Zeit sind vier Raum-Zeit-Koordinaten («Weltparameter») eines 4-dimensionalen Raum-Zeit Kontinuums. Die Gravitation wird wie in Einsteins Gravitationstheorie durch zehn Gravitationspotentiale bestimmt. Sie bilden einen Tensor bei Transformation der Weltparameter. Der Elektromagnetismus wird wie bei Maxwell durch vier elektromagnetische Potentiale bestimmt. Sie bilden einen Vektor bei Transformation der Weltparameter. Die physikalischen Prozesse in einer Welt mit diesen Größen sind nach Hilbert durch zwei Axiome bestimmt: 1) Das Axiom der Weltfunktion ist ein allgemeines Variationsprinzip, aus dem die physikalischen Gesetze abzuleiten sind. 2) Das Axiom der allgemeinen Invarianz fordert, dass die Weltfunktion bei beliebigen Transformationen der Raum-Zeit-Koordinaten unverändert gültig (invariant) bleibt.

Variationsprinzipien sind seit der analytischen Mechanik des 18. Jahrhunderts das Ideal einer «Weltformel». Danach kann aus einer Variation von möglichen Bahnen eines Körpers eine Bahn mit optimalen oder extremen Eigenschaften bestimmt werden, die in der Natur tatsächlich auch realisiert ist. Mathematisch werden die Bah-

nen durch reelle Funktionen dargestellt, die Variation durch eine
Funktion («Funktional») dieser Funktionen. Solche Funktionale
können Integrale sein, die unter bestimmten Bedingungen zu berechnen sind. Hilbert wählte die besondere Form des Hamilton-Prin-
zips, das bereits in der klassischen Mechanik als ein Prinzip der
kleinsten Wirkungen verwendet wurde. Physikalische Teilchen oder
Felder nehmen danach unter bestimmten Bedingungen den kleinsten der möglichen Werte an. Hilbert bewies mathematisch zum ersten Mal, dass Einsteins Gleichungen der Gravitationstheorie ebenso
wie Maxwells Gleichungen der Elektrodynamik aus einem solchen
allgemeinen Prinzip kleinster Wirkung ableitbar sind.

Hilbert feierte seine Ableitung der Einsteinschen Gravitationsgleichungen und der Maxwellschen Gleichungen der Elektrodynamik
als größten Triumph der axiomatischen Methode. Mathematische
Eleganz und Einfachheit waren für ihn Motivation für eine einheitliche Theorie der Materie. Einstein akzeptierte zwar, dass Hilbert
unabhängig von ihm die Gravitationsgleichungen aus dem Hamil-
tonschen Variationsprinzip gewonnen hatte. Als Physiker kritisierte
er jedoch Hilberts Rückgriff auf eine Materietheorie von Gustav Mie,
der 1912–1913 versucht hatte, die Existenz des Elektrons mit der Gravitation in Verbindung zu bringen.[25] Auch Wolfgang Pauli wies in
seiner Kritik von 1921 darauf hin, dass die Miesche Theorie der Materie physikalisch nicht haltbar war. Unter den Bedingungen der
entstehenden Quantenphysik waren nicht nur neue physikalische
Prinzipien zu berücksichtigen, sondern wurden in den folgenden
Jahrzehnten auch neue physikalische Kräfte und ihre beteiligten Elementarteilchen entdeckt. Jedenfalls steht Hilbert am Anfang einer
Entwicklung der modernen Physik, die auf eine einheitliche Theorie
aller physikalischen Phänomene abzielt. Die Berechnung der Welt
und die Beweisbarkeit ihrer mathematischen Theorien hatten sich
nur als schwieriger erwiesen, als man sich das ursprünglich vorgestellt hatte. Umso mehr galt für Hilbert der Wahlspruch, der auf seinem Grabstein steht: «Wir müssen wissen – wir werden wissen.»

Kapitel 4:

Unvollständigkeit und Unentscheidbarkeit (Gödel und Turing)

Im Jahr 1931 erreichte die Weltwirtschaftskrise ihren Höhepunkt. Big Data war in diesem Jahr erschreckend: In Deutschland gab es 70 000 Konkurse und 6 Millionen Arbeitslose. Große Zahlen traten aber auch in Technik und Wissenschaft auf: Am 1. Mai wurde das Empire State Building als damals höchstes Gebäude der Welt in New York eröffnet und der Schweizer Forscher Auguste Piccard stieg mit einem Stratosphärenballon auf die bis dahin unerreichte Höhe von 15 781 Meter. In diesem Jahr war aber auch eine unvorhergesehene und unerhörte Leistung theoretischen Denkens im 20. Jahrhundert zu vermelden: Der österreichische Logiker und Mathematiker Kurt Gödel (1906–1978) veröffentlichte den nach ihm benannten Unvollständigkeitssatz unter dem Titel «Über formal unentscheidbare Sätze der Principia mathematica und verwandter Systeme».[1]

Gödel hatte 1929 zunächst ganz in der Tradition des Hilbert-Programms seine Dissertation «Über die Vollständigkeit des Logikkalküls» verfasst und dafür im Februar 1930 den Doktorgrad erhalten.[2] Auf der «Zweiten Tagung für Erkenntnislehre der exakten Wissenschaften», die im gleichen Jahr in Königsberg stattfand, sprach Gödel bereits über seine neuen Ergebnisse zur Unentscheidbarkeit, ohne aber im Tagungsbericht erwähnt zu werden.[3] Nur John von Neumann (1903–1957), der ungarisch-amerikanische Mathematiker und spätere Computerpionier, erkannte sofort die Bedeutung dieses Ergebnisses und war von da an ein großer Verehrer Gödels.

Gödels unentscheidbare Aussagen und unvollständige Formalismen: Was war geschehen? Gödel betrachtete formale Sprachen, die neben der Logik auch die elementare Zahlentheorie (mit den Grundrechenarten) umfassen. Ein entsprechendes formales System hatte Russell in seinen «Principia Mathematica» vorgestellt, auf die sich Gödel im Titel seiner Arbeit bezog. Dort zeigte er, dass in jeder widerspruchsfreien axiomatischen Erweiterung der formalen Zahlentheorie auch eine Formel angegeben werden kann, die nicht entscheidbar ist. Nicht-Entscheidbarkeit bedeutet, dass weder die Formel A noch ihre Verneinung (Negation) «nicht A» ($\neg A$) ableitbar sind. Gödel formalisierte dazu selbstbezügliche Aussagen, die aus der philosophischen Tradition bekannt sind. Selbstbezügliche Aussagen sind Aussagen über Aussagen, die über sich selber etwas aussagen. Ein Beispiel ist die Antinomie vom Lügner, wonach die Aussage «Ich spreche jetzt nicht die Wahrheit» weder wahr noch falsch sein kann: Wäre sie wahr, so würde ich jetzt nicht die Wahrheit sprechen. Da das aber ein Lügner sagt, würde ich doch die Wahrheit sagen und die Aussage wäre falsch. Wäre die Aussage aber falsch, dann würde ich die Wahrheit sagen. Da das aber ein Lügner sagt, würde ich doch nicht die Wahrheit sagen und die Aussage wäre wahr.

Bei Gödels selbstbezüglichen Aussagen handelt es sich um Aussagen über Aussagen, die von sich selbst behaupten, dass sie in einer Formalisierung nicht ableitbar seien. Dazu führt Gödel eine Codierung der Symbole einer formalen Sprache durch natürliche Zahlen ein, die nach ihm als Gödelisierung benannt wird. Jede natürliche Zahl n soll die Gödelnummer eines Ausdrucks A sein. Die Gödelnummer von A wird wiederum mit $n[A]$ bezeichnet. Durch die Gödelisierung wird dann eine Aussage über die Ableitbarkeit eines Ausdrucks A zu einer arithmetischen Aussage über die Gödelnummer $n[A]$ von A. Diese arithmetische Aussage lässt sich wiederum formalisieren. Damit werden selbstbezügliche Aussagen in formalen Sprachen der Arithmetik repräsentierbar.[4]

In jeder Erweiterung des arithmetischen Formalismus könnte eine solche nicht entscheidbare Formel angegeben werden, die ebenso wie ihre Negation im jeweiligen Formalismus nicht beweisbar ist. Gödels Ergebnis wurde populär als «Scheitern» des Hilbertschen Formalismus-Programms verstanden. Tatsächlich handelt es sich um eine Vertiefung der Grundbegriffe, die das Tor zur neuen mathematischen Disziplin der Beweistheorie weit aufgestoßen hat. So muss der Begriff der Beweisbarkeit auf eine jeweilige formale Theorie bezogen werden. Wir können schließlich die Leistungsfähigkeit der einzelnen Formalismen präziser unterscheiden. Insofern gilt Hilberts Motto «Wir müssen wissen – wir werden wissen!» in modifizierter und präziser Weise weiter.

Formalismen und Computersprachen: Gödels Ergebnis hängt unmittelbar mit dem Begriff der Berechenbarkeit auf Computern zusammen.[5] Bereits seine Technik der Arithmetisierung von Formeln durch Zahlencodes («Gödelisierung») findet heute in jedem Computer statt. Gödel verwendete Codes der Dezimalzahlen. In einem Computer werden heute die Binärcodes («Bits») 0 und 1 des Dualsystems verwendet, die technisch zwei elektronischen Spannungszuständen entsprechen. Computersprachen sind also Formalismen, die auf das Rechnen mit den Bits 0 und 1 zurückgeführt werden. So wie Descartes die Geometrie auf das Rechnen in der Arithmetik zurückführte, so führte Gödel formale Sprachen auf Rechnen zurück. Auch die ungeheuren Datenmengen, die heute als «Big Data» in Computern verarbeitet werden, müssen dazu in Zahlencodes erfasst werden.

Bei einem modernen Computer ist die Hardware der Technik für den Benutzer unter vielen Schichten von Bedienungssoftware verborgen. Auf der untersten Schicht besteht jeder Zentralprozessor (CPU) eines Standardcomputers aus Registern, in denen Zahlen als Spannungszustände gespeichert und verarbeitet werden. Maschinelle Datenverarbeitung setzt also voraus, dass Daten in physikalische Zustände eines Computers übersetzt werden. Im Prozessor werden dazu zwei Impulse mit verschiedener Spannung unterschieden, die den Bits 0 und 1 entsprechen. Daher werden Ziffern, Buchstaben und Sonderzeichen, wie wir sie von der Tastatur eines Notebooks kennen, automatisch in einen Binärcode aus den Symbolen 0 und 1 übersetzt, dem eine Bitfolge der beiden Stromimpulse als den physikalischen Zuständen der Maschine entspricht. Ein Zentralprozessor besteht aus einem Rechenwerk, das die Rechenoperationen durchführt, einigen Registern, in denen Daten und das Ergebnis aufgenommen werden, einem Steuerwerk bzw. Befehlsregister, das den jeweils anstehenden Befehl enthält, und einem Befehlszähler mit der Adresse des Befehls aus dem Steuerwerk. Hinzu kommt ein Arbeitsspeicher, der aus Speicherzellen für Daten und Befehle besteht. Ein Programm setzt sich aus einer Folge von Befehlen zusammen, die aus den Registern abgerufen, decodiert und ausgeführt werden.

Turings Beiträge zur Theorie und Praxis der Berechenbarkeit: Was bedeutet aber Gödels Unvollständigkeit für einen Computer?[6] Dazu muss zunächst logisch-mathematisch definiert werden, was unter einem Computer zu verstehen ist. Damit sind wir bei einer zweiten theoretischen Großleistung des 20. Jahrhunderts, die mit dem Namen des britischen Logikers und Mathematikers Alan Mathison Turing (1912–1954) verbunden ist. Wenige Jahre nach Gödels Ergebnis übersetzte er dessen formale Sprache der Arithmetik in ein formales Maschinenkonzept, das nach Turing benannt wurde. In seiner berühmten Arbeit «On computable numbers with an application to the Entscheidungsproblem» (1936)[7] wird der Begriff einer effektiven programmgesteuerten Rechenmaschine überhaupt definiert. Turings Maschinenbegriff versteht Rechnen als effektive Verarbeitung von Zeichen und Symbolen.

Für das Thema «Big Data» ist bemerkenswert, dass Turing nicht nur der überragende Theoretiker der Berechenbarkeit war, sondern auch praktisch die Datenverarbeitung vorantrieb. Während des Zweiten Weltkriegs war er an der Entschlüsselung deutscher Funksprüche beteiligt. Die Bedeutung der britischen Codeknacker wurde vielfach gewürdigt. Turing hat maßgeblich zur Entschlüsselung der Enigma, der deutschen Verschlüsselungsmaschine, beigetragen. Für den Sieg der Alliierten im U-Boot-Krieg war diese intellektuelle Leistung mit kriegsentscheidend.[8] Nach dem Krieg arbeitete Turing im National Physical Laboratory an der Entwicklung des ACE («Automatic Computing Engine»)-Computers. 1949 wurde er stellvertretender Direktor der Computerabteilung der Universität Manchester und beschäftigte sich mit der Software einer der ersten zivilen Computer, dem Manchester Mark I.

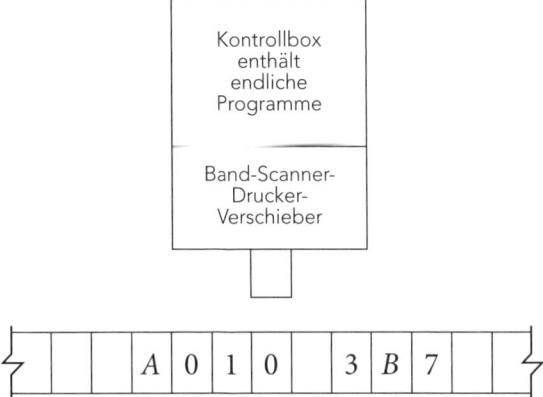

Abb. 6: Schema einer Turingmaschine

Berechenbarkeit und Turingmaschine: Was wäre aber Big Data der
seitdem anschwellenden Datenströme ohne das theoretische Konzept Turings? Eine Turingmaschine soll jedes effektive Verfahren
symbolischer Datenverarbeitung ausführen können. Anschaulich erinnert ihre Architektur an das ältere technische Modell einer Schreib-
maschine, bei der ein Schreibmaschinenkopf einen Papierstreifen be-
druckt. Für den mathematischen Begriff der Berechenbarkeit spielen
diese technisch-physikalischen Details aber wieder keine Rolle. Eine
Turingmaschine besteht aus einem Prozessor und einem (potentiell)
unbegrenzten Band, das in Felder unterteilt ist. Die Elementaroperationen eines Turing-Programms besagen, dass der Prozessor nacheinander (sequentiell) das Band im Arbeitsfeld mit endlich vielen
Symbolen bedrucken, löschen, nach links und rechts um ein Feld
verschieben oder stoppen kann. Turingmaschinen sind ideale mathematische Maschinen, da sie unbegrenzt steigerbare Speicherkapazi-
täten voraussetzen, die man sich als unbegrenzt verlängerbares Re-
chenband vorstellen kann. So lässt sich z. B. ein Programm für den
Zählprozess angegeben, das ausgehend von einem leeren Feld auf
den nachfolgenden Feldern zum Inhalt des vorherigen Feldes jeweils
die Einheit 1 hinzufügt.

Universelle Turingmaschine: Turings mathematisches Maschinen-konzept mag auf den ersten Blick sehr einfach erscheinen. Vom logischen Standpunkt aus ist aber jeder universelle programmkontrol-lierte Computer nichts anderes als eine technische Realisation einer universellen Turingmaschine, die jedes mögliche Turing-Programm ausführen kann. Neben Turingmaschinen wurden verschiedene andere mathematisch äquivalente Verfahren zur Definition bere-chenbarer Funktionen eingeführt.[9] Ein Beispiel sind rekursive Funk-tionen. Dazu gehören elementare Funktionen wie z. B. die Zählfunk-tion $n(x)=x+1$, die ausgehend von 0 jede Zahl x im nachfolgenden Schritt $x+1$ um die Einheit 1 erhöht und so die Zahlen 0, 1, 2, ... suk-zessive erzeugt.

Diese Funktion entspricht offenbar einer rekursiven Iterations-schleife, die ausgehend von 0 auf vorher gebildete Werte x immer wie-der dasselbe Schema $n(x)$ anwendet und so iterierte Werte 0, $n(0)$, $n(n(0))$, ... erzeugt. Hinzu kommen Ersetzungs- und Iterationsschemata für rekursive Funktionen, die Verkettungen und Iterationen von Maschinenprogrammen entsprechen. Jedes dieser verschiedenen mathematischen Berechenbarkeitskonzepte ist in einem anschauli-chen Sinn berechenbar. So macht es uns offensichtlich keine Schwie-rigkeiten, z. B. die Nachfolgerfunktion bzw. das Hinzufügen einer Einheit (also den Zählprozess) als berechenbar zu akzeptieren. Eine endliche Iteration oder Verkettung von berechenbaren Prozessen wird berechenbar bleiben und nicht zu unberechenbaren Prozessen führen. Zudem lässt sich beweisen, dass alle bekannten Definitionen von Berechenbarkeit mit Turingmaschinen, rekursiven Funktionen etc. mathematisch äquivalent sind.

Churchsche These und Berechenbarkeit: Daher stellte Turings Lehrer Alonzo Church in einer nach ihm benannten These (Church-sche These) fest, dass der Begriff der Berechenbarkeit durch eine dieser mathematischen Definitionen (z. B. Turing-Berechenbarkeit, rekursive Funktionen) vollständig erfasst sei. Churchs These kann natürlich nicht bewiesen werden, da sie mathematische präzise Be-griffe wie z. B. Turingmaschinen oder rekursive Funktionen mit intu-itiven Vorstellungen von Berechenbarkeit vergleicht. Churchs These wird allerdings dadurch gestützt, dass verschiedene Definitionen, die jeweils im intuitiven Sinn berechenbare Verfahren präzisieren, mathematisch äquivalent sind. Daher können wir von Berechenbarkeit überhaupt sprechen, ohne auf ein besonderes Verfahren zurückzugreifen. Berechenbarkeitsverfahren heißen auch Algorithmen nach dem persischen Mathematiker al-Chwarismi, der um ca. 800 n. Chr. Lösungsverfahren für einfache algebraische Gleichungen suchte. Nach Churchs These können wir sagen, dass jedes berechenbare Verfahren (Algorithmus) durch eine Turingmaschine berechnet werden kann. Da für jede berechenbare Funktion ein Maschinenprogramm existiert, kann sie immer auf einem universellen programmkontrollierten Computer berechnet werden.

Komplexität der Berechenbarkeit: Für wissenschaftliche, technische und kommerzielle Probleme ist nicht nur die Frage interessant, ob ein Problem überhaupt berechenbar ist, sondern auch, mit welchem Aufwand. In der Komplexitätstheorie der Informatik werden dazu Grade der Berechenbarkeit eingeführt.[10] Komplexitätsklassen von Problemen werden nach Komplexitätsgraden unterschieden, mit denen die Rechenzeit (oder Anzahl elementarer Rechenschritte) von Algorithmen (oder Maschinenprogrammen) in Abhängigkeit von der Länge ihrer Inputs bestimmt wird. Die Länge der Inputs kann durch die Anzahl ihrer dezimalen Einheiten gemessen werden. In der Maschinensprache von Computern werden Dezimalzahlen durch Binärzahlen codiert, und ihre Länge ergibt sich daher aus der Anzahl binärer Einheiten (Bit). So hat z. B. 3 mit dem binären Code 11 (für $\underline{1} \cdot 2^1 + \underline{1} \cdot 2^0 = 2 + 1 = 3$) die Länge 2.

Berechenbarkeit und Leibniz' Programm der Mathesis Universalis:
Bereits Ende des 17. Jahrhunderts hatte der Philosoph und Mathematiker Gottfried Wilhelm Leibniz die Vorstellung, dass man alle Denkprozesse codieren und in einer symbolischen Sprache darstellen könnte.[11] Diese Sprache nannte er eine «lingua universalis» im Rahmen seines Forschungsprogramms einer «mathesis universalis». In einer modernen Version könnte man annehmen, dass alle Gedanken und Denkprozesse in einer mächtigen formalen Programmsprache darstellbar und berechenbar sind. Formeln einer formalen Sprache sind Folgen von Symbolen, die durch natürliche Zahlen codiert wer-

den können. Behauptungen über Objekte entsprechen dann Funktionen von Zahlen. Schlüsse aus den Behauptungen entsprechen effektiven Berechnungsverfahren. Tatsächlich besteht die Maschinensprache eines modernen Computers aus Folgen von (binären) Zahlen, die jeden Zustand und jede Bewegung der Maschine codieren. In diesem Sinn werden die Operationen eines Computers durch ein effektives numerisches Berechnungsverfahren festgelegt. Wenn menschliches Denken durch eine (zwar komplexe, aber dennoch) berechenbare Funktion dargestellt werden könnte, dann gäbe es nach Churchs These auch ein Turing-Programm, das auf einer universellen Turing-maschine berechenbar wäre. Der Begriff universeller Berechenbarkeit ist zwar mächtig und umfasst nachweislich einen großen Bereich wissenschaftlicher, technischer und praktischer Problemlösungen. Aber lässt sich jede Art von Denken überhaupt auf Rechnen im Sinn der universellen Berechenbarkeit einer Turingmaschine reduzieren?

Effektive Entscheidbarkeit: Im Rahmen seines Forschungsprogramms «mathesis universalis» hatte Leibniz bereits eine «Kunst der Entscheidung» (ars iudicandi) gefordert, um Probleme durch Rechnen zu entscheiden. Streit sollte überflüssig werden. Im Fall von Problemen lautete die Devise: «Ad abacos!» («An die Rechner!»)[12] Wir beschränken uns zunächst auf die Entscheidbarkeit arithmetischer Eigenschaften, z. B. auf die Frage, ob eine natürliche Zahl x gerade ist oder nicht. Wir können dazu auch fragen, ob x zur Menge der geraden natürlichen Zahlen gehört oder nicht. Diese Frage lässt sich immer in endlich vielen Schritten entscheiden, indem wir für eine vorgelegte Zahl x nachprüfen, ob sie durch 2 teilbar ist oder nicht. Das lässt sich z. B. mit einem einfachen Programm einer Turing-maschine nachrechnen.

Allgemein definieren wir für eine Teilmenge M der natürlichen Zahlen (z. B. die Menge der geraden Zahlen) eine charakteristische Funktion f_M mit $f_M(x)=1$, falls x Element von M ist, und $f_M(x)=0$, falls x nicht Element von M ist. Dann heißt M (bzw. die dadurch definierte Eigenschaft) effektiv entscheidbar, wenn ihre charakteristische Funktion (wonach eine Zahl zu M gehört oder nicht) effektiv berechenbar ist. Im Sinne von Churchs These ist damit der Begriff der effektiven Entscheidbarkeit überhaupt definiert. Darüber hinaus haben wir damit ein Entscheidbarkeitskonzept für alle Eigenschaften und Probleme, die sich arithmetisieren, also durch zahlentheoretische Funktionen darstellen lassen. Im Sinn von Big Data sind damit auch Signale und Nachrichten erfasst, sofern sie sich durch Zahlencodes verschlüsseln lassen.

Effektive Aufzählbarkeit: Es reicht aber nicht aus, auf Probleme ein vorgegebenes Entscheidungsverfahren anwenden zu können. Häufig kommt es darauf an, Lösungsverfahren zu finden. Daher forderte Leibniz eine «Kunst der Problemlösungsfindung» («ars inveniendi»), mit der eine Problemlösung automatisch zu finden ist. Anschaulich stellen wir uns ein Maschinenprogramm vor, das systematisch alle Zahlen aufzählt, die ein Problem lösen bzw. eine Eigenschaft erfüllen. Allgemein heißt eine arithmetische Eigenschaft effektiv aufzählbar, wenn ihre zutreffenden Zahlen durch ein effektiv berechenbares Verfahren (Algorithmus) aufgezählt (gefunden) werden können. Eine arithmetische Eigenschaft können wir auch mit der Menge M der Zahlen identifizieren, die diese Eigenschaft erfüllen. Daher heißt eine Zahlenmenge M effektiv aufzählbar, wenn es eine berechenbare Funktion f gibt, mit der ihre Elemente nacheinander erzeugt werden können, d. h. formal $f(1) = x_1, f(2) = x_2, \ldots$ für alle Elemente $x_1, x_2, \ldots$ aus M. Als einfaches Beispiel betrachten wir die Menge der geraden Zahlen 2, 4, 6, ... Die berechenbare Funktion, mit der sich diese Menge effektiv aufzählen lässt, lautet $f(n) = 2n$ mit $f(1) = 2, f(2) = 4, f(3) = 6, \ldots$ für $n = 1, 2, 3, \ldots$
Um für eine beliebig vorgelegte Zahl zu entscheiden, ob sie gerade ist, reicht es allerdings nicht aus, alle geraden Zahlen nacheinander effektiv aufzuzählen, um zu vergleichen, ob die gesuchte Zahl dabei ist. Wir müssen ebenso alle nicht-geraden (ungeraden) Zahlen effektiv aufzählen können, um vergleichen zu können, ob die gesuchte Zahl zu der Menge derjenigen Zahlen gehört, die die geforderte Eigenschaft nicht erfüllen. Allgemein sprechen wir dann von der Komplementärmenge $\overline{M}$ von M. Im Fall der ungeraden Zahlen kann die Komplementärmenge durch die berechenbare Funktion $f(n)$ $= 2n{-}1$ mit $f(1) = 1, f(2) = 3, f(3) = 5, \ldots$ für $n = 1, 2, 3, \ldots$ aufgezählt werden. Allgemein ist eine Menge effektiv entscheidbar, wenn sie selbst und ihre Komplementärmenge effektiv aufzählbar sind.
Daher folgt, dass jede effektiv entscheidbare Menge auch effektiv

aufzählbar ist. Es gibt aber effektiv aufzählbare Mengen, die nicht entscheidbar sind. Damit sind wir an der Kernfrage angelangt, ob es auch nicht-berechenbares (nicht-algorithmisches) Denken gibt. Leibnizens optimistisches Forschungsprogramm war ursprünglich von der Existenz universeller Entscheidungsalgorithmen ausgegangen.

Unentscheidbarkeit und Halteproblem einer Turingmaschine: Ein Beispiel eines nicht effektiv entscheidbaren Problems betrifft die Turingmaschine selbst. Danach gibt es prinzipiell kein allgemeines Entscheidungsverfahren für die Frage, ob eine beliebige Turingmaschine mit einem entsprechenden Maschinenprogramm bei einem beliebigen Input nach endlich vielen Schritten stoppt oder nicht (Stopp-Problem der Turingmaschine). Turing begann seinen Nachweis der Unentscheidbarkeit des Stopp-Problems mit der Frage, ob alle reellen Zahlen berechenbar seien. Eine reelle Zahl wie $\pi = 3.1415926...$ besteht aus einer unendlichen Anzahl von Ziffern hinter dem Dezimalpunkt, die zufällig verteilt scheinen. Dennoch gibt es ein endliches Verfahren bzw. Programm zur schrittweisen Berechnung jeder Ziffer mit wachsender Genauigkeit von π. Daher ist π eine berechenbare reelle Zahl. In einem ersten Schritt definiert Turing eine nachweislich nicht-berechenbare reelle Zahl. Wir erinnern uns, dass ein Turing-Programm aus einer endlichen Liste von Symbolen und Operationsanweisungen besteht, die wir durch Zahlencodes verschlüsseln können. Tatsächlich geschieht das auch im Maschinenprogramm eines Computers. Auf diesem Weg lässt sich jedes Maschinenprogramm eindeutig durch einen Zahlencode charakterisieren. Diese Zahl nennen wir Code- bzw. Programmnummer eines Maschinenprogramms. Wir stellen uns nun eine Liste von allen möglichen Programmnummern vor, die in der Reihenfolge $p_1, p_2, p_3, ...$ mit zunehmender Größe geordnet sei.[13] Falls ein Programm eine reelle Zahl mit unendlicher Anzahl von Ziffern hinter dem Dezimalpunkt (wie z. B. π) berechnet, dann wird sie in der Liste hinter der entsprechenden Programmnummer notiert. Andernfalls bleibt die Zeile hinter einer Programmnummer leer:

$$p_1 \quad \text{-.}\underline{z_{11}}\, z_{12}\, z_{13}\, z_{14}\, z_{15}\, z_{16}\, z_{17} \cdots$$
$$p_2 \quad \text{-.}z_{21}\, \underline{z_{22}}\, z_{23}\, z_{24}\, z_{25}\, z_{26}\, z_{27} \cdots$$

$p_3 \quad \text{-.} z_{31}\, z_{32}\, \underline{z_{33}}\, z_{34}\, z_{35}\, z_{36}\, z_{37} \cdots$

p_4

$p_5 \quad \text{-.} z_{51}\, z_{52}\, z_{53}\, z_{54}\, \underline{z_{55}}\, z_{56}\, z_{57} \cdots$

.

.

.

Unentscheidbarkeit und nicht-berechenbare Zahlen: Zur Definition seiner nicht-berechenbaren Zahl wählt Turing die unterstrichenen Werte auf der Diagonale der Liste, ändert sie um (z. B. durch Addition von 1) und setzt diese veränderten Werte (mit *) mit einem Dezimalpunkt am Anfang zu einer neuen reellen Zahl zusammen:

$$\text{-.} z^*_{11}\, z^*_{22}\, z^*_{33}\, z^*_{44}\, z^*_{55} \cdots$$

Diese neue Zahl kann nicht in unserer Liste vorkommen, da sie sich in der ersten Ziffer von der ersten Zahl hinter p_1 unterscheidet, in der zweiten Ziffer von der zweiten Zahl hinter p_2, etc. für alle ihre Ziffern hinter dem Dezimalpunkt. Daher ist die so definierte reelle Zahl nicht-berechenbar. Mit dieser Zahl beweist Turing im nächsten Schritt die Nicht-Entscheidbarkeit des Stopp-Problems. Wäre nämlich das Stopp-Problem entscheidbar, dann könnten wir entscheiden, ob das n-te Computerprogramm (mit $n = 1, 2, \ldots$) eine n-te Ziffer hinter dem Dezimalpunkt nach endlich vielen Schritten berechnet, stoppt und ausdruckt. Wir könnten also eine reelle Zahl berechnen, die nach ihrer Definition nicht in der Liste aller berechenbaren reellen Zahlen vorkommen kann. Mit der Nicht-Entscheidbarkeit des Stopp-Problems wird Leibnizens Optimismus einer universellen Entscheidbarkeit («ars iudicandi») für alle Probleme eingeschränkt.

Formales System der Prädikatenlogik: Hilbert hatte Leibniz' Entscheidungsproblem und seine Forderung nach einer universellen Zeichensprache («lingua universalis») mit den Mitteln der formalen Logik präzisiert. In der formalen Sprache der Prädikatenlogik 1. Stufe (PL1) werden Objekte und Eigenschaften (Prädikate) von Objekten unterschieden und durch besondere Symbole bezeichnet. Neben logischen Verknüpfungen (z. B. «und», «oder», «nicht») werden All-

und Existenzquantoren (z. B. «Alle natürlichen Zahlen sind gerade oder ungerade», «Es gibt einen Schnittpunkt von zwei Geraden») verwendet. Da sich die Quantoren dieser Sprache auf (abzählbar viele) Objekte und nicht auf Mengen von Objekten (z. B. «Es gibt eine Menge von Dreiecken, die ähnlich sind») beziehen sollen, spricht man von einer Logik 1. Stufe. Der formale Logikkalkül der PL1 wird durch eine endliche Menge von formalen Axiomen und eine endliche Menge von Ableitungsregeln definiert. Beweise entscheiden, ob eine Formel von anderen Formeln abgeleitet werden kann. Ein Beweis ist eine endliche Folge von Formeln, die entweder aus vorausgesetzten Axiomen oder aus vorherigen Formeln der Beweisfolge mit einer Ableitungsregel ableitbar sind.

Logische Wahrheiten: Logische Wahrheiten zeichnen sich dadurch aus, dass es zu ihrer Begründung keiner Wahrnehmung bedarf. Sie sind wahr alleine aufgrund ihrer logischen Form. Die Behauptung «Der Baum ist grün» wird von uns nur dann als wahr akzeptiert, wenn unser Wahrnehmungsapparat eine entsprechende Wahrnehmung meldet, die von den Spracharealen mit Namen und Eigenschaften wie z. B. «Baum» und «grün» verbunden wird. Die Behauptung «Der Baum ist grün oder der Baum ist nicht grün» ist demgegenüber unabhängig von einer konkreten Baumwahrnehmung wahr, denn einer der beiden konträren Fälle trifft immer zu. Wir könnten ebenso behaupten «Das Einhorn ist gelb oder das Einhorn ist nicht gelb». Obwohl es sich um ein Fabelwesen, also eine Einbildung unseres Gehirns handelt, bleibt die Behauptung immer richtig, dass eine Eigenschaft zutrifft oder nicht zutrifft. Bezeichnen wir eine Behauptung mit dem Symbol A, dann haben unsere Beispiele die Form «A oder nicht A». Im Logikkalkül werden auch die logischen Verknüpfungen durch Symbole bezeichnet, z. B. $A \lor \neg A$ mit $\lor$ für «oder» und $\neg$ für «nicht». Diese Formel ist ein einfaches Beispiel für eine logische Wahrheit, die in der PL1 ableitbar ist.

Vollständigkeit und Unentscheidbarkeit der Prädikatenlogik: Der formale Logikkalkül der PL1 ist vollständig, da wir mit ihm alle logischen Wahrheiten der Prädikatenlogik 1. Stufe formal ableiten können: Jede ableitbare Formel entspricht einer logischen Wahrheit und umgekehrt. Formeln sind nichts anderes als endliche Folgen von Symbolen, die durch Zahlen codiert werden können. Daher lassen sich die formalen Ableitungen (Beweise) des Logikkalküls auch als Aufzählungsverfahren verstehen, mit denen die Codenummern der logischen Wahrheiten aufgezählt werden können. In diesem Sinn ist die Menge der logischen Wahrheiten der Prädikatenlogik 1. Stufe effektiv aufzählbar. Sie ist aber nicht effektiv entscheidbar, da es kein allgemeines Verfahren gibt, um für eine beliebige Zahl auszurechnen, ob sie Codenummer einer beweisbaren Formel (also eine logische Wahrheit) der PL1 ist oder nicht. Dabei muss betont werden, dass es kein allgemeines Entscheidungsverfahren für diesen Kalkül gibt. In einzelnen Beispielen oder für Teile der PL1 mag es ein Entscheidungsverfahren durchaus geben.

Unvollständigkeit und Turings Halteproblem: Nun können wir den Zusammenhang von Gödels Unvollständigkeit arithmetischer Formalismen mit Computerprogrammen verstehen. Während Gödel 1931 einen sehr umfangreichen und buchstäblich verschlüsselten Beweis über formale Systeme führt, ergibt sich sein Unvollständigkeitssatz für Turing in der erwähnten Arbeit von 1936 als kurze und elegante Folgerung aus der Nicht-Entscheidbarkeit des Stopp-Problems von Computern:[14] Falls es nämlich ein vollständiges formales axiomatisches System geben würde, aus dem alle mathematischen Wahrheiten ableitbar sind, dann hätten wir auch ein Entscheidungsverfahren darüber, ob ein Computerprogramm irgendwann stoppt. Wir durchlaufen dazu einfach alle möglichen Beweise, bis wir entweder einen Beweis finden, dass das Programm stoppt, oder einen Beweis finden, dass es nie stoppt. Falls es daher eine endliche Menge von Axiomen zur Ableitung aller mathematischen Beweise geben würde, könnten wir darüber entscheiden, ob ein Computerprogramm nach endlich vielen Schritten stoppt oder nicht. Dazu im Widerspruch steht jedoch die Nicht-Entscheidbarkeit des Stopp-Problems. Gödel und Turing kommen also beide zum gleichen Ergebnis über die Unvollständigkeit axiomatischer mathematischer Systeme. Gödel argumentiert als Logiker mit einer grundsätzlichen Analyse der Leistungsfähigkeit von formalen Systemen. Demgegenüber votiert Turing als Informatiker mit einer grundsätzlichen Reflexion über die

Leistungsfähigkeit von Computern. Damit ist jedenfalls der in der Leibniz-Tradition vertretene Anspruch Hilberts eingeschränkt, wonach mathematisches Denken mit endlichen (finiten) Mitteln widerspruchsfrei formalisierbar sei.

Widerspruchsfreiheitsbeweise und Hilberts finite Methoden: Im zweiten Gödelschen Unvollständigkeitssatz wird gezeigt, dass die Widerspruchsfreiheit eines formalen Systems nicht mit den finiten Mitteln bewiesen werden kann, die in diesem System selbst verwendet werden. Vorausgesetzt wird ein widerspruchsfreies und entscheidbares formales System, das eine Formalisierung der Arithmetik umfasst. Gödel arbeitet wieder mit einem selbstbezüglichen Satz, der die eigene Nichtableitbarkeit behauptet. Gezeigt wird, dass der Satz, der die Widerspruchsfreiheit des Systems, also die Nichtableitbarkeit eines widerspruchsvollen Satzes wie «Null ungleich Null» ($\neg 0=0$) behauptet, nicht im System ableitbar ist. Mit finiten Beweismitteln meinen wir solche Verfahren, die dem Zählprozess 1, 2, 3, … nachgebildet sind. Beim Zählprozess beginnen wir mit 1 und gelangen in endlich vielen Schritten zu jeder größeren natürlichen Zahl, indem wir von einer erreichten Zahl n zu ihrem Nachfolger $n+1$ übergehen. An diesem finiten Verfahren orientiert sich der Beweis durch vollständige Induktion, mit dem eine arithmetische Eigenschaft für alle natürlichen Zahlen bewiesen werden kann.[15]

Kapitel 5:
Von der Beweistheorie zu Computerprogrammen (Gentzen und Turing)

Von der Turingmaschine zur Gödelmaschine: Der zweite Gödelsche Unvollständigkeitssatz sagt also etwas aus über die Beschränkung von finiten Beweismethoden wie der vollständigen Induktion. Wenn man die Beweismethoden über die finiten Beweismethoden dieses Typs hinaus erweitert, wird die Widerspruchsfreiheit der formalen Zahlentheorie mit stärkeren Mitteln beweisbar. Hilberts Programm wird also für erweiterte Formalismen und Schlussweisen fortsetzbar. Das war die grundlegende Idee des Logikers und Mathematikers Gerhard Gentzen (1909–1945), mit der er die moderne Beweistheorie einleitete und wichtige Impulse für spätere Computerprogramme der Informatik gab. 1936, also im Jahr von Turings berühmtem Artikel über das Entscheidungsproblem, schrieb er:

> «Man kann es auch so ausdrücken, dass sich für die Zahlentheorie kein ein für allemal ausreichendes System von Schlussweisen angeben lässt, sondern dass vielmehr immer wieder Sätze gefunden werden können, deren Beweise neuartige Schlussweisen erfordern.»[1]

Auf Computer übertragen folgt daraus, dass es nicht «den» Supercomputer geben kann, der für beliebige Inputs alle möglichen (mathematischen) Probleme entscheiden kann. Wir können aber unvollständige Formalismen ständig ergänzen, um so zu reichhaltigeren und damit mächtigeren Programmen zu kommen. Daraus lässt sich das Konzept einer «Gödelmaschine» ableiten: Inspiriert von Gödels

Unvollständigkeitsbeweis handelt es sich um eine selbst-referentielle universelle Maschine, die sich selber optimieren kann, indem sie festgestellte Unvollständigkeiten ihrer Formalismen ständig ergänzt, um so ihre Problemlösungskapazität zu optimieren.

Widerspruchsfreiheitsbeweise und Gentzens transfinite Methoden: Tatsächlich ist mathematisches Denken in der Lage, die endlichen natürlichen Zahlen zu überschreiten. So wurden von Cantor in der Mengenlehre transfinite Ordinalzahlen eingeführt, die von der Menge ω aller (unendlich vieler) natürlichen Zahlen als kleinster transfiniter Zahl ausgeht und sie durch Definition geeigneter Operationen erweitert. Wie bei den finiten Zahlen 0, 1, 2, ... aus der Addition von n gleichen Summanden $m + ... + m$ die Multiplikation $n \cdot m$ entsteht, aus der Multiplikation n gleicher Faktoren $m \cdot ... \cdot m$ die Potenz m^n gebildet wird und schließlich beliebige Potenzen von Potenzen, so lassen sich diese Rechenprozesse auch auf die kleinste transfinite Zahl ω anwenden:

z. B. $\omega + 1, \omega + 2, \omega + n, ..., \omega + \omega, \omega + \omega + \omega, n \cdot \omega, ...,$

$$\omega \cdot \omega, ..., \omega^n, \omega^\omega, \omega^{\omega^\omega}, ..., \underbrace{\omega^{\omega^{\omega^{\cdot^{\cdot}}}}}_{\omega \text{ mal}} < \varepsilon_0$$

Erweitert man mit Gentzen die Beweismethoden von den finiten Mitteln der vollständigen Induktion für natürliche Zahlen zur infiniten ε_0-Induktion für transfinite Ordinalzahlen bis zur ersten Ordinalzahl ε_0, die größer ist als alle Potenzen mit ω der Folge $\omega, \omega^\omega, ...,$ so wird die Widerspruchsfreiheit der formalen Zahlentheorie beweisbar.[2] Alle möglichen Beweise der Zahlentheorie werden durch ordinale Induktionszahlen in einer Anordnung wohlgeordnet, in der sie bewiesen werden – analog wie die natürlichen Zahlen als Induktionszahlen bei einem Beweis durch vollständige Induktion benutzt werden. Für Widerspruchsfreiheitsbeweise noch weiterführender Theorien der Mathematik wie z. B. der Analysis braucht man noch größere Abschnitte transfiniter Zahlen. Letztlich gibt es keinen absoluten Widerspruchsfreiheitsbeweis, mit dem sich mathematisches Denken wie der Baron Münchhausen selbst am Schopf aus dem Sumpf der Antinomien ziehen könnte. Durch Erweiterung der Schlussweisen entlang der Skala der Ordinalzahlen werden aber immer reichhaltigere Formalismen als widerspruchsfrei beweisbar. Von einer Grenze oder gar einem «Scheitern» des Formalismus-Programms kann also keine Rede sein.

Turings ordinale Beweistheorie: Gentzen leitete mit seiner Erweiterung des Hilbert-Programms die später so genannte ordinale Beweistheorie ein, in der die Leistungsfähigkeit der Formalismen entlang der Ordinalzahlen gemessen wird. Es ist bemerkenswert, dass Turing in seiner Dissertation eine ähnliche Forschungsstrategie der Erweiterung verfolgt. Er startet mit einer unvollständigen formalen Theorie T_1, in der eine bestimmte wahre Formel A_1 nicht beweisbar sei. Im nächsten Schritt wird T_1 um diese Formel als Axiom erweitert und damit die nachfolgende Theorie T_2 erzeugt. Diese Theorie enthält wieder eine wahre, aber dort nicht beweisbare Formel A_2, die zur Bildung einer nachfolgenden Theorie T_3 verwendet wird. In dieser Weise fortfahrend entsteht eine Folge immer reichhaltigerer Theorien T_1, T_2, ... Mit T_ω wird die Theorieerweiterung von T_1 um die abzählbaren Formeln A_1, A_2, ... verstanden.[3]

Bei den infiniten Ordinalzahlen sollten allerdings effektive Konstruktionsverfahren benutzt werden, um Zirkelschlüsse der Mengenbildung zu vermeiden. Church hatte daher konstruktive Ordinalzahlen eingeführt, die in einem rekursiven Verfahren definiert werden.[4] Für die nachfolgenden Theoriebildungen werden nur solche transfiniten Ordinalzahlen verwendet, die durch eine rekursive Wohlordnung definiert sind. Eine Formel heißt dann beweisbar in einer ordinalen Theorieprogression, wenn es eine konstruktive Ordinalzahl α gibt, in deren entsprechender Theorie T_α diese Formel beweisbar ist. Es lässt sich dann beweisen, dass eine Theorieprogression z. B. für eine bestimmte Klasse von Formeln vollständig ist, aber für eine andere nicht.[5]

Grade der Entscheidbarkeit: Eine weitere Unterscheidung betrifft die Komplexität von Formeln. So besteht die Formel «Für alle natürlichen Zahlen n und alle natürlichen Zahlen m gibt es eine natürliche Zahl p, so dass $m + n = p$» (formal: $\forall m\ \forall n\ \exists p\ m + n = p$) aus einer Gleichung mit dem Additionsterm $m + n$ und den Variablen m, n und p, die durch einen Existenzquantor ∃ und zwei Allquantoren ∀ erweitert wird. Die Addition von zwei Zahlen ist effektiv berechenbar und daher die in der Gleichung behauptete Eigenschaft auch effektiv entscheidbar. Allgemein besteht eine arithmetische Formel aus einer effektiv entscheidbaren Eigenschaft, die durch logische Quantoren erweitert wird. Je nach Anzahl, Art und Reihenfolge dieser Quantoren lassen sich Klassen unterschiedlich komplexer Formeln unterscheiden, die Graden der Entscheidbarkeit entsprechen.[6]

Hyper-Berechenbarkeit: Entscheidbare Eigenschaften entsprechen Turingmaschinen, die nach endlich vielen Schritten stoppen. Treten Quantoren hinzu, muss das Konzept der Turingmaschine erweitert werden, weil Rechenprozesse unter Umständen mehrfach ω-mal durchlaufen werden müssen. Gelegentlich ist von Hyper-Berechenbarkeit («hypercomputation») die Rede. Allerdings handelt es sich dabei nur um formale Modelle von Rechenmaschinen jenseits der technisch-physikalischen Realisierung durch finite Rechenmaschinen. Bemerkenswert ist, dass Turing in seiner Dissertation das Thema der Hyper-Berechenbarkeit anspricht und danach fragt, wie Maschinen sich jenseits effektiver Algorithmen verhalten. Turing führt dazu das Konzept der Orakelmaschinen ein.

Turings Orakelmaschine: Berechenbarkeits- und Entscheidbarkeitsgrade entstehen nämlich auch, wenn eine Berechnung oder Entscheidung von einem Verfahrensschritt abhängig ist, von dem wir nicht wissen, ob er effektiv berechenbar bzw. entscheidbar ist. Das Programm einer nicht-deterministischen Turingmaschine benutzt dazu bei einer Berechnung neben den üblichen effektiv berechenbaren Elementaroperationen einer Turingmaschine eine Zufallsentscheidung. Bei einer sogenannten ψ-Orakelmaschine wird neben den üblichen Befehlen einer Turingmaschine eine Operation ψ zugelassen (z. B. «Ersetze den Feldinhalt x durch $\psi(x)$»), von der wir nicht wissen, ob sie berechenbar ist: Die Berechnung ist von dem «Orakel» ψ abhängig. Man spricht dann auch von relativer Berechenbarkeit: Eine Funktion ist berechenbar in ψ, wenn sie durch eine ψ-Orakelmaschine berechenbar ist. Das Konzept der relativen Berechenbarkeit lässt sich auf die Klassen von Berechenbarkeits- und Entscheidbarkeitsgraden übertragen: Prädikate sind effektiv entscheidbar oder aufzählbar in ψ, wenn das entsprechende Entscheidungs- oder Aufzählungsverfahren von dem Orakel ψ abhängig ist. Im Prinzip kann das Orakel ψ durch eine Klasse Ψ von Orakeln (Operationen) erweitert werden.[7] Zwei Funktionen haben denselben Berechenbarkeitsgrad, wenn jede in der anderen berechenbar ist. Entsprechendes gilt für Prädikate mit demselben Entscheidbarkeitsgrad. Berechenbarkeits- bzw. Entscheidbarkeitsgrade liefern offenbar ein Maß für den Rechenaufwand einer Funktion bzw. den Entscheidbarkeitsaufwand eines Prädikats. Es gibt keinen größten Grad. Die Hierarchie ist nach oben offen.

Orakelmaschinen und Intuition: Relativierung und Grade der Berechen- und Entscheidbarkeit entsprechen unseren Erfahrungen im Alltag und in der Wissenschaft. Die Welt scheint nicht vollständig berechenbar zu sein: Einige Schritte sind kalkulierbar, andere nicht, und wir machen unsere Planungen von unkalkulierbaren Eventualitäten abhängig. Unsere Intuition ist ein Beispiel für eine Orakelmaschine. Wir verlassen uns auf unsere «Gefühle» und «Eingebungen». Manche Psychologen preisen die menschliche Intuition als eine besondere Einsichtsfähigkeit höherer Art, die nicht «mechanisch» erklärt werden kann.[8] Woher sollen aber diese «Einsichten» kommen? Da wir selber Produkte der Evolution sind, können diese Einsichten aus einer vorhergehenden Lerngeschichte unserer Spezies stammen oder aus früheren individuellen Erfahrungen. Diese Erfahrungen wurden ihrerseits in Verhaltens- oder Denkmustern, also letztlich auch als Algorithmen festgehalten und codiert. In unserem Organismus und Gedächtnis sind also viele Algorithmen verborgen, die uns meistens nicht bewusst sind. Darauf zu vertrauen, dass sie deshalb auch schon die beste Lösung für ein anstehendes Problem seien, sollte uns misstrauisch gegenüber unserer eigenen Intuition machen. Häufig sind es nur unbewusste Gewohnheiten. Kurz: Die Intuition ist keineswegs eine ausgezeichnete Instanz höherer Einsichten.

Big Data und Orakelmaschinen: Für Big Data ist es auch nicht notwendig, die Quelle und die Rechtfertigung der Regeln zu kennen. Befindlichkeitsäußerungen und Intuitionen von Kunden und Nutzern der Datennetze sind insofern Orakelmaschinen. Entscheidend sind Links zwischen diesen Daten, die zu neuen Erkenntnissen und Prognosen führen. Ein Beispiel waren frühzeitige Prognosen zum Ausbruch von Epidemien, weil Kaufverhalten, Meldungen am Arbeitsplatz und Verhalten der Menschen einer Region zu diesem Schluss führten. Links sind Metadaten über die Daten, deren Berechnung mit Algorithmen zu den Prognosen führen, nicht die Daten selber, die für sich intuitiv und ungerechtfertigt sein mögen. Das zeigt aber auch, dass es dabei auf den Wert der einzelnen Intuition überhaupt nicht ankommt. Big Data belegt diese frühe Einsicht von Turing. Letztlich lassen sich auch Intuitionen auf «mechanische» (besser algorithmische) Verfahren reduzieren, indem man sie mit Metadaten umgeht. Das wird manchen Psychologen nicht gefallen, zeigt aber, wie wir mit unseren eigenen Schwächen umgehen können, um doch zu effektiven Lösungen zu kommen.

Orakelmaschinen in der Wissenschaft: Orakelmaschinen finden aber nicht nur im Alltag Anwendung, sondern auch in der Wissenschaft. In der Physik sprechen wir nicht nur über Zahlen, sondern über Zahlenräume, Zustandsfunktionen und Funktionale (z. B. Zustandsfunktionen von Quantensystemen, die nicht auf Zahlenwerte von Ort und Impuls, sondern auf Operatoren dieser Größen angewendet werden). Sie sind nur Teil von immer komplexeren mengentheoretischen Strukturen in der Mathematik. Auch auf diese mathematischen Objekte lassen sich die Konzepte der Relativierung und Grade der Berechenbarkeit und Entscheidbarkeit übertragen. Von vielen dieser mathematischen Objekte kennen wir ihre Existenz nur aus abstrakten Beweisen, ohne sie selber wie die natürlichen Zahlen Schritt für Schritt konstruieren zu können. Solche Beweise führen die Annahme, dass ein solches Objekt nicht existiert, zu einem Widerspruch und schließen daraus, dass es existieren muss. Wir behandeln diese Objekte deshalb wie Orakelmaschinen. Sie liefern uns Ergebnisse z. B. beim Lösen von Gleichungen, ohne dass wir sie aber durch ein effektives Verfahren rechtfertigen können.

Damit eröffnen sich für die Grundlagendiskussion der Mathematik neue Perspektiven, die jenseits der traditionellen Lager und philosophischen Glaubenspositionen liegen. Im mathematischen

Denken sind vielmehr Hierarchien von Beweisbarkeits- und Berechenbarkeitsgraden zu unterscheiden, die unterschiedliche Leistungen zulassen.[9] In diesem Sinn können wir selbst gesetzte Grenzen von Theorien und damit verbundene Maschinenleistungen schrittweise überwinden – ohne aber je einen Supercomputer angeben zu können, der die Widerspruchsfreiheit des gesamten mathematischen Wissens zeigen könnte. Das genau verbietet der zweite Gödelsche Unvollständigkeitssatz. Aber wer wollte das schon? So bleibt uns am Ende die Freiheit und Kreativität, das mathematische Wissen zu erweitern und immer neue interessante Theorien und Maschinenkonzepte zu entwickeln, deren Leistungsskala «nach oben» offen ist.

Vom logisch-mathematischen Formalismus zum Software-Engineering: Gödel, Turing und Gentzen waren nicht nur für die Grundlagendiskussion der Mathematik bedeutend. Ihre Konzepte leiteten auch die Entwicklung vom Formalismus-Programms Hilberts zum praktischen Software-Engineering ein. In der Praxis sind Formalismen Computerprogramme, um Prozessabläufe in Technik, Wirtschaft und Gesellschaft zu modellieren. Mittlerweile geht es nicht mehr nur um einzelne Geräte wie z. B. einen Airbag in einem Automobil, sondern um das Gesamtsystem Automobil, in dem immer mehr Komponenten programmgesteuert ablaufen. Die Komplexität dieser Prozesse schlägt sich in der Anzahl der Programmzeilen nieder, in denen die einzelnen Rechenschritte in Computersprachen notiert werden. Im Prinzip lassen sich alle diese Computerprogramme in umfangreiche Turing-Programme übersetzen. Komplexe Produktionsstraßen der Industrie, aber auch globale logistische Netzwerke, Flughäfen und den Verkehr von Städten gilt es, in formalen Softwareprogrammen abzubilden und zu steuern. Nahezu die gesamte Lebenswelt der Menschheit hängt mittlerweile von programmgesteuerten Infrastrukturen ab, die unsere Zivilisationen wie ein komplexes Nervensystem durchziehen. Die Datenmengen, die in unterschiedlichen Domänen anfallen, wachsen unübersehbar. Sicherheit der Datenverarbeitung wird daher zum zentralen Kriterium im Zeitalter von Big Data.

Softwareentwickler müssen versuchen, unter allen Umständen

Fehler zu vermeiden, die soziale Infrastruktur gefährden. Die Funktionstüchtigkeit der Systeme ist mit wirtschaftlichem Erfolg und rechtlichen Ansprüchen eng verbunden. Daher muss die Funktionstüchtigkeit der Softwareprogramme sichergestellt sein, bevor sie zur Anwendung kommen. Fehler und Ausfälle würden zu erheblichen Kosten und Risiken führen. Da aber komplexe Softwareprogramme nichts anderes als formale Systeme sind, müssen ihre formalen Ableitungen korrekt sein. Zudem müssen sie die an sie gestellten Anforderungen vollständig erfüllen. Wenn wir solche Formalismen als axiomatische Systeme auffassen, erfordert Sicherheit zunächst einmal die praktische Lösung beweistheoretischer Aufgaben: Ist der Formalismus widerspruchsfrei, korrekt und vollständig? Gibt es Systemkomponenten, deren Funktionsweise uns noch unbekannt ist, die quasi als «Orakel» im Gesamtverlauf auftreten? Wie komplex sind die Programme in Umfang und Zeitaufwand?

Theorembeweiser und Gentzen-Kalkül: Sicherheit in der System- und Softwareentwicklung erfordert also beweisbar korrekte, widerspruchsfreie und nach Möglichkeit vollständige Produkte. Im Software-Engineering wurden dazu eigene Programme entwickelt, die als «Theorembeweiser» bezeichnet werden. Für die Überprüfung der verwendeten Beweisformen greifen sie auf einen Formalismus zurück, den Gentzen für die Beweistheorie entwickelt hatte.[10] Sein Kalkül verwendet nämlich Beweisformen, wie sie bei der Ableitung von Formeln auftreten. So wird die logische Ableitung einer Formel B aus einer Formel A mit $A \Rightarrow B$ bezeichnet. Diese Beweisform ist nur dann korrekt, wenn jede Interpretation, die Formel A erfüllt, auch Formel B erfüllt. Bei der Überprüfung eines Programms kommt es darauf an, korrekte Beweisformen in korrekte Beweisformen zu überführen. In der Beweistheorie gibt Gentzen dafür Übergangsschemata an, die eine Beweisform F oder zwei Beweisformen F_1 und F_2 in eine weitere Beweisform G überführen:

$$\frac{F}{G} \qquad \frac{F_1 F_2}{G}$$

So lassen sich Beweisaufgaben von Programmen in Teilbeweise von Teilprogrammen wie z. B. $A \Rightarrow C$ und $C \Rightarrow B$ zerlegen, die schließlich wieder in A B zusammengeführt werden:

$$\frac{A \Rightarrow C \quad C \Rightarrow B}{A \to B}$$

Die Übergangsschemata müssen so beschaffen sein, dass sie von korrekten Beweisformen wieder zu korrekten Beweisformen führen. Schritt für Schritt wird garantiert, dass keine Widersprüche auftreten. Die Abfolge der Übergangsschemata lässt sich graphisch als Herleitungsbaum darstellen, an dessen Verzweigungen Teilbeweise zusammengeführt werden. An den Verzweigungsenden eines Baums stehen Axiome, die als korrekt vorausgesetzt werden. Ein Beispiel eines logischen Axioms ist die Beweisform $A \Rightarrow A$, die unabhängig von jeder konkreten Anwendung korrekt ist. Es kann sich aber auch um Definitionen aus konkreten Anwendungsbereichen handeln. Beweisziele sind in diesen Fällen anwendungsbezogene Eigenschaften. Am Fuß des Herleitungsbaums steht eine allgemeingültige Formel, die unabhängig von jeder Interpretation gültig ist. Der Herleitungsbaum gilt dann als formaler Beweis dieser Formel. Computerprogramme werden also wie formale axiomatische Theorien betrachtet. Wenn alle allgemeingültigen Formeln ableitbar sind, heißt das Regelsystem des Computerprogramms vollständig. In diesem Fall können wir sicher sein, dass das Programm einwandfrei arbeitet.

Überprüfungsaufgaben von Computerprogrammen zielen also darauf ab, Theoreme einer formalen Theorie zu beweisen.[11] Wie in Hilberts Formalismus-Programm werden Terme und Formeln mit finiten Methoden eingeführt. Die unendliche Menge der natürlichen Zahlen ist durch die Induktionsregel des Zählens gegeben: Im Anfangsschritt ist 0 gegeben. Im Induktionsschritt wird angenommen, dass Ziffer n gebildet sei, um im nächsten Schritt zum Nachfolger $n + 1$ überzugehen. So entsteht die Ziffernfolge 0, 0 + 1, 0 + 1 + 1, ..., n, $n + 1$, ..., oder in der üblichen Notation 0, 1, 2, ... Beweise von Eigenschaften für alle natürlichen Zahlen erfordern daher ein Beweisschema der Induktion nach dem Vorbild des Zählens: Im Induktionsanfang muss gezeigt werden, dass eine Eigenschaft E für 0 gilt. Im Induktionsschritt wird die Induktionsvoraussetzung gemacht, dass die Eigenschaft E für n gilt. Daraus muss bewiesen werden, dass E auch für die Nachfolgerzahl $n + 1$ gilt. Trifft dieses Beweisschema für die Eigenschaft E zu, dann ist ihre Gültigkeit für alle natürlichen Zahlen bewiesen. Statt wie bei den natürlichen Zahlen nur ein Alphabet mit den Einheitssymbolen 0 und 1 zu verwenden, könnte man auch ein Alphabet mit endlich vielen Symbolen verwenden, um in dieser Weise Schritt für Schritt Terme und Formeln aus diesen Symbolen zu erzeugen. Dann lässt sich das induktive Beweisschema auch zum Nachweis von Eigenschaften aller Terme und Formeln einer formalen Sprache benutzen.

Churchs λ-Kalkül und mathematische Funktionen: Im Alltag kennen wir Terme als Rechenformeln wie z. B. den Quadratterm $n^2 + 3n$ mit der Variable n für natürliche Zahlen. Variablen sind Leerstellen, für die Ziffern als Namen von Zahlen eingesetzt werden wie z. B. $3^2 + 3 \cdot 3$. Jeder Zahl n wird durch eine Funktionsvorschrift f der Funktionsterm $f(n) = n^2 + 3n$ eindeutig zugeordnet. Bei der Auswertung des Funktionsterms $f(n)$ für $n = 3$ wird das Resultat nach den Regeln des Addierens, Multiplizierens und Potenzierens berechnet. Wichtig ist dabei offensichtlich, die für die Einsetzung freien Variablen klar zu kennzeichnen. Insbesondere Computer müssen dafür eindeutige symbolische Anweisungen erhalten. Church hatte dazu den später nach ihm benannten λ-Kalkül eingeführt,[12] wonach die freien Variablen für die Einsetzung mit dem Symbol λ gekennzeichnet werden. Die Funktion f wird nach Church als $\lambda n\, f(n)$ notiert bzw. im Beispiel $\lambda n\ n^2 + 3n$. Die Anwendung der Funktionsvorschrift $\lambda n\, f(n)$ auf das Beispiel $n = 3$ wird als $\lambda n\, f(n)(3) = \lambda n\ n^2 + 3n\ (3)$ notiert. Die Auswertung ergibt $f(3) = 3^2 + 3 \cdot 3 = 18$.

Von mathematischen Funktionen zum funktionalen Programmieren: In Computerprogrammen stehen Funktionen für Algorithmen, mit denen Rechnungen durchgeführt werden. Daher lassen sich auch Variablen für Funktionen einführen, an deren Stelle entsprechende Algorithmen eingesetzt werden. Nach Church bedeutet z. B. der λ-Term $\lambda g\, g(n) + 3n$, dass an der Leerstelle g eine Funktion wie z. B. die Quadrierung $g(n) = n^2$, aber auch beliebige andere zulässige Funktionsvorschriften einsetzbar sind. In komplexen Computerprogrammen können die Anweisungen sehr verschachtelt sein. Daher wird der λ-Kalkül im funktionalen Programmieren unverzichtbar. Beim funktionalen Programmieren bestehen Computerprogramme ausschließlich aus Funktionen. Dabei wird die Bezeichnung «Funktion» exakt im Sinn der Mathematik verstanden, nämlich als Vorschrift, die Funktionsargumenten eindeutig Funktionswerte zuordnet.

Funktionales Programmieren setzt also das Formalismus-Programm der Mathematik unmittelbar in Computersprachen um.[13] Um zirkelhafte Begriffsbildungen wie z. B. Russells Paradoxon zu vermeiden, hatte man Mengen durch Typenbezeichnungen gekennzeichnet, um Mengen von Grundobjekten von Mengen von Mengen, Mengen von Funktionen etc. zu unterscheiden. Auch dafür müssen in einem Computerprogramm eindeutige maschinelle Anweisungen vorliegen. So wird z. B. die Menge der natürlichen Zahlen als Menge vom Typ *Nat* bezeichnet, während die Menge der einstelligen Funktionen, die Funktionsargumente aus *Nat* Funktionswerten aus *Nat* zuordnen, mit *Nat* → *Nat* typisiert wird. Im Zeitalter von Big Data fällt eine ungeheure Vielfalt und Verschachtelung von Datenmengen an. Für Theorembeweiser wird daher Big Data zu einer großen Herausforderung, um die Sicherheit und Verlässlichkeit immer komplexer werdender Computerprogramme zu garantieren. Hilberts Motto «Wir müssen wissen – wir werden wissen» bekommt hier eine unmittelbar praktische Bedeutung.

Kapitel 6

Die Welt als Automat (John von Neumann, Konrad Zuse et al.)

Die Automatisierung dringt in alle Bereiche technischer Zivilisation vor. Wir verlassen uns zunehmend auf automatisierte Abläufe, die im Hintergrund unsere Alltags- und Arbeitswelt steuern, ohne dass wir sie noch als Geräte und Maschinen wahrnehmen. Diese automatisierten Infrastrukturen, mit denen wir zunehmend verschmelzen, werden selber komplexe Automaten, in denen wir als Teile fungieren.

Leibniz' Welt der göttlichen Automaten: Unter den Bedingungen von Informations- und Computertechnik realisiert sich eine Welt der Automaten, die sich bereits im 17. Jahrhundert im Zeitalter der Mechanik abzeichnete.[1] Der Philosoph und Mathematiker Gottfried Wilhelm Leibniz (1646–1716) hatte bereits die Vision, dass Automaten die alltägliche Arbeit übernehmen, damit Menschen entlastet werden und Zeit für die Entfaltung ihrer Kreativität haben. Selbst Entscheidungsprobleme und das Auffinden von Problemlösungen sollten durch Algorithmen übernommen werden.

Mit dem Bau von Automaten setzen wir Menschen nach Leibniz nur das Werk der Schöpfung fort, in der ein göttlicher Ingenieur und Mathematiker Organismen wie z. B. Pflanzen und Tiere als natürliche Automaten entworfen hat. Nach Leibniz war die Welt aus elementaren Automaten aufgebaut, die er Monaden nannte. In den Monaden spiegeln sich die Zustände der übrigen Monaden, die sich in Aggregaten zusammensetzen und komplexe Automaten bilden.

Tatsächlich setzen sich Organismen aus Organen zusammen, Organe aus Zellen, Zellen aus Proteinen, Proteine aus Molekülen, Atome schließlich aus Elementarteilchen. Im Unterschied zu den mechanischen Automaten der damaligen Zeit finden sich in natürlichen Automaten wieder lebende Einheiten wie Organe, darin lebende Zellen. Leibniz stellte sich diese Einschachtelung wie bei russischen Puppen in beliebige Tiefe fortgesetzt vor. Daher übertreffen nach seiner Auffassung die natürlichen Automaten auch die endlichen Automaten der menschlichen Techniker «mit Unendlichkeit».

Kluge Frauen über Automaten: Während in der Handrechenmaschine von Leibniz noch jeder Rechenschritt eingegeben werden musste, baute Anfang des 19. Jahrhunderts der britische Ingenieur und Mathematiker Charles Babbage die erste programmgesteuerte Rechenmaschine auf mechanischer Grundlage. Das dabei verwendete Lochkartenverfahren hatte er sich im beginnenden Zeitalter der Industrialisierung bei den ersten automatisierten Webstühlen abgeschaut. Seine Mitarbeiterin, die ebenso kluge wie attraktive Lady Ada Lovelace, Tochter des romantischen Dichters Lord Byron, trug nicht nur zur Programmierung bei, sondern äußerte sich auch über die Grenzen dieser Technologie. So werden diese Automaten, so meinte sie, in Zukunft vieles leisten können, aber eben nur das, was man ihnen vorher einprogrammiert habe.[2] Ähnlich kritisch hatte sich zwei Jahrhunderte vorher eine andere kluge Dame der Weltgeschichte über Automaten geäußert. Damals, im Zeitalter der Mechanik, ließ sich die schwedische Königin Christine von Descartes persönlich in Mathematik und Naturwissenschaften unterrichten. Als ihr Descartes die Natur ebenfalls als großen Automaten erklärte und die Vorzüge technischer Mechanik anpries, erwiderte sie skeptisch, dass sich die künstlichen Automaten der Menschen wohl nie wie lebende Organismen selber reproduzieren könnten.

Die Erfindung zellulärer Automaten: Die Vorstellung des Universums als komplexer Automat, der aus Aggregaten von elementaren Automaten zusammengesetzt ist, sollte sich im Computerzeitalter als äußerst suggestiv erweisen. In den 1940er Jahren arbeitete der Physiker Stanislaw Ulam am Los Alamos National Laboratory und

untersuchte das Wachstum von Kristallen, die er in einfachen Gitter-
netzen modellierte. Sein Kollege, der ungarisch-amerikanische Mathematiker John von Neumann (1903–1957), versuchte sich zur gleichen Zeit am Bau von Robotern, die andere Roboter bauen sollten.
Ulam schlug dem Mathematiker von Neumann vor, zunächst ein
mathematisches Modell eines sich selbst reproduzierenden Systems
zu entwerfen, so wie er, Ulam, Gitternetze für die Modellierung von
Kristallwachstum verwendete. Das war die Geburtsstunde der zellulären Automaten.[3]

Im Prinzip lässt sich ein zellulärer Automat als eine schachbrett-
artige Ebene vorstellen, die aus einzelnen Zellen zusammengesetzt
ist. Man kann natürlich auch ein dreidimensionales Gitter von
würfelartigen Zellen verwenden. Jede Zelle repräsentiert einen elementaren Automaten, der in endlich viele Zustände wechseln kann.
Zustände können durch unterschiedliche Farben oder Zahlen illustriert werden. Biologisch könnte man sich unterschiedliche chemische Stoffkonzentrationen einer lebenden Zelle vorstellen. Aber auch
binäre Zustände wie bei feuernden und nicht-feuernden Neuronen
wären eine mögliche Anwendung. Schließlich sind auch atomare
Zustände wie wechselnde Spins oder unterschiedliche Spannungszustände von Transistoren in Computern vorstellbar.

Der Wechsel eines zellulären Zustands wird von der Verteilung
der Zustände in den benachbarten Zellen abhängig gemacht. Aus
der Anzahl möglicher Zustände und benachbarter Zellen ergeben
sich endlich viele Regeln, mit denen die Dynamik eines zellulären
Automaten eindeutig festgelegt ist. Wendet man diese Regeln gleichzeitig an, entwickeln sich unterschiedliche Muster auf der schachbrettartigen Ebene. John von Neumann bewies die Existenz eines
zellulären Automaten, dessen Muster sich beliebig selber reproduzieren konnten und damit wenigstens theoretisch den Einwand der
Königin Christine widerlegten. Dieser Automat hatte zudem die
Eigenschaft eines universellen zellulären Automaten, der wie eine
universelle Turingmaschine alle anderen zellulären Automaten simulieren kann.

Umgebungsfunktionen einer Zelle: Im einfachsten Fall gibt es nur
die beiden Zustände «schwarz» (1) oder «weiß» (0). Eine Umgebungs-

funktion gibt an, mit welchen anderen Zellen die einzelne Zelle verbunden ist. Sie kann z. B. die Form eines Kreuzes oder Quadrates festlegen.

□ □ □   □
□ □ □   □ □ □
□ □ □   □

Der Zustand einer Zelle hängt von Zuständen in der jeweiligen Umgebung ab und wird durch (lokale) Regeln bestimmt. Da alle Regeln in einem Schritt ausgeführt werden, arbeitet das Automatennetz des zellulären Automaten synchron und taktweise. Die aus einer Konfiguration von zellulären Zuständen durch Regelanwendung entstandene Konfiguration heißt Nachfolger der ursprünglichen Konfiguration. Die aus einer Konfiguration durch wiederholte Regelanwendung entstandenen Konfigurationen heißen Generationen der ursprünglichen Konfiguration. Eine Konfiguration ist stabil, wenn sie mit ihrem Nachfolger übereinstimmt. Sie «stirbt» in der nächsten Generation, wenn alle ihre Zellen im Zustand «weiß» (0) sind.

Computersimulation zellulärer Automaten: Technisch können zelluläre Automaten durch einen Computer simuliert werden. Ein entsprechendes Computerprogramm für einen zellulären Automaten verwendet im Prinzip die gleichen Methoden, als würde man zelluläre Musterentwicklung mit Papier und Bleistift durchführen. Zunächst wird ein Arbeitsbereich für die Zellen festgelegt. Dabei entspricht jede Zelle einem Speicherelement im Computer. Bei jedem Entwicklungsschritt muss das Programm einzeln nacheinander jede Zelle aufsuchen, die Zustände der Nachbarzellen bestimmen und den nächsten Zustand der Zelle berechnen. In diesem Fall ist ein zellulärer Automat auf einem sequentiellen Digitalcomputer simulierbar. Besser und effektiver wäre ein Netz aus vielen Prozessoren in zellulärer Verschaltung, in denen die Verarbeitung parallel wie in einem zellulären Organismus abläuft. Umgekehrt lässt sich jeder Computer als universelle Turingmaschine durch einen universellen zellulären Automaten simulieren.

Selbstreproduktion zellulärer Automaten: Nach von Neumann muss ein sich selbst reproduzierender Automat die Leistungsfähigkeit einer universellen Turingmaschine haben, also jede Art von zellulärem Automaten simulieren können. In der präbiologischen Evolution hatten die ersten sich selbst reproduzierenden Makromoleküle und Mikroorganismen sicher nicht den Komplexitätsgrad eines universellen Computers. Daher entwickelte Christopher G. Langton 1986 einfachere zelluläre Automaten ohne die Fähigkeit universeller Berechenbarkeit, die sich spontan in bestimmten Perioden wie Organismen reproduzieren können. Anschaulich erinnern ihre PC-Bilder an einfache zelluläre Organismen mit kleinen Schwänzen, aus denen sich ähnliche kleine Organismen bilden.

Die Zustände der Zellen werden in Abb. 7 durch Zahlen markiert.[4] Leere Zellen haben den Zustand 8 und bilden die virtuelle Umwelt der virtuellen Organismen. Zellen im Zustand 2 hüllen den virtuellen Organismus wie eine Haut ein und grenzen ihn von der Umwelt ab. Die innere Schleife trägt den Code für die Selbstreproduktion. Zu jedem Zeitpunkt werden die Codenummern entgegen dem Uhrzeigersinn schrittweise weiterbewegt. Je nachdem, welche Codenummer das schwanzartige Ende erreicht, wird es um eine Einheit erweitert oder wird eine Linksbiegung bewirkt. Nach vier Durch-

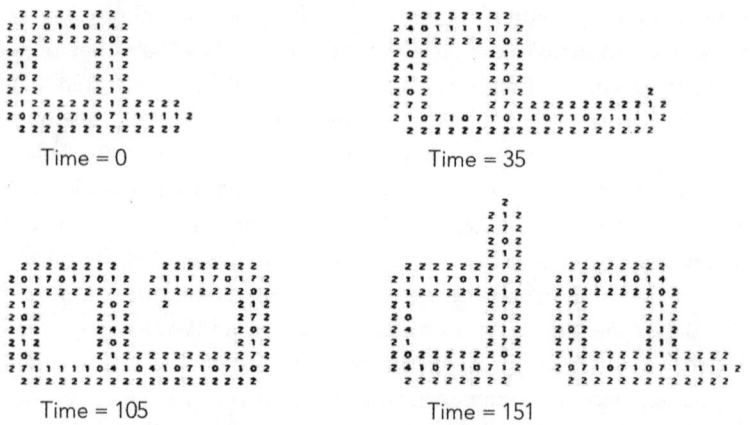

Abb. 7: Sich selbst reproduzierende zelluläre Automaten

läufen ist die zweite Schleife vollendet. Beide Schleifen trennen sich, und der zelluläre Automat hat sich selber reproduziert. Schließlich bedeckt eine Kolonie solcher Organismen den Bildschirm. Während sie sich an den Außenrändern reproduzieren, werden die mittleren bei der Selbstproduktion von ihren eigenen Nachkommen blockiert. Wie bei einem Korallenriff bilden sie ein totes zelluläres Skelett, auf dem das virtuelle Leben weitergeht.

Zelluläre Automaten und Churchsche These: Zelluläre Automaten sind mit Turingmaschinen mathematisch äquivalent. Sie sind daher ein äußerst mächtiges Instrument der Modellierung, da nach der Churchschen These im Prinzip jedes noch so komplizierte Computerprogramm durch eine Turingmaschine und damit durch einen zellulären Automaten simuliert werden kann. In den 1970er Jahren führte der amerikanische Mathematiker John Conway einen zweidimensionalen zellulären Automaten mit zwei zellulären Zuständen (anschaulich «tot» oder «lebendig») ein, den er «Game of Life» (Spiel des Lebens) nannte.[5] Tatsächlich produzierte dieser Automat trotz seiner einfachen zellulären Wechselwirkungsregeln erstaunlich komplexe und vielfältige Muster, die sich selber immer wieder neuartig reproduzieren. «Game of Life» ist ebenfalls ein Beispiel für einen universellen zellulären Automaten.

Zelluläre Automaten und biologische Evolution: Seine Muster erinnern geradezu an die Kambrische Explosion mehrzelliger Organismen in der Darwinschen Evolution. Damit wird keineswegs behauptet, dass zelluläre Automaten exakt die Spielregeln der Evolution erfassen. Es zeigt sich aber bereits in diesen Spielplänen, wie aus einfachen lokalen Wechselwirkungen von Elementen komplexe Strukturen mit erstaunlichen Eigenschaften wie z. B. Selbstreproduktion entstehen können. Viele Menschen haben noch heute Schwierigkeiten mit der Vorstellung, dass aus mehr oder weniger zufällig sich ergebenden Wechselwirkungen von Atomen und Molekülen komplexe Organismen wie Pflanzen, Tiere und Menschen entstehen konnten. Man flüchtet sich in traditionelle Bilder aus dem Zeitalter der Mechanik, wonach ein göttlicher Ingenieur diese Organismen mit ihren Fähigkeiten entworfen haben muss. Vergessen wird dabei der Faktor

Zeit, durch den im Laufe chemischer und biologischer Evolution unter sich ändernden Bedingungen unterschiedliche Aggregate und Systeme ausprobiert werden konnten. Die gewaltige Rechenge-schwindigkeit und Speicherkapazität moderner Computer erlauben heute Zeitrafferaufnahmen von überraschenden Strukturbildungen, die bereits durch einfache deterministische Spielregeln von Automa-ten in Millionen von Schritten möglich sind.

Konrad Zuse und John von Neumann: 1967 vertrat der deutsche Computerpionier Konrad Zuse (1910–1995) die Auffassung, dass das gesamte Universum im Prinzip als zellulärer Automat auf einem Computer simuliert werden kann. Zuse hatte sich bereits in den Jah-ren 1935 bis 1941 mit programmierbaren Computern auf der Grund-lage von Binärschaltungen, also unseren heutigen Bits, beschäftigt, 1943 den ersten programmgesteuerten elektronischen Computer («Zuse 3») gebaut und 1945 die erste Version einer höheren Program-miersprache vorgelegt. Wegen der Kriegsereignisse konnten die Ame-rikaner allerdings erst 1945 davon Kenntnis nehmen. Im Rahmen des Manhattan-Projekts der Atombombe entwickelte John von Neu-mann unabhängig von Zuse 1945 die ENIAC als programmgesteuer-ten elektronischen Rechner. Die Persönlichkeiten von Konrad Zuse und John von Neumann konnten unterschiedlicher nicht sein. Zuse war der Typ des genialen Erfinders, noch nicht einmal ein akade-misch ausgebildeter Ingenieur, während John von Neumann als geni-aler Mathematiker sich vorher mit Grundlagen der mathematischen Logik, Mathematik und Quantenmechanik beschäftigt hatte. Den-noch kamen beide zu großen Übereinstimmungen sowohl in ihrer praktischen Arbeit im Computerbau als auch in den großen Zu-kunftsvisionen des Computerzeitalters.

Zuses «Rechnender Raum»:   1969 veröffentlichte Konrad Zuse sein Buch «Rechnender Raum», in dem er die physikalischen Gesetze des Universums als diskret beschrieb und die physikalischen Zustände des Universums als Output eines gewaltigen zellulären Automaten.[6] Das war das erste Buch über digitale Physik. Zuse räumte ein, dass damals noch keine vollständig entwickelten digitalen Modelle der Physik vorlagen. Das hinderte ihn allerdings nicht, die totale Digitalisierung aller Naturgesetze zu fordern. Vereinfachte Modelle wie zelluläre Automaten wurden bereits von ihm analysiert. Dabei zitierte er auch John von Neumann, dessen Buch über die Theorie von selbst reproduzierenden Automaten 1966 erschien. Konrad Zuse diskutierte zelluläre Automaten mit Blick auf die Relativitätstheorie, Informationstheorie und Wahrscheinlichkeitstheorie. Auch das philosophische Thema von Determinismus und Kausalität wird angesprochen. Er war davon überzeugt, dass das Universum ein abgeschlossenes System sei, in dem Information verarbeitet, aber nicht vermehrt werden kann. Mit Blick auf Big Data ist das eine bemerkenswerte These und erinnert an den Erhaltungssatz der Energie von Leibniz, den er für das gesamte Universum als abgeschlossenes System annahm.

Zuse-Fredkin-Hypothese: Nach Ulams und von Neumanns Konzept zellulärer Automaten lag damals die Idee einer digitalen Physik offenbar in der Luft. Unabhängig von Zuse vertrat auch Edward Fredkin (*1934) die Auffassung, dass das Universum auf einem hochdimensionalen Parallelrechner wie einem zellulären Automaten simulierbar sei. Fredkin ist eine schillernde Persönlichkeit mit vielfältigen Begabungen. Er betätigte sich als Jetpilot der US Air Force ebenso wie als erfolgreicher Programmierer, Physikprofessor und CEO verschiedener Firmen. Erst 1990 erschien ein Artikel von ihm zu diesem Thema in der angesehenen Physikzeitschrift Physica.[7] Fredkins und Zuses These vom Universum als zellulärem Automaten wurde bereits Anfang der 1970er Jahre durch Martin Gardner popularisiert. Unabhängig vom Konzept der zellulären Automaten ist das neue Forschungsparadigma einer computerbasierten digitalen Physik von zentraler Bedeutung für die Zukunft. Dahinter steht die Auffassung, dass Messungen und Beobachtungen als Computerdaten festgehalten werden müssen, um im physikalischen Erkenntnisprozess wirksam zu werden. Mit der digitalen Physik hält auch Big Data Einzug in die Forschung.

Zuse und Fredkin haben unabhängig voneinander die These vertreten: «Das Universum ist ein zellulärer Automat.» Historisch ist es daher korrekt, von der Zuse-Fredkin-These zu sprechen.[8] Wie hängt die Zuse-Fredkin-These mit der Churchschen These zusammen, wonach alle effektiven Prozesse durch eine Turingmaschine simulierbar sind?[9] Man sieht sofort, dass die Churchsche These aus der Zuse-Fredkin-These folgt: Falls das Universum im Sinn der Zuse-Fredkin-These ein zellulärer Automat ist, dann sind alle Prozesse im Universum berechenbar und durch einen universellen zellulären Automaten simulierbar. Menschen mit ihren mathematischen Gedanken wären nur spezielle Systeme dieses Universums und durch Algorithmen simulierbar. Daher können effektive Prozesse (als mathematische Gedanken von Menschen) durch eine universelle Turingmaschine simuliert werden – im Sinn der Churchschen These. Der Umkehrschluss von der Churchschen These auf die Zuse-Fredkin-These ist problematisch. Dieser Schluss hängt nämlich von den offenen Fragen ab:

a) Können alle Prozesse im Universum durch mathematische Gesetze und Theorien dargestellt werden?
b) Können alle mathematischen Gesetze und Theorien des Universums durch berechenbare Algorithmen im Sinn der Churchschen These simuliert werden?

1-dimensionale zelluläre Automaten: Seit 1983 publizierte der amerikanische Physiker, Programmierer und Softwareunternehmer Stephen Wolfram über einen besonders einfachen Typ zellulärer Automaten.[10] Es handelte sich um 1-dimensionale zelluläre Automaten, deren Musterbildung sich nicht in der 2-dimensionalen Ebene ausbreitete, sondern in nachfolgenden 1-dimensionalen Zeilen von Zellen. Jeder Zustand einer Zelle in einer Zeile hängt von den Zuständen dreier Zellen in der vorausgehenden Zeile ab, nämlich der linken und rechten Zelle und der Zelle selber im vorausgehenden Zustand. Bei zwei Zuständen, die z. B. mit den Farben Rot (1) und Blau (0) unterschieden werden, ergeben sich für die drei vorausgehen Zellen kombinatorisch $8 = 2^3$ Möglichkeiten, nachfolgende Zustände festzulegen:

111	110	101	100	011	010	001	000
0	1	0	1	1	0	1	0

Ein Automat mit diesen Regeln hat die binäre Codenummer 01011010 oder (in dezimaler Codierung) $0 \times 2^7 + 1 \times 2^6 + 0 \times 2^5 + 1 \times 2^4 + 1 \times 2^3 + 0 \times 2^2$

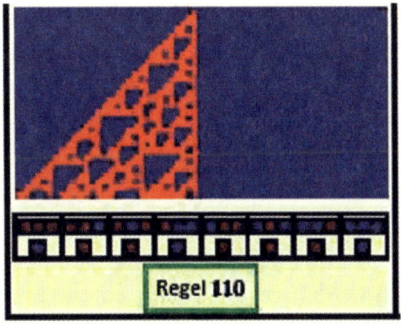

Abb. 8: Komplexes Muster des zellulären Automaten 110

+ $1 \times 2^1 + 0 \times 2^0 = 90$. Für 8-stellige binäre Codenummern mit zwei Zuständen gibt es $2^8 = 256$ mögliche zelluläre Automaten.[11] Der Automat mit der Codenummer 110 produziert das Muster in Abb. 8.

Stephen Wolframs «A New Kind of Science»: Die unerwartete Komplexität der Muster, die sich schon mit diesen einfachen Regeln bildete, bestärkte Wolfram in der Auffassung, dass auch die Komplexität in der Natur durch ähnlich einfache Mechanismen erzeugt werden könnte. Zusätzlich spekulierte er über verborgene Zufälligkeit und nicht weiter komprimierbare Rechenprozesse in seinen einfachen zellulären Automaten. Von einem speziellen Beispiel konnte er sogar universelle Berechenbarkeit im Sinn einer universellen Turingmaschine beweisen. Universelle Berechenbarkeit steht für große Komplexität.

2002 publizierte Wolfram ein 1280 Seiten umfassendes Buch mit unübersehbar vielen Abdrucken von Musterbildungen mit zellulären Automaten.[12] Er stellte sie als Entdeckungen durch Computerexperimente mit Hochgeschwindigkeitscomputern vor und nicht als das Ergebnis mathematischer Beweise. Daher wollte sein Buch ein neues Forschungsparadigma («A New Kind of Science») verkünden, wonach es in Zukunft nicht mehr auf Beweise und Theorien ankomme, sondern auf die Produktion von Datenmustern und Computerexperimenten. Die Entdeckungen werden, so suggeriert Wolfram, aufgrund der sich beschleunigenden Computertechnologie in Zukunft viel schneller sein, als sie durch aufwendige Beweise und Theorien vorausgesagt werden können. Am Beispiel der zellulären Automaten proklamiert Wolfram also bereits die Parole von Big Data und das «Ende der Theorie» von Chris Anderson.

Computerexperimente reichen nicht! Es ist zwar richtig, dass heute auch in den Wissenschaften gewaltige Datenmengen anfallen, die nur algorithmisch durch Data Mining bewältigt werden können. Um Musterbildungen und Zusammenhänge von Daten zu erklären und zu begründen, sind aber Theorien und Gesetze weiterhin unverzichtbar. Das war das Anliegen unseres Buchs «The Universe as Automaton», das 2011, also knapp zehn Jahre nach Wolframs großer Mustersammlung von zellulären Automaten, erschien.[13] Dazu betrachteten wir den gleichen einfachen Automatentyp wie Wolfram und waren von der Vielfalt der Musterbildung ebenso beeindruckt. Die Muster sollten aber nicht nur qualitativ beschrieben und nach anschaulichen Kriterien klassifiziert werden. Das wäre aristotelische Wissenschaft vor Galilei, die nur die Phänomene beschreibt, systematisiert und nach äußeren Merkmalen kategorisiert. Um aber ihre Existenz und Ursachen zu erklären, zu begründen und präzise vorauszusagen, bedarf es der mathematischen Gesetze, die der Musterbildung zugrunde liegen. Diese analytische Methode des Aufstellens und Lösens von Gleichungen erinnert an die mathematische Physik, obwohl die mathematischen Modelle nun digital sind.

Boolesche Gesetze der Musterbildung: Um die Gesetze zu erkennen, die den komplexen Musterbildungen zugrunde liegen, müssen wir die Struktur ihrer Regeln genauer untersuchen. Jede Zelle i ($i = 0$, 1, ...) ist nach Voraussetzung nur mit ihrer linken Nachbarzelle $i - 1$ und rechten Nachbarzelle $i + 1$ gekoppelt (Abb. 9). Jede Zelle i hat zwei mögliche Zustände u_i für 0 und 1, die durch die Farben Blau und Rot dargestellt werden. Der untere Index i der Zustandsvariablen u_i gibt also die Nummer einer Zelle in der Zeile eines Musters an (vgl. Abb. 9). Mit einem oberen Index t werden die Zeitpunkte der nachfolgenden Zeilen bzw. Generationen gezählt: Der Zustand u_i^{t+1} für alle Zellen i zum Zeitpunkt $t + 1$ (d. h. die nächste Generation nach dem Zeitpunkt t) ist durch die Zustände ihrer nächsten Nachbarn

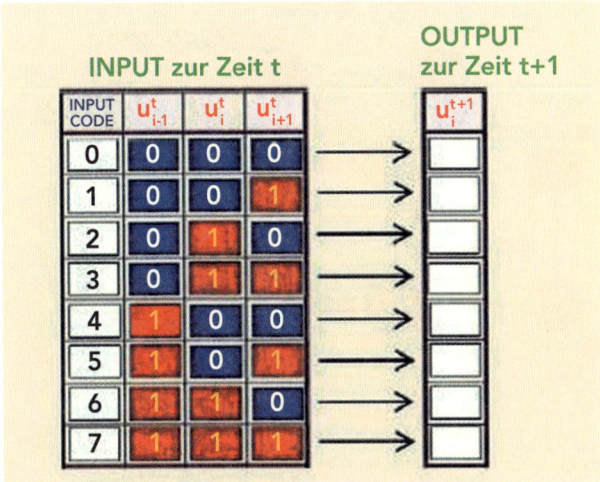

Abb. 9 : Wahrheitswert- bzw. Zustandstafel eines zellulären Automaten

u_{i-1}^t, u_{i+1}^t und u_i^t selber zum vorausgehenden Zeitpunkt t bestimmt, d. h. durch eine Boolesche Funktion $u_i^{t+1} = N(u_{i-1}^t, u_i^t\, u_{i+1}^t)$ in Übereinstimmung mit einer entsprechenden Booleschen Wahrheitstafel für $8 = 2^3$ verschiedene 3-Input-Muster (Abb. 9).

Platonische Würfel als Bausteine des Universums zellulärer Automaten: Diese acht 3-Input-Muster lassen sich als die acht Ecken eines Würfels darstellen (Abb. 10). Die Ecken des Würfels sind rot bzw. blau gefärbt je nachdem, ob das betreffende 3-Input-Muster einen roten oder blauen Output-Zustand nach sich zieht. Mit Anspielung auf feuernde Neuronen in Gehirnen sprechen wir auch von «feuernden» Input-Mustern, falls der nachfolgende Zellenzustand rot (1) ist. Jeder der 256 zellulären Automaten ist also durch einen gefärbten Würfel charakterisiert. Ähnlich wie in der platonischen Kosmologie liegen also dem Universum zellulärer Automaten Würfel als mathematische Grundstruktur zugrunde.

Komplexitätsgrade zellulärer Automaten: Tatsächlich lassen sich aus den Würfelfärbungen Komplexitätsgrade der Musterbildung ab-

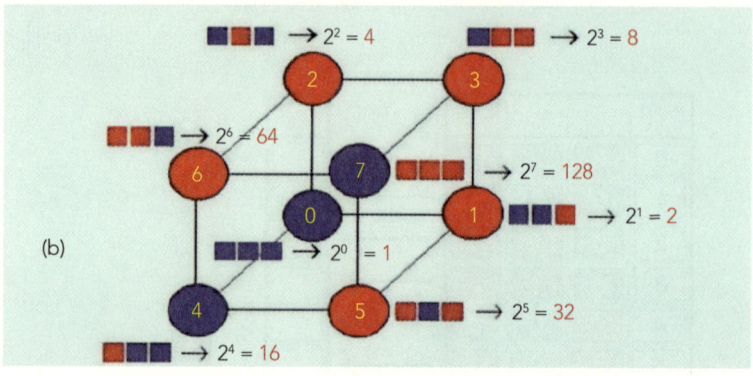

Abb. 10: Würfelstruktur eines zellulären Automaten

leiten. Wenn die rot gefärbten Ecken von den blau gefärbten Ecken durch eine einzige Schnittfläche im Würfel getrennt werden können, handelt es sich um einen zellulären Automaten mit sehr einfachen Mustern. Solche Automaten erhalten den Index 1 (Abb. 11a). Für Regel 110 (Abb. 10) sind dazu zwei Schnittflächen notwendig: Die roten Ecken 2 und 6 liegen oberhalb der ersten Schnittfläche. Die blauen Ecken 0, 4 und 7 liegen zwischen der ersten und zweiten Schnittfläche. Die roten Ecken 3, 1 und 5 liegen unterhalb der zweiten Schnittfläche. Zelluläre Automaten mit solchen Würfeln mit zwei Schnittflächen erhalten den Index 2, da sie wesentlich komplexere Muster erzeugen (Abb. 11b). Schließlich gibt es noch Automaten vom Index 3, deren Würfel drei Schnittflächen benötigen, um die rot und blau gefärbten Ecken zu trennen (Abb. 11c). Wolfram hatte Komplexitätsgrade von Automaten vorgeschlagen, die auf Analogien und Vergleiche der Musterbildungen in Computerexperimenten beruhen. Ähnlich wie bei Big Data werden also nur Datenmuster verglichen. In unserem Fall wird Komplexität durch die zugrunde liegende mathematische Struktur der Musterbildung erklärt und ist damit prognostizierbar.

Es ist bemerkenswert, dass sich alle Würfel der Komplexitätsgrade 2 und 3 auf logische Kombinationen aus Würfeln des einfachsten Komplexitätsgrads 1 zurückführen lassen. Die Automaten vom

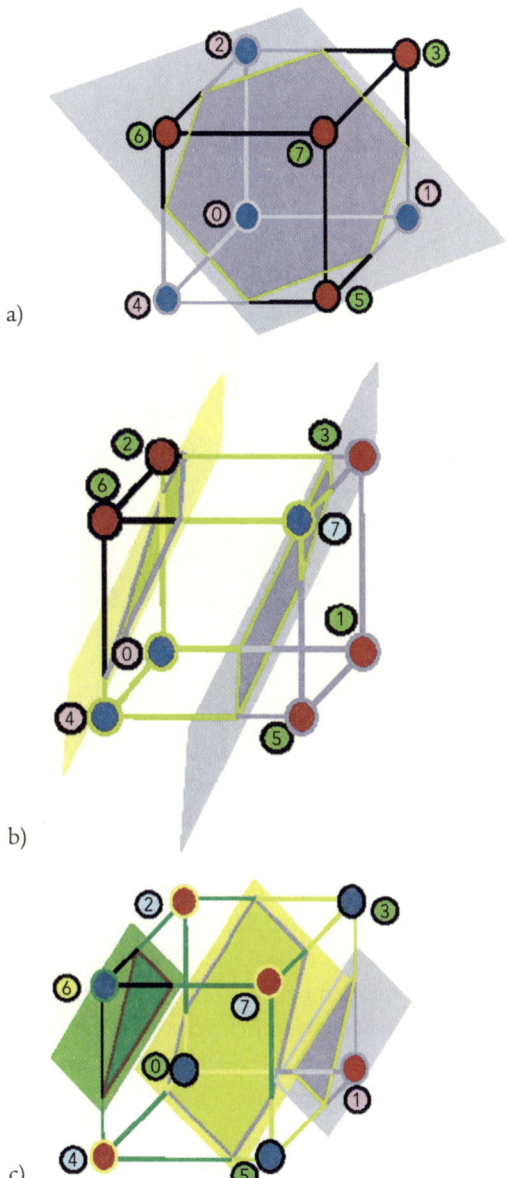

a)

b)

c)

Abb.11: Beispiele des Komplexitätsindex κ = 1, 2, 3 mit parallelen Ebenen, die alle Ecken gleicher Farben separieren für Automat 232 (a), Automat 110 (b) und Automat 150 (c)

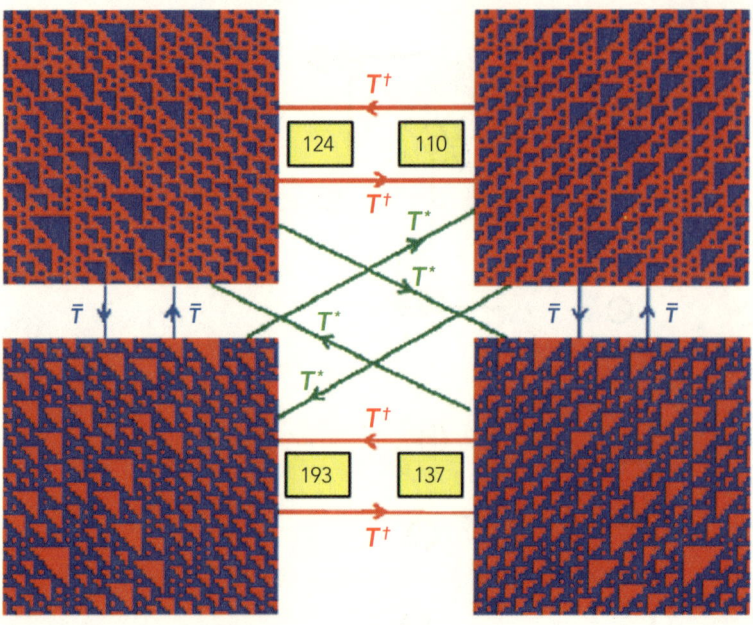

Abb. 12: Symmetriegesetze zellulärer Automaten

Index 1 sind schnell und lassen sich daher besonders leicht als Chips programmieren. Solche Kombinationen bestehen aus den logischen Verknüpfungen UND bzw. ODER: Ist eine Ecke eines Würfels rot (1) und die entsprechende Ecke eines zweiten Würfels blau (0), dann erhält die entsprechende Ecke des kombinierten Würfels bei einer UND-Verbindung die Farbe Blau (0), aber bei einer ODER-Verbindung die Farbe Rot (1). Sind beide entsprechenden Ecken zweier Würfel blau (0) bzw. rot (1), dann erhält die entsprechende Ecke des kombinierten Würfels sowohl bei einer UND-Verbindung als auch bei einer ODER-Verbindung die Farbe Blau (0) bzw. die Farbe Rot (1).[14]

Symmetriegesetze im Universum zellulärer Automaten: In der platonischen Kosmologie waren die Bausteine der platonischen Körper durch Symmetrien ausgezeichnet. Diese Idee treibt noch die moderne physikalische Kosmologie an, wonach Symmetriegesetze dem

Universum zugrunde liegen. Auch in der Welt zellulärer Automaten lassen sich grundlegende Symmetrien auszeichnen. Die beiden Muster der Automaten 124 und 110 in Abb.12 oben werden durch eine Links-Rechts-Transformation $T^\dagger$ erzeugt und sind durch eine bilaterale Spiegelung an der imaginären vertikalen Achse zwischen beiden Mustern aufeinander bezogen.[15] Die beiden Muster der Automaten 193 und 137 in Abb. 12 unterhalb sind entsprechend mit $T^\dagger$ durch eine bilaterale Spiegelung aufeinander bezogen. Die beiden vertikal angeordneten Muster der Automaten 137 und 110 ebenso wie 193 und 124 sind durch eine komplementäre Transformation $\bar{T}$ aufeinander bezogen, d.h. überall werden die blauen durch rote Farbfelder bzw. umgekehrt ausgetauscht. Die zwei diagonal angeordneten Muster der Automaten 124 und 137 ebenso wie 193 und 110 sind durch eine Links-Rechts komplementäre Transformation T^* aufeinander bezogen, d.h. eine Kombination von Links-Rechts und komplementärer Transformation.

Die Transformationen $T^\dagger$, T^* und $\bar{T}$ erfüllen zusammen mit der Identität T_0 die Axiome einer mathematischen Gruppe.[16] Danach können zwei dieser Transformationen miteinander verknüpft wer-

Vierergruppe *V*			
T_0	$T^\dagger$	$\bar{T}$	T^*
$T^\dagger$	T_0	T^*	$\bar{T}$
$\bar{T}$	T^*	T_0	$T^\dagger$
T^*	$\bar{T}$	$T^\dagger$	T_0

Abb. 13 : Kleinsche Vierergruppe der Symmetrie

den und ergeben wieder eine dieser Transformationen. In Abb. 13 ist die Verknüpfungstafel dieser Gruppe zusammengestellt, die nach dem Mathematiker Felix Klein benannt ist («Kleinsche Vierergruppe»): Eine Transformation in der ersten Spalte verknüpft mit einer Transformation in der ersten Zeile ergibt die Transformation im Schnitt der entsprechenden Zeile mit der entsprechenden Spalte, z. B. $T^\dagger \bullet \bar{T} = T^*$. Ähnlich dem physikalischen Universum liegt also auch dem Universum zellulärer Automaten eine Symmetriegruppe zugrunde, mit der sich die Musterbildung erklären lässt. Allerdings sind wir für das physikalische Universum noch auf der Suche nach dieser «Weltformel» und haben in der Standardtheorie bisher nur die ersten Schritte realisiert.

Symmetrie und Berechenbarkeit im Universum zellulärer Automaten: Ein Mitarbeiter von Wolfram hatte für den Automaten 110 universelle Berechenbarkeit nachgewiesen. Damit ist dieser zelluläre Automat ebenso leistungsfähig wie eine universelle Turingmaschine, die jede Turingmaschine und damit (nach der Churchschen These) jeden Algorithmus und jedes Computerprogramm simulieren kann. Wegen ihrer Symmetrieeigenschaft sind alle Elemente der Kleinschen Vierergruppe universelle Turingmaschinen. Diese Tranformationsgruppe ist also fundamental für die Erklärung und Berechnung komplexer Musterbildung in der Welt zellulärer Automaten.

Zeitpfeil und Zeitsymmetrie im Universum der Physik und zellulärer Automaten: Im physikalischen Universum nehmen wir einen universalen Zeitpfeil an, der mit der Expansion des Universums verbunden ist. Diese globale Expansion liegt zugleich der komplexen Musterbildung zugrunde. Damit folgt auch, dass die globale Entwicklung im Universum irreversibel ist. Mit anderen Worten sind Zeitreisen in die Vergangenheit ausgeschlossen. Das Universum zellulärer Automaten zeigt uns, dass mathematisch auch ganz andere Universen denkbar sind.[17] Wir konnten in unserem Buch von 2011 beweisen, dass es – entgegen der Annahme von Stephen Wolfram – keinen irreversiblen und universalen Zeitpfeil im Universum zellulärer Automaten gibt. Zeitpfeile sind vielmehr auf Regionen der Musterbildung in einzelnen Automaten beschränkt. Ebenso können aber in anderen Regionen des gleichen Automaten Zeitsymmetrien vorliegen, nach denen die Zeit auch rückwärts laufen könnte und die gleichen Muster erzeugt.[18]

Zeitsymmetrie im Universum zellulärer Automaten: In Abb. 14 zeigt das obere Muster aus 69 Zeilen die Evolution des Automaten 62, die in der ersten Zeile mit einer Bitsequenz aus 63 Bits 110110110 ... 110110110 beginnt. Die Bits werden als rot (1) und blau (0) gefärbte Pixelzellen dargestellt. Dabei wird das Muster 110 wiederholt. In jeder nachfolgenden Zeile wird die vorausgehende Zeile um einen Pixel nach links verschoben. Man erkennt, dass dadurch ein periodisches Muster aus drei Zeilen immer wiederholt wird.

Mit der Links-Rechts-Transformation $T^{\dagger}$ der Kleinschen Vierergruppe erhalten wir zu einem zellulären Automaten wie z. B. 62 den bilateralen «Zwillingsautomaten» 118 = $T^{\dagger}(62)$, der ein global äquivalentes Muster erzeugt. In Abb. 14 wurde die letzte Reihe des oberen Musters (bezeichnet als Reihe 0) als Anfangszustand des bilateralen Zwillingsautomaten 118 des Automaten 62 gewählt. Indem diese Bitsequenz 19-mal wiederholt wird, erhalten wir das zweite Muster. Dieses Muster aus 20 Reihen, die am rechten Rand mit 0, –1, –2, …, –19 bezeichnet sind, ist ein Spiegelbild der letzten 20 Reihen des oberen Musters mit den entsprechenden Reihennummern 0, 1, 2, …, 19.

Damit lässt sich ein Test für Zeitreversibilität (Zeitsymmetrie) angeben (Abb. 14):

1) Reproduziere die letzten 20 Reihen des oberen Musters und erzeuge so ein anschließendes Muster aus 20 Reihen.
2) Drehe das mittlere Muster in Reihe 0 um 180°.
3) Das so gedrehte Muster wird auf die letzten 20 Reihen des oberen Musters gelegt.

Falls dabei keine Unterschiede zum Ausgangsmuster entstehen, liegt Zeitreversibilität bzw. Zeitsymmetrie vor. Die Wahl von 20 Zeilen war dabei willkürlich. Der bilaterale Zwillingsautomat 118 = $T^{\dagger}(62)$ ist offenbar so etwas wie eine Zeitmaschine, mit der wir in die Vergangenheit der Musterbildung des Automaten 62 reisen können.

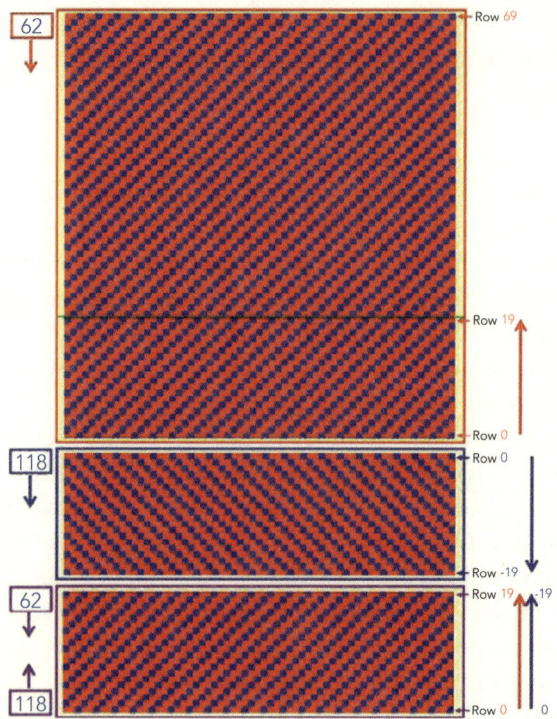

Abb. 14: Test der Zeitsymmetrie in der Musterbildung von Automat 62

Zeitpfeil im Universum zellulärer Automaten: Für denselben Automaten 62 lässt sich das obere Muster in Abb. 15 erzeugen, das von der Anfangssequenz 0001011110000101111 ... 000101111 aus 63 Bits ausgeht. Auch hier wird ein periodisches Muster aus drei Zeilen wiederholt. Wenn wir allerdings wieder den Test der Zeitsymmetrie für die letzten 20 Zeilen des oberen Musters durchführen, zeigt sich, dass die Muster nicht mehr übereinstimmen. Die Abweichungen sind im unteren Muster durch weiße Pixel angegeben. In diesem Fall liegt also Irreversibilität der Musterentwicklung vor. Ein lokaler Zeitpfeil ist für diesen speziellen Automaten nachgewiesen.[19]

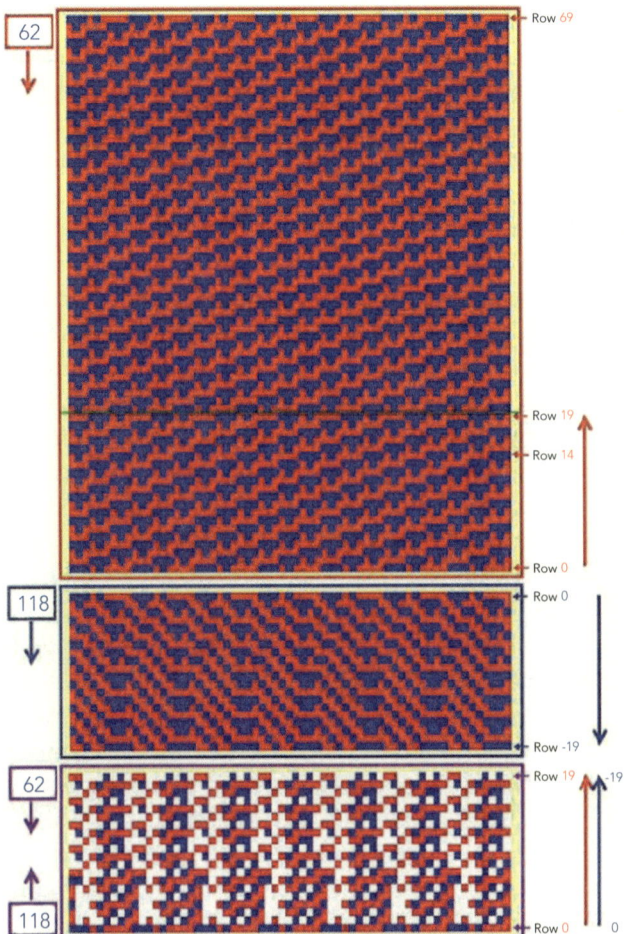

Abb. 15: Nachweis eines Zeitpfeils in der Musterbildung von Automat 62

Zelluläre Automaten als dynamische Systeme: Die Dynamik eines Systems wird durch seine Zustandsänderung in einem Zeitintervall beschrieben. In der Mechanik kann es sich um die Veränderung des Bewegungszustands eines Pendels handeln, bei der sich der Ort und die Geschwindigkeit in einem Zeitabschnitt ändern. Bei einer biologischen Zelle können sich chemische Konzentrationen im Inneren einer Zelle in einem Zeitintervall ändern. Die Veränderungen hängen von Zuständen der Umgebung ab. Bei einem Automobil kann ein Hindernis zur Verlangsamung der Geschwindigkeit führen. Die Veränderung eines Zellzustands hängt von den Zuständen der Nachbarzellen ab. In zellulären Automaten sind diese Veränderungen sehr vereinfacht durch lokale Regeln bestimmt, nach denen sich genau festgelegte Zustände verändern. Im einfachsten Fall werden nur zwei Zustände 1 und 0 berücksichtigt.

Wenn wir das Zeitintervall Δt, in dem sich der Zustand x verändert, winzig (infinitesimal) klein werden lassen, erhalten wir das Zeitdifferential dt, das anschaulich einem Augenblick entspricht. Aus der entsprechenden Zustandsveränderung Δx wird das Zustandsdifferential dx. Die Zustandsveränderung wird seit Leibniz durch den Differentialquotienten $\dot{x} = dx/dt$, also Zustandsveränderung dx im Augenblick dt, beschrieben. Falls x die Geschwindigkeit eines Körpers ist, wird (nach Newton) die Geschwindigkeitsänderung $\dot{x}$ als Beschleunigung definiert. Im Fall einer biologischen Zelle wird damit die augenblickliche Veränderung eines genetischen Zustands oder einer chemischen Konzentration beschrieben. Allgemein ist $\dot{x} = dx/dt$ eine Differentialgleichung, die von verschiedenen Faktoren abhängen kann. Die Naturgesetze bestimmen häufig Zustandsveränderungen von Systemen. Sie werden daher durch Differentialgleichungen modelliert. Damit wird die Natur berechenbar: Die Lösungen solcher Gleichungen für bestimmte Anfangs- und Nebenbedingungen entsprechen Zuständen in Vergangenheit, Gegenwart und Zukunft.

Wenn wir die Musterbildung im Universum zellulärer Automaten gesetzmäßig erklären und berechnen wollen, müssen wir also entsprechende Differentialgleichungen formulieren. Da Zustände in dynamischen Systemen sich in reeller Zeit verändern, wurden die binären Zustände 0 und 1 durch 0 und -1 ersetzt. Die acht Eckpunkte $(-1,-1,-1)$, $(-1,-1,1)$, $(-1,1,-1)$, $(-1,1,1)$, $(1,-1,-1)$, $(1,-1,1)$, $(1,1,-1)$ und $(1,1,1)$ des Booleschen Würfels werden exakt in einem Koordinatensystem mit den drei Koordinaten der benachbarten Zellzustände u_{i-1}, u_{i+1} und dem Zellzustand u_i im Zentrum des Würfels lokalisiert. Die Ecken $n = 0, 1, 2, ..., 7$, die den Reihen n der Zustandstafel entsprechen, sind blau, falls der Output -1 ist, und rot, falls der Output 1 ist (vgl. Abb. 9 mit -1 statt 0).

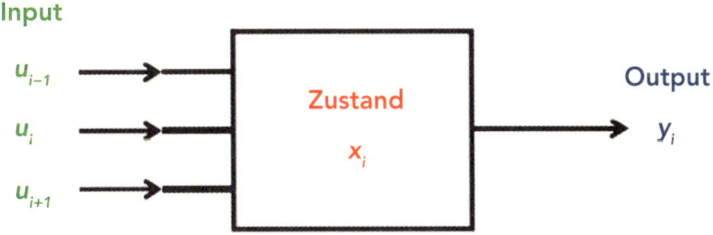

Abb. 16: Zelle als dynamisches System

Als dynamisches System hat jede Zelle i eines 1-dimensionalen zellulären Automaten eine Zustandsvariable x_i, eine Outputvariable y_i, und drei konstante binäre Inputs $u_{i-1}, u_i,$ und u_{i+1} (Abb. 16). Die Zustandsänderung $\dot{x}_t$ wird dann durch die Gleichung $\dot{x}_t = f(x_i; u_{i-1}, u_i, u_{i+1})$ in funktionaler Abhängigkeit f von Zustand x_i und den drei Inputs $u_{i-1}, u_i,$ und u_{i+1} mit Anfangsbedingung $(0) = 0$ und Output $y_i = y(x_i)$ bestimmt. Die Funktion f der zeitabhängigen Differentialgleichung wurde so gewählt, um damit die Zustandstafeln für alle 256 Booleschen Würfel zu berechnen. Die Form dieser Gleichung ist also so etwas wie die Weltformel im Universum der zellulären Automaten.

Neben der inneren Zeitskala einer Zelle gibt es einen externen Uhrmechanismus, der den Input jeder Zelle i am Ende jedes Uhrzyklus zurücksetzt, indem der stationäre Zustands-Output y_i (für –1 oder 1) als aktualisierter Input (für –1 oder 1) für die nächste Generation rückgekoppelt wird. Ferner ist jeder Computer, der zur Simulation eines zellulären Automaten benutzt wird, ein stetiges Zeitsystem mit sehr kleiner, aber endlicher Zeitskala. Computer benutzen Transistoren als Einheiten, und jede Iteration eines zellulären Automaten beinhaltet die physikalische Entwicklung von Millionen von Transistoren mit ihrer eigenen inneren Dynamik von Zuständen (für –1 oder 1).[20]

Berechenbarkeit der Automatenwelt und der physikalischen Wirklichkeit: Bereits die Modellwelt zellulärer Automaten zeigt, dass ihre Komplexität nicht nur vom äußeren Augenschein der erzeugten Muster abhängig gemacht werden darf. Vielmehr muss auf die zugrunde liegenden Gesetze Bezug genommen werden. Die Gleichungen offenbaren präzise Symmetrieeigenschaften, wie sie auch aus der Physik bekannt sind. In der Welt der zellulären Automaten erlauben Symmetrien, Klassen von äquivalenten Automaten zu bilden, die mit einer Reduktion von Komplexität verbunden sind: In diesen Fällen genügt es, Repräsentanten von äquivalenten Automaten zu untersuchen, um Eigenschaften von Automaten eindeutig vorauszusagen. So gibt es eindeutig bestimmte Klassen von Automaten mit der Eigenschaft universeller Berechenbarkeit. Es genügte, für einen Repräsentanten diese Eigenschaft zu beweisen. Wegen ihrer Äquivalenz ist damit die universelle Berechenbarkeit für alle Automaten dieser Klasse gegeben.

Das Universum der zellulären Automaten erscheint zunächst wie eine Spielzeugwelt, deren Spielregeln zur Festlegung der Zustandsänderung benachbarter Zellen selbst Schulkindern verständlich gemacht werden können. Die mathematischen Gesetze, die der Musterbildung zugrunde liegen und präzise Voraussagen erlauben, erweisen sich aber als durchaus anspruchsvoll. Es ist die digitale Welt von Leibniz, in der alle Systeme als Automaten unterschiedlicher Komplexität verstanden werden. Obwohl das Universum der zellulären Automaten um vieles einfacher ist als die physikalische Wirklichkeit, obwohl jeder Schritt eindeutig determiniert ist, gibt es bemerkenswerte Gemeinsamkeiten. So können wir im Modell der zellulären Automaten die Bedeutung von fundamentalen Symmetriegesetzen ebenso studieren wie die Überflutung mit Daten. Was nützen alle bunten Computerbilder von beliebig komplexen Musterbildungen, wenn wir sie nicht exakt voraussagen und ihre Zusammenhänge erklären können? Es ist wie der Hype von Big Data, die Milliarden von Reizen, Signalen und Informationen, die uns bombardieren. Wir verstehen ihre Bedeutung erst, wenn wir die zugrunde liegenden Gesetze kennen.

Kapitel 7

Quantenwelt und Quantencomputer (Feynman u. a.)

Die bisher betrachteten zellulären Automaten sind vollständig determiniert und entsprechen daher kausalen Abläufen der klassischen Physik. Es war im Jahr 1982, als Richard Feynman, einer der einflussreichsten Physiker des 20. Jahrhunderts, Rechenprozesse mit der Quantenwelt der modernen Physik zusammenbrachte.[1] Feynman, der den Physiknobelpreis für seine Arbeiten zur Quantenelektrodynamik erhalten hatte, verband wie kein anderer Physiker Anschauung mit der Fähigkeit zur mathematischen Abstraktion. Typisch dafür sind die nach ihm benannten Diagramme, mit denen er die elementaren Wechselwirkungen in Quantenfeldern anschaulich darstellte.[2] Feynmans amerikanisches Showtalent war legendär. Als Bongo-Trommler ließ er sich in seinen berühmten Feynman-Lectures abbilden.

Quantenzustände und Superpositionen: Wenn die Quantenphysik für das Verständnis der Welt grundlegend und verschieden von der klassischen Physik ist, dann lassen sich ihre Prozesse, so argumentiert Feynman, nicht durch klassische Computer simulieren. Was sind die wichtigen Unterschiede zwischen klassischer Physik, wie wir sie aus dem Alltag kennen, und der Quantenwelt?[3] Ein fundamentaler Unterschied betrifft den unterschiedlichen Zustandsbegriff in klassischer Welt und Quantenwelt. Dazu betrachten wir eine schwache Lichtquelle, die auf ein Paar von Lichtdetektoren scheint.

Diese Detektoren seien genügend empfindlich, um mit einem Klicksignal zu reagieren, wenn sie von einem einzelnen Lichtteilchen (Photon) getroffen werden. In diesem Experiment verhält sich Licht also wie Teilchen. Wenn das Licht schwächer wird, werden die Photonen nicht schwächer, sondern werden weniger Photonen mit gleicher Energie am Detektor registriert.

Nun wird ein Strahlteiler in den Lichtstrahl gestellt. Es handelt sich dabei im Prinzip um ein Glas mit einer dünnen metallischen Schicht, die einen senkrecht auftreffenden Lichtstrahl zum Teil durchlässt und zum Teil wie bei einem Spiegel reflektiert. Die Quantenphysik sagt voraus, dass diese Photonen mit gleicher Wahrscheinlichkeit durchgelassen und reflektiert werden. Diese Voraussage wird auch durch Messungen bestätigt. Klassisch ist dieses Ergebnis insofern merkwürdig, da unklar scheint, wie sich das Photon für die eine oder andere Möglichkeit entscheidet. Einige Photonen müssten in einer klassisch-deterministischen Welt zur Reflexion prädisponiert sein, andere zum Passieren des Strahlteilers. Quantenphysikalisch wird angenommen, dass ein Photon, das den Strahlteiler passiert, nicht alternativ in einem der beiden möglichen Zustände vorbestimmt ist, nämlich reflektiert oder nicht-reflektiert. Vielmehr wird angenommen, dass es zunächst in einem Gesamtzustand ist, in dem sich die beiden Möglichkeiten wie zwei Wellen in einer Superposition überlagern. Erst wenn das Teilchen einen der beiden Detektoren erreicht, wird es in einen der beiden Teilzustände gezwungen, nämlich reflektiert oder nicht reflektiert zu sein. Hier wird ein grundlegender Unterschied zur klassischen Physik deutlich, wonach quantenphysikalisch eine Messung den Zustand des Messobjekts irreversibel verändert.

Verschränkte Zustände und EPR-Experimente: Ein anderer wesentlicher Unterschied sind die sogenannten verschränkten Zustände. In den nach Einstein, Podolsky und Rosen benannten EPR-Experimenten können zwei räumlich entfernte Objekte korreliert in einem gemeinsamen («verschränkten») Zustand sein. Die erstaunliche Konsequenz ist, dass eine Messung an einem der beiden Photonen unmittelbar zu Veränderungen auch an dem anderen Photon führt. In der klassischen Physik ist das unvorstellbar, da es wegen der

Einsteinschen Konstanz der Lichtgeschwindigkeit keine unmittel-
baren Wirkungsübertragungen schneller als Lichtgeschwindigkeit
geben kann. Tatsächlich wird in verschränkten Zuständen der Quantenphysik kein Signal «übertragen». Insofern handelt es sich auch
nicht um einen Widerspruch zur Konstanz der Lichtgeschwindigkeit.
Vielmehr bilden die räumlich getrennten Teilchen eine Einheit. In
diesem Sinn sind sie quantenphysikalisch korreliert.

Der britische Physiker John Bell bewies 1964, dass die Korrelation
der Messergebnisse von zwei verschränkten Photonen höher sein
muss als von der klassischen statistischen Physik vorausgesagt.[4] Bells
Voraussage wurde 1982 experimentell durch den französischen Physiker Alain Aspect und seine Forschungsgruppe bestätigt. Damit
war es für Feynman zwingend, dass Quantenwahrscheinlichkeiten
nicht durch Computer mit klassischer Wahrscheinlichkeitsrechnung
simuliert werden können. Computer auf klassisch-probabilistischer
Grundlage wären durch nicht-deterministische Turingmaschinen realisierbar. Für die Quantenwelt muss allerdings ein Quantencomputer gefordert werden.

Quantencomputer und Quantenparallelismus: Tatsächlich eröffnet ein Quantencomputer, der nach den Gesetzen der Quantenphysik arbeitet, völlig neue Perspektiven der Informationsverarbeitung
und Berechnung. Grundlegend in der Quantenwelt ist die Möglichkeit von verschränkten Zuständen und Überlagerung von Zuständen
in einer Superposition. Fasst man die binären Informationseinheiten
0 und 1 als alternative Maschinenzustände auf, dann lässt die Quantenphysik noch einen dritten Zustand zu, in dem Bits überlagert sind
und eine Superposition bilden. Wir sprechen dann von Quantenbits
oder kurz Qubits. Die Gesetze der Quantenmechanik haben enorme
praktische Konsequenzen für das Rechnen von Computern. Wenn
wir z. B. zwei Teilaufgaben eines Problems zu lösen haben, dann muss
ein klassischer Computer nacheinander (seriell) zunächst die eine
und danach die andere Teilaufgabe bearbeiten. Bei einem Quantencomputer könnten jedoch die beiden Teilaufgaben als Überlagerung
von Zuständen zusammengefasst und gleichzeitig bearbeitet werden.
Analog zu Parallelrechnern mit mehreren Prozessoren sprechen wir
dann von Quantenparallelismus.

Als Beispiel betrachten wir eine Aufgabe, wonach ein Computer eine natürliche Zahl mit einer bestimmten Eigenschaft finden soll. Ein klassischer Computer zählt die Zahlen 1, 2, 3, ... auf und prüft nacheinander, ob die jeweilige Zahl die geforderte Eigenschaft hat. Wenn die gesuchte Zahl n sehr groß ist, dann muss das Kriterium n-mal geprüft und damit enorme Rechenzeit verbraucht werden. Ein Quantencomputer könnte das Kriterium für eine große Anzahl von Zahlen gleichzeitig und damit nur einmal prüfen. Wie üblich werden dabei Dezimalzahlen durch Binärzahlen dargestellt, die Bitsequenzen entsprechen. Im Quantencomputer wird ein Bit durch einen alternativen Quantenzustand eines Quantensystems repräsentiert. Als Beispiel wählen wir den alternativen Spin eines Elementarteilchens, der anschaulich gesprochen links- oder rechtsherum drehend sein kann. Dabei soll 0 der einen, 1 der anderen Spin-Richtung entsprechen. Eine Bitsequenz repräsentiert dann eine Folge von sich drehenden Elementarteilchen. Je nach ihren Spins kann eine Kombination von binären Zuständen aus z. B. sieben Teilchen 2^7 Möglichkeiten wie 0000000 (für die Dezimalzahl 0), 0000001 (für die Dezimalzahl 1), 0000010 (für die Dezimalzahl 2) etc., also jede Zahl zwischen 0 und 127 darstellen.

In einem klassischen Computer müssten die Dualzahlen 0000000, 0000001, 0000010, ... nacheinander eingegeben und dann auf das geforderte Kriterium geprüft werden. Die Spins können durch hinreichend starke Energie-Impulse in die gegensätzliche Spin-Richtung befördert werden. Bei schwachen Energie-Impulsen ändert das Teilchen jedoch nur manchmal seinen Spin, manchmal auch nicht. In diesem Fall liegt also Zufall vor und wir können nur Wahrscheinlichkeitsaussagen über das Spin-Verhalten aufstellen. Solange das Teilchen unbeobachtet bzw. ungemessen ist, befindet es sich in einem überlagerten Zustand (Superposition) gegensätzlicher Spins.

Werden alle sieben Teilchen mit jeweils schwachen Energie-Impulsen befeuert, dann sind alle sieben Teilchen in überlagerten Zuständen, solange sie nicht beobachtet und gemessen werden. In dieser Superposition können sie alle 128 verschiedenen Zustände und damit Zahlen zugleich darstellen. Wenn also ein Quantencomputer mit diesen sieben Teilchen in dieser Superposition präpariert wird, dann kann er das geforderte Kriterium auf einmal für alle 128 Zahlen gleichzeitig prüfen. Man macht sich leicht klar, dass bereits wenige hundert Teilchen gigantische Anzahlen gleichzeitig repräsentieren können und damit zu heute unvorstellbaren Rechengeschwindigkeiten führen.[5] Mit Quantencomputern wird Big Data noch einmal erheblich erweitert. Ein zentrales technisches Problem besteht jedoch darin, die Superposition während der Rechnung aufrechtzuerhalten. Kleinste Wechselwirkungen nur eines Teilchens mit der Umgebung würden zu einem Kollaps der Superposition führen. Da die Überlagerung auch Kohärenz genannt wird, spricht man in diesem Fall vom Dekohärenzproblem eines Quantencomputers.

Quantenbits und Hilberträume: Ein Quantenbit (Qubit) wird also in einem Quantensystem mit zwei Zuständen gespeichert. Beispiel ist ein Elementarteilchen, das zwei alternative Spin-Zustände einnimmt. Nach dem britischen Physiker Dirac werden die den Werten 0 und 1 entsprechenden Quantenzustände mit $|0\rangle$ und $|1\rangle$ bezeichnet. Solange das Qubit ungemessen ist, bleibt es in einer Superposition mit einer Wahrscheinlichkeitsverteilung der Werte 0 und 1. Obwohl die Wahrscheinlichkeitsverteilung nicht direkt gemessen werden kann, nimmt sie an der Rechnung teil.

Mathematisch ist ein Qubit ein Einheitsvektor eines 2-dimensionalen Hilbertraums mit $|1\rangle$ and $|0\rangle$ als orthonormale Basisvektoren. Für jedes Qubit $|x\rangle$ gibt es zwei komplexe Zahlen a und b derart, dass $|x\rangle = a|0\rangle + b|1\rangle = \binom{a}{b}$ mit $|0\rangle = \binom{1}{0}$, $|1\rangle = \binom{0}{1}$, und $|a|^2 + |b|^2 = 1$ gilt. Geometrisch definieren a and b den Winkel, den das Qubit mit der vertikalen Achse bildet. Damit wird die Wahrscheinlichkeit angegeben, dass das gegebene Bit als 0 oder 1 gemessen wird.

Wie in einem klassischen Computerregister kann ein Quantenregister für 3 Qubits $2^3 = 8$ Werte speichern. In einem Quantencomputer sind diese Werte in einer Superposition, die alle 8 Werte zugleich mit einer Verbundwahrscheinlichkeitsverteilung über alle Werte speichert. Daher kann ihre Berechnung in einem Parallelverfahren durchgeführt werden, ohne acht Verfahren nacheinander zu benötigen. Wird allerdings ein spezieller Wert ausgelesen, bricht die Superposition zusammen und zerfällt in einen der Teilzustände mit entsprechendem Wert.

Quanten-Turingmaschine und Churchsche These: In seiner Arbeit
von 1982 erwähnte Feynman bereits zelluläre Quantenautomaten,
um universelle Quantenautomaten zu realisieren. 1985 formulierte
David Deutsch das Konzept einer universellen Quanten-Turingmaschine mit erweiterter Churchscher These für Quanten-Turingmaschinen.[6] Gemeint ist eine Quanten-Turingmaschine, die alle anderen Quanten-Turingmaschinen simulieren kann. Die erweiterte
Churchsche These geht davon aus, dass (im Sinn von Feynman) alle
digitalen Quantenprozesse durch eine Quanten-Turingmaschine simulierbar sind. Ein zellulärer Quantenautomat wurde erstmals 1995
durch John Watrous vorgeschlagen.[7] Dazu erinnern wir uns noch
einmal an die Definition eines 1-dimensionalen zellulären Automaten, dessen Muster sich Zeile für Zeile entwickelt:

Zelluläre Quantenautomaten: Jede Zelle nimmt einen von zwei
möglichen Zuständen 0 oder 1 ein. Jeder Zustand v_i einer Zelle (mit
der Nummer) i (mit $i = 1, 2, 3, ...$) wird durch ihren früheren Zustand
u_i in der vorherigen Zeile und die Zustände u_{i-1} und u_{i+1} der beiden
benachbarten Zellen links mit der Nummer $i - 1$ und rechts mit der
Nummer $i + 1$ bestimmt. Diese Regel eines zellulären Automaten
wird allgemein durch eine Funktion $v_i = N(u_{i-1}, u_i, u_{i+1})$ beschrieben.
Für drei Zellen u_{i-1}, u_i und u_{i+1} mit je zwei Werten 0 oder 1 können 8 =
2^3 Nachfolgezustände v_i festgelegt werden. Ein klassischer zellulärer
Automat dieser Art berechnet also Schritt für Schritt Bitzustände
nach der Regel N. Wenn die Menge der Zellzustände mit Σ bezeichnet
wird, dann lässt sich die Regel N auch als Abbildung darstellen, die
dem alten (vorherigen) Zustand einer Zelle und den beiden benachbarten linken und rechten Zellzuständen einen neuen (nachfolgenden) Zustand zuordnet, d. h.

$$N: \underset{\text{links}}{\Sigma} x \underset{\text{alt}}{\Sigma} x \underset{\text{rechts}}{\Sigma} x \rightarrow \underset{\text{neu}}{\Sigma}.$$

In der Quantenwelt wird ein Quantenzustand z.B. eines Photons
durch ein Quantenbit dargestellt. Dafür lassen sich aber nur Wahrscheinlichkeiten angeben. Watrous ersetzte daher den eindeutig bestimmten Bitzustand v_i eines klassischen zellulären Automaten
durch eine Quanten-Wahrscheinlichkeitsverteilung oder Wellenam-

plitude $|x\rangle = a|0\rangle + b|1\rangle$, in der sich die beiden möglichen Quanten-zustände $|0\rangle$ und $|1\rangle$ überlagern. Dabei sind a und b komplexe Zahlen mit $|a|^2 + |b|^2 = 1$. Die klassische deterministische Regel N wird nun durch eine Quantenregel N_q ersetzt, die jedem möglichen Übergang von alten Zellzuständen und ihren beiden benachbarten Zellzuständen zu neuen Zuständen eine Wahrscheinlichkeitsverteilung bzw. Quantenamplitude zuordnet, d. h.

$$N_q: \underset{\substack{\text{links}}}{\textstyle\sum x} \underset{\substack{\text{alt}}}{\textstyle\sum x} \underset{\substack{\text{rechts}}}{\textstyle\sum x} \underset{\substack{\text{neu}}}{\textstyle\sum} \rightarrow \underset{\substack{\text{Amplitude}}}{\mathbb{C}} \quad \text{mit der Menge } \mathbb{C} \text{ der komplexen Zahlen.}^{[8]}$$

In der Quantenwelt entwickeln sich Quantensysteme nach sogenannten unitären Transformationen. Es handelt sich dabei um Operatoren, bei denen die Wahrscheinlichkeiten unveränderlich (invariant) erhalten bleiben. Um zelluläre Quantenautomaten wie Quantsysteme behandeln zu können, sollte ihre Entwicklung also unitär sein. Zelluläre Quantenautomaten heißen wohlbestimmt («well-formed»), wenn ihre Transformationsregeln N_q unitären Transformationen entsprechen. Die Feststellung solcher wohlbestimmten zellulären Quantenautomaten erweist sich in der Praxis allerdings als schwierig.[9]

Digitale Quantenwelt: Forschung ist heute ohne Computermodelle kaum noch möglich. Die Quantenwelt wird daher ebenfalls digitalisiert dargestellt. In einer digitalen Welt ist z. B. eine Kurve nicht kontinuierlich gebogen, sondern besteht aus vielen winzig kleinen Strecken. Der dreidimensionale Raum besteht nicht aus beliebig dicht gefüllten Punkten, sondern aus einem Punktgitter, in dem die einzelnen Punkte zwar winzig kleine, aber endliche Abstände haben. Je nach Distanz des Beobachters kann uns allerdings eine solche Gitterwelt kontinuierlich vorkommen, da die Retina unseres Auges oder die Messgeräte die kleinen Abstände nicht auflösen können. Daher ist die klassische Physik der kontinuierlichen Flüssigkeiten und Strömungen, der zähen und festen Materialien auch eine gute Annäherung für unsere Alltagswelt.

In der klassischen Physik kennen wir experimentell nur endliche Messgrößen, die auf noch so vielen Stellen hinter dem Komma genau sein mögen. Sie werden im Computer durch sehr lange, aber endliche

Sequenzen von Bits, also der Ziffern 0 oder 1, dargestellt. In der klassischen Physik sah es so aus, dass die physikalische Wirklichkeit tatsächlich kontinuierlich ist. Zu suggestiv war der Erfolg der stetigen Mathematik der Differentialgleichungen, mit denen man mit großer Genauigkeit z. B. astronomische Ereignisse, Strömungsverhalten von Flüssigkeiten, Wellenausbreitung in der Akustik, elektrische und magnetische Felder berechnen konnte. Von Leibniz über Laplace bis Einstein war die Wissenschaft überzeugt, dass diese erfolgreiche stetige Physik genau den physikalischen Abläufen der Natur entsprach.

Heute wissen wir, dass die Welt gequantelt ist und aus Elementarteilchen besteht. Die kontinuierlichen Modelle der klassischen Physik gelten als Approximationen an die Wirklichkeit, die solange funktionieren, wie wir uns in den Skalierungen unserer Alltagswelt bewegen. Im atomaren und subatomaren Bereich stoßen wir auf die merkwürdigen Eigenschaften der Quantenwelt. Elementarteilchen wie z. B. Photonen verhalten sich wie Partikel, können sich aber zugleich wie Wellenpakete überlagern. Eigenschaften solcher Elementarteilchen wie z. B. ihr Spin entsprechen daher nicht klassischen Bits, sondern Quantenbits. In diesem Sinn ist die Welt tatsächlich, wie Leibniz als Erfinder der Binärzahlen erstmals vermutete, «aus 0 und 1 gebaut», allerdings nicht klassischen Bits, sondern Quantenbits. Quantenbits sind zugleich die kleinsten Bausteine von Daten und Information. In diesem Sinn erscheint uns die Welt nach dem heutigen Wissen der Physik wie ein gigantischer Quantencomputer, in dem Quantendaten generiert werden. Anschaulich gesprochen bestehen alle Sterne, Planeten, Pflanzen und Tiere aus geronnener Quanteninformation. Die Welt zerfällt zwar in Sternenstaub, das sind aber letztlich gewaltige Mengen von Quantendaten. Die Welt ist selber Big Data.

Geometrisch können wir uns eine Gitterwelt mit diskreten Punkten vorstellen, die aber zugleich die merkwürdigen Wellen- und Feldeigenschaften der Quantenwelt besitzen. Unabhängig von solchen philosophischen Deutungen zeichnet sich eine digitale Physik ab, in der physikalische Theorien auf Rechenmodellen abgebildet werden. Physikalische Abläufe werden als Rechenprozesse dargestellt. Die Rede ist von einer Gitterfeldtheorie («Lattice field theory») als diskretes Modell der Quantenfeldtheorie, die Richard Feynman begründete.[10] Im Prinzip können solche Quantengitter als zelluläre Quantenautomaten aufgefasst werden.

It from Bit? Feynman war Assistent von John Archibald Wheeler (1911–2008), der fünf «wirklich große Fragen» (really big questions) an zukünftige Forschung gestellt hatte, die weit über die etablierte Physik hinausführten und in ihrer Fundamentalität an die Probleme der vorsokratischen Naturphilosophen erinnerten:

- Wie kommt es, dass etwas existiert? (How come existence?)
- Warum gibt es Quanten? (Why the quantum?)
- Haben wir teil am Universum? (A participatory universe?)
- Was führt zur Bedeutung? (What makes meaning?)
- Entsteht alles aus Information? (It from bit?)

Vor allem die letzte Frage «It from Bit?», die er 1990 in einem Aufsatz formuliert hatte, bringt griffig einen Forschungstrend auf den Punkt, in dem Information gemessen in Bits zum physikalischen Grundbegriff wird.[11]

Unter diesen Voraussetzungen ist die Zuse-Fredkin-These zu modifizieren. Nun muss es heißen: «Ist die Welt ein Quantencomputer?» Die Beantwortung hängt davon ab, wie weit es uns gelingt, die Gesetze der Physik in digitalen Rechenmodellen der Quantenphysik zu erfassen. Diese Version der Zuse-Fredkin-These ist deshalb heute suggestiv, da Digitalisierung das Schlüsselparadigma moderner Forschung und Technologie ist. Ohne Big Data und Computer ist Erkenntnisfortschritt in der Physik nicht mehr möglich. Ob die Welt aber tatsächlich ein Quantenautomat ist, bleibt eine Hypothese.

Quantencomputer und Big Data: In der Rechenpraxis sind wir von Superrechnern auf Quantenbasis, die Big Data in kürzester Zeit bewältigen, noch entfernt. Andererseits ist die Miniaturisierung der Chips absehbar. Transistoren in der Größe von 14 Nanometern rücken an eine Grenze, nach der die Gesetze der Quantenwelt herrschen. Einzelne Atome, die bis zu einem halben Nanometer groß sind, übertragen augenblicklich Effekte im Chip über längere Strecken, die als Tunneleffekte bekannt und nur schwierig zu kontrollieren sind. Zudem sind die Zeiten, in denen die Verschränkung von Atomen und Elementarteilchen aufrecht gehalten werden kann (Dekohärenszeiten), noch sehr gering. Sie sind aber notwendig, um den Quantenparallelismus für die gleichzeitige Berechnung von vielen Teilaufgaben zu realisieren.

Als Zukunftsperspektive bieten verschränkte Zustände geradezu phantastische Möglichkeiten. Bisher wurden verschränkte Zustände von Teilchen realisiert, die nur wenige Kilometer voneinander entfernt waren. Auf der Erde und im Internet spielt die Konstanz der Lichtgeschwindigkeit bei der Übertragung von Signalen keine wesentliche Rolle. Man stelle sich aber einmal astronomische Entfernungen über viele Lichtjahre vor, wie sie bei der interstellaren Raumfahrt auftreten würden. Bereits beim Funkverkehr mit dem Mars werden Minuten vergehen. Verschränkte Zustände quer durch das Universum aufgespannt klingen zwar nach Science Fiction, sind aber physikalisch nicht ausgeschlossen. Es wäre der Ausbau des Quanteninternets für eine interstellare Zivilisation.

Zurück zu den heutigen Möglichkeiten: Es gibt zwar in der Theorie Quantenalgorithmen wie den Shor-Algorithmus, von dem sich mathematisch eine Beschleunigung der Rechenprozesse beweisen lässt.[12] Allerdings ist diese Beschleunigung auf eine bestimmte Aufgabe beschränkt: Finde die Primzahlen, die miteinander multipliziert eine gegebene Zahl ergeben. Man nennt diese Aufgabe auch Primzahlfaktorisierung. Dabei sind Primzahlen ganze Zahlen wie 2, 3, 7, ..., die nur durch 1 oder sich selber teilbar sind. Bei klassischen deterministischen Algorithmen wächst der Rechenaufwand bei dieser Faktorisierung exponentiell mit der Länge der gegeben Zahl. Mit dem Algorithmus des Mathematikers Peter Shor steigt der Aufwand dagegen wesentlich langsamer, nämlich nur polynomial. Zahlencodes, die auf der Primzahlfaktorisierung beruhen, wären daher mit solchen Quantenalgorithmen sehr viel schneller zu knacken. Die logisch-mathematischen Grundlagen sind allerdings davon nicht betroffen: Probleme, die prinzipiell nicht entscheidbar sind, bleiben auch bei Quantenalgorithmen unentscheidbar. Daran würde auch das Quanteninternet nichts ändern.

Kapitel 8

Chaos und Komplexität (Poincaré et al.)

In Elementarteilchenbeschleunigern erzeugen wir auf der Erde bereits die gewaltigen Energieprozesse, die zur Entstehung der Bausteine des Universums führten. Wenn in Beschleunigungsringen Protonen zusammenstoßen, herrschen für einen winzigen Augenblick am Ort des Zusammenstoßes die Energiebedingungen, die bei der Expansion des Universums neue Teilchen entstehen ließen. Mit Superrechnern werden die Daten dieser Prozesse berechenbar. Es handelt sich noch um klassische Computer, die durch große Rechengeschwindigkeiten und Parallelrechnung die Datenmengen bearbeiten. Allerdings werden durch die Rechner bisher nur 0,1 % der Daten erfasst, die z. B. bei einer Kollision von Protonen entstehen. Das ist Big Data der Quantenwelt. Vieles, was im Quanten-Superrechner des Universums passiert, ist uns also heute noch unbekannt.

Definition dynamischer Systeme: Es sind aber nicht nur die Massen der Daten, sondern ihre vielfältigen Wechselwirkungen, die eine Berechnung erschweren. Handelt es sich um prinzipielle Grenzen der Berechenbarkeit, an die wir damit stoßen? Allgemein besteht ein dynamisches System aus einer Menge von Elementen, die sich in der Zeit verändern.[1] Die Wechselwirkungen der mikroskopischen Zustände der Elemente bestimmen den makroskopischen Gesamtzustand des Systems. So ist in einem Planetensystem der Zustand eines Planeten zu einem Zeitpunkt durch seinen Ort und seine Geschwindigkeit bestimmt. Es kann sich aber auch um den Bewegungszustand

eines Moleküls in einem Gas, den Erregungszustand einer Nervenzelle in einem neuronalen Netz oder den Zustand einer Population in
einem ökologischen System handeln. Die Dynamik des Systems, d. h.
die Änderung der Systemzustände in der Zeit, wird durch zeitabhängige Gleichungen (z. B. Differentialgleichungen) beschrieben. Bei
deterministischen Systemen ist jeder zukünftige Zustand durch den
Gegenwartszustand eindeutig bestimmt.

Lineare Dynamik: Ein einfaches Beispiel ist ein harmonischer Oszil-
lator. Bei einer Masse, die an einer Feder befestigt ist, führt eine kleine
Auslenkung zu einer kleinen Schwingung, während eine große Aus-
lenkung eine große Schwingung als Wirkung verursacht. In linearen
Systemen sind Ursachen und Wirkungen proportional (Abb. 17a).
Mathematisch erhalten wir dann eine Gleichung der Form $f(x) = c \cdot x$
mit x-Werten (z. B. für die Auslenkung eines Körpers an einer Feder),
den davon abhängenden Funktionswerten $f(x)$ (z. B. der Kraft auf den
Körper) und einer Proportionalitätskonstanten c (z. B. abhängig vom
Material der Feder). Da diese Gleichung im Koordinatensystem eine
Gerade mit der Steigung c darstellt, heißt sie linear.

Zustandsraum dynamischer Systeme: Eine Lösung dieser Bewegungsgleichungen lässt sich als Zeitreihe des Orts in Abhängigkeit
von der Zeit graphisch darstellen (Abb. 17b). Einer regulären Schwingung entlang der Zeitachse (z. B. bei einem Pendel) entspricht eine
geschlossene Bahn (Trajektorie) im Zustandsraum, in dem alle Bewegungszustände des dynamischen Systems als Punkte dargestellt sind.
Die Punkte, also die Bewegungszustände, sind durch die beiden Koordinaten des Ortes und der Geschwindigkeit der Masse zu einem
Zeitpunkt dargestellt (Abb. 17c). Wegen der Federschwingung kehrt
die Masse in diesem Fall immer wieder in ihren Ausgangszustand
zurück und bildet daher eine geschlossenen Kurve im Zustandsraum.
Verschiedene Anfangszustände führen zu verschiedenen Zustandskur-
ven.[2] Im Zustandsraum erkennen wir also die Dynamik eines linearen
Oszillators für alle möglichen Situationen vollständig. Eine Kausali-
tätsanalyse ist in diesem Fall nicht nur vollständig durchführbar, sondern auch berechenbar. Das ist die Welt, an die Laplace glaubte: Unter
diesen Bedingungen ist die gesamte Natur berechenbar.

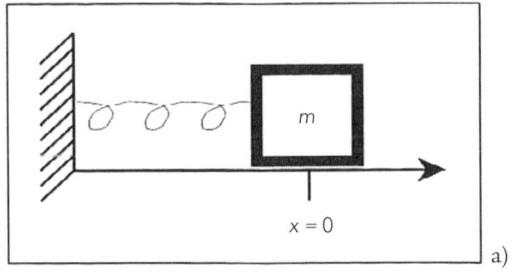

a)

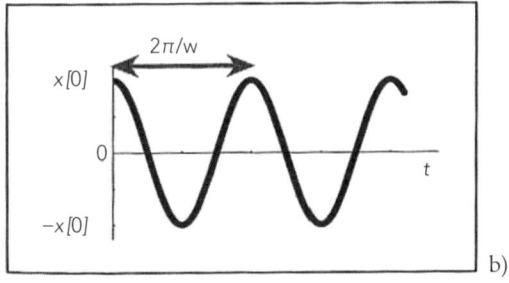

b)

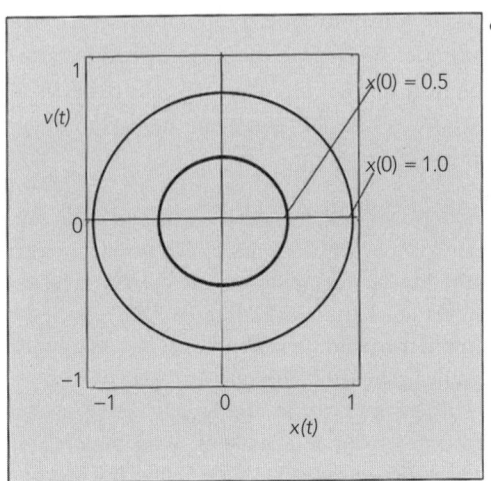

c)

Abb. 17:
Dynamik eines Oszillators
(Masse an einer Feder) im
Experimentalraum (a),
als Zeitreihe von
Messdaten (b)
und im Zustandsraum (c)

Nichtlineare Dynamik: Aus der Mathematik wissen wir: Lineare Gleichungen sind leicht zu lösen. Nichtlineare Gleichungen, die geometrische Kurven darstellen, erlauben aber nicht immer beliebig genaue Berechenbarkeit, selbst mit unsern besten Computern. Ein Beispiel sind die Mehrkörperprobleme der Himmelsmechanik, bei denen mehr als zwei Himmelskörper durch Gravitation aufeinander einwirken. Sie erzeugen Rückkopplungen, die nichtlinearen Bewegungsgleichungen der Planeten entsprechen. Der französische Mathematiker, theoretische Physiker und Philosoph Henri Poincaré (1854–1912) zeigte erstmals, dass bei einem nichtlinearen Mehrkörperproblem chaotisch instabile Bahnen auftreten können, die empfindlich von ihren Anfangswerten abhängen und langfristig nicht vorausberechenbar sind.

Poincaré war ein überragender mathematischer Denker Anfang des 20. Jahrhunderts. Er zeichnete sich durch eine ungewöhnliche Intuition, Originalität und Vielseitigkeit aus. So gelangen ihm bahnbrechende Arbeiten auf vielen Gebieten der Mathematik und theoretischen Physik, deren detaillierte Ausarbeitung er allerdings gelegentlich anderen überließ. Zudem sah er die großen philosophischen Zusammenhänge und konnte höchst abstrakte Probleme in einer klaren und verständlichen Sprache darstellen. Der Poincarésche Stil ist sprichwörtlich und bis heute eine Vorbild für Wissenschaftsphilosophie und Wissenschaftskommunikation. Poincaré setzt die französische Tradition der großen Mathematiker-Philosophen fort und wird heute auch als bedeutender Wissenschaftsphilosoph anerkannt. 1908 schreibt er mit Anspielung auf Laplace in einem seiner berühmten philosophischen Bücher treffsicher entgegen dem damaligen Glauben an eine total determinierte Welt:

«Wenn wir die Gesetze der Natur und den Anfangszustand exakt kennen würden, so könnten wir den Zustand des Universums zu jedem weiteren Zeitpunkt vorhersagen. Aber selbst wenn die Naturgesetze keine Geheimnisse mehr vor uns hätten, so könnten wir die Anfangsbedingungen doch nur genähert bestimmen. Wenn uns dies erlaubt, die folgenden Zustände mit der gleichen Näherung anzugeben, so sagen wir, dass das Verhalten vorhergesagt wurde, dass es Gesetzmäßigkeiten folgt. Aber das ist nicht immer der Fall: Es kann vorkommen, dass kleine Unterschiede in den Anfangsbedingungen große im Ergebnis zur Folge haben ... Vorhersage wird unmöglich und wir haben ein zufälliges Phänomen.»[3]

Mehrkörperprobleme und Grenzen der Berechenbarkeit: In der Schule lernen wir die Wechselwirkung der Himmelskörper als Zweikörperproblem kennen, nämlich am Beispiel eines Planeten, der sich nach Kepler auf einer Ellipsenbahn um die Erde bewegt. Die Lösungen der entsprechenden Bewegungsgleichung sind nach Newton berechenbar. Nun entstand die Frage für die Wechselwirkung von drei Himmelskörpern wie z. B. Sonne, Mond und Erde oder sogar allen Himmelskörpern als allgemeines Mehrkörperproblem. Diese Frage war eng mit der Stabilität des Sonnensystems verbunden. Anlässlich seines 60. Geburtstags 1889 schrieb der schwedische König Oskar II. einen Preis für die Lösung mathematischer Probleme aus, zu denen auch das Mehrkörperproblem gehörte. Poincaré beteiligte sich mit einer umfangreichen Arbeit, die aber von den mathematischen Kollegen als Preisrichtern teilweise nicht verstanden wurde. Poincaré berief sich an entscheidenden Stellen auf seine Intuition, musste später korrigieren und revidieren, erhielt aber am Ende den Preis.[4]

Poincaré zeigte, dass die Gleichungen, mit denen die Wechselwirkungen von drei Körpern beschrieben werden, im Allgemeinen keine Lösungen haben, die durch algebraische Formeln und Integrale (also durch Standardlösungsverfahren) berechnet werden können. Allerdings konnte 1912 der Mathematiker Karl Sundmann für drei Kör-

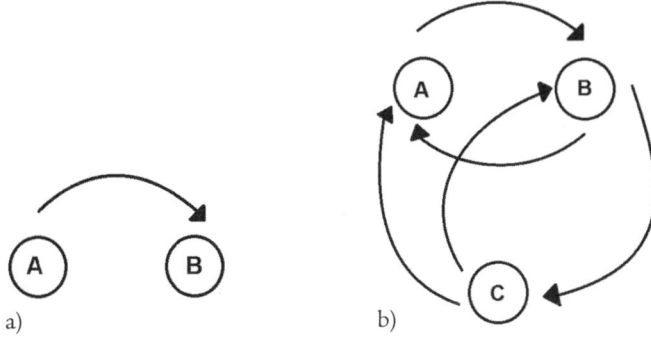

a)   b)

Abb. 18: Zwei- und Mehrkörperprobleme

per eine unendliche konvergierende Reihe angeben, deren Terme wenigstens im Prinzip für eine Lösung aufsummiert werden könnten. Diese Konvergenz verläuft aber außerordentlich langsam. 1991 konnte der chinesische Mathematikstudent Qiu-Dong Wang die Lösung mit Potenzreihen für ein beliebiges Mehrkörperproblem verallgemeinern.[5] Zur praktischen Lösung müssten allerdings Millionen von Termen der Potenzreihe ausgewertet werden. Für praktische Rechnungen kommt dieses Verfahren daher nicht in Frage. Man könnte einwenden, dass ein unendlicher Laplacescher Geist diese Prozesse berechnen könnte. Jedenfalls ist die Berechnung für irdische Superrechner (bisher) praktisch ausgeschlossen.

KAM-Theorem und Grenzen der Berechenbarkeit: Ganz im Sinn von Poincaré bewiesen schließlich Andrei N. Kolmogorov (1954), Wladimir I. Arnold (1963) und Jürgen K. Moser (1962) ihr berühmtes KAM-Theorem: Zeitliche Entwicklungsbahnen (Trajektorien) im Zustandsraum der klassischen Mechanik sind weder vollständig regulär noch vollständig irregulär, sondern hängen empfindlich von den gewählten Anfangsbedingungen ab. Winzige Abweichungen von den Anfangsdaten führen zu völlig verschiedenen Entwicklungstrajektorien. Daher können die zukünftigen Entwicklungen in einem chaotischen System langfristig nicht vorausberechnet werden, obwohl sie mathematisch wohl definiert und determiniert sind.[6]

Rekursionsverfahren und Differenzengleichungen: Statt kontinuierlicher Prozesse lassen sich auch diskrete Prozesse als Änderung der Systemzustände in Zeitschritten durch Differenzengleichungen untersuchen.[7] Ein Beispiel ist die Entwicklungsdynamik einer Population. Die Größe x_n der Population im n-ten Jahr bestimmt die Größe der nachfolgenden Population x_{n+1} in Abhängigkeit von einer Reproduktionsrate r. Man erhält so eine lineare Wachstumsfunktion $f(x) = r \cdot x$. Ihr entspricht eine rekursive Funktion von nachfolgenden Generationen $x_{n+1} = f(x_n) = r \cdot x_n$, die bei der Berechnung eines Funktionswertes $f(x_n)$ auf den vorher berechneten Wert x_n zurückgreift. Anschaulich werden Populationswerte wie ineinander geschachtelte russische Puppen erzeugt. Die Rechenkomplexität (vgl. Kap.4) hängt von den Rekursionsschritten und der Reproduktionsrate r ab. Beginnt man mit der Anfangspopulation x_0, so erhält man wegen x_0, $f(x_0)$, $f(f(x_0))$, $f(f(f(x_0)))$, ... exponentielles Wachstum x_0, $r\cdot x_0$, $r^2\cdot x_0$, $r^3\cdot x_0$, ... Wenn nur beschränkte Ressourcen (z. B. Nahrungsgrundlage einer Population) zur Verfügung stehen, muss eine negative Rückkopplung des Wachstums berücksichtigt werden. Sie ist umso stärker, je größer die jeweilige Generation ist. Normiert man den größten Populationswert mit 1, könnte die Rückkopplung durch den Faktor 1–x zum Ausdruck gebracht werden. Der Mathematiker und Soziologe Pierre Francois Verhulst (1804–1849) schlug daher die quadratische (also nichtlineare) Wachstumsfunktion $f(x) = r\cdot(1-x)\,x = r\cdot(x-x^2)$ vor. Die entsprechende rekursive Funktion $x_{n+1} = f(x_n) = r\cdot(1-x_n)\cdot x_n$ nachfolgender Generationen erzeugt eine überraschende Vielfalt von Wachstumsmustern in Abhängigkeit von der Reproduktionsrate r. Die Reproduktionsrate ist der Kontrollparameter dieses dynamischen Systems.

Zeitreihen und Komplexitätsgrade: Die Komplexitätsgrade der Verhulst-Dynamik zeigen sich in den Zeitreihen nachfolgender Generationen (Abb. 19). Schwaches Wachstum r beginnt zunächst mit einer exponentiellen Kurve, die dann in ein Gleichgewichtsplateau mündet. Das Plateau dieser sogenannten logistischen Kurve entspricht einem Gleichgewichtspunkt, d. h. von einer Größe x^* ab verändert sich die Population nicht mehr und bleibt für alle nachfolgenden Generationen auf den Punkt $f(x^*) = x^*$ fixiert. Anschaulich hat sich die Population den Umweltbedingungen angepasst. Für stärkeres Wachstum wird eine Oszillation zwischen zwei Populationsgrößen erzeugt. Anschaulich liegt in diesem Fall Überbevölkerung vor, bei der z. B. die nicht ausreichende Ernährungsgrundlage zu Schwankungen führt. Bei noch stärkerem Wachstum kommt es zu mehrfachen Populationsgrößen, zwischen denen die Populationskurve schwankt. So werden quasi-periodische Entwicklungsmuster erzeugt, die sich rhythmisch wiederholen. Bei sehr starkem Wachstum ergeben sich ab einem kritischen Wert des Wachstumsparameters völlig irreguläre (nicht-periodische) chaotische Schwankungen, die empfindlich von kleinsten Veränderungen der Anfangsdaten abhängen (Abb. 19).

Attraktoren im Zustandsraum: Im Zustandsraum sieht man anschaulich, wie die Zustandsentwicklung (Trajektorie) eines dynami-

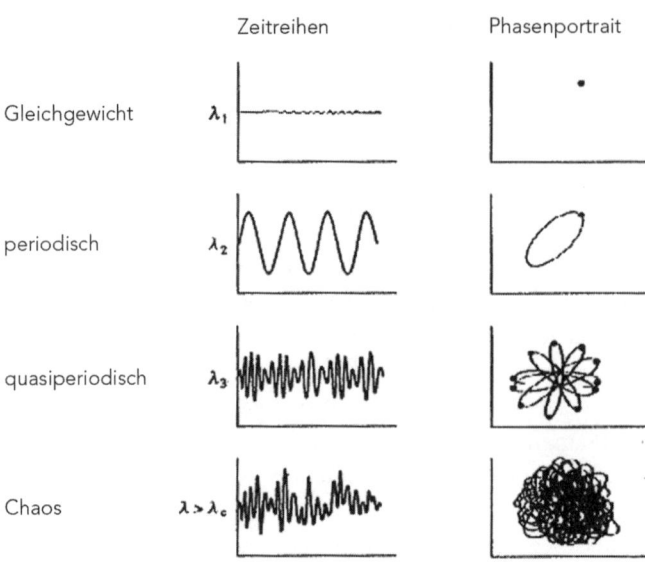

Abb. 19: Komplexitätsgrade von Zeitreihen und Attraktoren

schen Systems in charakteristischen Mustern (Attraktoren) mündet: Ein Attraktor ist ein Zustand, in den ein dynamisches System langfristig hineingezogen wird.[8] Ein Gleichgewichtszustand entspricht einem Fixpunkt-Attraktor, der sich im Lauf der Zeit nicht mehr verändert («fixiert bleibt»). Im Zustandsraum laufen («konvergieren») dann alle Entwicklungslinien (Trajektorien) zu diesem Punkt als Endzustand. Lineare Systeme besitzen nur Fixpunkt-Attraktoren. Nichtlineare Systeme besitzen auch Grenzzyklen, in denen sich Zustände periodisch wiederholen, oder im Fall von Turbulenz Chaosattraktoren, bei denen sich die Entwicklungslinien völlig irregulär und nicht-periodisch in einem begrenzten Gebiet des Zustandsraums verdichten (Abb. 19). Bei Zufallsentwicklungen sind alle Korrelationen in unabhängige Ereignisse zerfallen und schwanken irregulär über den gesamten Zustandsraum. Dynamische Komplexität und Chaos liegen also zwischen völliger Regularität (wie bei linearen Systemen) und Zufall.

Daher zielt die Verhulst-Dynamik zunächst auf einen Fixpunkt-

attraktor. Dann schwankt sie zwischen zwei Zuständen. Schließlich führen selbst eng benachbarte Anfangswerte nach wenigen Ite-
rationsschritten zu irregulär auseinanderlaufenden Trajektorien. Im
Computermodell führen dann geringste Veränderungen von digitali-
sierten Anfangsdaten zu einer exponentiell wachsenden Rechenzeit
zukünftiger Daten, die Langzeitprognosen praktisch ausschließt.

Zufall und Chaos: Dennoch gilt: Im deterministischen Chaos ist
die Dynamik durch ein nichtlineares Wachstumsgesetz vollständig
determiniert. Allerdings sind langfristige Wirkungen praktisch nicht
vorausberechenbar, da der Rechenaufwand wegen der empfindlichen
Abhängigkeit von den Anfangsdaten exponentiell wächst. Im Unterschied zu chaotischen sind zufällige Entwicklungen prinzipiell (also
auch kurzfristig) nicht vorausberechenbar, da (wie z. B. beim fairen
Münzwurf) alle Ereignisse unabhängig sind. Der Zufall ist zwar im
Alltag eine mathematische Fiktion, da es dort z. B. keine perfekte
faire Münze geben kann – solange wir uns in der makroskopischen
Physik bewegen. In der Quantenwelt gehören zufällige «Quanten-
sprünge» zu den Grundgesetzen. Wie wir später sehen werden, ist es
daher leichter, das Verhalten eines Menschen mit Big Data vorauszu-
berechnen als das eines einzelnen Elementarteilchens mit der Quantenmechanik.

Strömungsdynamik und stochastische Gleichungen: In dynamischen Systemen lassen sich Komplexitätsgrade unterscheiden, wenn
wir wie im Fall der Strömungsdynamik die einzelnen Mikrozustände
wegen der ungeheuren Anzahl der Systemelemente (z. B. Gasmole-
küle) nicht kennen können. Der Makrozustand des Systems wird
dann durch eine Wahrscheinlichkeitsverteilung von Mikrozuständen
der Systemelemente bestimmt. Die Dynamik, d. h. die zeitliche Entwicklung dieser Verteilungsfunktion, wird durch eine stochastische
Gleichung beschrieben. Betrachten wir dazu die Strömungsmuster
in einem Fluss hinter einem Hindernis in Abhängigkeit von der steigenden Strömungsgeschwindigkeit. Zunächst besitzt der Fluss ein
homogenes Strömungsbild hinter dem Hindernis. Es entspricht
einem homogenen Gleichgewichtszustand als Fixpunktattraktor. Bei
Erhöhung der Strömungsgeschwindigkeit kommt es zu einzelnen

Wirbelbildungen. Sie entsprechen periodischen Zyklen. Bei weiterer Erhöhung der Strömungsgeschwindigkeit verbinden sich die Wirbel zu Wirbelmustern, die quasiperiodischen Zyklen entsprechen. Schließlich schlägt das Strömungsbild in nicht-periodische und irreguläre Strudelbilder um, die einem Chaosattraktor entsprechen (Abb. 19).

Ein weiteres Beispiel liefert die nichtlineare Strömungsdynamik in der Meteorologie, wonach geringste lokale Veränderungen, ein kleiner nicht beachteter Wirbel auf der Wetterkarte, ein trudelndes Blatt, der Flügelschlag eines Schmetterlings, globale chaotische Veränderungen der Großwetterlage auslösen können. Jedermann weiß um die Verlässlichkeit des Wetterberichts. In der Chaostheorie spricht man deshalb nach dem Meteorologen und Mathematiker Edward N. Lorenz vom «Schmetterlingseffekt». Trotz hoher Rechenkapazitäten heutiger Computer sind nur kurzfristige Voraussagen möglich. Um die Komplexität einer Zeitreihe und damit einer nichtlinearen Dynamik zu messen, können wir z. B. den Grad der Nicht-Periodizität oder die empfindliche Abhängigkeit einer Dynamik von ihren Anfangsdaten bestimmen. So lässt sich mit den sogenannten Lyapunov-Exponenten messen, ob und wie die Trajektorien im Zustandsraum auseinanderdriften, um den Grad der empfindlichen Abhängigkeit (Schmetterlingseffekt) zu erfassen.[9]

Kapitel 9

Big Data – Die Berechnung von Leben und Gehirn

Bisher haben wir die komplexe Struktur- und Musterbildung in der Natur nur in Beispielen beschrieben. Dabei kann es sich um Strömungsbilder in Flüssen und der Atmosphäre ebenso handeln wie um das zelluläre Wachstum von Organismen, die Entstehung von Mustern auf Tierfellen oder Verschaltungsmuster in natürlichen oder künstlichen Gehirnen. Um sie aber erklären und berechnen zu können, müssen wir die Ursache für spontane Struktur- und Musterbildung mathematisch bestimmen. Einer der ersten, der dieses Problem erkannte, war wieder Alan Turing. Zeit seines Lebens war Turing von den Fragen fasziniert, wie Computer rechnen, Künstliche Intelligenz funktioniert und komplexe Strukturbildung entstehen kann. Turing war zutiefst davon überzeugt, dass diese Fragen mit seinem Konzept der universellen Rechenmaschine (Turingmaschine) zusammenhängen. 1952 stellte er in dem Artikel «The Chemical Basis of Morphogenesis» erstmals ein mathematisches Modell vor, in dem spontane Strukturbildung mathematisch erklärt und berechnet wurde.

Turings Modell zellulärer Strukturbildung: Turing stellte sich dazu zwei Zellen vor, die stabil, also anschaulich gesprochen leblos sind, aber durch Kopplung zum Leben erweckt werden.[1] Dazu wählte er den denkbar einfachsten Fall von zwei identischen Zellen mit jeweils zwei Molekülen mit Konzentrationen X_i und Y_i (i = 1, 2). Der Zustand einer Zelle ist also durch das Paar (X_i, Y_i) dieser beiden Kon-

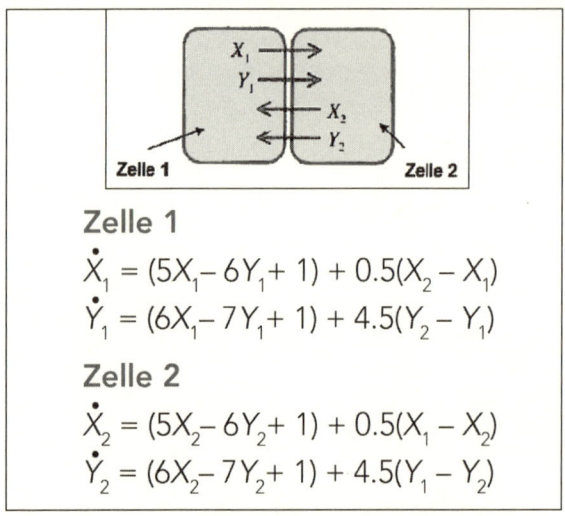

Zelle 1

$$\dot{X}_1 = (5X_1 - 6Y_1 + 1) + 0.5(X_2 - X_1)$$
$$\dot{Y}_1 = (6X_1 - 7Y_1 + 1) + 4.5(Y_2 - Y_1)$$

Zelle 2

$$\dot{X}_2 = (5X_2 - 6Y_2 + 1) + 0.5(X_1 - X_2)$$
$$\dot{Y}_2 = (6X_2 - 7Y_2 + 1) + 4.5(Y_1 - Y_2)$$

Abb. 20: Turings Berechnung zellulärer Strukturbildung

zentrationen bestimmt. Bei einer Kopplung der Zellen diffundieren diese Konzentrationen jeweils von der einen in die andere Zelle (Abb. 20). Die Veränderung der Konzentrationen in der Zeit wird durch zwei Differentialgleichungen bestimmt. Diese Gleichungen besitzen jeweils einen Diffusionskoeffizienten, der dem Grad der Diffusion entspricht. Die Gleichungen heißen daher auch Diffusions-Reaktionsgleichungen.

Das Beispiel der beiden Zellen war von Turing so gewählt, dass sie als isolierte Einheiten stabil waren. In diesem Fall sind mathematisch alle Eigenwerte der jeweiligen Gleichungsmatrix nicht positiv. Werden aber die Zellen mit geeigneten Diffusionskoeffizienten gekoppelt, dann ist wenigstens ein Eigenwert der gemeinsamen Matrix aus den beiden Teilmatrizen der einzelnen Zellen positiv. In diesem Fall ist das Gesamtsystem destabilisiert. Man könnte anschaulich sagen, dass zwei tote isolierte Zellen durch Kopplung und Diffusion zum Leben erweckt werden. Die Erweckung zum Leben wird präzise berechenbar.[2]

Auf den ersten Blick möchte man einwenden: Was soll die Aufregung über zwei harmlose (lineare) Gleichungen mit mehr oder weniger willkürlich gewählten Zahlenbeispielen? Das Beispiel hat es aber in sich, da es völlig unserer Intuition widerspricht. Seit Jahrhunderten war man überzeugt, dass Leben vorausgesetzt werden muss, um Leben zu erzeugen. Hinter den mathematischen Gleichungen verbirgt sich aber der Vorgang, wonach durch Diffusion von leblosen Einheiten Leben erzeugt werden kann. Streng genommen hat Turing nur gezeigt, dass stabile Einheiten durch Diffusion destabilisiert werden können. Da seine Diffusions-Reaktionsgleichungen linear sind, konnten sie keine komplexen raum-zeitlichen Muster erzeugen.

Stephen Smales Modell zellulärer Strukturbildung: Entstehung von Komplexität bedeutet dabei, dass aus einem homogenen Medium (d. h. identische Zellen mit identischen Zuständen) ein inhomogenes Medium (d. h. ein Muster mit unterschiedlichen Zellzuständen) entsteht. Der amerikanische Mathematiker und Träger der Fields-Medaille Stephen Smale untersuchte daher 1974 Turings Beispiel für einen nichtlinearen Fall. Er konnte beweisen, dass eine bestimmte Reaktions-Diffusionsgleichung in diesem Fall einen Grenzzyklus, also eine oszillierende Lösung, besitzt.[3] Eine Oszillation ist, wie wir im vorherigen Kapitel gesehen haben, ein Beispiel für komplexe Musterbildung. Anschaulich bedeutet Oszillation, dass sich z. B. der Zyklus eines Stoffwechsels wiederholt und buchstäblich durch Diffusion, also Stoff- und Energieaustausch, am Leben gehalten wird. Smales Beispiel zeigt also mathematisch präzise, wie aus toten Einheiten durch Diffusions-Reaktionsprozesse Leben entstehen kann.

Das widerspricht nicht nur unserer Intuition, sondern scheinbar auch den Naturgesetzen. Nach dem 2. Hauptsatz der Thermodynamik führt nämlich Diffusion wenigstens in einem abgeschlossenen System zur Homogenisierung des Gesamtzustands, bei der alle Unterschiede ausgeglichen werden. Die Wärme fließt danach in einem abgeschlossenen Raum solange, bis sie überall gleichmäßig verteilt ist. Beispiel: Eine heiße Tasse Kaffee kühlt in einem Raum auf Zimmertemperatur ab, wobei sich wegen der Wärme des Kaffees auch das Zimmer im Vergleich zum ursprünglichen Zustand leicht erwärmt – also Gleichverteilung der molekularen Teilzustände im Raum.

Smale war daher über sein eigenes Ergebnis ebenso überrascht wie seinerzeit Turing. Er ahnte, dass er der Ursache für komplexe Musterbildung auf der Spur war, konnte aber 1974 keine allgemeine mathematische Lösung angeben. Ein solches allgemeines Grundgesetz zur Entstehung komplexer Muster und Strukturen wäre die Ergänzung zum 2. Hauptsatz der Thermodynamik, der in abgeschlossenen Systemen ohne Stoff- und Energieaustausch (Diffusion) nur den Zerfall aller Ordnung, Muster und Strukturen voraussagt. Wenn uns jemand in einen Raum einschließt und den Schlüssel wegwirft, dann wird man dort nach einigen Jahren nur noch unsere Skelette finden. In diesem Sinn ist der 2. Hauptsatz das Gesetz von Tod und Zerfall. Ein allgemeines Verfahren in der Nachfolge von Smale würde aber mathematisch beweisen, wie (durch Diffusion und Wechselwirkung) Neues in die Welt kommt. Das Leben wäre nur ein Beispiel für die Entstehung komplexer Vielfalt und Strukturen.

Selbstorganisation komplexer dynamischer Systeme: Die Wissenschaft des 21. Jahrhunderts wird wesentlich durch Komplexitätsforschung bestimmt sein. Anschaulich entstehen globale komplexe Muster und Strukturen durch lokal wechselwirkende Elemente wie Atome bei Laserstrahlen, Moleküle in chemischen Reaktionen, Proteine in Zellen, Zellen in Organen, Nervenzellen in Gehirnen oder Transistoren in elektronischen Schaltungen. Man spricht dann auch von Selbstorganisation, wenn sich entsprechende Elemente durch Wechselwirkung unter geeigneten Bedingungen in kollektiven Strukturen von selber zusammenfinden und Strukturen bilden. Einzelne Autoren haben solche Selbstorganisationsprozesse für Beispiele aus der Physik, Chemie und Biologie beschrieben. Ein allgemeines Prinzip müsste aber unabhängig von diesen Beispielen formuliert werden. Verbindlich kann das nur in einem mathematischen Formalismus erreicht werden, der verschiedene Anwendungsmodelle in diesen Disziplinen zulässt. Nur ein solcher allgemeiner Formalismus würde die Berechnung komplexer Musterbildung zulassen.

Das Prinzip lokaler Aktivität erklärt komplexe Struktur- und Musterbildung: Dieses Prinzip der Entstehung komplexer Muster und Strukturen haben wir kürzlich mathematisch allgemein und exakt definiert (K. Mainzer, L. Chua (2013): *Local Activity Principle*). Die Ursache für komplexe Musterbildung in homogenen Medien sind danach lokal aktive Zellen, unter denen wir uns z. B. chemische Substanzen, organische Zellen, Neuronen oder Transistoren vorstellen können. Anschaulich sind Zellen dann lokal aktiv, wenn sie zugeführte kleine Energie- oder Signalwerte (Input) wesentlich verstärken und als Energie- und Signalwerte in das umgebende Medium abgeben können (Output). Diese verstärkten Energie- und Signalwerte tragen dann zur Veränderung und Strukturierung des Mediums bei. Dazu muss die Zelle auf eine Energiequelle zurückgreifen. Das kann z. B. ATP-Energie in einer biologischen Zelle oder eine Batterie bei einem Transistor sein.[4]

Reaktions-Diffusionsgleichungen und zelluläre Dynamik: Mathematisch stellen wir uns zunächst ein dreidimensionales Gittermodell des Mediums vor, in dem jeder Gitterpunkt durch eine Zelle besetzt ist (Abb. 21). Jede Zelle ist also durch drei Raumkoordinaten genau festgelegt. Die Zellen können ihre Zustände verändern. Die Zustandsveränderung einer isolierten Zelle (z. B. chemische Konzentra-

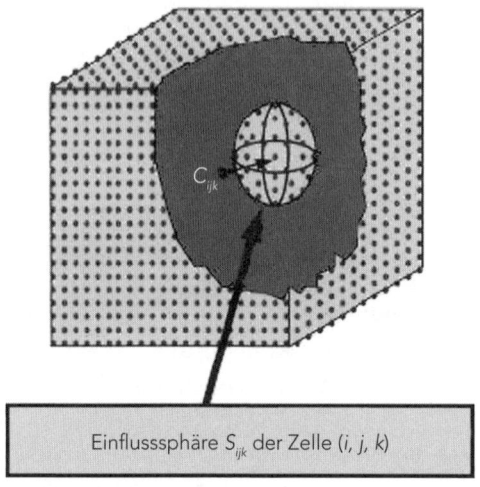

Einflusssphäre S_{ijk} der Zelle (i, j, k)

Abb. 21: Einflusssphäre S_{ijk} der Zelle (i,j,k) am Gitterpunkt mit den Koordinaten i, j, k (= 1, 2, ...)

tion, Spannungszustände) wird durch eine Zustandsfunktion bestimmt. Die Kopplung und Wechselwirkung (Diffusion) der Zellen untereinander wird durch einen (oder mehrere) Diffusionskoeffizienten und einen diskreten Laplace-Operator beschrieben. Die Zustandsveränderung jeder Zelle im Raumgitter wird dann durch eine Diffusions-Reaktionsgleichung bestimmt, die sich aus der Zustandsfunktion für isolierte Zellen und dem Kopplungsterm zusammensetzt. Wegen der vielfältigen Wechselwirkungen mit den anderen Zellen ist diese Gleichung nichtlinear. Zusätzlich sind Anfangs- und Randbedingungen zu berücksichtigen.

Lässt man die Zellen und ihre Abstände winzig («infinitesimal») klein werden, dann geht das diskrete Modell des Gitters in (partielle) nichtlineare Differentialgleichungen eines kontinuierlichen Mediums über. Das ist die mathematisch allgemeine Form, um die Dynamik von Muster- und Strukturbildungen zu beschreiben.[5] Die lokale Aktivität einer Zelle an einem Gleichgewichtspunkt wird durch ein Integral definiert, das die Inputwerte aufsummiert und als verstärkten Output in das Medium ausgibt.

Testverfahren für lokale Aktivität: Um die verschiedenen Formen der komplexen Musterbildung des Mediums zu unterscheiden, muss man zunächst die Gleichgewichtspunkte des Systems bestimmen. Dazu werden die Diffusions-Reaktionsgleichungen auf ihre linearisierte Fassung zurückgeführt, um dann (ähnlich wie Turing in seinem einfachen Modell) die Eigenwerte ihrer Gleichungsmatrix (Jacobi-Matrix) zu berechnen. Im komplexen Modell eines Mediums mit vielen Gleichungen erweist sich dieses Verfahren aber als äußerst schwierig. Um lokale Aktivität an einem Gleichgewichtspunkt effektiv testen zu können, führten wir eine Komplexitätsfunktion ein. Eine Liste von berechenbaren Eigenschaften dieser Komplexitätsfunktion lässt eindeutig auf lokale Aktivität von Zellen und damit die Ursache von Muster- und Strukturbildung in diesem Medium schließen.[6]

Parameterraum für Struktur- und Musterbildung: Ob Zellen lokal aktiv oder passiv sind, hängt nicht nur von ihren Gleichgewichtspunkten ab, sondern von ihren Kontrollparametern. Kontrollparameter legen dabei die Bedingungen fest, unter denen sich Zellzustände ändern. Geometrisch lassen sich alle Werte von Kontrollparametern als Punkte eines Parameterraums veranschaulichen (Abb. 22). Mit Hilfe des eben erwähnten Testverfahrens lässt sich der Parameterraum in die Region lokaler Aktivität und Passivität unterteilen.[7] Umso größer die Zone der lokal aktiven Zellen ist, umso größer ist das Potential der Struktur- und Musterbildung in einem Medium. Traditionell wurde die Entstehung von komplexen Mustern und Strukturen nur an instabilen Entwicklungspunkten eines Systems untersucht. Anschaulich ging man davon aus, dass an kritischen Punkten alte Ordnungen instabil werden und zusammenbrechen, um neue Strukturen zu ermöglichen.

Struktur- und Musterbildung am Rand des Chaos: Umso überraschter waren Turing und Smale, dass mathematisch auch stabile Zellen komplexe Muster- und Strukturen bilden können. Die Ursache dafür ist, wie wir mathematisch bewiesen haben, die lokale Aktivität. Solange diese Zellen isoliert sind, wirken sie praktisch wie tot. Werden sie aber durch Diffusion gekoppelt, erwachen sie zum Leben. Daher bezeichnen wir ihre Region auch als «Rand des Chaos» (Edge of Chaos).[8] Die Bezeichnung wurde ursprünglich von Christopher Langton (1990) eingeführt und entwickelte sich zu einem Modewort für die «Selbstorganisation von komplexen Strukturen», die «am Rande des Chaos» entstehen.[9] Dabei handelte es sich aber nur um eine Metapher ohne mathematische und allgemein verbindliche Präzision für die Entstehung von Komplexität überhaupt.

In unserem Fall liegt eine mathematisch präzise Definition für einen Teilbereich lokaler Aktivität von Zellen vor. Anschaulich kann man sich stabile Zellen wie Agenten vorstellen, die unauffällig als «Schläfer» im Medium einer Gesellschaft existieren. Auf ein Signal nehmen sie Kontakt auf und verkoppeln sich (Diffusion!). Sie tragen also das Potential lokaler Aktivität in sich, das sich erst im Fall ihrer Interaktion entfaltet. Sie bilden z. B. eine Terrorgruppe und lösen globales Chaos in der Gesellschaft aus. Sie existieren also vorher «am Rand des Chaos». Man kann sich aber auch kreative Bürgerinnen und Bürger vorstellen, die sich in einer Bürgerinitiative zusammenfinden und gemeinsam neue Veränderungen der Gesellschaft anstoßen. Etwas weniger dramatisch ausgedrückt existieren also lokal aktive und stabile Zellen «am Rand der Muster- und Strukturbildung».

Struktur- und Musterbildung in der Chemie: Der allgemeine mathematische Formalismus der lokalen Aktivität erlaubt eine vollständige und exakte Berechnung komplexer Struktur- und Musterbildung. Die Entstehung von Komplexität wird vollständig berechenbar, sofern die betrachteten Beispiele die Bedingungen des mathematischen Formalismus erfüllen. In einem ersten Beispiel untersuchten wir eine chemische Reaktion, die Ilya Prigogine nach dem Ort seines Labors «Brüsselator» genannt hatte. Zunächst wurden die Reaktions-Diffusionsgleichungen des Brüsselators mit Zustandsvariablen und Diffusionskoeffizienten, Kontrollparametern und Raumkoordinaten formuliert. Aus diesen Gleichungen lässt sich ein diskretes räumliches Gittermodell ableiten. Mit Hilfe der (linearisierten) Gleichungen bestimmen wir im nächsten Schritt die Gleichgewichtspunkte. Dann greift das allgemein eingeführte Testverfahren, um die lokale Aktivität des Brüsselators und damit seine Struktur- und Musterbildung zu berechnen.

Gleichungsmatrix bzw. Komplexitätsfunktion erlauben eine exakte Einteilung des Parameterraums des Brüsselators in die beiden Hauptzonen lokal aktiver und lokal passiver Zellen, die in Abb. 22 (links) rot bzw. blau markiert sind.[10] Lokal aktive Zellen lassen sich in solche unterteilen, die instabil und stabil sind. Der «Rand des Chaos» der zugleich lokal aktiven und stabilen Zellen ist also ein Teilbereich lokaler Aktivität. In Abb. 22 (rechts) ist das Gebiet der lokal aktiven und stabilen Zellen (Rand des Chaos) rot, das Gebiet der lokal aktiven und instabilen Zellen grün markiert. Zudem wurden die Veränderungen für den Fall von zwei Diffusionskoeffizienten bei den zellulären Wechselwirkungen unterschieden. Der Rand des Chaos wurde bisher in der Forschung komplett übersehen – bis auf das spezielle Beispiel von Smale auf den Spuren von Turing. Prigogine hat tatsächlich nur Spezialfälle von Musterbildung seiner chemischen Reaktion an instabilen Punkten untersucht. Wir haben demgegenüber den Parameterraum der Möglichkeiten total vermessen und berechnet – einschließlich des äußerst interessanten «Randes des Chaos».

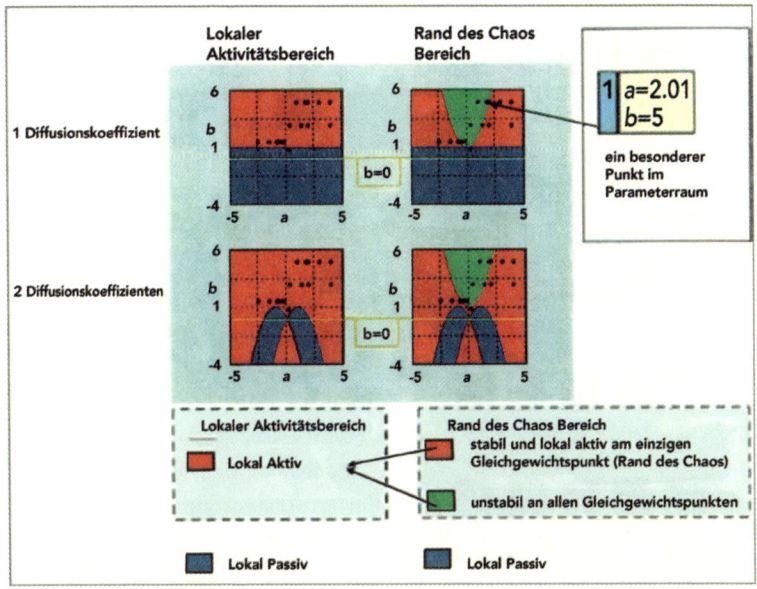

Abb. 22: Vermessung des Parameterraums der Musterbildung (z. B. Brüsselator in der Chemie)

In Abb. 22 ist der zweidimensionale Parameterraum graphisch mit den beiden Parametern *a* und *b* dargestellt. Jeder Parameterpunkt (*a, b*) der Ebene entspricht einem möglichen Kontrollwert, unter dem eine Muster- und Strukturbildung des Brüsselators möglich ist. Im Prinzip lässt sich für jeden Punkt die mögliche Musterbildung genau berechnen. In Abb. 23 sind für einige Beispiele die entsprechenden Phasen der Musterbildung in einer Computersimulation gezeigt. Die Pixelpunkte sind von Blau über Grün bis Rot unterschiedlich gefärbt und entsprechen den Graden des jeweiligen Zellzustands. D_1 und D_2 sind die Diffusionskoeffizienten, *a* und *b* die Parameter der jeweiligen Kontrollwerte. Beispiel 6 betrifft die Musterbildung für einen Parameterpunkt, der «am Rande des Chaos» des Brüsselators liegt.[11]

Struktur- und Musterbildung in Zoologie und Botanik: Ebenso lässt sich der Möglichkeitsraum der Musterbildung in Zoologie und

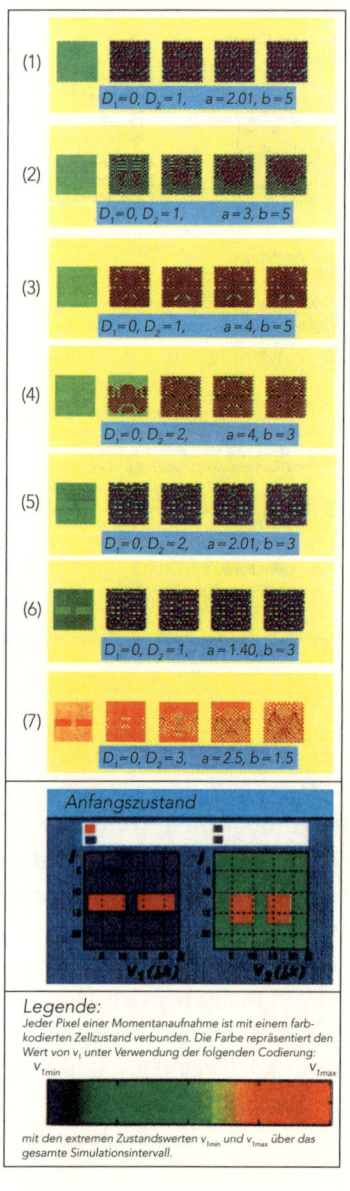

Botanik total vermessen und berechnen. Beispiele sind Fell- und Federmuster von Tieren ebenso wie die Muster auf Muscheln oder Blättern von Pflanzen. Wir haben dazu die Reaktions- und Diffusionsgleichungen von Alfred Gierer und Hans Meinhardt (1972) verwendet.[12] Sie sind ebenfalls ein Anwendungsmodell für unseren allgemeinen Formalismus der Struktur- und Musterbildung auf der Grundlage lokaler Aktivität. Wieder lässt sich mit dem geschilderten Testverfahren der Parameterraum genau vermessen und in die Zonen lokaler Aktivität und Passivität einteilen. Der «Rand des Chaos» bildet wieder einen Teilbereich. Für jeden Parameterpunkt ist wieder die entsprechende komplexe Musterbildung im Prinzip berechenbar und in der Computersimulation anschaulich darstellbar.[13]

Struktur- und Musterbildung in der Gehirnforschung: Ein Höhepunkt der Anwendung unseres allgemeinen Musterbildungsformalismus ist das Gehirn. Das Gehirn ist mit seinen mehr als 10^{11} Neuronen das komplexeste Organ, das wir heute kennen. Gehen wir von im Schnitt 1000 = 10^3 synaptischen Verbindungen pro Neuron aus, dann erhalten wir die wahrhaft astronomische Zahl von 10^{14} synaptischen Verbindungen in einem Netzwerk. Die hohe Netzdichte ist die gute Nachricht über unser Gehirn. Die schlechtere Nachricht besagt, dass es eher langsam rechnet. Pro synaptische Verbindung werden nur $200 = 2 \times 10^2$ elementare Rechenoperationen pro Sekunde (OPS) angenommen. Insgesamt wären wir dann bei einer Gesamtrechenleistung des Gehirns von 2×10^{16} OPS. Das ist die Größenordnung der Rechenleistung heutiger Superrechner mit Petaflops, d. h. ca. 10^{15} (Floating Point) Operationen pro Sekunde. Auch Big Data des öffentlichen Datenverkehrs beginnt heute im Petabyte-Bereich. Google setzt angeblich täglich 24 Petabytes an Daten um, d. h. ca. sechstausendmal die Datenmenge der US Library. Das Gehirn ist also ein Maßstab für Big Data.

Die Neuronen sind lokal aktiv und erzeugen Aktionspotentiale, die Verschaltungsmuster im Gehirn auslösen. Das Gehirn ist also auch ein Beispiel für komplexe Musterbildung. Die Verschaltungsmuster (engl. «cell assemblies») sind deshalb so interessant, da sie mit unterschiedlichen kognitiven Zuständen wie Wahrnehmung, Fühlen, Denken und Bewusstsein verbunden (korreliert) sind (Abb. 24). Aus den Computersimulationen der Verschaltungsmuster lässt sich also erkennen, ob jemand liest, spricht, hört oder konzentriert nachdenkt. Zugegebenermaßen weichen die Muster bei einzelnen Individuen voneinander ab. Aber im Prinzip zeichnet sich bei besseren und

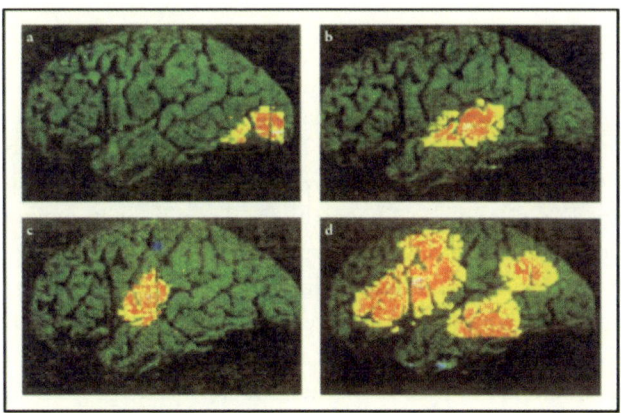

Abb. 24: Musterbildung (cell assemblies) im Gehirn (PET-Aufnahmen)

genaueren Messmethoden eine Möglichkeit ab, von raumzeitlicher Musterbildung auf kognitive Aktivitäten zu schließen. Das «Brain Reading» geht noch einen Schritt weiter: Die Musterbildung im Gehirn soll soweit aufgelöst werden, dass man sogar erkennt, was jemand gerade hört oder sieht.

Berechnung neuronaler Musterbildung durch FitzHugh-Nagumo-Gleichungen: Jedenfalls nimmt komplexe Musterbildung, ausgelöst durch lokale Aktivität, auch im Gehirn eine Schlüsselfunktion ein. Wir haben zunächst ein vereinfachtes Modell von Diffusions-Reaktionsgleichungen für Aktionspotentiale des Gehirns untersucht. Die FitzHugh-Nagumo-Gleichungen (1969) bestimmen in vereinfachter Weise die elektrische Aktivität eines Neurons.[14] Der Zustand V_1 der Erregung einer Zelle wird durch elektrische Spannung (Volt) gemessen. Der Zustand der Entspannung nach der Erregung wird in einer zweiten Zustandsvariablen V_2 berücksichtigt. Die zeitliche Veränderung beider Zustände wird durch zwei Diffusions-Reaktionsgleichungen beschrieben. Die Zustandsfunktionen f_1 und f_2 der isolierten Neuronen hängen von Zellparametern a, b und Raumkoordinaten x, y ab. Ihre Kopplung wird wieder durch einen Diffusionskoeffizienten D_1 (mit Laplace-Operator) berücksichtigt:

$$\frac{\partial V_1(x,y)}{\partial t} = f_1\left(V_1(x,y)V_2(x,y)\right) + D_1 \nabla^2 V_1(x,y)$$

$$\frac{\partial V_2(x,y)}{\partial t} = f_2\left(V_1(x,y)V_2(x,y)\right)$$

Wieder lässt sich mit dem geschilderten Testverfahren der Parameterraum genau vermessen und in die Zonen lokaler Aktivität und Passivität einteilen. Der «Rand des Chaos» bildet diesmal einen winzig kleinen Teilbereich. Für jeden Parameterpunkt ist wieder die entsprechende komplexe Musterbildung im Prinzip berechenbar und in der Computersimulation anschaulich darstellbar. Bereits im vereinfachten FitzHugh-Nagumo-Modell konnte eine komplexe Vielfalt von statischen, oszillierenden und chaotischen Mustern erzeugt werden. Einige Muster repräsentierten sogar Bilder, wie man sie von visuellen Prozessen auf der menschlichen Netzhaut kennt.[15]

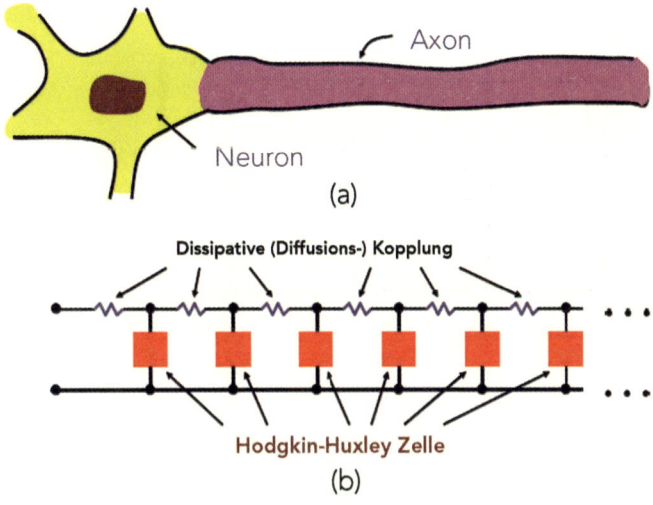

Abb. 25: Hodgkin-Huxley-Modell eines Axons

Elektrotechnisches Modell eines Axons: Als detailliertes mathematisches Modell von Neuronen gelten die Hodgkin-Huxley-Gleichungen, die 1952 durch die beiden Medizin-Nobelpreisträger Alan Lloyd Hodgkin und Andrew Fielding Huxley eingeführt wurden.[16] Ursprünglich handelte es sich dabei um ein elektrisches Modell der sehr großen Axonen eines Tintenfisches, an denen die Entstehung von Aktionspotentialen gemessen werden konnte. Ein Axon ist der schlauchartige Fortsatz einer Nervenzelle, der elektrische Nervenimpulse vom Zellkörper weiterleitet. Im Hodgkin-Huxley (HH)-Modell wird ein Axon durch eine Folge von identischen Schaltelementen (HH-Zellen) dargestellt, die durch passive Widerstände gekoppelt sind (Abb. 25).

Elektrotechnisches Modell einer Hodgkin-Huxley-Zelle: Ein elektrisches Schaltmodell einer HH-Zelle muss die Veränderungen elektrischer Zellzustände erfassen, die durch Ionenströme in der Zellmembran hervorgerufen werden (Abb. 26). Für die elektrische Membrankapazität C verwendet man einen Kondensator. Der Ge-

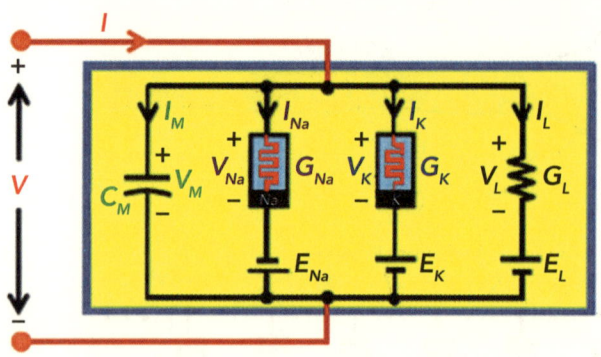

Abb. 26: Hodgkin-Huxley-Modell einer Gehirnzelle

samtmembranstrom setzt sich aus den Kalium-, Natrium- und Leck-Strömen I_K, I_{Na} und I_L zusammen. Hinzu kommt ein externer Strom I_{ext}, der die Membran auflädt. Dieser Strom kann z. B. durch eine externe Elektrode hervorgerufen werden. Die zeitliche Veränderung des Membranpotentials V wird durch eine Differentialgleichung beschrieben. Die beteiligten Ionenströme I_K, I_{Na} und I_L entsprechen der Differenz aus der Membranspannung V und den jeweiligen Gleichgewichtspotentialen E_K, E_{Na} und E_L unter Berücksichtigung der jeweils dazugehörigen Leitfähigkeit g_K, g_{Na} und g_L.

Der entscheidende Einfall von Hogkin und Huxley bestand darin, dass sie spezielle Variablen postulierten, um damit die sich öffnenden und schließenden Ionenkanäle in der Zellmembran zu beschreiben. Später zeigte sich, dass sie damit die Eigenschaften der spannungsabhängigen Ionenkanäle richtig erfasst hatten. Tatsächlich erhielten sie den Nobelpreis «für ihre Entdeckungen über den Ionen-Mechanismus, der sich bei der Erregung und Hemmung in den peripheren und zentralen Bereichen der Nervenzellenmembran abspielt». Allerdings findet sich im elektrischen Schaltmodell von Hodgin und Huxley auch eine elektrotechnisch unkonventionelle Annahme. Als Ursache für die Entstehung eines Aktionspotentials nahmen sie nämlich an, dass die Leitfähigkeiten g_K und g_{Na} zeitabhängig sind. Dann müssten aber zeitabhängige Widerstände $R_K = 1/g_K$ und $R_{Na} = 1/g_K$ existieren, die zu Anomalien und Widersprüchen des HH-Modells führen.

Memristoren: Solche Konsequenzen lassen sich vermeiden, wenn man die Widerstände R_K und R_{Na} durch Memristoren ersetzt.[17] Das Wort Memristor leitet sich aus den englischen Worten «memory» für Speicher und «resistor» für Widerstand ab. Der Unterschied eines Memristors zu einem (konstanten) Widerstand besteht darin, dass er seinen Widerstand in Abhängigkeit von der Menge und Richtung der angelegten Spannung ändern kann. In der Elektrotechnik ist der Memristor – neben Widerstand, Kondensator und Spule – das fehlende vierte Element, das Ladung und magnetischen Fluss verbindet. Eine praktische Anwendung von Memristoren anstelle von Transistoren wäre, dass Computer ohne Booten sofort betriebsbereit wären – quasi wie beim Ein- und Ausschalten eines Lichtschalters.

Berechnung neuronaler Musterbildung durch Hodgkin-Huxley (HH)-Reaktions-Diffusionsgleichungen: Wenn wir nun die HH-Zellen im Axonmodell von Abb. 25 winzig (infinitesimal) klein werden lassen, dann gehen die dissipativen Kopplungsterme in den Laplace-Operator über und wir erhalten ein System von Differentialgleichungen – den (korrigierten) Hodgkin-Huxley (HH)-Reaktions-Diffusionsgleichungen.[18] Die HH-Gleichungen erzeugen ein Aktionspotential als Reaktion auf die Erregung durch einen äußeren elektrischen Strom, der die synaptischen Netzströme im Gehirn simuliert. Wie in den vorherigen Fällen kann auch bei den HH-Diffusions-Reaktionsgleichungen systematisch der Parameterraum für komplexe Musterbildung bestimmt werden. Wieder lässt sich mit unserem Testverfahren der Parameterraum genau vermessen und in die Zonen lokaler Aktivität und Passivität einteilen. Diesmal ist die Komplexitätsfunktion ein entscheidender Vorteil, da es für die HH-Diffusions-Reaktionsgleichungen viel zu kompliziert ist, die Eigenwerte der entsprechenden Jacobi-Matrix zu berechnen. Die Lösungen der HH-Komplexitätsfunktion entsprechen, wie sich mathematisch beweisen lässt, exakt den Eigenwerten dieser Jacobi-Matrix.[19] Der «Rand des Chaos» bildet einen winzig kleinen, aber präzise bestimmbaren Teilbereich von weniger als 1mV und 2µA. Für jeden Parameterpunkt ist wieder die entsprechende komplexe Musterbildung im Prinzip berechen- und in der Computersimulation anschaulich darstellbar. Diesmal sollte die Musterbildung den Bildern entsprechen, die beim Scannen des Gehirns beobachtet werden. Das ist der entscheidende Test für das Hodgkin-Huxley-Modell des Gehirns.[20]

Prinzip lokaler Aktivität als Ursache neuronaler Musterbildung:
Die Ursache der «Cell Assemblies» bzw. Verschaltungsmuster im Gehirn sind die Aktionspotentiale, die durch lokal aktive Neuronen erzeugt werden. Damit sind aber auch die neuronalen Grundlagen der Gehirnaktivität bestimmt, die unseren kognitiven und mentalen Fähigkeiten zugrunde liegen. Sie sind nämlich mit den komplexen Musterbildungen im Gehirn korreliert. Wahrnehmungen, kognitive und mentale Fähigkeiten sind in synaptischen Verbindungen von Cell Assemblies gespeichert. Ein großer Teil des synaptischen Netzwerks ist bereits fest «verdrahtet», wenn Babys geboren werden. Viele Verbindungen bauen sich wieder ab, wenn sie nicht gebraucht werden, andere entstehen erst durch neue Erfahrungen und Lernprozesse.

Während des Lernens werden Neuronen immer wieder gemeinsam erregt und verstärken daher (nach der Hebbschen Regel) ihre synaptischen Verbindungen. Mathematisch werden Lernphasen durch Lernalgorithmen simuliert. Gelernte Informationen können aber auch wieder vergessen werden, wenn sie nicht ständig wiederholt werden. In diesem Fall werden die entsprechenden synaptischen Verbindungen wieder abgebaut. Daher ist die Gehirndynamik auf der Mikroebene durch Milliarden von feuernden und nicht feuernden Neuronen bestimmt. «Feuern» meint die Entstehung von Aktionspotentialen. Auf der Makroebene entstehen so komplexe Muster von neuronalen Netzwerken, die verschiedene neuronale Informationen kodieren.

Die Effektivität von neuronalen Netzwerken hängt von der Anzahl hierarchischer Schichten ab, die sie enthalten. So kann das Gehirn verschiedene neuronale Zustände mit z. B. visuellen, haptischen und auditiven Informationen verbinden und koordinieren. Wahrnehmungsbilder, die in den synaptischen Verbindungen des visuellen Cortex gespeichert sind, werden z. B. mit Klängen, Gerüchen und Empfindungen verbunden, die in anderen Gehirnteilen synaptisch codiert sind. Wir sind auch in der Lage, unseren Körper wahrzunehmen. Tatsächlich sind im Gehirn Karten des eigenen Körpers synaptisch «abgelegt», mit denen wir z. B. Schmerzen und Empfindungen orten können.

Von der Selbstwahrnehmung zum Selbstbewusstsein: Es gibt auch neuronale Schichten, mit denen wir uns bei der Wahrnehmung selbst wahrnehmen. Eine Wahrnehmung wird dann nicht einfach «abfotografiert» wie mit einer Kamera und dann in einem synaptischen Verbindungsmuster des visuellen Cortex wie auf einem Film gespeichert. Ein anderes neuronales Netz registriert diese Aktivität und bildet die Selbstwahrnehmung synaptisch ab. So entsteht zunächst visuelles Bewusstsein, d. h. ich nehme mich bei der Wahrnehmung wahr. Dieser Prozess der teilweisen Bewusstseinsbildung kann auf andere sinnliche Wahrnehmungen übertragen werden. Die Selbstwahrnehmung könnte auch mit Erinnerungen assoziiert werden, die im Langzeitgedächtnis über die eigene Person gespeichert sind. So wird im Prinzip der Zustand des Selbstbewusstseins erklärbar (Abb. 27). Worte aus der Alltagsprache wie «Bewusstsein» sugge-

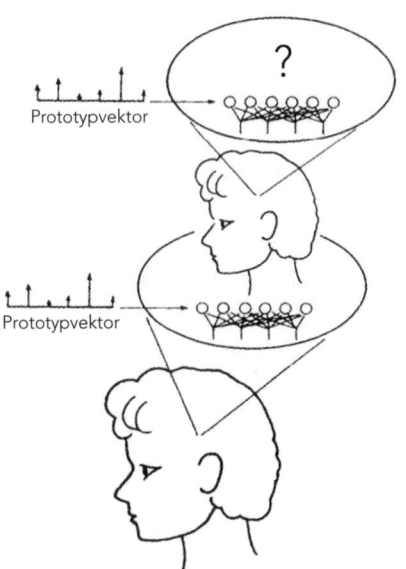

Abb. 27: Verschaltungsmodell für Bewusstseinsbildung

rieren demgegenüber Substanzen, die irgendwo spirituell existieren. Tatsächlich handelt es sich um hochkomplexe Verschaltungszustände, die sich im Lauf der Evolution ausgebildet haben. Es ist eine Herausforderung der Gehirn- und Kognitionsforschung, die daran beteiligten Gehirnareale und ihre kognitiven Leistungen zu identifizieren.[21] Wenn wir die Areale kennen, lassen sich auch Regeln beschreiben, nach denen ihre Neuronen sich synaptisch verschalten. Auf dieser Grundlage können im Prinzip wieder Diffusions-Reaktionsgleichungen formuliert werden, deren Parameterräume eine genaue Kartographierung und Berechnung der lokalen Aktivität als Ursache für neuronale Musterbildung erlauben.

Neurotechnische Erklärung von Semantik: Auch semantisches Verstehen wird durch hierarchische Schichten und Lernprozesse erklärbar. Eine formale Sprache wie z. B. ein Computerprogramm besteht aus Sequenzen von Symbolen, die nach syntaktischen Regeln in Termen, Worten und Sätzen zusammengesetzt werden. Eine Bedeutung erhält der Term einer formalen Sprache dadurch, dass er einem Term in einer anderen Sprache zugeordnet wird. So steht z. B. eine bestimmte Folge von 0 und 1 im ASCII-Code eines Computers für ein Symbol, das auf dem Keyboard des Computers abgebildet ist. Die Worte unserer E-Mails stehen dann für Zusammensetzungen solcher ASCII-Codes. Die formalen ASCII-Codes haben wiederum eine operationale Bedeutung, da sie die technische Umsetzung unserer E-Mail-Nachricht in Registerzustände des Computers festlegen. Wir haben dabei also bereits drei Schichten zu unterscheiden – die Symbole und Worte auf dem Keyboard, die formalen ASCII-Codes und die technischen Registerzustände der physikalischen Maschine. Bedeutungen entstehen aber auch dadurch, dass wir formalen Ausdrücken der natürlichen Sprache Wahrnehmungsbilder zuordnen, die im visuellen Cortex gespeichert sind, oder Erinnerungen, Vorstellungen und Empfindungen, die in anderen Gehirnarealen gespeichert sind. Aber auch Handlungen, die in motorischen Mustern neuronaler Netze (meistens im Kleinhirn) gespeichert sind, können mit formalen Sprachausdrücken verbunden werden und ihnen so Bedeutung verleihen. Wie jeder Sportlehrer weiß, lässt sich die Bedeutung eines «Golfschlags» nur schwer einem Schüler mit Worten vermitteln. Man macht es vor.

Entsprechend werden im Computer verschiedene Schichten von formalen Computersprachen unterschieden, um durch die gegenseitige Abbildung ihrer formalen Ausdrücke Bedeutungen und digitale Prozesse zu erzeugen. Die natürliche Sprache des Nutzers wie z. B. Englisch oder Deutsch wird auf die sogenannten höheren Programmiersprachen bezogen, in denen häufig sogar Worte oder Teilausdrücke aus natürlichen Sprachen verwendet werden, um dem Nutzer Bedeutungen zu suggerieren und den Gebrauch zu erleichtern (Abb. 29).

Auf der nächsten Stufe werden in einer Art von Verhaltenssprache Funktionen beschrieben, die im Computersystem ausgeführt werden sollen. In den funktionalen Programmiersprachen beziehen diese Funktionen wie in der Mathematik Funktionsargumente auf Funktionswerte. Dann muss im nächsten Schritt auf die Rechnerstruktur Bezug genommen werden, in der die Ressourcen, Kommunikationswege und Kontrollschritte festgelegt sind. Hier kommen häufig Compiler und Interpreter zum Einsatz. Schließlich wird die Rechnerarchitektur auf die Registerebene bezogen, die mit den elektrischen Schaltkreisen verbunden ist. Hier sind wir dann auf der physikalischen Ebene der elektronischen Bausteine angelangt, die sich aus Transistoren, Chips, Spulen, Schaltungen u. ä. zusammensetzt.

Jede Schicht hat ihre eigene Beschreibungssprache, Dynamik und syntaktischen Regeln. Semantik entsteht durch die wechselseitige Zuordnung der Schichten. Es gibt keine Bedeutungen an sich, sondern nur mit Bezug auf bestimmte formale Sprachen, Schichten, technische und organische Abläufe. So erhalten z. B. die formalen digitalen Schaltbilder ihre Bedeutung durch Bezug auf die elektrotechnischen physikalischen Schaltkreise. Bedeutungen entstehen also lokal von Schicht zu Schicht. In diesem Sinn «versteht» der Computer auf der Ebene der Schaltbilder, wie entsprechende elektronische Bausteine zu agieren haben, ohne dass der menschliche Nutzer diese Ebene verstehen muss. Auch das Gehirn «versteht» die chemische Sprache der Aktionspotentiale, um entsprechende Verschaltungsmuster zu bilden, ohne dass diese Vorgänge dem menschlichen «Nutzer» des Gehirns bewusst wären. Auf der Ebene der höheren Programmiersprachen «versteht» der Computer, was der

Nutzer mit seinen Symbolen meint, um sie in entsprechende Computerfunktionen umzusetzen etc. Die klare Unterscheidung, Abstraktion und Koordination solcher Schichten ermöglicht dem menschlichen Nutzer ebenso wie dem Computersystem, die Abläufe zu «verstehen». Die Kommunikation von Mensch und Maschine ist erst dadurch möglich.

Von Daten über Information zu Wissen: Zusammengefasst beginnt der Prozess der Daten-, Informations- und Wissensverarbeitung zunächst mit Signalen, die binär als digitale Maschinenzustände 1 und 0 eines Computers oder als neuronale Zustände des Feuerns oder Nicht-Feuerns von Gehirnzellen dargestellt werden können (Abb. 28). Folgen dieser Signale codieren Symbole wie z. B. Ziffern oder Buchstaben auf dem Keyboard eines Computers. Diese Symbole lassen sich nach syntaktischen Regeln zu Daten zusammenfügen (wie z. B. Zahlenangaben), die in Kontexten verbunden Informationen liefern (wie z. B. den Wechselkurs einer Währung). Vernetzen wir Informationen, entsteht Wissen wie z. B. Gesetzmäßigkeiten von Wechselkursen, auf dessen Grundlage sich Probleme lösen lassen (wie z. B. Geschäftsabschlüsse im Ausland).

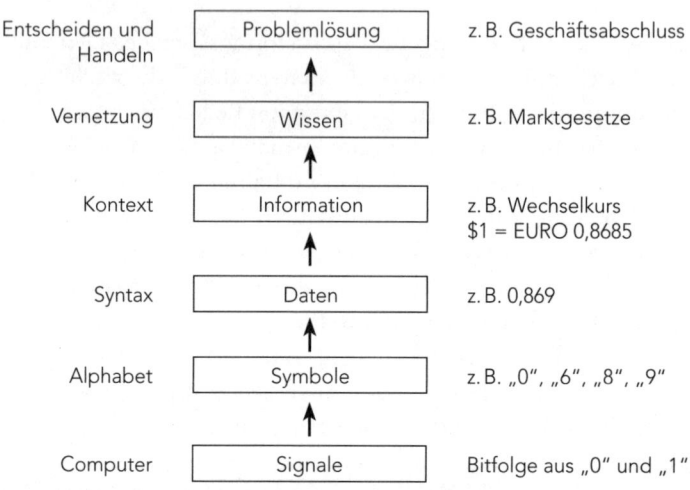

Abb. 28: Von Daten und Information zu Wissen

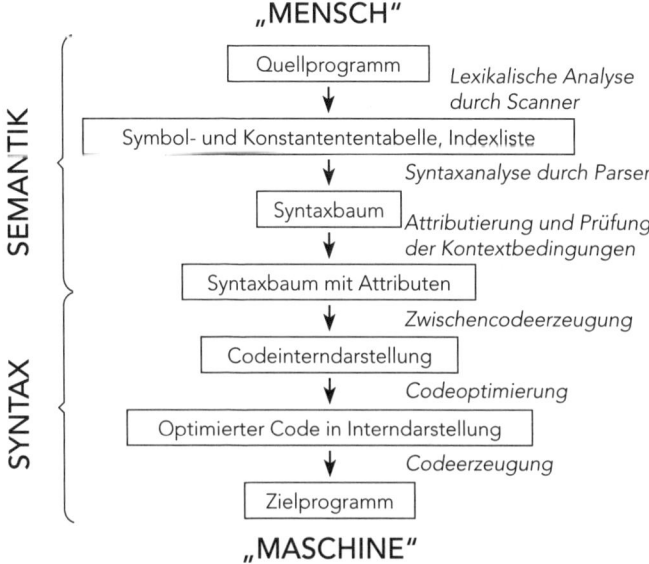

Abb. 29: Vom Wissen über Informations- zur Datenverarbeitung

Vom Wissen über Informations- zur Datenverarbeitung: Umgekehrt lassen sich auf dem Computer die Schichten genau angeben, wie Wissen des Nutzers über Informations- in Datenverarbeitung auf der Maschine umgesetzt wird (Abb. 29). Höhere Programmiersprachen, die an der Wissensrepräsentation beim Menschen orientiert sind, werden (z. B. durch Compiler und Interpreter) in Maschinensprache übersetzt, um die physikalische Datenverarbeitung im Computer zu realisieren. Wissensbasierte Sprachen sind z. B. funktionale Programmiersprachen, Sprachen für (algebraische) Spezifikationen und Sprachen prädikatenlogischer Formeln und Regeln.

Architektur von Gehirnen und Computern: Die Architektur des menschlichen Gehirns ist wesentlich komplexer als die bisher gebauten digitalen Computer. Die Gehirnarchitektur lässt sich keineswegs in das einfache Schichtenmodell eines heutigen Computers projizieren. Das Gehirn ist nicht nach dem Plan eines menschlichen Ingenieurs konstruiert, sondern das Produkt eines evolutionären Prozesses, in dem unter wechselnden Lebensbedingungen durch Mutation und Selektion immer neue Details und Veränderungen hinzugefügt wurden. Das Gehirn ist also nicht zielorientiert in einem stromlinienförmigen Design entstanden. Es ist auch nicht einseitig spezialisiert, sondern bewährt sich als hybrides System mit vielen Fähigkeiten. Es gibt aber auch Defizite, Risiken und Gefährdungen. Wir sind nicht Ziel und Höhepunkt eines Optimierungsprozesses, obwohl wir vielleicht einmal den evolutionären Entwicklungsweg des Gehirns rekonstruieren können.

Theory of Mind – Erklärung sozialer Kompetenz: Was bei einem Vergleich mit anderen Spezies auf dieser Erde auffällt, sind die hochkomplexen Gesellschaften, die Menschen im Lauf ihrer Zivilisationsgeschichte erzeugt haben. Zunächst erfahren Menschen sich selber. Wir sprechen in diesem Fall von der Ich- oder 1.-Person-Perspektive. Die dabei beteiligten Gehirnareale sind bekannt. Populär ist die Rede von «Spiegelneuronen», da sie aktiviert sind, wenn Menschen oder Primaten sich im Spiegel erkennen. Die Entwicklungspsychologie zeigt in einem nächsten Schritt, wie menschliche Kleinkinder in einem bestimmten Alter lernen, sich in andere hineinzuversetzen und auf den Menschen gegenüber Schmerz und Freude zu projizieren. Das geschieht bei uns Menschen vor allem über eine ausdifferenzierte Mimik. In der Medizin sprechen wir von der «Theory of Mind» – der Fähigkeit, das soziale «Du» zu erkennen.[22] In einem nächsten Schritt werden Identifikationen mit Familien und Gruppen möglich, die wir auch bei hoch entwickelten Säugetieren finden. Neben die 2.-Person-Perspektive («Du») tritt die 3.-Person-Perspektive («Wir» und «Die Anderen»). Soziale Kompetenz hat hier ihren Ursprung. Daraus entwickeln sich die sozialen Fähigkeiten, mit denen die Organisation komplexer Gesellschaften erst gelingen kann. Forschungen auf dem Gebiet der «Theory of Mind» zeigen, dass diese sozialen Fähigkeiten mit der Aktivität entsprechender Gehirnareale korreliert sind. Werden diese Areale durch Unfälle oder Demenzen zerstört, gehen die entsprechenden sozialen Fähigkeiten verloren. Auch soziales Bewusstsein wird also erst durch lokal aktive Zellen, Aktionspotentiale und neuronale Verschaltungsmuster möglich. Wie eben ausgeführt wurde, sind neuronale und synaptische Aktivitäten zwar nur die chemische «Maschinensprache» des Gehirns. Aber auch im Computer ist die Maschinensprache grundlegend für die Entstehung von Bedeutungen.

Kartographierung und Vermessung des Gehirns: Viele Gehirnareale sind in ihrer genauen Funktion noch unverstanden. Einige Schichten und Areale können durchaus identifiziert und zur Erklärung semantischer Prozesse herangezogen werden. Ein wichtiges Forschungsziel wird darin bestehen, das Gehirn zunächst in allen Details zu vermessen und zu kartographieren. Dazu sind verschiedene Großforschungsprojekte angelaufen, in denen genaue Modelle in allen Details erstellt werden sollen – von den verschiedenen Neuronen und Synapsen über Aktionspotentiale, Signale und Datenprozesse zu komplexen Verschaltungsmustern und Netzwerken, die mit der Erzeugung von Empfindungen, Vorstellungen und Bewusstsein verbunden sind. Die chemische «Maschinensprache» auf der Mikroebene des Gehirns ist bereits gut verstanden.

Mathematische Modelle wie die Hodgkin-Huxley-Gleichungen erklären mathematisch die Entstehung von komplexen Verschaltungsmustern, die mit der Erzeugung von Empfindungen, Vorstellungen und Bewusstsein korreliert sind. Diese Korrelation ist allerdings bisher wenig verstanden. Es reicht also nicht, in einem Bottom-up-Approach die Bauteile des Gehirns in all ihrer Komplexität zu beschreiben. In einem Top-down-Approach muss auch von der Kognitionsforschung gezeigt werden, wie aus den neuronalen Verschaltungsmustern die korrelierten kognitiven Zustände des Wahrnehmens, Denkens, Fühlens und Bewusstsein entstehen. Korrelationen besagen statistisch nur, dass die vom Gehirnforscher im Gehirnscanner beobachteten Gehirnmuster mit einer bestimmten Häufigkeit mit vom Psychologen beobachteten Verhaltensweisen und Tätigkeiten eines Menschen verbunden sind.

Totale Berechnung des Gehirns? Im Prinzip ist es vorstellbar, dass Gleichungen wie die Hodgkin-Huxley-Reaktions-Diffusionsgleichungen es eines Tages erlauben, den gesamten Parameterraum des menschlichen Gehirns genau zu bestimmen und seine komplexen

Musterbildungen zu berechnen. Big Data des Gehirns wäre nicht nur statistisch abschätzbar, sondern gesetzmäßig berechenbar – sofern es sich um neuronale Daten handelt. Wie daraus unsere Empfindungen und Vorstellungen entstehen, haben wir damit noch nicht verstanden. Im Sinn von Turing bleibt das vorläufig eine Orakelmaschine.

Wenn wir über die Gleichungen und Parameterräume des Gehirns verfügen, ist die Gehirndynamik auf einem Computer simulierbar. Gleichungslösungen liefern die entsprechenden Muster. Diese Annahme ist heute auch im Prinzip technisch einlösbar, da Superrechner bereits die für die Gehirnsimulation nötige Rechenleistung erbringen. Bemerkenswert ist allerdings, dass technisch bisher eine gewaltige Maschine mit dem Energieverbrauch einer Kleinstadt notwendig ist, um die Leistung eines kleinen Organs wie des Gehirns zu erbringen, das mit geringem Schwachstrom und vergleichsweise geringer Energie betrieben wird. Das Mooresche Gesetz gibt Anlass zur Hoffnung, dass entsprechende Rechenleistungen von Superrechnern eines Tages auch mit kleineren und effizienteren Rechnern erreicht werden können. Ebenso erlauben diese Superrechner auch die Simulation von evolutionären Prozessen, die sich in vielen Jahrmillionen ereigneten.

Die Churchsche These, wonach effektive Prozesse durch eine Turingmaschine (und damit mathematisch äquivalent durch einen zellulären Automaten oder ein neuronales Netz) simuliert werden können, bestätigt sich erneut ebenso wie die Zuse-Fredkin-Hypothese, wonach das Universum mit Evolution und Gehirn durch (passende) Automaten simulierbar sei. Selbst wenn vorläufig Erklärungslücken bleiben, wie z. B. die Entstehung von Empfindungen aus neuronalen Verschaltungsmustern, dann lassen sie sich als Turings Orakelmaschinen verstehen, die sich – wie wir später sehen werden – durch Big-Data-Technologien «überlisten» lassen: Das Verhalten von uns Menschen ist mittlerweile besser prognostizierbar als das Verhalten von einzelnen Elementarteilchen. Nur in der Quantenwelt finden wir noch echte Zufälle. Aber selbst diese Zufälle lassen sich in Quantenalgorithmen berücksichtigen (vgl. Kapitel 7).

Kapitel 10:
Vom Internet zu soziotechnischen Systemen

Komplexe Kommunikationsnetze der Evolution: In der biologischen Evolution haben sich komplexe Kommunikationssysteme von Populationen herausgebildet. Insektenpopulationen werden daher auch als Superorganismen bezeichnet, die selbstorganisiert kollektive Intelligenz (Schwarmintelligenz) erzeugen. Bekannt sind Ameisen- und Termitenpopulationen, die kollektive Kommunikationsnetze bilden und Daten durch chemische Signale austauschen. Die Analogie mit der Gehirndynamik ist offensichtlich. In diesem Fall sind es lokal aktive Organismen, die wie Neuronen typische Verschaltungsmuster bilden. In diesen komplexen Mustern sind die Daten codiert, die das Verhalten der Tiere z. B. beim Bau von Nestern und Termitentürmen regulieren. Die zugrunde liegenden Programme wurden in der Evolution im «Trial-and-Error»-Verfahren erprobt und genetisch codiert. Kein planendes Bewusstsein eines Architekten steht also hinter einem Termitenturm, sondern das Lernverfahren einer Spezies über Jahrmillionen. Das einzelne Tier ist daher «dumm» wie das einzelne Neuron im Gehirn: Es kann weder denken noch entscheiden. Aber es kann lokale Aktivität durch die Erzeugung von Aktionspotentialen entfalten. Wenn die Tiere durch chemische Dissipation gekoppelt werden, entstehen komplexe Verschaltungsmuster, die Schwarmintelligenz erzeugen. Durch Diffusions-Reaktionsgleichungen wäre diese Dynamik von Populationen gesetzmäßig erfasst. Wenn der Parameterraum einer Ameisenpopulation bekannt ist, dann lassen sich im Prinzip auch seine Verhaltensmuster berechnen.

Komplexe Kommunikationsnetze der Technik: In einer Art technischer Evolution entsteht ein globales Kommunikationsnetz («World Wide Web»), dessen Knoten sich dezentral wie Neuronen im Gehirn verschalten. Der Informationsfluss in diesen Netzen lässt sich mit dem Datenstrom in Nervensystemen vergleichen. Tatsächlich lassen sich aus Analogien zwischen Gehirnen, neuronalen Netzen und dem World Wide Web technische Innovationen gewinnen.

Die Anfänge elektronischer Vernetzung beginnen mit dem praktischen Wunsch, an einem Computer mit mehreren Nutzern gleichzeitig arbeiten zu können.[1] Anfang der 1960er Jahre wurde dazu Time-Sharing-Betrieb an einer Von-Neumann-Maschine mit nur einem Prozessor eingeführt. Dort schaltete ein Betriebssystem zwischen mehreren Benutzerprogrammen in Abständen von wenigen Millisekunden hin und her und erzeugte so den Eindruck der gleichzeitigen Nutzung des einen Von-Neumann-Prozessors. Der nächste Schritt waren die Netzwerke in Parallelrechnern und Supercomputern. Dort transportieren sie Daten zwischen vielen Prozessoren nach einem gemeinsamen Maschinenprogramm.

Obwohl sich Gehirn und Computer in Architektur und Funktion erheblich unterscheiden, kann eine Analogie festgehalten werden: Gehirne tauschen Informationen untereinander aus und bilden Kommunikationsnetze. Ebenso können Computer untereinander verbunden werden, um Kommunikationsnetze zu erzeugen. Computer tauschen ihre Daten über elektronische Leitungen, Funkstrecken oder Lichtwellenleiter (Glasfaserkabel) aus. Neben den Verbindungswegen gibt es in einem Computernetz Knoten für Computer und Übertragungseinrichtungen für eventuelle Zwischenspeicherungen. Die Übertragung von Nachrichten erfolgt durch genau festgelegte Verfahren für den Sender- und Empfängerknoten.

Struktur und Dynamik von Computernetzen: Die Leistungsfähigkeit von Netzwerken hängt zudem von ihrer geometrischen Struktur ab. Dabei lassen sich wie bei der Vernetzung von Prozessoren in Supercomputern verschiedene Grundformen unterscheiden. In einem Sternnetz laufen die Verbindungen der Computer sternförmig auf eine Zentralstelle zu, die etwa bestimmte Netzdienste zur Verfügung stellt. Bei einem Busnetz sind alle Computer an eine Sammelleitung

angeschlossen. Durch eine der Nachricht beigefügte Adresse erkennt
der Empfänger die für ihn bestimmte Nachricht. Im Unterschied zu
Stern- und Busform ist ein Ringnetz immer geschlossen. Die Baum-
struktur findet sich z. B. bei Telefonnebenstellenanlagen. Für die
Leistungsfähigkeit eines Netzes ist es wichtig, ob seine Knoten durch
einfache oder mehrfache Verbindungen zu erreichen sind. Bei einer
Leitungsunterbrechung ist ein Knoten mit einfacher Verbindung nicht
mehr erreichbar. Ein vollständig vermaschtes Netz bietet zwar maxi-
male Sicherheit, allerdings um den Preis eines großen technischen
Aufwandes. In Mischformen von teilweise vermaschten Netzen sind
nur kritische Knoten durch mehrfache Verbindungen abgesichert.

Analog zu den Prozessornetzen, die bei Parallel- und Supercomputern vorliegen, kann es in Computernetzen zu Kollisionen von
Datensendungen kommen, wenn verschiedene Knoten gleichzeitig
senden. Im Datenflussmanagement gibt es dazu die beiden Strategien der Kollisionserkennung und der Kollisionsvermeidung.[2] Bei
der Kollisionserkennung muss das gleichzeitige Senden von mehreren Knoten auf einer Leitung erkannt, abgebrochen und nach zufälliger Wartezeit wiederholt werden. Ein Beispiel ist das Ethernet, bei
dem alle Knoten mit speziellen Schnittstellen an ein gemeinsames
Koaxialkabel angeschlossen sind. Da Datenpakete in beiden Rich-
tungen des Koaxialkabels laufen können, sind Überschneidungen
möglich. Die betroffenen Knoten erkennen solche Überlagerungen
durch ihre Schnittstellen und unterbrechen ihre Sendung, um nach
einem zufälligen Zeitintervall die Übertragung des beschädigten
Datenpakets zu wiederholen.

Alle Datenpakete werden also unabhängig voneinander an ihren
Bestimmungsort geschickt. Dabei ist von äußerster Wichtigkeit, dass
sie korrekt ankommen. Geht ein Paket verloren, muss es erneut versen-
det werden. Wenn alle Pakete angekommen sind, wird ihre korrekte
ursprüngliche Ordnung wiederhergestellt, um die Daten an den Empfänger zu übermitteln. Im Netz werden die Pakete von Router-Knoten
zu Router-Knoten geschickt, um über die jeweils günstigsten Verbindungen («Routen») lokal zu entscheiden. Dazu bedient sich ein
Routing-Algorithmus vor Ort einer Routingtabelle und vergleicht die
Paketadresse, um die Weiterleitung an den nächsten Knoten festzulegen.[3]

Internet als komplexes sich selbst organisierendes Informations-system: Das Internet ist daher bis zu einem bestimmten Grad ein komplexes sich selbst organisierendes Informationssystem, in dem keine zentrale Leitungsverteilung stattfindet. Das trifft insbesondere beim dynamischen Routing zu, bei dem die sich ständig verändernden Belastungen des Netzes berücksichtigt werden. In periodischen Abständen tauschen benachbarte Router Daten über ihre jeweilige Belastung aus, um Zeit, Kosten und Wegstrecken zu optimieren.

Überlastung der Router, langsame Prozessoren und geringe Bandbreite der Übertragung legen ebenfalls Analogien mit Staus im Straßenverkehr nahe.[4] In beiden Systemen handelt es sich um diskrete Verkehrsobjekte wie Datenpakete oder Fahrzeuge, die sich auf Routen bzw. Straßen bewegen. Phänomene nichtlinearer Dynamik wie Stau, Überlastung und Chaos sind sowohl im Daten- als auch Straßenverkehr empirisch nachweisbar. In beiden Verkehrsströmen werden Navigationssysteme angewendet, um Verkehrsteilnehmer durch Routingtabellen oder Straßenschilder, Karten und Verkehrsansagen zu informieren. Unterschiede sind nicht nur auf die autonomen menschlichen Fahrer in Verkehrsfahrzeugen zurückzuführen. Auch Kabelwege lassen sich nicht mit Straßen vergleichen, auf denen Fahrzeuge ihre Geschwindigkeit verändern. Alle Datenpakete bewegen sich mit Lichtgeschwindigkeit, so dass die Länge des Weges nicht zu Buche schlägt. Die Faszination des Internets besteht gerade in der Echtzeit, mit der Sender und Empfänger weltweit kommunizieren können. Allerdings liegt in beiden Systemen keine Zentralsteuerung vor. Im Internet sind die Router die lokalen Entscheidungsträger, die eine globale Dynamik mit kollektiven Trends erzeugen.

Computernetze bestehen wie Computer selbst nicht nur aus Hardware. Zur Datenverarbeitung und Datensendung müssen Benutzerprogramme auf Betriebssysteme zurückgreifen. Sie veranlassen Computerknoten, physikalische Signalfolgen zu versenden, die den Bitsequenzen der Maschinensprache entsprechen. Im Zielknoten müssen diese Signale von einem Computer mit eventuell verschiedener Hardware durch geeignete Software zurückübersetzbar sein, um für einen Benutzer verständlich zu werden. Daher ist moderne Netzprogrammierung bestrebt, gemeinsame virtuelle Maschinen im Netz oder – anders ausgedrückt – eine gemeinsame virtuelle Netzmaschine für die Netzkommunikation bereitzustellen.

Analogien von Computernetzen und Gehirnen: Welche Analogien liegen mit dem Zentralnervensystem und Gehirn vor? Grundlage der Datenübertragung sind dort feuernde und nicht-feuernde Neuronen. Sie erzeugen einen binären Datenstrom analog zu den Bitsequenzen in einem Computer oder dem Internet, die symbolisch in einer Maschinensprache darstellbar sind. Die von einem Neuron übertragene Dateneinheit wird als elektrisches Signal über das Axon in die Nervenendung gegeben. An der Synapse wird dieses Signal mit Hilfe von Botenstoffen (Transmittern) über den synaptischen Spalt befördert. Um ihre Signalfunktion zu erfüllen, müssen die Transmittermoleküle an Membranrezeptoren der nachgeschalteten (postsynaptischen) Nervenzelle binden. Dabei sind nicht alle von einem Neuron freigesetzten Substanzen chemische Botenstoffe. Nur diejenigen, die an geeignete Rezeptoren anbinden können, werden als Transmitter akzeptiert. Rezeptoren im Nervensystem wirken daher quasi wie Router im Internet, die über die Weiterleitung von Dateneinheiten entscheiden. Ist das Transmittermolekül gebunden, erzeugt der Rezeptor ein elektrisches oder ein Stoffwechselsignal in der postsynaptischen Zelle.[5]

Die gleichzeitige Freisetzung verschiedener neuroaktiver Stoffe aus einem präsynaptischen Neuron ermöglicht eine große Variationsbreite der Datenübertragung durch eine einzige Synapse. Obwohl chemische Synapsen sehr langsam im Vergleich zur mit Lichtgeschwindigkeit ablaufenden elektronischen Datenübertragung im Internet arbeiten, ermöglicht erst ihre Modulierungsvielfalt die komplexen Leistungen menschlicher Gehirne. Damit sind allerdings auch viele Störungsmöglichkeiten des neuronalen Datenverkehrs verbunden, die sich in Krankheiten und kognitiven Ausfällen des Menschen niederschlagen. So verursachen die Neurotransmitter Serotonin, Dopamin und Noradrenalin häufige Fehlfunktionen, die bei Depressionen, Schizophrenie, Rauschgiftsucht und der Parkinson-Krankheit auftreten. Bei der Parkinson-Krankheit kommt es zu einer reduzierten Dopaminproduktion. Zur Depressionsbekämpfung werden antidepressiv wirkende Substanzen eingesetzt, um die Übertragung an serotonergen oder adrenergen Synapsen im Gehirn zu erhöhen. Im Unterschied zum Internet können also Katastrophen auch durch niedrige Signalübertragung ausgelöst werden. Demgegenüber fallen bei Krankheiten wie Autismus wichtige Filter für äußere Wahrnehmungssignale aus, so dass das Gehirn einem dauernden Bombardement von Signalen ausgesetzt ist. Es kommt zur völligen Überlastung. Um den psychischen Zusammenbruch zu vermeiden, schottet sich der Patient total gegenüber seiner Umwelt ab.

Big Data in Computernetzen und Gehirnen: Eine interessante Analogie besteht auch zwischen der Kommunikation in Computernetzen und der Verarbeitung von Datenströmen im Zentralnervensystem. Beide Systeme verwenden auf der untersten Ebene der Maschinensprache einen Binärcode, der entweder eine technischphysikalische oder eine molekulare Verschlüsselung von Information repräsentiert. In Computernetzen müssen daraus für einen Nutzer verständliche Botschaften rekonstruiert werden. In Standardmodellen der Computerkommunikation geschieht diese Decodierung über mehrere Schichten nach genau festgelegten Protokollen. Im Zentralnervensystem müssen aus den binären Datenströmen Empfindungen, Gefühle, Vorstellungen und Botschaften entschlüsselt werden, die vom betroffenen Menschen als Nutzer des Gehirns verstanden werden. Daran sind, wie bereits erläutert wurde, unterschiedliche Gehirnareale beteiligt, die allerdings im Unterschied zu einem Computer nicht immer aus strikt getrennten Modulen bestehen.

Aus der Technik der Computernetze kennen wir heute die dramatisch zunehmenden Speicher- und Übertragungsprobleme in Multimediasystemen, die Texte, Bilder, Audio und Video verarbeiten müssen. Das menschliche Gehirn und Zentralnervensystem ist unter anderem auch ein solches hybrides Multimediasystem. In der Technik werden daher Kompressionsverfahren zur Reduktion der Datenströme eingesetzt.[6] Unkomprimierte Datenströme in einem integrierten Multimediasystem erfordern für bewegte Bilder Speicherplatz wenigstens im Gigabyte-Bereich und für Zwischenpuffer im Megabyte-Bereich. Trotz wachsender Rechenleistung auch von kleineren Endgeräten wäre daher ein kostengünstiger Einsatz ohne Kompressionsverfahren nicht möglich. Andererseits wird verlangt, dass die

Qualität der komprimierten und anschließend wieder dekomprimierten Daten möglichst gut ist. Ein entsprechender Algorithmus sollte durch seine eigene Komplexität und Verarbeitungszeit die Datenübertragung geringfügig belasten.

World Wide Web als virtuelle Maschine: Mit Maschinen wird traditionell immer noch die Vorstellung von einem überschaubaren Baukasten verbunden. Tatsächlich ist das World Wide Web (WWW) eine einzige gigantische virtuelle Maschine. Virtuelle Maschinen sind von einzelnen Computergeräten bekannt. Unabhängig von jedem Benutzerprogramm wiederholen sich bestimmte Tätigkeiten, damit der Computer überhaupt betriebsbereit ist. Dazu gehören Eingeben von Daten und Programmen, Steuerung des Datenflusses in CPU und Speicher, Ausgabe von Daten und anderen Routinetätigkeiten, die in der physikalischen Maschine (Hardware) geregelt werden müssen. Entsprechende Programme sind die Betriebssysteme. Der Benutzer nimmt daher die physikalische Maschine des Computers nur durch das Programm des Betriebssystems wahr. Daher werden Betriebssystem und Hardware als «virtuelle Maschine» zusammengefasst (Abb. 30a).

Anwendungsprogramme in unterschiedlichen Programmiersprachen erfordern spezifische Compiler und Interpreter, um einen Computer arbeiten zu lassen. Diese mangelnde Übertragbarkeit (Portabilität) wurde in den weltweiten Computernetzen zu einem grund-

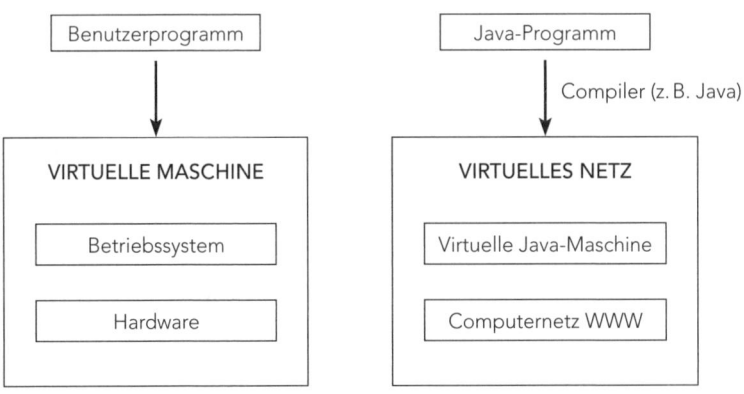

Abb. 30: Virtuelle Maschine eines Computers (a) und des World Wide Web (b)

legenden Problem. Wie sollte sich der Leibnizsche Traum einer universellen formalen Sprache zur Darstellung des menschlichen Wissens in Computernetzen mit unterschiedlicher Hardware und unterschiedlichen Betriebssystemen verwirklichen lassen? Das war der Ansatz der Programmiersprache Java, die 1990 von der Firma Sun Microsystems entwickelt wurde.

Java ist ein Beispiel für eine objektorientierte Programmiersprache, die in einzelne Bausteine («Klassen») von überschaubaren Bauplänen modularisiert ist.[7] Warum kann aber ein Java-Programm überall im Computernetz des World Wide Web verstanden werden, unabhängig von der unterschiedlichen Hardware der Computer mit ihren verschiedenen Betriebssystemen? Was macht die weltweite Portabilität von Java aus? Jedes Java-Programm wird zunächst in den gemeinsamen Maschinencode einer abstrakten universellen Maschine übersetzt, der überall im Netz verstanden wird. Der Benutzer nimmt das Computernetz nur über diese virtuelle Java-Maschine wahr (Abb. 30b). Das Netz ist für ihn eine einzige virtuelle Maschine, die logisch-mathematisch eine universelle Turingmaschine realisiert.

Mobilfunk und Kommunikationsnetze: Wir Menschen bestehen nicht nur aus virtuellem Bewusstsein, sondern sind aus Fleisch und Blut in der Evolution entstanden, um die Dinge dieser Welt berühren, fühlen und in die Hand nehmen zu können. Wir sind mobil und erfreuen uns unserer Beweglichkeit, solange es die Natur erlaubt. Vor allem sind wir aber soziale und kommunikative Wesen, die sich spontan und unmittelbar ohne technischen Aufwand mit unseren Artgenossen überall und zu jeder Zeit unterhalten wollen. Die massenhafte Verbreitung des Mobilfunks ist die technische Reaktion auf dieses natürliche Bedürfnis der Menschen nach Mobilität und Kommunikation. PCs und Laptops haben trotz des Internetbooms in den 1990er-Jahren längst nicht alle erreicht, aber Handys und Smartphones fast jeden von Kindesbeinen an. Sie machen für jedermann die mobile Kommunikation überall zu jeder Zeit preiswert (wenigstens in der Anschaffung) möglich.

Mooresches Gesetz: Diese Entwicklung setzt sich im Trend zu immer kleineren, leistungsstärkeren und preisgünstigeren Technologien fort. Bereits Mitte der 1960er Jahre sagte Gordon E. Moore, Erfinder des integrierten Schaltkreises und Mitbegründer der Firma Intel, richtig voraus, dass sich etwa alle 18 Monate Prozessorgeschwindigkeit und Speicherkapazität (bei gleichem Preis) verdoppeln würden (Moores Gesetz). Mit immer kleineren und leistungsfähigeren Geräten, die telematisch über Sensoren miteinander verbunden sind, wird die Materialforschung in besonderer Weise herausgefordert. Neue Materialien der Informations- und Kommunikationstechnik werden notwendig, die kleinere Kondensatoren höherer Kapazität, bessere Energiespeicherung und Energiegewinnung, schließlich höhere Speicherdichte von Information ermöglichen. Die Gesetze der Quantenmechanik werden zwar irgendwann das exponentielle Wachstum zur Abflachung bringen. Mit Quantencomputing kleinster Materialeinheiten wäre andererseits aber auch eine ultimative Effizienz erreicht.

Unübersehbar sind also die technischen Trends, die mit Steigerung der Rechenleistung und Kommunikationsgeschwindigkeit, Verbesserung des Energieverbrauchs und der Batterietechnik, Miniaturisierung der Geräte und Verfeinerung der Display- und Sensortechnik verbunden sind. Erst unter diesen Voraussetzungen kann die geballte Konzentration von intelligenten Funktionen eines Computers im Netz mit vielen kleinen Endgeräten für unterschiedliche Zwecke verteilt werden. Hinzu kommen neue telematische Verfahren der Ortslokalisierung in GPS (Global Positioning System)-Netzen. Das Internet wird mit der Satellitentechnik verbunden und verstärkt den Trend zu einer telematisch vernetzten Gesellschaft.

Ubiquitous Computing: Ende der 1980er Jahre prophezeite Mark Weiser von der Firma Xerox den Trend zu einer telematisch vernetzten Gesellschaft, in der eine Vielzahl von einfachen Endgeräten den Alltag der Menschen unterstützt.[8] Er prägte dafür die Bezeichnung vom Ubiquitous Computing. Gelegentlich ist auch vom Pervasive (allgegenwärtigen) Computing die Rede. Informations- und Kommunikationstechnologie ist aber erst dann ubiquitär (d. h. überall verbreitet), wenn ihre Abhängigkeit von Standardrechnern wie PCs und Laptops überwunden wird und die gebündelten Funktionen eines Computers in die eigentlichen Anwendungen zurückverlagert werden.

Rechenleistung steckt dann weniger hoch konzentriert in einem Gerät, sondern in der Vernetzung einer Infrastruktur von verschiedenen Geräten, die eine intelligente Nutzerumgebung schaffen. Intelligente Funktionen entstehen daher in der Interaktion dieser Umgebung mit dem Menschen. Unterhalb der Leistung eines PCs verbreiten sich mittlerweile Smart Devices mit geringem Energieverbrauch in intelligenten Umgebungen unseres Alltags. Beispiele sind Tabs, Pads und Boards: zentimetergroße Geräte für kurze Nachrichten, Folien in der Größenordnung von Papierseiten, handliche E-Bücher oder E-Zeitungen und Displays in der Größe von Tafeln oder Pinnwänden. Diese Tabs, Pads und Boards signalisieren das Zeitalter von Ubiquitous Computing.

Von Virtual Reality zu Augmented Reality: Smart Devices sind winzige intelligente Mikroprozessoren, die in Weckern, Mikrowellenöfen, Fernsehgeräten, Stereoanlagen oder Kinderspielzeug eingebaut werden. Über Sensoren können sie untereinander oder mit uns telematisch kommunizieren. Sie benötigen kein Computerinterface mit Maus und Keyboard, sondern nur eine geeignete Benutzeroberfläche für den jeweiligen Zweck, wie wir ihn von Alltagsgegenständen gewohnt sind. Diese Interaktion nennen wir Internet der Dinge. Als Information Appliances werden Smart Devices in Arbeits- und Wohnumgebungen eingebettet. Die Rede ist bereits von intelligenten Haushalten, Büros und Autos. Daher erzeugen Information Appliances keine virtuelle Realität (Virtual Reality) im Computer, sondern erweitern die Möglichkeiten unserer physischen Alltagsgegenstände (Augmented Reality). AR (Augmented Reality)-Systeme erzeugen eine virtuell erweiterte physische Realität.

Cyberphysical Systems und Big Data: Klassische Computersysteme zeichneten sich durch eine strikte Trennung von physischer und virtueller Welt aus. Steuerungssysteme der Mechatronik, die z. B. in modernen Fahrzeugen und Flugzeugen eingebaut sind und aus einer Vielzahl von Sensoren und Aktoren bestehen, entsprechen diesem Bild nicht mehr. Diese Systeme erkennen ihre physische Umgebung, verarbeiten diese Informationen und können die physische Umwelt auch koordiniert beeinflussen.[9] Der nächste Entwicklungsschritt der mechatronischen Systeme sind die «Cyberphysical Systems» (CPS), die sich nicht nur durch eine starke Kopplung von physischem Anwendungsmodell und dem Computer-Steuerungsmodell auszeichnen, sondern auch in die Arbeits- und Alltagsumgebung eingebettet sind (z. B. integrierte intelligente Energieversorgungssysteme von Ländern und Erdteilen).[10]

Durch die vernetzte Einbettung in Systemumgebungen gehen CPS-Systeme über isolierte mechatronische Systeme hinaus. CPS-Systeme bestehen aus vielen vernetzten Komponenten, die sich selbstständig untereinander für eine gemeinsame Aufgabe koordinieren. Sie sind damit auch mehr als die Summe der vielen unterschiedlichen smarten Kleingeräte im Ubiquitous Computing, da sie Gesamtsysteme aus vielen intelligenten Teilsystemen mit integrierenden Funktionen für bestimmte Ziele und Aufgaben (z. B. effiziente Energieversorgung) realisieren.[11] Dadurch werden intelligente Funktionen von den einzelnen Teilsystemen auf die externe Umgebung des Gesamtsystems ausgeweitet. Wie das Internet werden CBS zu gigantischen Maschinen, die aber neben den Informationsflüssen zusätzlich (wie mechatronische Systeme und Organismen) noch Energie-, Material- und Stoffwechselflüsse integrieren.

Historisch entstand die CPS-Forschung aus dem Arbeitsgebiet der «Eingebetteten Systeme» und Mechatronik.[12] Die Einbettung von Informations- und Kommunikationssystemen in Arbeits- und Alltagsumgebungen führte zu neuen Leistungsforderungen wie Fehlertoleranz, Verlässlichkeit, Ausfall- und Zugriffsicherheit bei gleichzeitiger Realisierung in Echtzeit. Allerdings machten sich bei der Einbettung entsprechender Kontrollprozesse zunehmend Schwachpunkte bemerkbar. Beispiele sind automatische Verkehrssysteme für Stauvermeidungen und die Harmonisierung individueller Fahrzeiten mit wirtschaftlich und ökologisch effizienten Lösungen.[13] Ebenso schwierig erwies sich die Versorgung von durch Batterien angetriebenen Elektroautos über regenerative Energieumwandlungsanlagen wie Solarzellen oder Windräder. Dazu gehören auch erneuerbare Energien, die als hinreichend verlässliche und kostengünstige Alternative oder Reserveenergie für Versorgungsnetze zur Verfügung gestellt werden.

In diesen immer komplexeren Anwendungen werden hohe Anpassungsfähigkeit von Systemsteuerung und Systemarchitektur, dynamisches Prozessverhalten, schnelle Überwindung bzw. Reparatur von Ausfällen, Erweiterung und Vergrößerung des Systems verlangt. Das Haupthindernis zur Realisierung dieser Forderungen war früher der Versuch, das gesamte System zentral zu steuern. Die Auswertung der globalen Informationen dauerte einfach zu lange, um entsprechende Steuerungsmaßnahmen einleiten zu können. So sind beispielsweise große Transportsysteme hochdynamisch. Selbst wenn Staumeldungen alle zwei Minuten verbreitet würden, könnten sie nicht schnell genug ausgewertet werden, um sich den entstehenden Verkehrssituationen anzupassen. Als Konsequenz berechnen in LKWs die Navigationsinstrumente individuell ihre Ausweichrouten. Da jedoch alle Geräte den gleichen statischen Algorithmus benutzen, geraten bei hohen Verkehrsaufkommen alle Fahrzeuge zur Stauumgehung auf dieselbe Umleitung und vergrößern damit das Chaos.

CPS zielen daher darauf ab, Steuerungsprozesse und Informationsflüsse auf die physischen Prozesse ihrer Anwendungen abzustimmen,[14] wie es die Evolution bei der Entwicklung ihrer Organismen und Populationen geschafft hat. Top-down-Strukturen der Software, die den physischen Prozessen quasi «von oben» aufgestülpt werden, sind keine Lösung. Verteilte Kontrolle, Bottom-up-Management für geschichtete Kontrollstrukturen, hoch-autonome Software-Prozesse und verteilte Lernstrategien für Agenten lauten die Benchmarks.[15]

Smart Grids und Big Data: Ein erstes Beispiel sind intelligente Stromnetze («smart grids»), die neben dem herkömmlichen Stromtransport auch Datenkommunikation erlauben, um den Anforderungen für einen hochkomplexen Netzbetrieb zu genügen. Der Trend geht zu globalen und länderübergreifenden Netzstrukturen wie dem Internet, in dem Blockheizkraftwerke zur Erzeugung von Strom aus fossiler Primärenergie ebenso vertreten sind wie erneuerbare Quellen mit Photovoltaikanlagen, Windkraftanlagen, Biogasanlagen. Verbraucher wie z. B. Wohnhäuser oder Büroanlagen können mit Voltaikanlagen zugleich lokale Stromerzeuger sein, die sich selbst oder ihre Umgebung mit Energie versorgen.[16] Diese Wohnanlagen realisieren also das Prinzip der lokalen Aktivität, wonach der Input aus einer häuslichen

Energiequelle in die Netzumgebung geleitet wird und zu globalen Verteilungsmustern beiträgt.

Smart Grids mit integrierten Kommunikationssystemen realisieren also eine dynamisch geregelte Energieversorgung.[17] Sie sind ein Beispiel für die Entwicklung großer und komplexer Realzeitsysteme nach den Prinzipien von Cyberphysical Systems. Die Reserveenergie zum Ausgleich von kurzfristigen Lastenspitzen oder Spannungseinbrüchen wird traditionell zentral von Großkraftwerken vorgehalten. Es kommt darauf an, die Gesamtenergie im Netz intelligent, flexibel und bedarfsgerecht umzuschichten. Das Hauptproblem bei Umstellung auf erneuerbare Energien liegt in der großen Zahl von Rand- und Nebenbedingungen, die mit dem funktionalen Betrieb ebenso zu tun haben wie mit Fragen der Sicherheit, Verlässlichkeit, zeitlichen Verfügbarkeit, Fehlertoleranz und Anpassungsfähigkeit.

Cloud Computing und Big Data: Cyberphysical Systems mit dezentralen und Bottom-up-Strukturen sind daher die Antwort auf die zunehmende Komplexität unserer Versorgungs- und Kommunikationssysteme. Entscheidend ist dabei die Organisation von Datenströmen, die wie im Nervensystem eines Organismus die Energieversorgung lenken. In der IT-Welt spricht man von der «Cloud» (Wolke), wenn Daten nicht mehr im häuslichen Computer, sondern im Netz gespeichert sind. Die Cloud ist dann ein virtueller Netzspeicher für Big Data. Das Netz selber ist letztlich eine universelle Turingmaschine, in der die Datenverarbeitung vieler Computer erfasst ist.

Nach der Churchschen These kann effektive Datenverarbeitung in verschiedener Weise realisiert werden, wenn sie mathematisch mit einer Turingmaschine äquivalent ist. Von zellulären Automaten über neuronale Netze bis zum Internet entstehen in Natur und Technik Netzstrukturen, in denen die Elemente komplexer Systeme nach lokalen Regeln wechselwirken. Lokal aktive Zellen, Neuronen, Transistoren und Netzknoten erzeugen komplexe Muster und Strukturen, die mit kollektiven Leistungen des Systems verbunden sind – von Lebensfunktionen in Organismen über kognitive Leistungen des Gehirns und Schwarmintelligenz von Populationen bis zur Organisation technischer Infrastrukturen wie das Energiesystem. Um die

Berechenbarkeit dieser Systeme zu beherrschen, müssen wir die Mathematik der Netze kennen.

Mathematik komplexer Netze: Komplexe Netzwerke ohne erkennbare Muster werden als Zufallsgraphen bezeichnet. Sie beginnen mit N Knoten und verbinden jedes Knotenpaar mit einer Wahrscheinlichkeit p. Dadurch entsteht ein Graph mit ca. $pN(N-1)/2$ zufällig verteilten Kanten. In vielen Netzen gibt es trotz ihrer Größe relativ kurze Verbindungswege zwischen zwei Kanten («small worlds»). In komplexen Netzwerken, z. B. molekularen, zellulären, sozialen oder technischen, entdeckt man häufig Muster von z. B. molekularen Clustern, zellulären Verbänden, sozialen Gruppen, Schaltdiagrammen oder drahtlosen Verbindungsmustern. Sie wurden in der biologischen, sozialen und technischen Evolution meistens als stabile Strukturen selektiert, die mit biologischen, sozialen oder technischen Regulations-, Kontroll-, Versorgungs- oder Kommunikationsfunktionen verbunden sind. Proteinnetzwerke mit ihren integrierten Kontroll-, Versorgungs- und Informationssystemen sind Beispiele von Cyberphysical Systems, wie sie ebenso in sozialen und technischen Netzwerken der Gesellschaft vorliegen.

Mathematisch wird die Strukturierung von Netzwerken durch Clusterkoeffizienten und Gradverteilungen der Knotenverbindungen beschrieben. Es verwundert nicht, dass Gen- und Proteinnetzwerke, Cyberphysical Systems und das Internet durch Gradverteilungen mit Potenzgesetzen charakterisierbar sind. Das World Wide Web ist das größte Informationsnetzwerk mit Webseiten als Knoten und Hyperlinks als Kanten. Die gerichteten Kanten sind durch zwei Gradverteilungen für raus- und reingehende Verbindungen mit Potenzgesetz bestimmt, d. h. $P_{out}(k) \sim k^{-\gamma_{out}}$ und $P_{in}(k) \sim k^{-\gamma_{in}}$.[18] Potenzgesetze sind skaleninvariant. Daher bleiben Strukturen und Muster der Netze auch unverändert, wenn ihre Dimensionen verändert werden. Wir finden sie daher ebenso innerhalb einer Zelle bei einem Proteinnetz wie im Gehirn bei einem Nervennetz oder im World Wide Web. In der Evolution erweisen sie sich als robust und erhalten damit ihre Funktionen, wenn kleine Veränderungen z. B. durch zufällige Mutationen eintreten.

Komplexitätsgrade von Signalmustern: Informationsnetze jeglicher Art von Gen- und Proteinnetzen über zelluläre Organe und Organismen bis zu Cyberphysical Systems in der menschlichen Gesellschaft senden messbare Zeitreihen von Signalmustern aus, die Rückschlüsse auf universale Strukturen und Funktionsabläufe in den Netzwerken zulassen. Allgemein zeigt sich eine Hierarchie von Signalmustern, die in ihrem Spektrum sichtbar wird. Die Variabilität eines Signals bezogen auf seine periodischen Komponenten wird durch sein Spektrum gemessen. Das Spektrum der Signale ist näherungsweise proportional zu $1/f^b$ mit einem Exponenten $b > 0$, d. h. es variiert umgekehrt proportional zu einer Potenz der Frequenz. In diesen Fällen spricht man auch von $1/f$-Rauschen.[19] So lassen sich Signalmuster mit Spektren für weißes Rauschen ($b = 0$) und rosa Rauschen ($b = 1$) unterscheiden. Die Variationsbreite zwischen $b = 1$ und $b = 3$ wird meistens als rotes Rauschen bezeichnet. Im Fall von $b = 3$ spricht man vom schwarzen Rauschen. Der Grad der Irregularität der Signale nimmt offenbar mit wachsendem Exponenten b ab (Abb. 31).

Im Fall von weißem Rauschen ($b = 0$) ist jede Art von Muster zer-

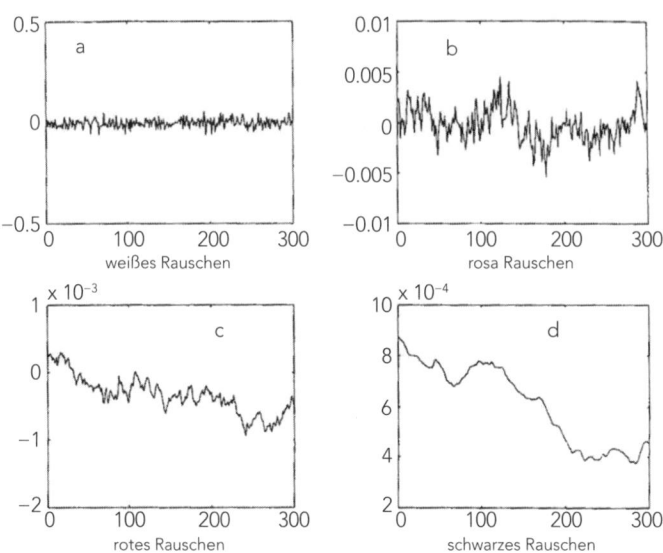

Abb. 31: Komplexitätsgrade von Signalmustern[20]

fallen. Alle Signale sind unabhängig wie die Ergebnisse beim fairen Münzwurf oder die Zufallspfade der Brownschen Bewegung. Sie bilden ein Muster von gleichmäßig verteilten Zufallsänderungen, die mathematisch einer Gaußschen Normalverteilung entsprechen. Beim rosa Rauschen ($b = 1$) treten abrupte Ausreißer aus der Normalverteilung auf. Die fraktalen Signalreihen beim roten Rauschen ($b = 2$) zeigen langfristige Korrelationen der Ereignisse, die auf ein Langzeitgedächtnis der Vergangenheit schließen lassen. Fluktuationen in jedem Zeitintervall sind nämlich mit Änderungen in einem vorausgehenden und sich nicht überschneidenden Intervall korreliert. Obwohl diese Signalreihen beträchtliche Variabilität aufweisen, besitzen sie offenbar auch redundante Züge und einen Kern von Ordnung. Für $b > 2$ lassen sich nachhaltige Korrelationen nachweisen, bei denen sich Abwärts- oder Aufwärtstrends der Signalreihen erhalten. Langen Rhythmen eines Intervalls folgt häufig ein Intervall derselben Länge mit einem anderen Rhythmus. Für Rauschen der Signalmuster mit $b < 2$ geht die Nachhaltigkeit verloren.

Das Spektrum einer Zeitreihe von Signalen wird laufend kleiner, wenn ihre Frequenz wächst. Daraus ergibt sich, dass Fluktuationen von großen Amplituden mit Oszillationen langer Wellenlängen und niedriger Frequenz verbunden sind. Umgekehrt entsprechen kleinen Fluktuationen Zyklen mit kurzer Wellenlänge und hoher Frequenz. Zeitreihen mit rosa Rauschen ($b = 1$) weisen bemerkenswerte Fraktalität mit selbstähnlichen Mustern auf, die skaleninvariant auftreten.

$1/f^b$-Spektren liefern die Raster, um die verschiedenen Formen der Signalmuster komplexer Netzwerke zu unterscheiden.[21] Signalmuster von subzellulären Gen- und Proteinnetzen sind ebenso analysierbar wie das Rauschen elektronischer Nachrichten in weltweiten Versorgungs- und Kommunikationssystemen. Diese Signale können Hinweise auf sich selbst organisierende Strukturen, Langzeittrends und Inseln der Ordnung in einem Meer von Zufallsrauschen sein. Ihre Zeitreihenanalysen lassen sich auf alle Arten von komplexen Netzwerken anwenden: Signalreihen von Gen- und Proteinnetzen, EKG-Daten des Herzens, EEG-Daten des Gehirns, Signalreihen von Energieversorgungssystemen mit Smart Grids oder Börsenreihen von Finanzmärkten. Zeitreihenanalysen lassen nicht nur Rückschlüsse auf die komple-

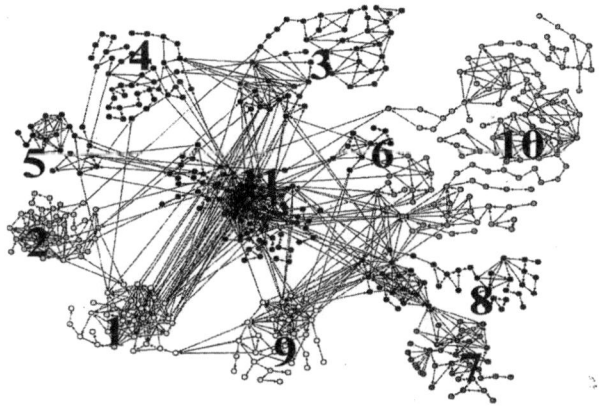

Abb. 32: Komplexes Proteinnetz in einer Zelle (E.Coli-Bakterium)[22]

xen Netzstrukturen zu, die dem Signalrauschen zugrunde liegen. Sie können auch als Frühwarnsysteme dienen, um rechtzeitig Veränderungen der Systeme zu signalisieren.

Evolution von Versorgungs-, Kontroll- und Informationssystemen:
In der Evolution entstanden Cyberphysical Systems zunächst als subzelluläre Versorgungs-, Kontroll- und Informationssysteme in komplexen Gen- und Proteinnetzwerken (Abb. 32). Mit Nervenzellen entwickelten sich schließlich zelluläre Informations-, Kontroll- und Versorgungssysteme auf der Grundlage neurochemischer Signalverarbeitung. Ameisenpopulationen sind dafür ebenso Beispiele wie menschliche Gehirne und Cyberphysical Systems der menschlichen Gesellschaft.

In der Evolution entwickelten sich effektive Informations- und Versorgungsverfahren ohne symbolische Repräsentation in Computermodellen. Subzelluläre, zelluläre und neuronale Selbstorganisation erzeugten die dazu passenden komplexen Netzwerke. Sie erweisen sich jedoch als äquivalent mit komplexen Systemen, deren Entwicklungsdynamik mathematisch durch nichtlineare Differentialgleichungen repräsentiert werden kann. Dynamische Systeme und ihre Differentialgleichungen können im Prinzip auch durch Computermodelle simuliert werden. Ein Beispiel sind zelluläre Automaten oder neuronale Netzwerke mit deterministischen oder probabilistischen Algorithmen.

Vereinigte Theorie komplexer Netzwerke: Hier wird eine sehr tiefliegende Äquivalenz evolutionärer, mathematischer und technischer Verfahren deutlich, die wieder auf die Churchsche These und die Zuse-Fredkin-Hypothese verweist: Nicht nur effektive Verfahren mit mathematischen Symbolen sind durch Computermodelle im Sinne einer (universellen) Turingmaschine repräsentierbar, sondern auch atomar, molekular und zellulär verschlüsselte effektive Verfahren der Natur. Wenn das zutrifft, dann eröffnet uns die Erfindung des Computers eine grundlegende Einsicht, die in ihrer Tragweite zunächst nicht absehbar war: Alle effektiven dynamischen Prozesse sind auf einem (universellen) Computer modellierbar. Das wäre der Kern einer vereinigten Theorie komplexer Netzwerke. Die symbolischen Codes im Computer wären nur unsere Art der Informationsverarbeitung, die atomare, molekulare, zelluläre und evolutionäre Prozesse repräsentieren.

Grade der Berechenbarkeit und Orakelmaschinen: Dabei lassen sich Grade der Berechenbarkeit unterscheiden: So benutzt eine nichtdeterministische Turingmaschine bei einer Berechnung neben den üblichen effektiv berechenbaren Elementaroperationen auch Zufallsentscheidungen. Wie wir bereits mehrfach ausgeführt haben, wird bei einer ψ-Orakelmaschine neben den Befehlen einer (deterministischen) Turingmaschine noch eine Operation ψ zugelassen (z. B. «Ersetze den Zahlenwert x durch $\psi(x)$»), von der wir nicht wissen, ob sie berechenbar ist. Die Berechnung ist dann von dem «Orakel» ψ abhängig. Ein Beispiel in der Natur wäre eine Mutation als Zufallsveränderung in der effektiven Verarbeitung einer DNA-Information. Man spricht dann von relativer Berechenbarkeit: Eine Funktion ist berechenbar relativ zu ψ, wenn sie durch eine ψ-Orakelmaschine berechenbar ist. Entsprechend lässt sich eine relativierte Version der Churchschen These formulieren: Alle relativ zu ψ effektiven Prozesse sind durch eine (universelle) ψ-Orakel-Turingmaschine simulierbar (vgl. Kap. 4).[23]

Komplexität und logische Tiefe: Einige mathematische und natürliche Objekte wie z. B. eine Folge von Nullen oder ein perfektes Kristall sind intuitiv einfach, andere Objekte wie der menschliche Organismus oder die Ziffernfolge einer zufälligen Dezimalbruchentwicklung wie z. B. 0,523976... haben offenbar eine nichttriviale Entwicklungsgeschichte. Die Komplexität dieser Objekte lässt sich durch ihre logische Tiefe präzisieren, d. h. die Rechenzeit, mit der eine universelle Turingmaschine ihren Entwicklungsprozess aus einem algorithmisch zufälligen Input erzeugen kann. Rechenzeit ist dabei kein physikalisches Zeitmaß, sondern ein logisch-mathematisches Komplexitätsmaß, das die Anzahl der elementaren Rechenoperationen einer Turingmaschine in Abhängigkeit vom Input bestimmt. Bei natürlichen Objekten entspricht der algorithmisch zufällige Input den mehr oder weniger zufälligen Ausgangsdaten der Evolution. Diese Definition der Komplexität durch logische Tiefe des Entstehungsprozesses ist also unabhängig vom jeweiligen technischen Standard einer Rechenmaschine. Es lässt sich zeigen,[24] dass (komplexe) Objekte mit logischer Tiefe aus einfachen Objekten nicht «schnell» erzeugt werden können – weder mit einem deterministischen noch mit einem probabilistischen Prozess. Dieser Beweis bestätigt theoretisch unsere empirischen Kenntnisse über die Evolution des Lebens, deren komplexe Organismen über viele verwickelte und mehr oder weniger zufällige Phasenübergänge entstanden sind.

Die Übertragung der logischen Tiefe auf die physikalische und evolutionäre Komplexität des Lebens beruht auf der Annahme der Zuse-Fredkin-Hypothese, wonach sich Entwicklungs- und Entstehungsprozesse in der Natur durch Computermodelle und damit Turingmaschinen mit angemessener Effizienz simulieren lassen. Digitale Maschinen können zwar keine stetigen Differentialgleichungen dynamischer Systeme exakt lösen. (Gelegentlich ist auch der Begriff der Berechenbarkeit für stetige Systemgesetze nicht hinreichend robust, da eine berechenbare differenzierbare Funktion eine nicht berechenbare Ableitung haben kann.) Aber digitale Rechenverfahren können dynamische Prozesse durchaus mit endlicher Präzision approximieren. Selbst für stochastische Phasenübergänge, wie sie typischerweise bei komplexen dynamischen Systemen auftreten und mathematisch durch stochastische Differentialgleichungen (z. B. Mastergleichungen) beschrieben werden, sind diskrete stochastische Modelle bekannt, die auf Computern simulierbar sind.

Da Computerprogramme von Menschen ersonnen sind und für Menschen verständlich sein müssen, werden sie mit Symbolen von Programmiersprachen dargestellt. Das ist aber nur eine spezielle Codierung von Information in technischen Systemen. In biologischen intelligenten Systemen ist eine solche Zwischenrepräsentation mit Sprachsymbolen nicht notwendig, da Informationen durch molekulare und zelluläre Wechselwirkungen verschlüsselt und verstanden werden. Der neurochemische Signalaustausch der Organismen und Neuronen organisiert sich nach den nichtlinearen Gesetzen komplexer dynamischer Systeme. Aus den einzelnen Signalen der Organismen in Populationen oder der Neuronen in Gehirnen sind die intelligenten Leistungen des Gesamtsystems nicht erkennbar. So lässt sich auch aus den elektrischen Impulsen und Spannungszuständen eines Computers seine Verarbeitung von Daten, Information und Wissen nicht ablesen. Dazu sind Übersetzungsprogramme über mehrere Schichten von der Informations- und Wissensrepräsentation bis zur Maschinensprache notwendig, die den technisch-physikalischen Signalen entspricht.[25]

Smart Cities und Big Data: Globale Urbanisierung ist eine Herausforderung des 21. Jahrhunderts. Wegen des gewaltigen Datenaufkommens ist eine Stadt als Knotenpunkt menschlichen Lebens auf intelligente Technologien für effiziente und vernetzte Infrastrukturen angewiesen. Von Bürgerservice, Wohnen und Mobilität über Bildung, Energie- und Gesundheitswesen bis zur öffentlichen Sicherheit reichen die Anwendungsfelder smarter Technologien.

Wie bereits erläutert wurde, führen viele dezentrale Stromversorger aus fossilen Primärenergien und erneuerbaren Energien (z. B. Photovoltaik, Windkraft, Biogas) zu komplexen Netzen. Um die Steuerung, Lastenverteilung, Speicherung und Erzeugung elektrischer Energie ganzheitlich zu organisieren, bedarf es intelligenter Informationssysteme. Bei Smart Grids gehen Energiesystem und Informations- und Kommunikationssysteme eine Symbiose ein. Wohn- und Bürohäuser sind zugleich Verbraucher und Produzenten von Energie

(z. B. kleine Sonnenkraftwerke). Große Solaranlagen (z. B. Desertec) oder Windräderparks sind ohne Smart Grids nicht denkbar. Klassische Computersysteme trennen physische und virtuelle Welt. Cyberphysical Systems (CPS) erkennen mit Sensoren ihre physische Umgebung, verarbeiten diese Informationen und können die physische Umwelt mit Aktoren auch koordiniert beeinflussen. CPS bestehen aus vielen vernetzten Komponenten, die sich selbstständig untereinander koordinieren. Nur so wird sich die komplexe Infrastruktur von Metropolen mit z. B. Energieversorgung, Logistik, Gesundheitsfürsorge, Medizintechnik, Verkehr, Transport und Luftfahrt bewältigen lassen.

Cyberphysical Systems realisieren soziotechnische Systeme: Entscheidend ist dabei, dass Computernetze in die Infrastrukturen der Gesellschaft integriert sind und soziale, ökonomische und ökologische Faktoren berücksichtigt werden. IT-gestützte soziotechnische Systeme ermöglichen damit Dienstleistung am Menschen. Sie sind mit ihrer Umwelt vernetzt (z. B. Internet), robust gegen Störungen, passen sich an und reagieren sensibel auf Veränderungen (Resilienz). Anwendungen finden sich bereits am Arbeitsplatz, im Haushalt, bei der Alten- und Krankenpflege, in Verkehrssystemen und der Luftfahrt.

Cyberphysical Systems sind komplexe Systeme, die technisch verschiedene Domänen integrieren müssen. Abb. 33 zeigt die verschiedenen Abstraktions- und Integrationsebenen, die zu berücksichtigen sind, wenn in einer Software z. B. die Infrastrukturen einer Fabrik, des Gesundheitswesens und des Verkehrssystems verbunden werden müssen.[26] Bei der Software eines Computers unterscheidet man die Nutzerebene von der Middleware mit Übersetzungsprogrammen in die Maschinensprache. Bei einem Cyberphysical System wird ein soziotechnisches System wie eine Stadt oder ein Flughafen als virtuelle Maschine verstanden. Da ist zunächst die Ebene der integrierten Kunden- und Nutzungsprozesse, auf der Kunden und Nutzer mit dem System kommunizieren und interagieren. Die Interoperabilität ist für den Nutzer sichtbar. Entsprechende Dienste werden auf der darunter liegenden Ebene nach Maßgabe des Nutzungsbedarfs integriert. Dann wird auf die domänenspezifischen Architekturen z. B.

Integrierte Kunden-
und Nutzungsprozesse

Nutzersichtbare
Interoperabilität

Dienstintegration
entsprechend
Nutzungsbedarf

Semantische
Ineroperabilität

Domänenspezifische
Architekturen
und Plattformen

Technische
Ineroperabilität

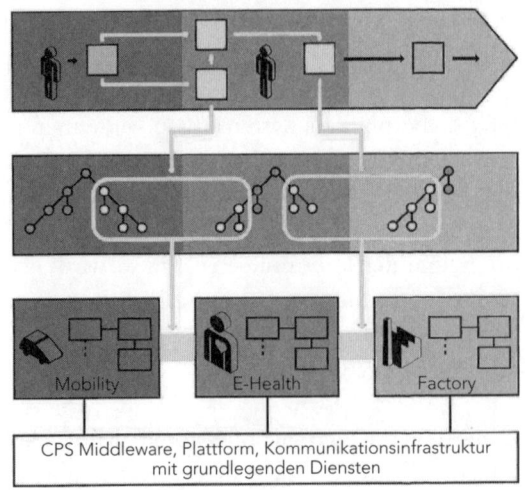

Abb. 33: Integrations- und Schichtenmodell eines Cyberphysical System

eines Verkehrssystems, des Gesundheitswesens und einer Industrie-
anlage zugegriffen.

Konkret können wir uns eine Stadtverwaltung vorstellen, die in
einer gemeinsamen Software abzubilden ist und das städtische Ver-
kehrssystem, Gesundheitswesen mit verschiedenen Behörden und
Industrieanlagen der städtischen Energieversorgung und Müllver-
brennungsanlagen berücksichtigen muss. Die bereitgestellte Interoperabilität der Dienste erhält damit konkrete Anwendungen (semantische Interoperabilität). Unterhalb der Ebene der domänenspezifischen
Architekturen und Plattformen folgt dann die technische Realisierung mit der Middleware des Cyberphysical System und schließlich
die Maschinenebene.

Modellierung von Informationsinfrastrukturen: Die Modellierung
von Informationsinfrastrukturen erfordert eine interdisziplinäre Ko-
operation der Technik-, Natur-, Sozial- und Humanwissenschaften
mit Physik, Maschinenbau, Elektrotechnik, Informatik, aber auch
Kognitionspsychologie, Kommunikationswissenschaft, Soziologie
und Philosophie (Abb. 34). Erforderlich sind Modelle des Wahrneh-

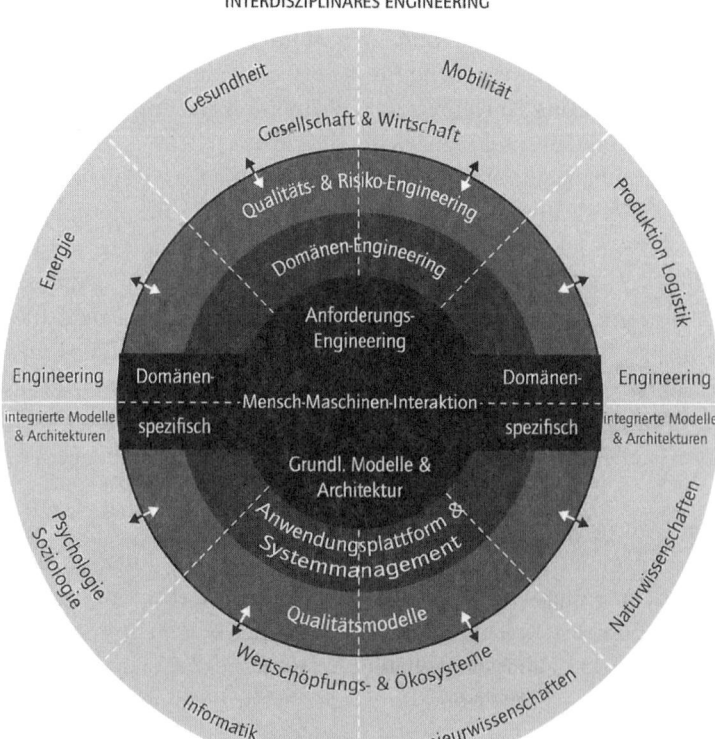

Abb. 34: Integrierte Modelle und Architekturen von komplexen soziotechnischen Systemen[27]

mens, der Integration, des Wissens, Denkens und Problemlösens bis hin zu System- und Netzwerkmodellen der Techniksoziologie und Technikphilosophie. Ziel ist ein integratives Human Factor Engineering von Informationsinfrastrukturen.

Human-centered Engineering zielt auf integrierte hybride System- und Architekturkonzepte für eine verteilte analoge/digitale Kontrolle und Steuerung, Mensch-Technik-Interaktion und integrierte Handlungsmodelle, soziotechnische Netzwerke und Interaktionsmo-

delle. Dazu bedarf es des schrittweisen Aufbaus von Referenzarchitek-
turen, Domänenmodelle und Anwendungsplattformen einzelner
Disziplinen als Voraussetzung für die bewusste Situations- und Kon-
textwahrnehmung, Interpretation, Prozessintegration und ein verlässliches Handeln und Steuern der Systeme.

Menschliche Einflussfaktoren («human factors») bei Informationsinfrastrukturen müssen fachübergreifend («interdisziplinär»)
erforscht werden – von klassischen Fragen der Ergonomie, der Integration von adaptiven und adaptierbaren Strukturen im Arbeitsab-
lauf und der entsprechenden Auswirkungen der Nachvollziehbarkeit
bis hin zu Problemen der Anpassung des sozialen Verhaltens unter
Einfluss der Nutzung entsprechender Systeme. Empfohlen wird einfache, robuste und intuitive Mensch-Maschine-Interaktion, trotz multi-
funktionaler und komplexer Dienste und Handlungsmöglichkeiten.[28]

Ethos von Informationsinfrastrukturen: Gefordert ist geradezu ein
Ethos für Entwickler von Informationsinfrastrukturen mit Sensibilität
für zunehmenden Kontrollverlust in offenen sozialen Umgebungen
mit komplex vernetzten und autonom interagierenden Systemen und
Akteuren sowie Verlässlichkeit und Vertrauen der Systeme hinsicht-
lich Safety, IT-Sicherheit und Privatsphäre. Die Benchmarks lauten:

- Leistung und Energieeffizienz (Umwelt)
- Know-how-Schutz in offenen Wertschöpfungsketten
- Abschätzung und Bewertung von ungewissen und verteilten
  Risiken
- Angemessenes und faires Verhalten bei Zielkonflikten ver-
  schiedener Teilsysteme
- Verbindlich auszuhandelnde Domänen- und Qualitätsmo-
  delle, Regeln und Policies (z. B. Compliance).

Cyberphysical Systems entwickeln sich auf dem Hintergrund einer
sich verändernden Gesellschaft: Informationsinfrastrukturen verändern Demokratien. Durch digitale Kommunikation können sich
Bürgerinnen und Bürger schneller informieren. Veränderungen der
Gesellschaft, die neue soziotechnische Systeme nach sich ziehen
könnten, führen zu einer deutlich gestiegenen Aufmerksamkeit durch

zivilgesellschaftliche Organisationen, NGOs und der Öffentlichkeit. Aufgrund von Echtzeit-Informationen, höherer Reaktivität in zunehmender Netzdichte und damit verbundenen Kaskadeneffekte entstehen neue (»liquid«) Demokratieformen. Bessere und schnellere Information veranlasst Bürgerinnen und Bürger, stärkere Beteiligungen an Entscheidungen über die Einführung von soziotechnischen Systemen einzufordern. Dazu gehören Veränderungen rechtlicher Verfahren wie z. B. Planfeststellungsverfahren.

Informationsinfrastrukturen und Demokratie: Stärkere Beteiligung der Zivilgesellschaft entspricht der Forderung nach partizipativer Demokratie. Dazu müssen technische Lösungen ökologische, ökonomische und gesellschaftliche Dimensionen miteinbeziehen. Wir sprechen dann von nachhaltigen Innovationen. Trotz größerer Partizipation sollten soziotechnische Großprojekte realisierbar bleiben, um den Innovationsstandort nicht zu gefährden. Nachhaltige Innovationen sollten daher auch robust sein. Nachhaltige und robuste Innovationen machen die Zukunftsfähigkeit einer Gesellschaft erst möglich. In der Leibniz-Welt globaler Digitalisierung, Informations- und Wissensvermehrung schaffen nachhaltige Informationsinfrastrukturen erst die Voraussetzung für Innovationspotentiale der Gesellschaft. Dafür müssen integrative Forschungs- und Lehrzentren geschaffen werden, in denen Ingenieur- und Naturwissenschaften zusammen mit Human- und Sozialwissenschaften auf die Herausforderungen soziotechnischer Systeme vorbereiten.[29]

Kapitel 11

Berechenbarkeit von Risiken und Wahrscheinlichkeit

Berechnung und Technisierung der Gesellschaft sollen das Leben sicherer machen – ein alter Menschheitstraum. Als 1666 der Große Brand in London über 13 000 Gebäude vernichtet, erhält die Idee einer Feuerversicherung einen beträchtlichen Schub. Mit dem Lied «London's burning» hat sich diese Katastrophe bis heute in das Kollektivgedächtnis der Neuzeit eingebrannt. Die Neuzeit setzt aber auch auf Aufklärung und Berechenbarkeit. 1654 korrespondieren die französischen Mathematiker Blaise Pascal und Pierre de Fermat über die Berechnung von Glücksspielen: Ist der Zufall berechenbar? Wie lassen sich die Risiken des Lebens kalkulieren? Diese Fragen sollten zur Entwicklung der mathematischen Wahrscheinlichkeitstheorie führen. Die erste öffentlich-rechtliche Versicherung ist die 1676 errichtete Hamburger Feuerkasse. Der Philosoph und Mathematiker Leibniz schlägt die Gründung von Assekurationskassen gegen alle Zufälle des Lebens vor. In seiner Denkschrift von 1680 wird die Hamburger Feuerversicherung als Vorbild genannt.[1]

Leibniz über Risiken und Wahrscheinlichkeit: Wie ordnet Leibniz Risiken, Zufall und Wahrscheinlichkeit in seine digitale Automatenwelt ein?[2] Grundlegend ist seine Unterscheidung von notwendigen und kontingenten Wahrheiten.[3] Notwendig sind Wahrheiten, von denen bewiesen werden kann, dass die Annahme, ihre Falschheit sei möglich, zu einem Widerspruch führt, also dem Prinzip der Widerspruchsfreiheit widerspricht. Beispiele sind die Wahrheiten der Logik und Mathematik. Logisch-mathematisch widerspruchsfrei lassen sich auch die Gesetze möglicher Welten formulieren, die von der tatsächlichen Welt, in der wir leben, abweichen (z. B. mit anderen Fall- und Gravitationsgesetzen). Logisch-mathematische Wahrheiten spiegeln danach, wie es schon bei Galilei heißt, die möglichen Gedanken einer göttlichen Vernunft wieder. Leibniz bezeichnet sie daher auch als ewige Wahrheiten oder Vernunftwahrheiten («vérités de raison»).

Häufig können wir allerdings Tatsachen nur durch Beobachtung zur Kenntnis nehmen, ohne ihre Gründe vollständig zu kennen. Das liegt aber nur an der beschränkten Perspektive («point de vue») des Menschen. Im Prinzip geschieht nichts ohne Grund (lateinisch «nihil fit sine ratione»).[4] Um alle Gründe eines Ereignisses zu erkennen, müssten wir uns in ein unendliches Labyrinth von Kausalketten mit stetigen Veränderungen verlieren. Mit seiner Infinitesimalmathematik glaubt Leibniz gezeigt zu haben, dass solche infinitesimalen Analysen wenigstens in der Physik begrenzt möglich sind. Vollständig sind solche unendlichen Analysen aller noch so kleinen (infinitesimalen) Veränderungen von Ursachen und Wirkungen nur Gott möglich. Für ihn gibt es daher nur Vernunftwahrheiten. Mit einer endlichen Vernunft wie der des Menschen lassen sich kontingente Wahrheiten nie vollständig in notwendige Wahrheiten überführen.

Aus den alltäglichen Handlungen der Menschen kennt Leibniz das «außerordentliche Spiel des Zufalls» («jeu extraordinaire du hazard»), das uns «wider Wissen und Willen» begegnet. Als Diplomat an europäischen Fürstenhöfen beobachtet er die Spekulationen beim Glücksspiel mit Losen, Würfeln und Karten ebenso wie bei Verhandlungen und Kriegen. Zufälle im Sinne von absolut grundlosen Ereignissen sind für ihn zwar eine Chimäre: «Es gibt immer Gründe in der Natur, die die Ursache dessen bilden, was durch Zufall oder Los geschieht.»[5] Es stellt sich aber die Frage, ob zufällige Ereignisse wenigstens praktisch abschätzbar und berechenbar sind. Leibniz nimmt daher zwei Arten von Beweisen an, einmal diejenigen, die «eine Gewissheit hervorrufen, während die anderen nur bis zur Wahrscheinlichkeit reichen.»

Fairer Münzwurf und das Gesetz der großen Zahl: Es verwundert daher nicht, dass die ersten Ansätze einer mathematischen Theorie von Zufallsprozessen mit Untersuchungen von Glücksspielen beginnen. Spezielle Spielsituationen werden zu Gesetzmäßigkeiten verallgemeinert. In dem Zusammenhang sind besonders Jakob Bernoulli mit seiner «Ars conjectandi» (1712) und Abraham de Moivre «The Doctrine of Chances» (1738) zu nennen.[6] Der Zufall wird auf den einfachsten Fall eines Verfahrens zurückgeführt, das nur zwei alternativ mögliche Ergebnisse wie z.B. Kopf oder Zahl beim Münzwurf zulässt. Physikalisch ist ein solcher Vorgang durch viele Faktoren wie Wurfimpuls, Luftwiderstand, Winkel des Auftreffens, Ausführung der Münze etc. eindeutig determiniert. Mit subjektivem Zufall bezeichnet Jakob Bernoulli dabei die subjektive Unkenntnis, die ein Spieler in einer bestimmten Situation über den Ausgang seines Spiels haben mag. Für den objektiven Zufall wird von allen diesen Einflüssen abstrahiert und nur die mathematische Alternative von zwei möglichen Ergebnissen unterstellt, die vom Werfer einer idealen Münze nicht beeinflusst werden können. Grundlegend ist dabei die Annahme einer vollständigen Symmetrie mit nur zwei alternativen Möglichkeiten, d.h. jede Möglichkeit tritt mit einer Wahrscheinlichkeit 1 : 2 auf. Anschaulich spricht man dann auch von einem fairen Münzwurf. Analog wird beim fairen Würfelspiel von einem idealen Platonischen Körper mit vollständiger Symmetrie ausgegangen.

Offenbar realisiert das wiederholte Werfen einer fairen Münze einen Zufallsprozess. Bei einer Folge von Münzwürfen sollen die einzelnen Münzwürfe voneinander unabhängig sein, d.h. die Wahrscheinlichkeit für jede der alternativen Möglichkeiten bleibt konstant 1 : 2. In einzelnen Stichproben von endlich vielen Münzwürfen ist also die Verteilung der Ereignisse Kopf oder Zahl völlig zufällig. Vergrößert man aber die Stichproben immer stärker, so nähert sich das Verhältnis von z.B. Kopfwürfen zur Gesamtzahl der Würfe einer Stichprobe einer Grenze, die der Wahrscheinlichkeit für jeden unabhängigen Münzwurf, also dem Verhältnis 1 : 2 bzw. dem Bruch ½ entspricht. Da diese Entwicklung von immer größer werdenden Zahlen der Stichprobengröße abhängt, sprach man auch vom Gesetz der großen Zahl. Nach Bernoulli lässt sich das Gesetz der großen Zahl in folgender Form präzisieren: Unter einem Stichprobendurchschnitt verstehen wir die relative Häufigkeit r_n eines Ereignisses (z. B. Kopf) bei einer endlichen Anzahl n von Würfen, d. h. die Anzahl des Kopfbildes geteilt durch die Anzahl n der Münzwürfe. Mit wachsender Größe n der Stichprobe wächst die Wahrscheinlichkeit, dass der Stichprobendurchschnitt r_n des Kopfbildes von der Proportion 1 : 2 nicht mehr als ein beliebiges vorgegebenes Fehlerintervall abweicht.

Gaußsche Glockenkurve: Bei wiederholter Berechnung der Durchschnittsanzahl von Kopfbildern beobachtete Moivre, dass sich die meisten Stichprobendurchschnitte um ½ konzentrieren und der Rest sich mit wachsendem Abstand zu ½ immer dünner verteilt. Eine anschauliche graphische Darstellung dieses Sachverhalts liefert die nach Gauß benannte Verteilungskurve. Trägt man Stichprobendurchschnitte in einem Koordinatensystem mit variierendem Abstand zu ½ ab, so formen sie mit zunehmender Verfeinerung eine glockenförmige Kurve. In Abb. 35 sind 10 000 Stichprobendurchschnitte in kleinen Abschnitten entlang einer horizontalen Achse gruppiert. Die Höhe der schmalen Rechtecke über einem Abschnitt entspricht der Anzahl der Stichprobendurchschnitte, die innerhalb des angegebenen Intervalls auf der horizontalen Achse liegen. Mit wachsendem Abstand zu ½ nimmt die Höhe der Rechtecke ab. Darin zeigt sich, dass es immer weniger Stichprobendurchschnitte in größeren Abständen zur maximalen Höhe bei ½ gibt.

Moivre bemerkte weiter, dass die Streuung um den Wert ½ umgekehrt proportional zur Quadratwurzel aus der Stichprobengröße n

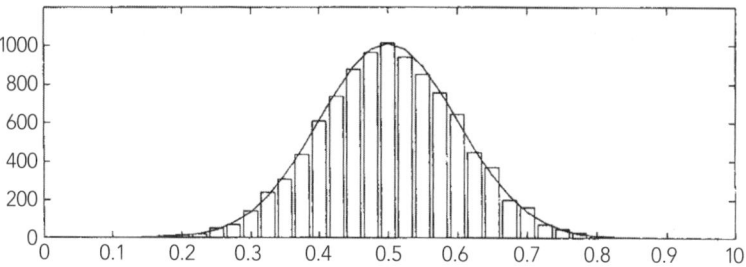

Abb. 35: Die Gaußsche Glockenkurve und das Gesetz der großen Zahl

abnimmt. Für wachsende Stichprobengrößen wird die Verteilung enger und der Gipfel bei ½ höher. Eine zentrale Anwendung fanden diese Veränderungen von Zufallsverteilungen in den Naturwissenschaften. Zufällige Messfehler haben nämlich die Eigenschaft, um den Mittelwert eine Gaußsche Verteilung aufzuweisen.[7] Daher sprechen wir auch von der Gaußschen Fehlerkurve. Wenn mit verschiedenen Messverfahren dieselbe Größe gemessen wird, streuen die Messwerte in der Form einer Glockenkurve um den Mittelwert. Je genauer aber die Messmethoden sind, desto geringer fallen die Streuungen um den Mittelwert aus und verändern die Breite und Höhe der Verteilungsglocke.

Normalverteilung und Big Data: Die Entdeckungen von Bernoulli und Moivre zeigten mit einem Mal, dass große Datenmassen von völlig zufälligen Einzelereignissen gemeinsame unzufällige Regelmäßigkeiten aufweisen können. Ihre Anwendung beschränkte sich keineswegs auf Spielsituationen und Fehlerrechnungen in den Naturwissenschaften. Seit Beginn der Industrialisierung Ende des 18. Jahrhunderts wurden große Datenmassen über die wachsende Bevölkerung, Industrie und Gesellschaft erfasst und katalogisiert. Das war die Geburtsstunde der Sozialstatistik. Überall glaubte man Verteilungsgesetze wie die Gaußsche Glockenkurve zu erkennen. So sind z. B. die Körpergröße oder das Gewicht einer Person zufällig, insgesamt aber zur Durchschnittsgröße oder zum Durchschnittsgewicht in der Bevölkerung nach der Gaußschen Kurve verteilt. Mit Blick auf solche «Normalgrößen» spricht man auch von einer «Normalverteilung». Was ist aber das «normale» Durchschnittsverhalten des «normalen» Durchschnittsbürgers? Aufgrund umfangreicher Geburts- und Sterbetafeln berechnen Versicherungsmathematiker seit dem 19. Jahrhundert die durchschnittliche Lebenserwartung der Menschen und unterstellen dabei Normalverteilung und das Gesetz der großen Zahl. Krankheiten und Erbanlagen wurden ebenfalls beliebte Anwendungsgebiete. Bis heute heiß diskutiert wird die Frage, ob auch Intelligenz nach dem IQ normalverteilt sei.

Eine Schlüsselrolle spielt der Astronom und Soziologe Lambert Adolphe L. Quételet, der 1835 erstmals vom «Durchschnittsmenschen» spricht und eine statistische Sozialwissenschaft begründen will.[8] Handelt es sich bei Anwendungen des Gesetzes der großen Zahl in Fehlerrechnungen der Naturwissenschaften oder bei Untersuchungen von «Normalverteilungen» in der Gesellschaft um Naturgesetze? Es ist heute kaum noch nachvollziehbar, mit welchem Enthusiasmus Natur- und Sozialwissenschaftler des 19. Jahrhunderts das Gesetz der großen Zahl und Normalverteilungen als universelle Regel in Natur und Gesellschaft feierten. Der britische Arzt und Naturforscher Francis Galton (1822–1911), der erstmals Intelligenz zu messen versuchte, stellte emphatisch vom Gesetz der großen Zahl fest: «Ich kenne kaum etwas, das die Vorstellungskraft so beeindruckt wie die wunderbare Form kosmischer Ordnung, die durch das ‹Gesetz der Fehlerhäufigkeit› ausgedrückt wird. Es herrscht mit heiterer Gelassenheit und vollständiger Selbstverleugnung mitten in der wildesten Konfusion. Je größer der Mob und je größer die offensichtliche Anarchie, umso perfekter ist sein Einfluss. Es ist das höchste Gesetz der Unvernunft.»

Quételet fragt nach dem «statistischen Warum». Worauf soll z. B. eine Normalverteilung von Straftätern in einer Gesellschaft zurückgeführt werden? Werden kriminelle Eigenschaften als erworben angenommen, dann wird eine zunächst gleichmäßige Bevölkerung unterstellt, in der jeder mit einer bestimmten Wahrscheinlichkeit zum Straftäter geboren wird. Jeder hat danach zwar die Freiheit, zum Straftäter zu werden oder nicht. Aber die Wahrscheinlichkeit steht bereits bei der Geburt fest. Diese Wahrscheinlichkeit entspricht der festgestellten Proportion der Straftäter einer Gesellschaft. Gelten kriminelle Eigenschaften als angeboren, dann wird eine feststehende Proportion von «geborenen» Straftätern angenommen. Die Bevölkerung ist nicht mehr einheitlich, sondern eine Mischung aus guten und schlechten Zeitgenossen. In beiden Erklärungen wird von einem Determinismus der Gesellschaft ausgegangen, der Freiheit und Verantwortung des Einzelnen einschränkt. Wie auch immer dieses Beispiel zu entscheiden ist, es unterstreicht jedenfalls, dass Anwendungen von Normalverteilungen und des Gesetzes der großen Zahl Annahmen und Hypothesen voraussetzen müssen. Es handelt sich um eine statistisch-mathematische Verteilung, die auf empirische Datenmengen nur unter genau definierten Voraussetzungen zutrifft. Im Fall des fairen Münzwurfs wurden sie idealtypisch formuliert. Sobald Abhängigkeiten oder Interaktionen zwischen den einzelnen Daten vorliegen oder ungewöhnlich große Streuungen und Schwankungen auftreten, wird die Anwendung problematisch.

Laplacescher Geist und Wahrscheinlichkeit: Im 19. Jahrhundert wird der Laplacesche Determinismus zum Vorbild der mathematischen Naturwissenschaft und schließt den objektiven Zufall aus. Im Sinn des Laplaceschen Geistes ist jede Wirkung eindeutig durch eine Ursache bestimmt. Die kausalen Abläufe von Ursachen und Wirkungen entsprechen berechenbaren Gleichungen. Zufall ist Ausdruck eines vorläufigen Informationsmangels über die wirkenden Ursachen. Wahrscheinlichkeit («probabilité») ist ein Maß für den subjektiven Informationsstand. So ist ein konkreter Münzwurf physikalisch determiniert. Aber die Symmetrie der fairen Münze verlangt, dass wir bei einem Wurf keine Münzseite auszeichnen dürfen. Laplace nennt in diesem Sinn beide Seiten gleichmöglich. Diese Auffassung steht für ihn nicht im Widerspruch zum Determinismus. Daher ist die Wahrscheinlichkeitsrechnung für Laplace die Disziplin, die in allen Wissenschaften, in denen kausale Erklärungen der Zusammenhänge unbekannt sind, die beste Orientierung liefert.

Zufallsfolgen, wie sie von fairen Münzwürfen realisiert werden, legen ein anschauliches Maß der Wahrscheinlichkeit nahe. Die Beobachtung langer Folgen unabhängiger Wiederholungen ein und desselben Zufallsereignisses (z. B. Münzwurf) zeigt, dass sie sich so verhalten, als ob die daraus berechnete relative Häufigkeit eines Ereignisses (z. B. Kopf) gegen eine bestimmte Zahl (z. B. ½) streben würde. Es läge daher nahe, den Grenzwert der relativen Häufigkeit im Sinn des Gesetzes der großen Zahl als Wahrscheinlichkeit zu definieren. Tatsächlich ist aber das exakte Gesetz der großen Zahl, wie im letzten Abschnitt deutlich wurde, eine Wahrscheinlichkeitsaussage über das Streben der relativen Häufigkeit gegen den Grenzwert und setzt daher den Wahrscheinlichkeitsbegriff bereits voraus. Wir erhielten mit dem Gesetz der großen Zahl also eine zirkuläre Definition.

Wahrscheinlichkeit als Grenzwert regelloser Zufallsfolgen: Der österreichische Mathematiker und Philosoph Richard von Mises (1883–1953) schlug daher vor, die Wahrscheinlichkeit eines Ereignisses als Grenzwert der relativen Häufigkeiten dieses Ereignisses bei einer unendlichen Folge von Zufallsexperimenten zu definieren, deren Zufallscharakter durch absolute Regellosigkeit nachgewiesen ist.[9] Bei dieser Definition ist zwar der Wahrscheinlichkeitsbegriff nicht vorausgesetzt. Es müsste aber eindeutig definiert werden, was «Regellosigkeit» bedeutet. Die Häufigkeitsinterpretation der Wahrscheinlichkeit wird objektiv genannt, da sie sich auf die Häufigkeit von Zufallsereignissen unabhängig vom Beobachter bezieht. Demgegenüber fasst die subjektive Interpretation Wahrscheinlichkeiten als Überzeugungs- und Glaubensstärken von Beobachtern auf, die z. B. Wettquotienten auf Ereignisse abschließen. Unabhängig von der inhaltlichen Vorstellung, was Wahrscheinlichkeit sei, bleiben die formalen Eigenschaften der Wahrscheinlichkeit gleich. Für die Anwendung der Wahrscheinlichkeitstheorie reichen solche formalen Rechenregeln im Allgemeinen aus.

Kolmogorovs Axiomensystem des Wahrscheinlichkeitsbegriffs: David Hilbert hatte bereits in seiner Pariser Jahrhundertrede von 1900 eine Axiomatisierung des Wahrscheinlichkeitsbegriffs gefordert, die 1933 der russische Mathematiker Andrei Nikolajewitsch Kolmogorov (1903–1987) durchführte.[10] Axiomatische Theorien legen in der Mathematik die Eigenschaften von Grundbegriffen einer Theorie in formalen Aussagen (Axiomen) fest, ohne sich um ihre inhaltliche Deutung zu kümmern. So werden z. B. in einem Axiomensystem der Euklidischen Geometrie die formalen Eigenschaften und Beziehungen von Punkten, Geraden und Ebenen festgelegt, ohne dass unsere inhaltlichen Vorstellungen von Punkten, Geraden oder Ebenen dazu berücksichtigt werden müssten. Wichtig ist nur, dass ein Axiomensystem korrekt und widerspruchsfrei ist und (nach Möglichkeit) alle wesentlichen Eigenschaften vollständig erfasst. Aus dem Axiomensystem sind dann alle weiteren Aussagen und Lehrsätze (z. B. der Satz des Pythagoras) logisch abzuleiten.

In Analogie zur geometrischen Flächen- und Volumenmessung fasst Kolmogorov Wahrscheinlichkeit als Maß für Ereignisse auf, deren Eigenschaften in Axiomen zu definieren sind. Ähnlich wie für Strecken, Flächen und Volumina ist das entscheidende Merkmal eines Maßes seine Additivität, wonach z. B. die Länge zweier Strecken, die hintereinandergelegt sind, ohne sich zu überdecken, gleich der Summe der Länge der beiden Strecken ist. Analog wird gefordert, dass die Wahrscheinlichkeit, dass eines von zwei sich ausschließenden Ereignissen (z. B. Münzwurf) eintritt, gleich der Summe der Wahrscheinlichkeiten der beiden Ereignisse ist. Beschränken wir Wahrscheinlichkeit auf die relative Häufigkeit in einer endlichen Stichprobe, ist die Additivität offensichtlich.

In der Axiomatisierung des Wahrscheinlichkeitsbegriffs wird ebenso wenig ein Vorverständnis der Begriffe «Wahrscheinlichkeit», «Zufallsexperiment», «Ergebnis» oder «Ereignis» vorausgesetzt wie bei der Axiomatisierung der Euklidischen Geometrie die Bedeutung von «Punkt», «Gerade» oder «Ebene». Dort ist formal nur die Rede 1) von einer Menge, die «Ergebnismenge» genannt wird, 2) einer Menge von Teilmengen der Ergebnismenge, die «Ereignisse» heißen, und über die 3) ein Maß (genannt «Wahrscheinlichkeit») mit den genannten axiomatischen Eigenschaften definiert sei. Die Bezeichnungen könnten im Prinzip auch anders lauten und dienen nur der Motivation und Heuristik, nicht der Definition. Unterschiedliche Modelle von Glücksspielen, Zufallsexperimenten und Zufallsprozessen mögen diese Eigenschaften erfüllen. Auch die subjektive Interpretation von Wahrscheinlichkeit als Glaubens- bzw. Vermutungsgrad einer Person bzw. das Abschließen von Wettquotienten erfüllt die Eigenschaften des formalen Axiomensystems. Das Kolmogorovsche Axiomensystem hat den Vorteil, dass es die Rechenregeln der Wahrscheinlichkeit widerspruchsfrei und unabhängig von strittigen Interpretationen festlegt.

Statt von den Ergebnissen eines Zufallsexperiments spricht man auch von den Realisationen einer Zufallsvariablen. Dieser Begriff ist zwar abstrakter, lässt aber weitergehende Anwendungen zu, als mit der Vorstellung von Zufallsspielen und Zufallsexperimenten verbunden sind. Eine Zufallsvariable ist eine Funktion, die jedem Element einer Ergebnismenge im Sinn des Kolmogorovschen Axiomensystems eine reelle Zahl zuordnet. Einem zufälligen Spielausgang können Zufallsvariablen z. B. die Anzahl der geworfenen Augen oder die auszuzahlende Gewinnsumme zuordnen, einer zufällig ausgewählten Person einer Bevölkerung das Monatsgehalt oder einem Atom eines Gases eine bestimmte Geschwindigkeit.

Nun lässt sich auch der Erwartungswert eines Zufallsspiels, eines Zufallsexperiments oder allgemein einer Zufallsvariablen definieren. Beim Würfelspiel fragen wir dazu nach dem Mittelwert der Augen, die wir erhalten, wenn wir sehr oft würfeln. In diesem Fall ist der Mittelwert die Summe der Zahlen 1, 2, 3, 4, 5, 6 dividiert durch die Gesamtzahl der möglichen Würfe, also 6. Eins dividiert durch die Zahl der verschiedenen möglichen Würfe, also $\frac{1}{6}$, ist aber auch die Wahrscheinlichkeit, eine vorgegebene Augenzahl zu würfeln. Der Erwartungswert des Würfelns lässt sich daher als die Summe der Augenzahlen multipliziert mit der Wahrscheinlichkeit ihres Eintreffens auffassen. Allgemein werden bei der Ermittlung des Erwartungswertes die von der Zufallsvariablen angenommenen Werte mit der Wahrscheinlichkeit ihres Eintreffens gewichtet. Die Varianz und die Standardabweichung bzw. Streuung von der Zufallsvariablen sind ein Maß für die mittlere Abweichung vom Erwartungswert und damit für die Variabilität der Zufallsvariablen.

Beispiele von Wahrscheinlichkeitsverteilungen: Die geometrische Veranschaulichung einer Bernoulli-Verteilung geht auf den britischen Naturforscher Francis Galton (1822–1911) zurück. In ein senkrecht stehendes Brett sind in konstantem Abstand in n parallelen Reihen Nägel eingeschlagen (Abb. 36). Jeder Nagel in einer Reihe befindet sich genau auf Lücke zwischen zwei Nägeln der darüber liegenden Reihe. Durch einen Trichter am oberen Ende lässt man Kugeln vom Durchmesser des Nagelabstands einlaufen, die ohne Spielraum und ohne Reibung zwischen den Nägeln hindurchfallen können. Trifft eine Kugel auf einen Nagel, so kann sie entweder nach rechts oder nach links weiterfallen. Dieser Vorgang wiederholt sich in jeder Nagelreihe. Die Kugel legt also einen Zufallsweg durch das Nagelbrett zurück, wobei sie mit gleicher Wahrscheinlichkeit nach rechts oder links abgelenkt wird. Nach dem Durchlaufen der n Nagelreihen werden die Kugeln in $n+1$ Fächern aufgefangen. Eine Kugel fällt in das Fach mit der Nummer i genau dann, wenn sie i-mal nach rechts und $(n–i)$-mal nach links abgelenkt wurde. Dieser Vorgang führt zu

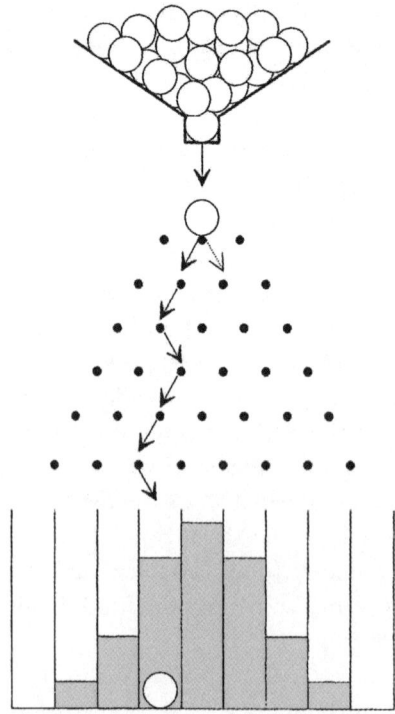

Abb. 36: Galton-Brett mit Bernoulli-Verteilung[11]

einer Bernoulli-Verteilung der Kugeln des Vorrats in den vorgesehenen Fächern.

Wahrscheinlichkeitsverteilungen können in sehr unterschiedlichen Anwendungen auftreten. Als Beispiel für eine Bernoulli-Verteilung lässt sich in einem Mikroskop die Verteilung von Viren in einer Blutzelle betrachten. Dazu wird die Zelle mit einem quadratischen Gitter bedeckt und nach der Wahrscheinlichkeitsverteilung gefragt, eine vorgegebene Zahl von Viren in einer quadratischen Unterzelle zu finden. Eine betriebswirtschaftliche Anwendung liefert die Bestimmung des durchschnittlichen Ausschussanteils defekter Stücke, den eine Maschine produziert. Es wird davon ausgegangen, dass das Auftreten defekter Stücke im Produktionsprozess zufallsartig erfolgt. Besteht zwischen den einzelnen Stücken Unabhängigkeit, d. h. ist die

Wahrscheinlichkeit, dass ein bestimmtes Produktionsstück Ausschuss wird, unabhängig davon, ob die vorhergehenden Stücke Ausschuss waren oder nicht, so wird die Anzahl der Ausschussstücke in einer bestimmten Produktionsserie eine Bernoulli-Verteilung ergeben.

Seltene Ereignisse und das Gesetz der kleinen Zahl: Beispiele für Einzelereignisse, die mit sehr geringer Wahrscheinlichkeit auf lange Sicht eintreten, sind Flugzeugabstürze oder radioaktive Emissionen. Sie lassen sich adäquat durch eine Wahrscheinlichkeitsverteilung beschreiben, die nach dem französischen Mathematiker Simeon Denis Poisson (1781–1840) benannt ist.[12] 1837 veröffentlicht Poisson seine «Untersuchungen zur Wahrscheinlichkeit von Urteilen in Straf- und Zivilsachen.»[13] Die Poisson-Verteilung liefert Voraussagen über die Anzahl des Eintretens seltener, zufälliger und voneinander unabhängiger Ereignisse innerhalb eines bestimmten Intervalls, wenn aus vorangehender Beobachtung bereits bekannt ist, wie viele Ereignisse man im Mittel innerhalb dieses Intervalls erwartet. Die Verteilung seltener Ereignisse nach Poisson begründet das Gesetz der kleinen Zahlen, wie es der russische Ökonom und Statistiker Ladislaus von Bortkewitsch 1898 genannt hat.

Zentraler Grenzwertsatz und Normalverteilung: Die Normalverteilung nimmt unter den genannten Zufallsverteilungen eine zentrale Stellung ein. Häufigkeitsverteilungen nach dem Gesetz der großen Zahl konzentrieren sich mit steigendem Stichprobenumfang mehr und mehr um den Erwartungswert. Das Zusammenziehen der Verteilung der Mittelwerte um den Erwartungswert ist jedoch nicht das einzige Phänomen, das wir beim Ansteigen des Stichprobenumfangs beobachten. Wir stellen darüber hinaus fest, dass die Form der Verteilung immer ähnlicher der Form der Normalverteilung wird. Das ist die Aussage des Zentralen Grenzwertsatzes.[14] Praktisch folgt daraus, dass z. B. schwieriger zu berechnende Bernoulli- oder Poisson-Verteilungen durch standardisierte Normalverteilungen beliebig angenähert werden können.

Mathematisch gesprochen konvergieren nach dem Zentralen Grenzwertsatz Wahrscheinlichkeitsverteilungen $P(S_n)$ der Summen

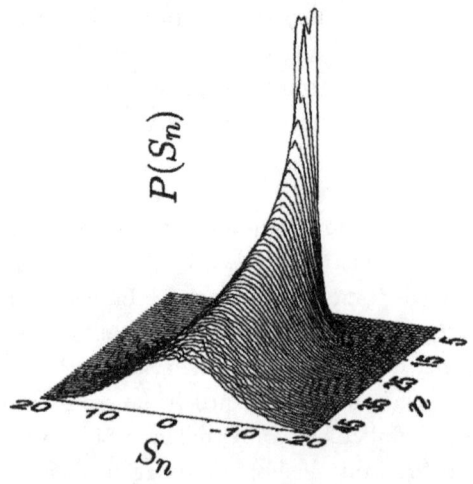

Abb. 37: Konvergenz von Wahrscheinlichkeitsverteilungen zur Gaußschen Glockenkurve

$S_n = X_1 + \ldots + X_n$ von identisch verteilten Zufallsvariablen mit wachsendem n zur Gaußschen Glockenkurve. Sie ist Beispiel für eine stabile Verteilungsfunktion, die ihre funktionale Form für verschiedene Werte n nicht ändert (Abb. 37).

Extreme Ereignisse und Nicht-Gaußverteilungen: Der zentrale Grenzwertsatz findet in allen Fällen Anwendung, wo sich Verteilungen aus unabhängigen Einzelereignissen zusammensetzen und keine Korrelationen zur Folge haben. Ebenso dürfen bei Normalverteilungen große Abweichungen nicht plötzlich gehäuft auftreten und damit hochwahrscheinlich werden. Wirbelstürme oder Finanzkrisen, die plötzlich gehäuft mit katastrophalen Folgen und synergetischen Effekten in Natur und Gesellschaft auftreten, werden einer Rückversicherung, die bisher von einer Normalverteilung ausging, erhebliche Probleme bereiten.

Mathematisch müssten also für solche extremen und seltenen Ereignisse andere Verteilungsfunktionen als die Gaußsche Glockenkurve vorgesehen werden. Nach dem französischen Mathematiker Paul Lévy (1886–1971) lassen sich alle stabilen Verteilungen durch einen Parameter α ($0 < \alpha \leq 2$) klassifizieren:[15] $\alpha = 2$ (Gaußsche Verteilung), $\alpha = 1$ (Cauchy-Verteilung). Nicht-Gaußsche («Lévy») stochastische Prozesse mit $\alpha < 2$ haben unendliche Varianz. Ihre Verteilungen haben die Form $P_L(x) \sim x^{-(1+\alpha)}$ einer Potenzfunktion, die (im Unterschied zur Gaußschen Glockenkurve) stark fluktuierende Ausläufer («Sprünge») besitzt. Abweichungen von der Normalverteilung sind also keine Grenzen der Berechenbarkeit, sondern erfordern nur andere mathematische Modelle.

Berechnung von Risiken auf Versicherungsmärkten: Mit der Mathematik der Wahrscheinlichkeitsverteilungen lagen zu Beginn des 20. Jahrhunderts wichtige Methoden bereit, um die Berechnung von Risiken in Angriff zu nehmen. Die moderne Versicherungsmathematik begann mit der Dissertation des schwedischen Mathematikers Filip Lundberg (1876–1965) im Jahr 1903.[16] Damals stellte er ein kollektives Risikomodell für die Daten von Versicherungsansprüchen vor. Er bewies, dass ein homogener Poisson-Prozess der Schlüssel für verlässliche Versicherungsdaten ist. Ziel seines Modells war es, die Versicherungsprämien so zu berechnen, dass der Ruin der Versicherungsgesellschaft vermieden wird. Lundberg nahm dazu ein Portfolio von Versicherungsverträgen für ähnliche Risiken (z.B. Auto- oder Haushaltsversicherungen) an, die folgende Voraussetzungen erfüllen:

- Ansprüche entstehen zu den Zeitpunkten T_i mit $0 \leq T_1 \leq T_2 \leq T_3 \leq ...$
- Der i-te Anspruch zum Zeitpunkt T_i bestimmt die Größe des Anspruchs. Die Folge (T_i) der Zeitpunkte ist eine Folge von (nichtnegativen) Zufallsvariablen, die sowohl unabhängig als auch identisch verteilt sind.
- Der Prozess (X_i) der Schadensansprüche und der Prozess (T_i) der Zeitpunkte sind gegenseitig unabhängig.

In Lundbergs Modell ist der Risikoprozess $U(t)$ einer Versicherungsgesellschaft durch das Startkapital u, die eingehenden Prämienzahlungen c und die Summe $S(t)$ aller Schadensansprüche X_i bestimmt, d.h.

$$U(t) = u + ct - S(t) \text{ mit } S(t) = \sum_{i=1}^{N(t)} X_i \ (t \geq 0).$$

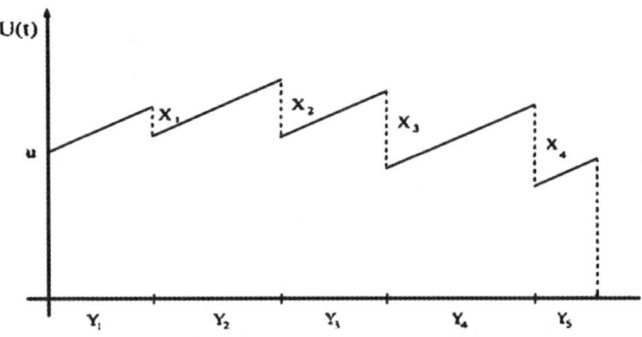

Abb. 38: Lundbergs Risikoprozess einer Versicherung[17]

$N(t)$ ist die Anzahl der Ansprüche bis zum Zeitpunkt t. Lundberg nahm an, dass $N(t)$ ein homogener Poisson-Prozess ist, der unabhängig von (X_i) ist. Abb. 38 illustriert ein Beispiel für den Risikoprozess $U(t)$.

Lundbergs Modell ist leider nur für kleine Schadensansprüche zutreffend, versagt aber für extreme Ereignisse mit großen Schäden, die durchaus seltener vorkommen können (Cramér-Lundberg-Bedingung). Beispiele wären Terrorangriffe, Vulkanausbrüche oder globale Wirtschaftskrisen. In diesen Fällen müssten andere Verteilungsfunktionen für Schadensansprüche angenommen werden.

Bacheliers Modell zur Berechnung des Börsenmarkts: Auch die Mathematisierung der Finanzmärkte begann zunächst mit der Annahme von vielen kleinen harmlosen Risiken. Im Jahr 1900 legte der französische Mathematiker Louis Bachelier in seiner Dissertation «Théorie de la spéculation» die statistischen Grundlagen der klassischen Finanztheorie.[18] Doktorvater war Henri Poincaré, der für nahezu alle Fragen dieses Buchs eine zentrale Rolle spielt. Die Frage war, wie man das Verhalten von Tausenden von Menschen, die in das Börsengeschehen verwickelt sind, mathematisch erfassen sollte. Unter dem Eindruck der statistischen Physik lag es nahe, das unbekannte Einzelverhalten der vielen Menschen mit den Molekülen einer Flüssigkeit zu vergleichen, für die man zwar keine Einzelprognosen, aber dennoch statistische Trendaussagen abgeben kann.

Bachelier beschrieb die Auf- und Abwärtsbewegungen des Kurses einer Anleihe mathematisch wie eine Brownsche Zufallsbewegung, bei der ein Pollenkorn auf einer Flüssigkeit durch die vielen molekularen Stöße vorwärts getrieben wird. Die Leistung von Bachelier ist umso bedeutsamer, da die Brownsche Bewegung in der Physik erst fünf Jahre später durch Einstein mathematisch beschrieben wurde. Einstein war Bacheliers Anwendung auf den Finanzmarkt nicht bekannt.

Bachelier war bewusst, dass die Details auf der Mikroebene der Teilchen in der Materie oder der Individuen auf den Märkten zu kompliziert sind, um exakt ihre Bewegungen bei der Ausbreitung von Energie oder der Bandbreite der Kurse zu bestimmen. Auf der Makroebene lassen sich aber unter bestimmten Annahmen Gleichungen formulieren, die das statistische Gesamtverhalten des Systems beschreiben. Wie beim fairen Münzwurf stellte Bachelier sich den Anleihemarkt als faires Spiel vor. Da in diesem Fall der Ausgang eines Münzwurfs immer vollständig unabhängig vom vorherigen Münzwurf ist, wird auch jede Kursbewegung als unabhängig von der vorausgegangenen angenommen. Der Markt, so können wir anschaulich sagen, hat nach dieser Annahme kein Gedächtnis. Ferner nahm Bachelier an, dass die Kurse einem Gleichgewicht von Angebot und Nachfrage entsprechen. Ohne neue Informationen, die den Kurs entscheidend in die eine oder andere Richtung treiben, wird der Markt im Durchschnitt um seinen Ausgangskurs schwanken. Die Kursänderungen bilden dann eine gleichförmige Zufallsverteilung. Zeichnet man nun die Änderungen der Anleihekurse über einen bestimmten Zeitraum auf, breiten sie sich in der Form der Gaußschen Glockenkurve aus (Abb. 35). Die vielen kleinen Änderungen häufen sich im Zentrum der Glocke, die wenigen großen liegen am Rand. Die Normalverteilung der Gaußschen Kurve ist ein für Theoretiker und Praktiker vertrautes statistisches Verfahren, mit dem man zu rechnen gelernt hat. Der Zufall der Börsenbewegung schien nach Bachelier durch die Gaußsche Normalverteilung gebändigt.

Voraussetzungen von Bacheliers Modell: Bacheliers Modell stimmt aber nur dann, wenn folgende idealen Forderungen erfüllt sind:

1) Die beteiligten Menschen verhalten sich rational nach dem Modell des «homo oeconomicus» von Adam Smith: Wenn ein Investor alle Informationen über eine Aktie vor sich hat, wird er die rationale Wahl treffen, die für ihn den größtmöglichen Nutzen bringt.

2) Alle Anleger sind gleich: Sie haben die gleichen Anlageziele und den gleich Zeithorizont. Im Grunde verhalten sie sich wie die identischen und ununterscheidbaren Moleküle in einem Gas und sind als Einzelne vernachlässigbar.

3) Kursänderungen verlaufen kontinuierlich: Wie in der klassischen Physik hatte Alfred Marshall, einer der führenden ökonomischen Klassiker, 1890 das Motto von Leibniz übernommen, wonach «die Natur keine Sprünge macht» («natura non facit saltus»), also stetige Abläufe bestimmt.[19] Entsprechend macht der Markt danach «keine Sprünge».

4) Kursänderungen folgen einer Brownschen Bewegung wie in der klassischen statistischen Mechanik. Dabei gelten im Einzelnen folgende Annahmen:

   a) Statistische Unabhängigkeit: Jede Kursänderung tritt unabhängig von der vorherigen auf.

   b) Statistische Unveränderlichkeit: Der Vorgang, der zu einer Kursänderung führte, bleibt unverändert – so wie sich eine Münze beim fairen Münzwurf nicht ändert.

   c) Statistische Normalverteilung: Kursänderungen folgen der Gaußschen Glockenkurve.

Bereits der berüchtigte Schwarze Freitag von 1929 mit seinen dramatischen Kurszusammenbrüchen war ein extremer Ausreißer aus der gemäßigten Normalverteilung der Zufallsänderungen. Am 19. Oktober 1987 stürzte der Dow Jones um fast 30% ab. Investmentportfolios brachen ein, und die auf Optionen beruhenden Portfolioversicherungen versagten. Durch ihre hektischen und überhasteten Reaktionen verschlimmerten Fondsmanager noch den Crash. In den 1990er Jahren nahmen die Marktturbulenzen weiter zu. Auf den Finanzmärkten toben also manchmal Turbulenzen wie bei extremen Wetterlagen.

Berechnung von Portfolios: Dennoch baute die moderne Finanztheorie schrittweise auf Bacheliers Annahme der Normalverteilung auf. Zunächst ist Harry Markowitz, Nobelpreisträger für Ökonomie 1990, zu erwähnen.[20] Er berechnete, wie sich die Risiken von Investments minimieren lassen, indem man sie in einem Portfolio verteilt. Der Grundgedanke bei einem Portfolio ist es, mehrere Aktien auszuwählen, um darauf seine Wetten zu verteilen. Ziel ist eine Verteilung von Gewinnen, mit denen die Verluste mehr als kompensiert werden. Ein Portfolio von mehreren Aktien ist also effizient, wenn es bei kleinstem Risiko den höchsten Profit hervorbringt.

Black-Scholes-Formel zur Berechnung von Call-Optionen: Der nächste Schritt der mathematischen Finanztheorie bestand in der mittlerweile berühmten Black-Scholes-Formel, nach der man sich allgemein eine Absicherung («hedge») gegen unliebsame zufällige Marktprobleme kaufen kann. Optionen (z. B. einer Aktie) geben dem Inhaber bereits nach Bachelier das Recht, etwas zu einem festgelegten Preis zu kaufen oder zu verkaufen.[21] Bei Call-Optionen wird auf eine zukünftige Entwicklung (z. B. Ansteigen einer Aktie) innerhalb einer bestimmten Zeitfrist gewettet. Trifft das Ereignis so ein, hat der Inhaber das Recht, etwas zu einem festgelegten Preis zu kaufen oder zu verkaufen. Trifft das Ereignis nicht ein, so verfällt die Option und die (verhältnismäßig geringe) Call-Gebühr ist verloren. Damit eröffnet sich ein völlig neuer Finanzmarkt, auf dem nicht nur Aktien, Wertpapiere oder Währungen gehandelt werden, sondern auch Wetten und Spekulationen auf ihre zufälligen Marktschwankungen, d. h. ihre Volatilität. Die Black-Scholes-Formel berechnet den Preis einer Call-Option für den Kauf einer Aktie zu einem bestimmten Preis und Termin.[22] Wichtig ist dabei, dass das Risiko einer Aktie (ihre Volatilität) wieder am Maßstab der Glockenkurve geeicht wird.

Universelle Berechenbarkeit von Turbulenzen in Natur und Gesellschaft? Die Normalverteilung ist eine mathematisch bequeme Annahme, die rechnerisch leicht zu handhaben ist. Was geschieht aber, wenn die Risiken nicht normalverteilt sind und große Katastrophen plötzlich hereinbrechen? Dann liefert die Theorie schlechte Voraussagen und wir wären auf diese Turbulenzen nicht vorbereitet. Wir sprechen im Alltag von Turbulenzen beim Wetter ebenso wie an der Börse und auf den Märkten. Gibt es eine gemeinsame mathematische Theorie, mit der sich Turbulenzen in der Natur und der Gesellschaft modellieren lassen?

Turbulente Strömungen werden in der Physik durch (stochastische) Navier-Stokes-Gleichungen beschrieben. Black und Scholes wendeten daher bei ihrer Formel diese Gleichungen auf die Finanzmärkte an. Wegen ihrer Nichtlinearität und Komplexität sind allerdings analytische und numerische Lösungen bei hoher Turbulenz häufig nicht bekannt. Zufallsveränderungen von Preisentwicklungen wurden daher vereinfacht «wie zahme Störungen» durch lineare stochastische Differentialgleichungen (Itō)

$$dX_t = cX_t dt + \sigma_0 X_t dB_t$$

mit erwarteter Rendite c, konstanter Volatilität σ_0 und Brownscher Bewegung B_t (nach Bachelier) beschrieben. Ihre eindeutige Lösung X_t heißt geometrische Brownsche Bewegung und fließt in die Herleitung der Black-Scholes-Formel zur Wertberechnung von z. B. Call-Optionen und anderen Derivaten mit ein. Aufgrund der zugrunde liegenden Brownschen Bewegung erzeugt die Black-Scholes-Formel ein zahmes Muster wie das Gaußsche weiße Rauschen (Abb. 39). Praktisch folgt daraus, dass wir keine extremen Schwankungen der Preiseinschätzungen befürchten müssen.

Lineare stochastische Differentialgleichungen (SDG) mit konstanten Koeffizienten erklären aber nicht die Fluktuationen und

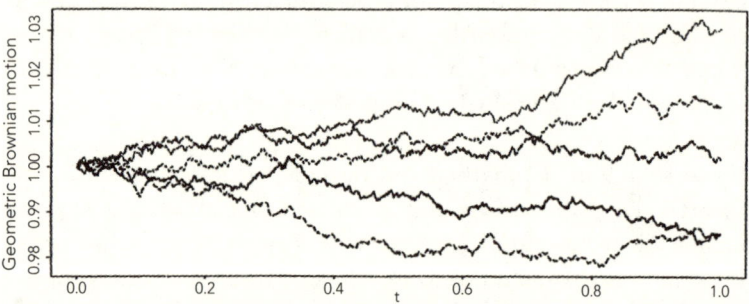

Abb. 39: Beispiele von geometrischen Brownschen Bewegungen

Sprünge in realen Daten. Daher wird die Brownsche Bewegung B_t durch α-stabile (Lévy) Prozesse ξ_t ersetzt:

$$dX_t = cX_t dt + \sigma X_t - d\xi_t$$

Statt der Konstanten σ_0 kann nun auch eine stochastische Volatilität als zeitabhängige Zufallsfunktion $\sigma_0 = \sigma_0(t,\omega)$ vorausgesetzt werden. Auch hier zeigt sich, dass extreme Turbulenzen im Prinzip keine Grenzen der Mathematisierung bedeuten. Allerdings könnte es sein, dass die mathematischen Modelle keine Berechnung eindeutiger Prognosen erlauben. In diesem Fall hilft uns das mathematische Modell dennoch, die Dynamik der Turbulenzen zu verstehen. Das Modell erklärt uns die Risiken, die auf solchen Märkten herrschen.

Risikomanagement durch Verbriefung: Die Praktiker der Finanzwelt haben sich leider aber weniger an solchen anspruchsvollen mathematischen Modellen orientiert, sondern verließen sich auf Rezepte, die sich in einfachen Fällen auch durchaus bewährten.[23] Die Situation erinnert an die moderne Physik, die sich ebenfalls gelegentlich (z. B. Renormalisierung in der Quantenfeldtheorie) auf Rezepte ohne theoretische Erklärung verlässt. Der entscheidende Unterschied ist, dass sich Physiker der Voraussetzungen und Mängel ihrer Methoden bewusst waren, was man bei den Finanzpraktikern leider nicht sagen kann.

Ein Beispiel liefert das Verfahren der Verbriefung, um Kreditvergaben für Banken zu erleichtern und ihre Risiken zu verteilen. Dazu werden Schuldner auf dem amerikanischen Immobilienmarkt in Bonitätsklassen eingeteilt (Strukturierung) und die entsprechenden Kreditansprüche an andere Finanzinvestoren verteilt.[24] Diese hypothekengesicherten Wertpapiere (MBS: «mortgage-backed securities») sind ein Beispiel für anspruchsgesicherte Wertpapiere (ABS: «asset-backed securities»). In gesicherten Schuldverschreibungen CDO («collateralized debt obligations») werden verbriefte Hypothekenforderungen in MBS-Papieren mit anderen Typen von Finanzprodukten (z. B. Unternehmensanleihen) zusammengesetzt.

Die Bonitätsstrukturierung verbriefter Kredite wurde unter der Annahme statistisch unabhängiger Risiken berechnet. Bei einer großen Zahl von kleinen Kreditansprüchen führt das zu einer normalverteilten Wahrscheinlichkeit der Rückzahlung: Systemrisiken schienen vernachlässigbar! Stattdessen führten Verbriefungen von Verbriefungen (CDO², CDO³ etc.) zu einer internationalen Kreditblase, in der die Abhängigkeit von Banken durch gegenseitige Kreditansprüche wuchs und eine Implosion durch ein nicht vorgesehenes Ereignis ausgelöst wurde. Ein solches Ereignis war 2008 der Kollaps des Immobilienmarkts an der Ostküste der USA, der über das internationale Bankennetz eine Weltwirtschaftskrise auslöste.[25] Diese Krise folgte mathematisch exakt der nichtlinearen Dynamik komplexer Systeme, wonach wegen der empfindlichen Abhängigkeit von Anfangsdaten ein lokales Ereignis eine globale Veränderung herbeiführen kann. Kaskadenhaft breitet sich die Krise im Netz aus. Es ist der Schmetterlingseffekt, der von chaotischen Wetterlagen bekannt ist: Der Flügelschlag eines Schmetterlings kann sich im Prinzip zu einer globalen Veränderung in einer instabilen Wetterlage aufschaukeln.

Berechnungsmodell für Risiken durch VaR (Value at Risk): Ein gängiges Verfahren der Risikoberechnung ist unter der Abkürzung VaR (Value at risk) bekannt. Der Value at Risk (VaR) einer Kapitalan-

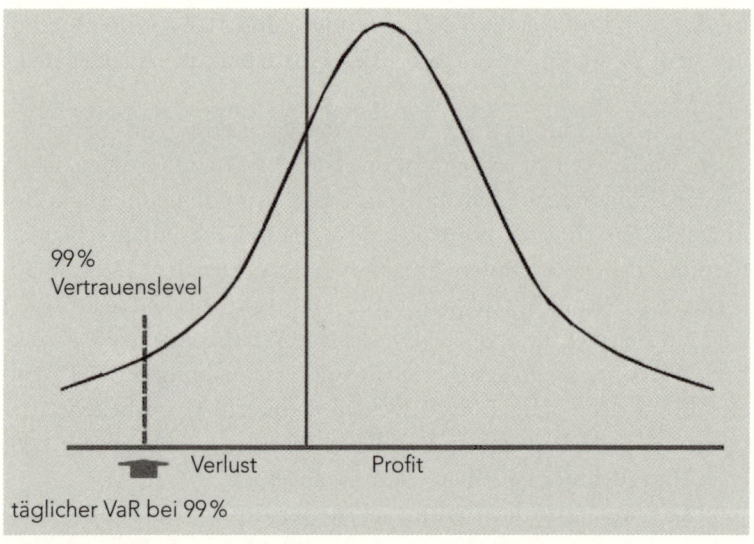

Abb. 40: Normalverteilung bei der Berechnung der VaR (Value at Risk)

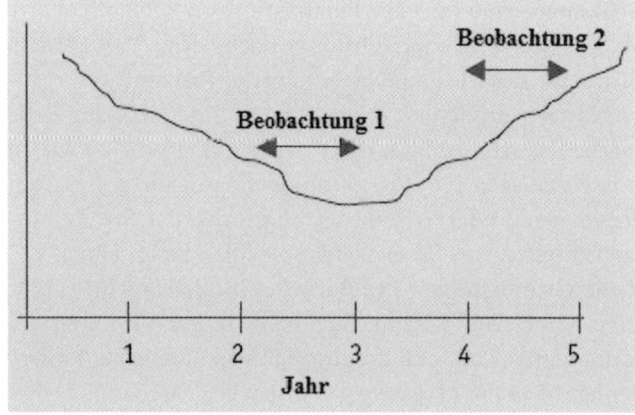

Abb. 41: Kurzzeitbeobachtungen verfehlen die Gesamtdynamik!

lage wird als Höhe desjenigen Verlusts definiert, der mit einer bestimmten Sicherheitswahrscheinlichkeit (z. B. 95 % oder 99 %) innerhalb eines bestimmten Zeithorizonts (z. B. Handelstag oder Monat)
nicht überschritten wird. Dabei wird eine Normalverteilung von Profit und Verlust vorausgesetzt (Abb. 40).

Mathematisch wird der Value at Risk (VaR) einer Kapitalanlage X
bei einem Vertrauenslevel α ($0 < \alpha < 1$) als kleinste (reelle) Zahl m
definiert, so dass die Wahrscheinlichkeit eines Verlusts nicht größer
als das Vertrauensniveau α ist:[26]

$$VaR_{\alpha}(X) = \inf\left\{m \in \mathbb{R} \mid P(X + m < 0) \leq \alpha\right\}$$

VaR-basierte Risikomodelle waren grundlegend für die Eigenkapital-
vorschriften des Basler Ausschusses für Bankenaufsicht (Basel II) im
Rahmen der EU. Die ursprüngliche Fassung der Rahmenvereinba-
rung wurde im Juni 2004 veröffentlicht. Aufgrund nicht beachteter
Voraussetzungen der Modelle erzeugten sie während der Finanzkrise
2008 massive Systemrisiken und Fehleinschätzungen. Kurzzeitbeobachtungen (Abb. 41) und die Annahme einer Normalverteilung führten zur Unterschätzung der Wahrscheinlichkeit extremer Verluste.
VaR-basierte Credit Ratings wirkten trendverstärkend (prozyklisch),
statt antizyklisch und vorbeugend!

Krise der Risikoberechnung: Die Finanzkrise von 2008 offenbarte ernste Probleme der Risikoberechnung nach dem VaR-Modell. Grundsätzlich stellt sich die Frage, ob zukünftige Risiken aus vergangenen Datenmustern abgeleitet werden können. Sind Finanzmodelle adäquate mathematische Abbildungen der Wirklichkeit, so wie in den Naturwissenschaften z. B. Planetenmodelle mit ihren Gesetzen den Lauf der Planeten oder Verteilungsfunktionen der Strömungsdynamik das Verhalten von Flüssigkeitsmolekülen beschreiben? Offenbar sind die Grundnahmen des Bachelier-Modells nicht erfüllt: Die beteiligten Menschen verhalten sich nicht rational im Sinn des «homo oeconomicus». Kursveränderungen folgen nicht einer Brownschen Bewegung wie in der klassischen statistischen Mechanik. Daher sind Stresstests notwendig, mit denen die Voraussagen der VaR-Modelle unter verschiedenen Bedingungen geprüft werden müssen.

Eine Erklärung der Nicht-Gaußverteilungen könnte in den komplexen Netzwerken finanzieller Abhängigkeiten liegen. VaR-Modelle gehen von der Annahme aus, dass Handlungen einzelner Firmen als Reaktionen auf Marktpreisbewegungen zu geringfügig im Umfang sind, um das Marktgleichgewicht zu beeinflussen. Ferner wird angenommen, dass sie unabhängig voneinander sind. Tatsächlich liegt häufig jeweils das Gegenteil vor. VaR-Modelle verführen daher zur Unterschätzung der tatsächlich vorliegenden Risiken, die systembedingt sind.

Es stellt sich jedoch die methodisch grundsätzliche Frage, ob es in den Wirtschafts- und Sozialwissenschaften überhaupt möglich ist, aus vergangenen Verhaltensmustern robuste Voraussagen über zukünftiges Verhalten abzuleiten. Der amerikanische Wirtschaftswissenschaftler Frank Hyneman Knight (1885–1972) hat dazu in seiner Dissertation «Risk, Uncertainty, and Profit» von 1921 eine bis heute viel beachtete Unterscheidung von Risiko und Ungewissheit vorgeschlagen.[27] Risiken lassen sich danach statistisch berechnen, während sich für Ungewissheit kein Erwartungswert angeben lässt. So geht ein Unternehmer nach Knight eine nicht berechenbare Unsicherheit ein. Hier ist dann, wie man gelegentlich sagt, unternehmerische Intuition gefordert. Intuition wirkt dann zwar wie eine Orakelmaschine, deren Regeln wir nicht kennen, die aber auf bestimmte Inputs in bestimmter Weise mit Outputs reagiert. Da Intuition von teilweise unbewussten Lernmustern oder genetisch bedingten Verhaltensweisen abhängt, heißt das nur, dass uns die Gesetze der Intuition zu dem Zeitpunkt nicht bekannt sind und deshalb die damit zusammenhängenden Risiken nicht berechnet werden können. Intuition ist keine mystische Größe einer prinzipiell unberechenbaren Einheit.

Auf der Mikroebene unternehmerischer Einzelentscheidungen bleibt also immer Ungewissheit selbst bei kalkulierbaren Risiken. Dennoch lassen sich auf der Makroebene systemische Risiken und Trends des Gesamtsystems der Märkte und Volkswirtschaften identifizieren und berechnen. Daher ist es begründet, globale Regulations- und Kontrollmechanismen zu fordern. Während z. B. einige Banken während der Finanzkrise von 2008 durchaus ein intern funktionierendes Risikomanagement besaßen, wurden sie durch systemische Entwicklungen überrollt. Bei vielen Instituten lag das Problem aber im Versagen des internen Managements. Die Annahme, man könne durch eine Sequenz von Verbriefungen die Risiken beliebig minimieren, erwies sich als gefährlicher Aberglaube an die Macht der Formeln, deren Voraussetzungen nicht verstanden wurden. Als schließlich die Kredite eingelöst werden mussten, fehlten Milliarden, da die Eigenkapitalausstattung der Banken aufgrund der zu gering eingeschätzten Risiken zu klein war. Die Banken konnten ihrer eigentlichen Aufgabe, nämlich Geld an Unternehmen für Innovationen und Geschäfte zu leihen, nicht mehr nachkommen und lösten damit eine Wirtschaftskrise aus. Nun musste der Staat mit seinen Steuerzahlern herhalten, um das Bankensystem mit gigantischen Geldspritzen zu retten.

Der mathematische Formalismus löst in den Finanzmärkten eine eigentümliche Faszination aus. Beeindruckt von den Erfolgen mathematischer Modelle in den Naturwissenschaften werden die Einschränkungen und Voraussetzungen der Finanzinstrumente leicht übersehen. Finanzmodelle sind nur Approximationen unter idealisierten Voraussetzungen. Ein typisches Beispiel ist der Glaube an Normalverteilungen von Preisveränderungen und die Ausblendung extremer Ereignisse. Mathematisch liegen mit z. B. Lévy-Prozessen durchaus Modelle vor, die extreme Ereignisse berücksichtigen. Sie dürfen allerdings nicht erneut zu der Illusion einer totalen Kontrolle führen.

Nutzer müssen sensibel werden, um die systembedingte Ungewissheit von Modellen in der Finanzwelt zu verstehen. Die Finanzwelt ist zu komplex, um nur von einem Modell adäquat abgebildet zu werden. Modelle können ihrerseits Nutzer in ihrem Verhalten beeinflussen und damit zu Veränderungen führen, die das Modell selber nicht berücksichtigt: Molekülen ist es egal, wie sie modelliert werden, Menschen unter Umständen nicht! Daher sollte eine Klasse von Modellen zur Verfügung stehen, um Entscheidungshilfen zu geben.

Axiomatische Definition kohärenter Risikomaße: In der Finanzmathematik werden daher verschiedene Risikomaße axiomatisch definiert, um ihre Voraussetzungen und Eigenschaften präzise zu benennen. Ein kohärentes Risikomaß[28] ist ein Risikomaß ρ, dass die Eigenschaften der Monotonität, Subadditivität, Homogenität und translationalen Invarianz erfüllt. Wir betrachten dazu ein Zufallsergebnis X als Element eines linearen Raums L von Maßfunktionen, definiert über einem geeigneten Wahrscheinlichkeitsraum. Ein Funktional $\rho: L \to \mathbb{R}$ ist ein kohärentes Risikomaß für L, falls es die folgenden Eigenschaften erfüllt:

Monotonität: Falls $X_1, X_2 \in L$ und $X_1 \leq X_2$, dann $\rho(X_1) \leq \rho(X_2)$.

Das bedeutet: Falls ein Portfolio X_2 immer bessere Werte als ein Portfolio X_1 unter allen Umständen hat, sollte das Risiko von X_2 weniger als das Risiko von X_1 sein.

Subadditivität: Falls $X_1, X_2 \in L$, dann $\rho(X_1 + X_2) \leq \rho(X_1) + \rho(X_2)$.

Tatsächlich kann das Risiko von zwei Portfolios zusammen keinesfalls größer sein als die Summe der Risiken der separierten Portfolios. Das ist das Diversifikationprinzip.

Positive Homogenität: Falls $\alpha \geq 0$ und $X \in L$, dann $\rho(\alpha X) = \alpha \rho(X)$.

Anschaulich gesprochen heißt das: Falls man sein Portfolio verdoppelt, dann verdoppelt man sein Risiko.

Translationale Invarianz: Falls $m \in \mathbb{R}$, und $X \in L$, dann $\rho(X + m) = \rho(X) - m$.

Der Wert m wird bar zum Portfolio X addiert (wie bei einer Versicherung). Das Risiko von $X + m$ ist dann geringer als das Risiko von X, und die Differenz ist exakt das hinzugefügte Bargeld m. Daher wird die translationale Invarianz auch Cash-Invarianz genannt. Insbesondere gilt: Falls $m - \rho(X)$, dann $\rho(X + \rho(X)) - 0$.

Der Begriff der Kohärenz wurde schrittweise abgeschwächt. Die Begriffe der Subadditivität und positiven Homogenität kann durch den Begriff der Konvexität ersetzt werden:

Konvexität: Falls $X_1, X_2 \in L$ and $0 \leq \lambda \leq 1$, dann $\rho(\lambda X_1 + (1 - \lambda)X_2) \leq \lambda \rho(X_1) + (1 - \lambda)\rho(X_2)$.

Dazu betrachte man eine Menge von möglichen zukünftigen Ergebnissen, die durch die Ressourcen eines Investors erzeugt werden können. Eine Investmentstrategie führt zu X_1, während eine zweite Strategie zu X_2 führt. Falls man diversifiziert, indem man nur den Anteil λ der Ressourcen der ersten Möglichkeit verbraucht und den verbleibenden Anteil für die zweite Alternative benutzt, erhält man $\lambda X_1 + (1 - \lambda)X_2$. Daher drückt das Axiom der Konvexität exakt aus, dass Diversifikation nicht das Risiko steigern sollte.

Es lässt sich beweisen, dass der Value at Risk (VaR) positiv homogen ist, aber im Allgemeinen kein kohärentes Risikomaß, da er nicht die Bedingung der Subadditivität erfüllt. Daher ist er nicht konvex. Es folgt unmittelbar, dass der Value at Risk von Diversifikation abraten könnte. Value at Risk ist jedoch kohärent unter der Annahme von normalverteilten Verlusten, wenn der Wert des Portfolios eine lineare Funktion der Vermögenspreise ist. Der durchschnittliche (average) Value at Risk auf Level λ (im Intervall zwischen 0 und 1) beträgt

$$AVaR_\lambda = \frac{1}{\lambda} \int_0^\lambda VaR_\alpha(X)d\alpha$$

Dieses Maß wird auch bedingter VaR («conditional value at risk») oder erwartetes Defizit genannt und erfüllt die Bedingungen eines kohärenten Risikomaßes.[29]

Wir haben bereits betont, wie ernst die Ungewissheit von Finanz-modellen zu nehmen ist, da sie keine Eins-zu-eins-Abbildung der Finanzmärkte sind. Daher sollte eine Klasse von möglichen Wahr-scheinlichkeitsmodellen mit verschiedenen Handicaps betrachtet werden. In der mathematischen Theorie konvexer Risikomaße soll ihre Darstellung systematisch abgeleitet werden.

Konvexe Risikomaße und Modellunsicherheit: Die Klasse M ent-hält alle möglichen Wahrscheinlichkeitsmodelle Q, die mehr oder weniger stark ernst genommen werden unter Berücksichtigung einer Straffunktion (Penalisierung) $\pi(Q)$. Auf diese Weise wird in der ma-thematischen Theorie die Erfahrung der Praktiker berücksichtigt, dass man sich nicht auf ein einziges Modell verlassen darf, sondern die verschiedenen Modelle flexibel bei unterschiedlichen Anwen-dungsbedingungen einsetzen sollte. In einem Stresstest der Modelle muss der schlimmste Fall besondere Beachtung finden.

Ein konvexes Risikomaß berechnet daher die Erwartung des schlimmsten Falls für alle Modelle Q und berücksichtigt dabei die Straffunktion (Penalisierung) $\pi(Q)$. Die Klasse M der möglichen Wahrscheinlichkeitsmodelle ist eine Menge von Wahrscheinlich-keitsmaßen derart, dass der Erwartungswert $E_Q(X)$ für alle Modelle Q und Portfolios X wohldefiniert ist. Nach Föllmer und Schied[30] hat dann die (duale) Darstellung eines konvexen Risikomaßes ρ die Form

$$\rho(X) = sup_{Q \in M} \ (E_Q(-X) - \pi(Q)).$$

Diese Modelle werden also nicht länger als definitive Abbildungen der Realität betrachtet, sondern vielmehr einem Stresstest unterzo-gen. Stresstests prüfen die Modellrobustheit für extreme Szenarien. Man ist nicht länger auf ein Modell fixiert, sondern beachtet jeweils den schlimmsten Fall. Die Mehrdeutigkeit der Modelle wird im Be-rechnungsverfahren explizit berücksichtigt.

Beschränkte Rationalität und Big Data: In komplexen Märkten verhalten sich Menschen nicht nach den axiomatisch festgelegten rationalen Erwartungen eines «repräsentativen Agenten» («homo oe-conomicus»), sondern entscheiden und handeln mit unvollständi-gem Wissen, Emotionen und Reaktionen (z. B. Herdenverhalten).

Der amerikanische Nobelpreisträger Herbert A. Simon (1916–2001) spricht daher von beschränkter Rationalität («bounded rationality»).[31] Gemeint ist damit, dass die Suche nach Alternativen eingestellt werden kann, wenn eine vorläufig befriedigende Lösung gefunden ist, obwohl bessere Möglichkeiten existieren könnten. Es geht also nicht um Optimierung, sondern den Einsatz von Heuristiken, die durchaus zu schnellen und unter gegebenen Umständen zufriedenstellenden Ergebnissen führen können. Die Suchalgorithmen von Big Data sind moderne Beispiele für Lösungsverfahren unter den Bedingungen gigantischer Datenmassen. Simon hatte zu seiner Zeit mit Entscheidungsprozessen in großen Firmen, Verwaltungen und Organisationen zu tun, die ihm erstmals die Beschränkungen bei praktischen Entscheidungsprozessen des Managements vor Augen führten. Es ist bemerkenswert, dass Simon nicht nur ein bedeutender Ökonom war, sondern zugleich einer der Begründer der KI (Künstliche Intelligenz)-Forschung. Auch hier ging es ihm um die Bedingungen von Problemlösungsalgorithmen, die in einer Maschine programmierbar sind.

Daher muss das faktische Verhalten unterschiedlicher Menschen in wechselnden Situationen mit Kognitions- und Gehirnforschung, Psychologie und Soziologie interdisziplinär untersucht werden. Die experimentelle Ökonomie, die empirisch das Entscheidungsverhalten von Menschen unter wechselnden Bedingungen untersucht, liefert dafür wichtige Daten. Zusammen mit robusten Modellklassen für Krisen und Risiken sind wir auf die komplexe Dynamik von Wirtschaft und Gesellschaft vorbereitet.

Karl Popper und der schwarze Schwan: Statt das «Ende der Theorie» hat der Philosoph und Wissenschaftstheoretiker Sir Karl Popper (1902–1994) die «Falsifikation der Theorie» gefordert.[32] Nach Popper sind allgemeine empirische Gesetze nur Hypothesen. Sie gelten nur vorläufig, bis sie durch ein (unverhofftes) Gegenbeispiel falsifiziert werden. So glaubten Europäer bis ins 17. Jahrhundert: «Alle Schwäne sind weiß.» Bei der Entdeckung Australiens wurden schwarze Schwäne entdeckt. Eine komplexe globale Welt ist voller Überraschungen.

Bertrand Russell und der naive Truthahn: Viele positive Bestätigungen steigern nicht die Wahrscheinlichkeit einer allgemeinen Annahme. Der Logiker und Philosoph Bertrand Russell (1872–1970) erläutert dieses Induktionsproblem durch einen Überraschungsschock:[33] Jeden Tag wird ein Truthahn von einem Menschen gefüttert. Nach vielen Monaten hält der Truthahn das für eine allgemeine Lebensregel. Am Nachmittag des Tags vor dem Weihnachtsfest wird dem Truthahn etwas Unerwartetes widerfahren und er wird seine Überzeugung ändern müssen. Sind wir die naiven Truthähne im Zeitalter der Globalisierung, wenn wir blind einem Datenmuster folgen, das sich in ruhigen Zeiten bewährt hatte?

Nassim Taleb und das «Ende der Theorie»:   Der philosophische Schriftsteller und Finanzpraktiker Taleb leitet aus den vergangenen Finanzkrisen ein generelles Misstrauen gegen alle mathematischen Theorien der Finanzmärkte ab.[34] Während Theorien und Gesetzeshypothesen für Popper wichtige Instrumente für Erklärungen und Prognosen sind, bestreitet Taleb überhaupt die Möglichkeit, aus vergangenen Datenmustern statistische Prognosen über zukünftige Ereignisse ableiten zu können. Seine Argumente begründet er mit den Ereignissen der vergangenen Finanzkrisen, bei denen Finanzmodelle nicht nur als Frühwarnsysteme kläglich versagten, sondern durch ihre (falsch verstandenen) Methoden noch zur Verschärfung beigetragen haben.

Als Praktiker votiert Taleb für Experimente und das Sammeln von Daten, die erläutert und als Erfahrungen weitergegeben werden sollen. Philosophisch leitet er aus dieser Haltung einen scharfen Anti-Platonismus ab, der das Ende allgemeiner Theorien verkündet. Daten sind willkürlich und dem Zufall unterworfen. Poppers «schwarze Schwäne» werden für ihn zum Symbol blinder Zufälle und unvorhersehbarer Ereignisse. Insofern würde Taleb auch die Algorithmen von Big Data als irreführend betrachten, da sie von Korrelationen in Daten ausgehen, die Prognosen über zukünftige Ereignisse beanspruchen. Wissen und Technik sind nach Taleb aber nur das Ergebnis «stochastischer Bastelei» und nicht durch Theorien begründet.

Der Aberglaube an ein Perpetuum Mobile der Gewinnmaximierung: Die Pauschalität der Talebschen Argumente ist zugleich ihre Schwäche. Richtig ist Talebs Kritik am unreflektierten Gebrauch von Formeln in seiner Börsenbranche. Unter lauter Blinden war der Einäugige in der vergangenen Finanzkrise König: Taleb verstand etwas von den angewendeten mathematischen Methoden in der Finanzbranche und erkannte, dass die Voraussetzungen der angewendeten Modelle nicht erfüllt waren. Das spricht aber nicht gegen die Konsistenz der mathematischen Methoden.

Ob Bacheliers Normalfunktion, Black-Scholes-Formel oder VaR (Value at Risk) – das ist keine schlechte Mathematik, sondern im Gegenteil jeweils ein präzises mathematisches Modell unter genau angegeben Bedingungen. Wie in der Wissenschaft immer sind auch Finanzmodelle Wenn-Dann-Aussagen, nach denen aus angenommenen Voraussetzungen Konsequenzen logisch-mathematisch (deterministisch, statistisch oder stochastisch) ableitbar sind. Es sind keine Wunderwaffen, mit denen man Risiken umverteilen und auf Null minimieren kann (z. B. durch Verbriefungen), um Gewinne aus dem Nichts wie mit einem Perpetuum Mobile zu generieren. Die menschliche Gier verblendete den unbedarften Verstand und ließ theorieblinde Zeitgenossen den Sirenenklängen vermeintlicher Gewinnmaximierung folgen. Hier hätte es also mehr Theoriekenntnisse bedurft, um Daten und ihre Korrelationen beurteilen zu können. Es gibt nämlich kein «free lunch» (kostenfreies Mittagessen) – nicht nur in der Finanzwelt: Das Perpetuum Mobile, das aus dem Nichts Energie erzeugt, ist in dieser Welt nach dem 2. Hauptsatz der Thermodynamik ausgeschlossen. Bevor Neues in dieser Welt entsteht, muss Arbeit investiert werden: Das sagt ein Gesetz, auf dem unser gesamtes Wissen beruht.

Skeptische Philosophie und Big Data: Talebs philosophische Einstellung ist keineswegs neu. Er stellt sich selbst in eine Tradition der skeptischen Philosophie, die in der Antike z. B. durch den Arzt und Philosophen Sextus Empiricus vertreten wird. In 2. Jahrhundert n.Chr. verfasste dieser Philosoph Bücher in griechischer Sprache «Gegen die Mathematiker» und «Gegen die Dogmatiker», in denen er die Erkenntnisse seiner Zeit in Frage stellte und grundsätzlich die Möglichkeit gesicherten Wissens bestritt.

Von entscheidender Bedeutung für die skeptische Philosophie in der Neuzeit wurde der schottische Philosoph David Hume (1711–1776). Hume zweifelte nicht nur an einem Wissen unabhängig von der menschlichen Wahrnehmung, sondern auch an notwendigen Kategorien des Denkens wie dem Kausalgesetz. Ursachen und Wirkungen sind vielmehr Wahrnehmungen, die aus Gewohnheit aufgrund von gehäuftem Vorkommen im menschlichen Bewusstsein miteinander verbunden werden. Folgt wiederholt Donner auf Blitz, so werden diese Wahrnehmungen im Gedächtnis verbunden und führen zu einer Erwartungshaltung bzw. einem Glauben des Bewusstseins. Wir glauben schließlich: Wenn es blitzt, folgt irgendwann der Donner. Modern gesprochen untersucht Hume statistische Korrelationen von Ereignissen und begründet sie psychologisch.[35] Unser Gehirn ist, wie in der Einführung erwähnt wurde, auf das Erkennen von Mustern und Regularitäten trainiert.

Humes erkenntnistheoretische Skepsis ist radikal: Er zweifelt nicht nur an deterministischen Kausalgesetzen der Natur und des Denkens. Er zweifelt auch am blinden Zufall in der Natur, da wir nie mit Gewissheit wissen können, ob die Beobachtung eines Ereignisses, dessen Ursache wir nicht kennen, nicht doch eine Ursache hat. Allerdings ist unsere Unkenntnis einer Ursache selber eine Tatsache, die unseren Glauben, unsere Annahmen und Erwartungen von Ereignissen beeinflusst. Messbar wird dieser Glaube in den Wahrscheinlichkeiten, die wir Ereignissen aufgrund der Häufigkeit ihres Eintreffens zuordnen.[36] Gesetzmäßigkeiten sind daher nach Hume nicht notwendig deterministisch und sagen Ereignisse mit Gewissheit voraus. Vielmehr gibt es Grade der Regelmäßigkeit, mit denen Ereignisse eintreffen können. In der Mechanik sind, so führt Hume aus, keine Ausnahmen bekannt. Über die Regeln der Medizin bis zum Alltag nehme der Grad der Regelmäßigkeit jedoch ab und die Anzahl der Ausnahmen zu. Damit werden Prognosen mit unterschiedlichen Graden der Gewissheit möglich. Mit David Hume begegnen wir also einem konsequenten Erkenntnistheoretiker, der das moderne Denken in Wahrscheinlichkeiten einleitet. Data Mining und das Auffinden von Korrelationen in Datenmengen sind ganz auf der Humeschen Linie. Warum Regularitäten sich aber immer wieder bewähren können, bleibt bei Hume ebenso unbeantwortet wie in zeitgenössischer Big-Data-Technologie.

Berechenbarkeit der Soziodynamik: Risiken, Ungewissheit und Wahrscheinlichkeit sind typisch für die komplexen Gesellschaften, in denen Menschen leben. Um Trends und Attraktoren zukünftiger Entwicklungen in solchen komplexen Systemen zu erkennen, wird allgemein die Mikroebene der Systemelemente von der Makrodynamik des Gesamtsystems unterschieden. Hier setzt das Modellierungskonzept der Soziodynamik («sociodynamics») an.[37] Neuerdings werden dafür auch die missverständlichen Bezeichnungen «Soziophysik» («sociophysics») und «Econophysics» (englisch aus «economics» und «physics») verwendet. Sie suggerieren nämlich einen sozialwissenschaftlichen Physikalismus, wonach soziale Prozesse wie in der «Soziophysik» des 19. Jahrhunderts auf Gesetze der Physik zurückgeführt würden. Tatsächlich handelt es sich um den mathematischen Formalismus komplexer dynamischer Systeme, der unabhängig von physikalischen Größen und Konstanten ist und durch geeignete sozialwissenschaftliche Zustandsgrößen interpretiert wird.

Methodisch wird dazu die Mikroebene individueller Entscheidungen einzelner Menschen von der Makroebene kollektiver Prozesse unterschieden. Es besteht nur eine formale Analogie mit der Thermodynamik, da auch probabilistische Kollektiventwicklungen durch stochastische Differentialgleichungen (z. B. Mastergleichungen wie in der Thermodynamik) modelliert werden. Allerdings liegen nun gesellschaftliche Makrozustände (Soziokonfigurationen) zugrunde, die mit sozialwissenschaftlichen Methoden gemessen werden. Jede Komponente einer Soziokonfiguration bezieht sich auf eine Teilpopulation mit einem charakteristischen Verhaltensvektor.

In einer Soziokonfiguration werden u. a. materielle Variablen (z. B. Preise an der Börse, Immobilienwerte einer Firma, Produktionsumfang) und personelle Variablen (z. B. Berufsangaben, biographische Daten, Einstellungen, Stimmungen) unterschieden, die verschiedenen Teilpopulationen zugeordnet werden. So lassen sich in einer Firma verschiedene Abteilungen unterscheiden, die durch Zustände unterschiedlicher Gebäude, Firmenaufgaben, Personengruppen u. ä. bestimmt sind. Die Soziokonfiguration beschreibt den Gesamtzustand der Firma zu einem Zeitpunkt. Für ihre einzelnen Segmente können stochastische Annahmen über wahrscheinliche Veränderungen in einem Zeitintervall (Phasenübergänge) angenommen werden: Wie wahrscheinlich ist es z. B., dass ein Mitarbeiter von einer Abteilung in die andere wechselt? Wie wahrscheinlich ist die Veränderung seiner Einstellung zu einem bestimmten Thema? Diese Annahmen werden auf der Grundlage statischer Erhebungen gewonnen. Wenn wir uns die einzelnen Teilzustände der Sektionen in einem Flussdiagramm vorstellen, finden ständig Teilübergänge statt, die auf der Makroebene zu Phasenübergängen der gesamten Soziokonfigurationen führen. Die zeitliche Veränderung der Soziokonfigurationen beschreibt die Dynamik des gesamten sozialen Systems (z. B. eine Firma) und kann durch eine stochastische Differentialgleichung (z. B. Mastergleichung) modelliert werden.

Die Situation ist aus der statistischen Physik bekannt: Bei einer Brownschen Bewegung wird ein Teilchen regellos vorwärts oder rückwärts gestoßen. Durch dauernd ablaufende Hüpfprozesse verändert sich die Wahrscheinlichkeit, ein Teilchen zu einer bestimmten Zeit an einem bestimmten Ort anzutreffen. Seine Bewegung lässt sich durch eine Gleichung beschreiben, mit der die zeitliche Veränderung einer Wahrscheinlichkeitsverteilung bestimmt wird. Um allgemein die zeitliche Veränderung dieser Wahrscheinlichkeitsverteilung während eines Zufallsprozesses zu berechnen, wird in der statistischen Physik die sogenannte Master-Gleichung hergeleitet. Die Master-Gleichung ist von fachübergreifender Bedeutung für alle Zufallsprozesse der Physik, Chemie, Biologie, Ökonomie und Sozialwissenschaften.[38] Sie kann auf Wahrscheinlichkeitsverteilungen von Molekülen, Zellen, Organismen, Wirtschaftsagenten oder Bürgern einer Gesellschaft angewendet werden. Im Mittelpunkt steht die Frage, wie sich eine Wahrscheinlichkeitsverteilung im Laufe der Zeit unter bestimmten Bedingungen verändert.

In Computergraphiken können z. B. die sich verändernden Wanderungsströme zweier Populationen analog einer Flussdynamik als unterschiedliche Attraktoren dargestellt werden – von Ghettobildungen (Punktattraktoren) über oszillierende bis zu chaotischen Zuständen. Allerdings werden dabei soziale und ökonomische Faktoren und Interaktionen berücksichtigt und keine energetischen Wechselwirkungen.

Auf der Mikroebene können wir keine individuellen Entscheidungen voraussehen. Wir beobachten allerdings die typische lokale Aktivität von Individuen, die wir in der Biologie schon bei Zellen in Organismen und Neuronen in Gehirnen festgestellt haben. Lokale Aktivität bedeutet Verstärkung von Inputsignalen und Umsetzung in Handlungen, die zusammen mit anderen Individuen neue Cluster auf der Makroebene (z. B. Märkte, Firmen, Institutionen) bilden. Von besonderem Interesse ist das Verhalten am «Rand des Chaos», da hier komplexe Strukturbildungen zu erwarten sind, wie wir an Beispielen der Naturwissenschaften in Kapitel 9 gesehen haben. Würde man die stochastischen Gleichungen dieser Individuen kennen, könnte man ihre Parameterräume bestimmen und diese Clusterbildungen im Prinzip berechnen. Tatsächlich lassen sich auf der Makroebene mögliche Szenarien kollektiver Trendentwicklungen unter bestimmten Nebenbedingungen (Kontrollwerten) erkennen und simulieren, auch wenn die Bewegungsgleichungen der einzelnen Individuen auf der Mikroebene nicht bekannt sind.

In der Soziodynamik wird keine neuartige Kausalität zugrunde gelegt. Es handelt sich auch bei sozialen Systemen um eine nichtlineare Dynamik komplexer Systeme, die vielfältige Rückkopplungen von gleichzeitigen Wechselwirkungen vieler Elemente berücksichtigt. Allerdings verfügen wir in der Regel über keine Bewegungsgleichungen für das individuelle Verhalten der Systemelemente auf der Mikroebene. Menschen sind keine Moleküle oder Zellen. Dennoch erzeugen z. B. ihre politischen Präferenzen kollektive Wahltrends, die ähnlich wie Strömungsmuster auf das Wahlverhalten des Einzelnen zurückwirken.

Man könnte daran denken, auf der Mikroebene Gleichungen individueller Gehirndynamik zugrunde zu legen. Allerdings wäre dieser Ansatz wegen der Komplexität solcher Gleichungen nicht praktikabel. Daher unterstellen Sozialwissenschaftler auf der Mikroebene Zufallsfluktuationen und arbeiten auf der Makroebene mit statistischen Verteilungsfunktionen, deren Dynamik mit stochastischen Gleichungen modelliert wird.[39]

Komplexitätsmanagement und Berechenbarkeit: Komplexitäts- und Krisenmanagement ist dann erfolgreich, wenn wir die nichtlineare Dynamik komplexer Systeme verstehen.[40] Für ein Unternehmen gilt es daher herauszufinden, wieweit es sich in die Nähe von Instabilitäten mit ihren typischen Zufallsfluktuationen bewegen sollte, um Innovationsschübe auszulösen und das Abgleiten in Zerfall, Orientierungslosigkeit und Chaos zu vermeiden. Am «Rand des Chaos» kann dagegen «lokale Aktivität» zu außerordentlicher Kreativität führen, wie uns das Prinzip der lokalen Aktivität in vielen Beispielen gezeigt hat. In der Theorie komplexer dynamischer Systeme lassen sich globale Trends durch wenige statistische Verteilungsgrößen modellieren. Wir müssen z. B. nicht das tatsächliche Mikroverhalten jedes einzelnen Autofahrers kennen, um für bestimmte Verkehrsdichten ein Makroverhalten wie Stop-and-Go-Wellen oder Verkehrsinfarkt voraussagen zu können. Intelligente Verkehrsleitsysteme müssen lernen, solche Trends rechtzeitig aus statistischen Dichtemustern zu erkennen und sich dem Verkehrsfluss anzupassen. Ebenso muss intelligentes Management lernen, mit Instabilitäten und Zufallsfluktuationen sensibel umzugehen und geeignete Rahmenbedingungen zu setzen, damit sich eine gewünschte Geschäftsdynamik selbst organisiert.

Unternehmen sind aber, so wird man einwenden, Systeme von Menschen mit Gefühlen und Bewusstsein, keine willenlosen Atome oder Moleküle. Allerdings entstehen auch in sozialen Gruppen globale Meinungstrends einerseits durch kollektive Wechselwirkung ihrer Mitglieder (z. B. Kommunikation). Andererseits wirken globale Trends auf die Gruppenmitglieder zurück, beeinflussen ihr Mikroverhalten und verstärken oder bremsen dadurch die globale Systemdynamik. Solche Rückkopplungsschleifen («Feedback») zwischen Mikro- und Makrodynamik eines Systems ermöglichen erst Lerneffekte im Unternehmen wie z. B. antizyklisches Verhalten, um bewusst schädlichen Trends entgegenzuwirken.

Verhaltensökonomie und Berechenbarkeit: Entscheidungen in Wirtschaft und Management finden unter Bedingungen der Unsicherheit statt, auch wenn sich einzelne Risiken mit Eintrittswahrscheinlichkeiten berechnen lassen. Der Grund ist der Faktor Mensch. Der Wirtschaftsnobelpreisträger und Mathematiker Reinhard Selten erkannte bei seiner Beschäftigung mit mathematischen Modellen der Spieltheorie, dass psychologische und soziale Faktoren eine grundlegende Rolle im Entscheidungsverhalten von Menschen spielen. Der Mathematiker gründete daraufhin ein Laboratorium für experimentelle Wirtschaftsforschung, an dem auch Human- und Sozialwissenschaftler arbeiten. Mathematische Theorien bleiben also blind, wenn sie entsprechende Humandaten nicht berücksichtigen. Menschliches Verhalten muss daher Gegenstand empirisch-experimenteller Forschung werden, um entsprechende Daten zu gewinnen. So zeigten Experimente in entsprechenden Laborversuchen, dass menschliches Verhalten die angenommenen Axiome sogenannter Entscheidungsrationalität verletzen.[41]

Der Wirtschaftsnobelpreisträger und Psychologe Daniel Kahneman spricht in dem Zusammenhang von kognitiven Verzerrungen. Sie beziehen sich auf Veränderungen in der Wahrnehmung und Bewertung von Situationen, die meistens unbewusst menschliches Entscheiden und Verhalten beeinflussen. So neigen Menschen dazu, Daten und Informationen für Entscheidungen so auszuwählen und zu verstehen, dass sie ihren eigenen Erwartungen entsprechen. Die eigene Bedeutung wird überhöht und daher falsch eingeschätzt. Ursachen von Schäden werden in einzelne Personen oder Personengruppen («Sündenböcke») projiziert, ohne die systemischen Zusammenhänge zu berücksichtigen. Seit langem ist in der Psychologie die Neigung bekannt, Korrelationen und Muster aus Daten zu lesen, wo tatsächlich keine sind. Der Wunsch oder die Angst sind hier Vater des Gedankens. Als Alternative zur traditionellen Erwartungsnutzentheorie schlugen Kahneman und Amos Tversky daher eine neue Erwartungstheorie («prospect theory») vor, in der solche kognitiven Verzerrungen berücksichtigt werden.[42]

Kognitive Verzerrungen sind allerdings keine mystischen Orakel, sondern können experimentell untersucht und ihre Daten in entsprechenden mathematischen Modellen berücksichtigt werden. In der klassischen Nutzentheorie berechnet man einen Erwartungswert, indem man die möglichen Resultate $x_1, x_2, ..., x_n$ mit ihren Eintrittswahrscheinlichkeiten $p_1, p_2, ..., p_n$ multipliziert und dann die so gewichteten Resultate $p_1 x_1$, $p_2 x_2$, ..., $p_n x_n$ addiert. Um den Erwartungswert u eines Nutzens («utility») zu berechnen, berücksichtigt Kahneman die kognitiven Verzerrungen von Eintrittswahrscheinlichkeiten und Resultaten durch entsprechende Funktionen. Ein einfaches Beispiel ist die Formel:

$$u = \sum_{i=1}^{n} w(p_i)v(x_i).$$

Dabei ordnet die Wertefunktion v («value function») den Resultaten $x_1, x_2, ..., x_n$ die Nutzwerte $v(x_1), v(x_2), ..., v(x_n)$ zu. Die dafür gewählte Funktion (vereinfachte Darstellung in Abb. 42) ist nichtlinear S-förmig und gewichtet Verluste stärker als Gewinne. Damit wird berücksichtigt, dass Menschen sich mehr vor Verlusten fürchten, als Gewinne bevorzugen. Eine Gewichtungsfunktion w der Wahrscheinlichkeiten berücksichtigt, dass Menschen z. B. unwahrscheinliche Ergebnisse überbewerten und höher wahrscheinliche Ergebnisse unterbewerten. Bekanntes Beispiel sind die relativ seltenen Flugzeugabstürze verglichen mit den sehr häufigen Verkehrsunfällen, die Menschen mit latenter Flugangst nicht beeindrucken können.

Solche mathematischen Modelle werden auf der Grundlage von empirischen Untersuchungen gewonnen und gehen nicht von dogmatisch festgelegten Rationalitätsannahmen aus. In der traditionellen Ökonomie wurden Axiome zugleich auch normativ verstanden:

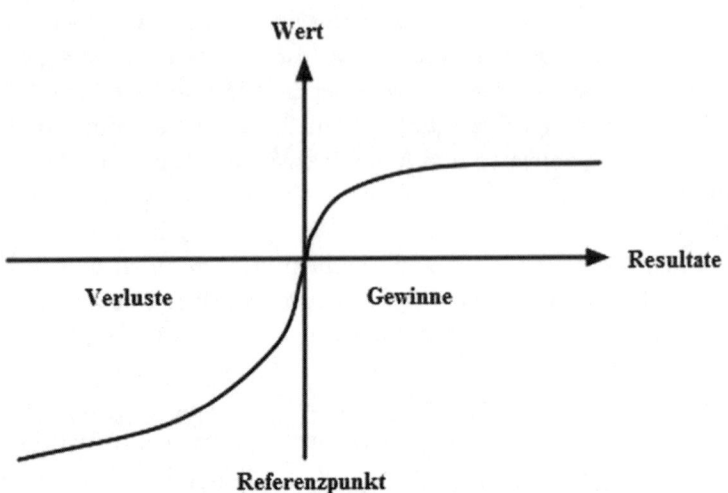

Abb. 42: Wertfunktion der neuen Erwartungstheorie (prospect theory)

Rational Handelnde «müssen» sich wie der *homo oeconomicus* verhalten und ihre Gewinne maximieren. Diese dogmatische Auffassung von Axiomen erinnert eher an Theologie und hat mit dem modernen Axiomenbegriff der Mathematik nichts zu tun. Mathematische Axiome sind formale Annahmen, die völlig willkürlich und nur einer logischen Konsistenz verpflichtet gewählt werden können. Die Auswahl wird im Rahmen der Mathematik durch mathematische Forschungsinteressen bestimmt, bei der Mathematisierung anderer Wissenschaften durch empirische Erfordernisse der jeweiligen Anwendungsmodelle. Wie David Hilbert bereits herausstellte (vgl. Kapitel 3), sind formale Axiomensysteme neutral gegenüber ihren Anwendungsinhalten.

Was macht die Mathematisierung der sozialen Welt so schwierig?
Trotz der vielfältigen mathematischen Modelle in Wirtschafts- und Sozialwissenschaft bleiben Zweifel an der Berechenbarkeit der sozialen Welt. Der Grund ist einfach: Während wir z. B. aus Physik und Technik präzise Prognosen gewohnt sind, erweist sich das Prognosepotential von ökonomischen Theorien in Wirtschaftskrisen als dürftig, von sozial- und politikwissenschaftlichen Theorien ganz zu schweigen. Mathematische Formalismen sind neutral und lassen sich im Prinzip auf alles und jedes anwenden. Welche Unterschiede liegen in den bisherigen Mathematisierungen von Natur- und Sozialwissenschaften vor?

Auffallend sind in der Physik die Naturkonstanten, die den mathematischen Naturgesetzen zugrunde liegen: Einsteins Lichtgeschwindigkeit c, Plancks Wirkungsquantum h, Gravitationskonstante G – um nur einige bekannte Größen zu nennen. Naturkonstanten sind dabei invariante Messwerte, die in den Formeln fundamentaler Naturgesetze auftreten und sich weder räumlich noch zeitlich verändern. Veränderungen dieser Größen würden nach unserem heutigen Wissen das Universum verändern. Eng mit den Naturkonstanten hängen Invarianz- und Symmetriegesetze zusammen, die in Kapitel 1 erklärt wurden. Dahinter stehen fundamentale mathematische Strukturen, aus denen die Wirkungen physikalischer Kräfte, der Aufbau unseres Universums und letztlich auch die Möglichkeiten menschlicher Technik abgeleitet werden.[43]

Fundamentale Konstanten und Invarianzgesetze dieser Art haben die Wirtschafts- und Sozialwissenschaften bisher nicht zu bieten. Mathematische Modelle erinnern in diesen Wissenschaften eher an die antiken und mittelalterlichen Epizykel- und Deferententheorien. Dort ging man von dem Glaubensaxiom aus, dass sich die Welt um den Menschen und seine Erde dreht. So ergab sich ein plausibles Modell mit Kugelschalen um die Erde im Kern, auf denen Planeten und Sterne befestigt waren. Das Modell erinnert an eine aufgeschnittene Zwiebel mit der Erde in der Mitte und war für jedermann einleuchtend. Für den Erdbeobachter wurde so erklärlich, dass sich Sterne um die Erde drehten. Als schließlich rückläufige Bewegungen von Planeten beobachtet wurden, nahm man kleine Zusatzkreise (Epizykel) an, deren gedachter Mittelpunkt sich auf den Großkreisen (Deferenten) um die Erde dreht. Die Planeten drehen sich auf den Epizykeln und erzeugen durch Kombination mit der Deferentenbewegung Schleifenbewegungen, die mathematisch exakt aus Geometrie und Kinematik ableitbar sind. Mathematisch konnte man den gedachten Mittelpunkt eines Epizykels auch auf einem anderen Epizykel kreisen lassen, um so durch Kombination mit allen möglich Epizykeln und Deferenten alle möglichen Bewegungsformen zu erzeugen.

Damit stand ein äußerst flexibles und mathematisch exaktes Modell zu Verfügung, das durch passende Annahmen von Epizykeln an neue Beobachtungen angepasst werden konnte und im Nachhinein alle möglichen Bewegungsformen erklärte. Dieses erinnert an manche Volkswirte, die während der Weltwirtschaftskrise 2008 wild voneinander abweichende Prognosen von sich gaben, aber post festum dem staunenden Publikum genau erklären konnten, wie es denn dazu gekommen war. Die verwendete Mathematik der antiken-mittelalterlichen Astronomen war ebenfalls exakt. Warum und wie sich aber ein Planet ausgerechnet in dieser Epizykelkombination bewegen sollte, war völlig unklar. Mit der physikalischen Wirklichkeit hatte das wenig zu tun. Erst als Newton die Keplerschen Ellipsenbahnen aus seiner Gravitationstheorie ableiten konnte, lag die physikalische Erklärung vor. Newtons Gravitationsgesetz beruht auf der fundamentalen Naturkonstante der Gravitation. Bereits als Galilei sein Fallgesetz durch Versuche an der schiefen Ebene fand, da war die Proportionalität von Fallhöhe und Quadrat der Fallzeit ebenfalls von dieser Naturkonstanten abhängig. Das war die Geburtsstunde der modernen Physik. Sind die Wirtschaftswissenschaften noch in einem vorgalileischen bzw. vornewtonschen Entwicklungsstadium? Muss der «Newton der Ökonomie» erst noch gefunden werden, so wie Kant den Newton der Biologie Ende des 18. Jahrhunderts vermisste, der das Leben mathematisch und experimentell erklären könnte?

Die Mathematisierung der Wissenschaften begann mit einfachen Modellen der Astronomie und Physik und setzte sich über Chemie zu Biologie fort. Auffallend ist die zunehmende Komplexität der Modelle – von wenigen Planeten in der frühen Astronomie bis zu Milliarden von Zellen, deren Wechselwirkungen in der Biologie zu erfassen sind. Weitgehend fehlen uns immer noch die Daten, um die Vorgänge in einer Zelle tatsächlich im Detail zu erfassen. Die ersten Entwicklungsschritte in der Verhaltensökonomie zeigen ebenfalls, dass wir dort vor einer immensen Komplexität nicht nur der Daten, sondern auch ihrer Zusammenhänge stehen, die in mathematischen Modellen zu erfassen sind. Wir wissen offenbar noch zu wenig über die Gehirne von Menschen, ihre kognitiven Fähigkeiten und ihr Verhalten, um zu robusten Erklärungsmodellen zu kommen. Hinzu kommt, dass solche Theorien unser Verhalten verändern können: Sagt die Theorie unter gegebenen Umständen eine Reaktion voraus, könnten wir uns das zu Nutze machen, um durch andere Reaktionen aus diesem Wissen Profit zu schlagen.

Neben der Komplexität ist der Faktor Zeit zu berücksichtigen, mit dem es die verschiedenen Theorien zu tun haben: Physikalische, chemische, biologische, psychologische und soziologische Theorien operieren auf unterschiedlichen Zeitskalen. So erklären sich auch die Naturkonstanten in der Physik. Sie sind keine «ewig» gültigen Größen. Die bisher bekannte Naturkonstante mit der längsten Laufzeit ist das Plancksche Wirkungsquantum, das seit Beginn der Quantenwelt angenommen werden muss. Die Gravitationskonstante trat erst auf, als sich die Gravitationskraft nach dem Big Bang von der einheitlichen Urkraft absonderte. Die Feinstrukturkonstante ist noch jüngeren Datums, da sie mit der Entstehung der elektromagnetischen Wechselwirkung verbunden ist. Es ist nicht ausgeschlossen, dass sich Naturkonstanten langfristig mehr oder weniger stark ändern könnten. Biologische Prozesse der Evolution traten erst mit Beginn des Lebens auf. Verhaltensregeln des Menschen gibt es erst seit wenigen Millionen Jahren. Sie korrelieren mit der Entwicklung des Gehirns. Unsere Verhaltensprogramme der Steinzeit sind keineswegs förderlich für das Zusammenleben in Zivilisationen mit Milliarden von Menschen. Daher werden wir uns ändern müssen, wenn wir unter komplexen Zivilisationsbedingungen weiter existieren wollen.

Kapitel 12:
Big Data – Die Berechnung der sozialen Welt

Internet der Dinge: Das Nervensystem der menschlichen Zivilisation ist mittlerweile das Internet. Das Internet war bisher nur eine («dumme») Datenbank mit Zeichen und Bildern, deren Bedeutung im Kopf des Nutzers entsteht. Um die Komplexität der Daten zu bewältigen, muss das Netz lernen, selbstständig Bedeutungen zu erkennen und zu verstehen. Das leisten bereits semantische Netze, die mit erweiterbaren Hintergrundinformationen (Ontologien, Begriffen, Relationen, Fakten) und logischen Schlussregeln ausgestattet sind, um selbstständig unvollständiges Wissen zu ergänzen und Schlüsse zu ziehen. So lassen sich z. B. Personen identifizieren, obwohl die direkt eingegebenen Daten jene nur teilweise beschreiben. Hier zeigt sich wieder, dass Semantik und Verstehen von Bedeutungen nicht vom menschlichen Bewusstsein abhängen.

Im Rahmen sich selbst organisierender Fach-, Anwendungs- und Interessengruppen entstehen Anforderungen und Nachfragen nach neuen Diensten und integrierten Lösungen. Verborgene RFID- und Sensortechnologie erschafft das Internet der Dinge, die untereinander und mit Menschen kommunizieren können. Für das Internet der Dienste werden Angebote und Technologien im Bereich Online-Handel bzw. Online-Dienstleistungen und Medienwirtschaft umfassend ausgebaut.

Soziale Netzwerke: In den Sozialwissenschaften wurde die mathematische Graphentheorie schon immer angewendet, um soziale

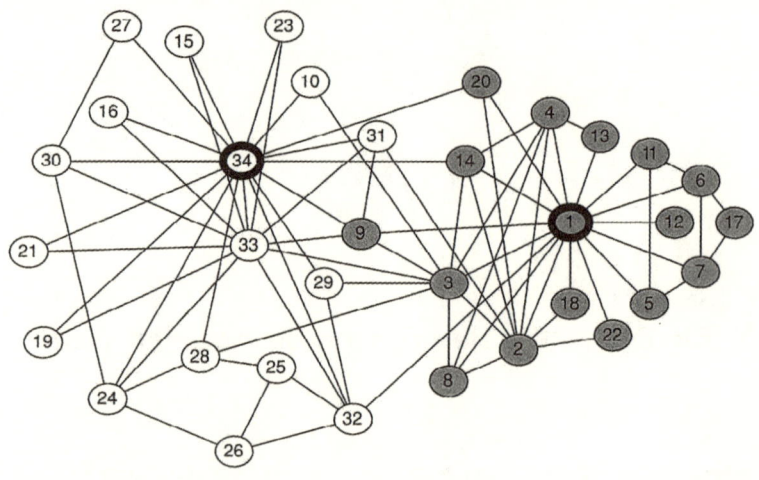

Abb. 43: Muster- und Clusterbildung in einer sozialen Gruppe

Netzwerke zu markieren.[1] Als Beispiel werden in einem Club die Mitglieder durch Netzknoten dargestellt (Abb. 43). Verbindungskanten geben an, ob die betreffenden Personen auch außerhalb des Clubs befreundet sind. So werden Cluster von Personengruppen sichtbar. Eventuell erkennt man einzelne Personen, die als Meinungsführer jeweils ein Cluster um sich scharen, selber aber nicht befreundet sind. Damit werden Bruchlinien des Clubs erkennbar.[2]

Soziale Netzwerke der Kommunikation können aus Spuren von online Daten rekonstruiert werden. So kann ein Muster der e-mail Kommunikation unter den Angestellten einer Firma mit der offiziellen Organisationshierarchie abgeglichen werden (Abb. 44). Die Links zwischen Webseiten werden verwendet, um dichte Vernetzungen zwischen prominenten Websites anzuzeigen. Auch hier lässt sich Information über soziale Konstellationen aus den Clusterstrukturen ableiten.[3]

Ein Netzwerk von Kreditvergaben in Finanzinstitutionen kann genutzt werden, um die Rollen zu analysieren, die verschiedene Funktionsträger im Finanzsystem spielen und wie ihre Wechselwirkungen sie selbst und das gesamte System beeinflussen. Das

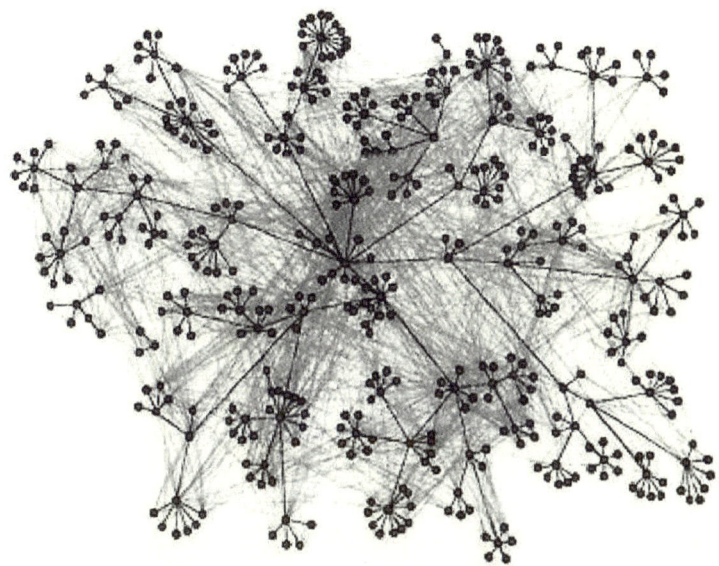

Abb. 44: Muster- und Clusterbildung durch E-Mail-Links

Netzwerk von Kreditgebern und Kreditnehmern zeigt die Dichte und Konzentration der Interaktionen an. Der internationale Handel zwischen Ländern weltweit kann durch ein Netz illustriert werden, in dem die Dicke jedes Links zwischen zwei Ländern den Umfang des Handels anzeigt. Damit werden Länder sichtbar, die mächtige Positionen einnehmen und daraus wirtschaftliche Vorteile ableiten.

Facebook, Twitter und Big Data: Mit Facebook und Twitter betreten wir eine neue Dimension der Datencluster. Ihre Informations- und Kommunikationsinfrastrukturen erzeugen soziale Netzwerke unter Millionen von Nutzern, beeinflussen und verändern damit die Gesellschaft weltweit. Facebook entstand als soziales Netzwerk einer Universität (Harvard 2004). Soziale und persönliche Daten sind ständig online. Daten sind dabei keineswegs nur Texte, sondern vor allem auch Bilder und Tondokumente. Facebook beruht nach seinem Begründer Mark Zuckerberg auf drei Säulen: Im sogenannten Newsfeed werden aktuelle Informationen über die eigenen Facebook-Kontakte vermittelt. Timeline (oder deutsch «Chronik») enthält Informationen über die Aktivitäten des Profilinhabers. Der dritte angebotene Dienst ist Graph Search. Es handelt sich um eine Suchfunktion für soziale Medien.

Mit dieser Suchfunktion kann der Nutzer alle Inhalte durchsuchen, die mit ihm geteilt wurden. Bei einer Milliarde Menschen, 240 Milliarden Fotos und einer Billion Verbindungen bei Facebook ist eine Suchfunktion überfällig. Suchergebnisse beruhen auf der Zahl der «Likes», die für bestimmte Themen gesammelt werden. Graph Search kann entsprechende Fragen konkret beantworten. Informationen, die von engen Freunden stammen, sind höher bewertet als solche von entfernteren Bekannten. Im Vordergrund stehen Menschen, Fotos, Orte und Interessen. Suchanfragen beziehen sich z. B. auf «Filme, die meine Freunde mögen», «Mode, die meine Freunde mögen», «Videos, die Softwareentwickler mögen» oder «Leute, die Thomas heißen und in einem bestimmten Zeitraum an der Uni Konstanz waren». Suchanfragen, die Facebook nicht erfüllen kann, werden an die Microsoft-Suchmaschine Bing weitergegeben. Damit soll ein Social Search als Verbindung von Informationen in sozialen Netzwerken und aus traditioneller Websuche wie bei Google realisiert werden.

Prinzip lokaler Aktivität und Big Data: Komplexe Muster und Cluster entstehen in Netzwerken durch lokal aktive Knoten. Wenn Menschen durch die Aktivität ihrer Netznachbarn beeinflusst werden, kann sich die Anpassung an ein neues Produkt oder an eine Innovation kaskadenhaft im Netz ausbreiten (Abb. 45).[4] Die Ausbreitung einer epidemischen Krankheit (z. B. Tuberkulose) ist ebenfalls eine Form kaskadenhafter Musterbildung im Netz (Abb. 46).[5] Die Ähnlichkeiten zwischen biologischen und sozialen Ansteckungsmustern führen zu interdisziplinären Forschungsfragen. Die lokale Aktivität und gegenseitige Beeinflussung der Netzknoten (seien es nun Kunden oder Patienten) lassen sich im Prinzip durch Diffusions-Reaktionsgleichungen beschreiben. Ihre Lösungen entsprechen Muster- und Clusterbildungen. Wenn die Parameterräume dieser

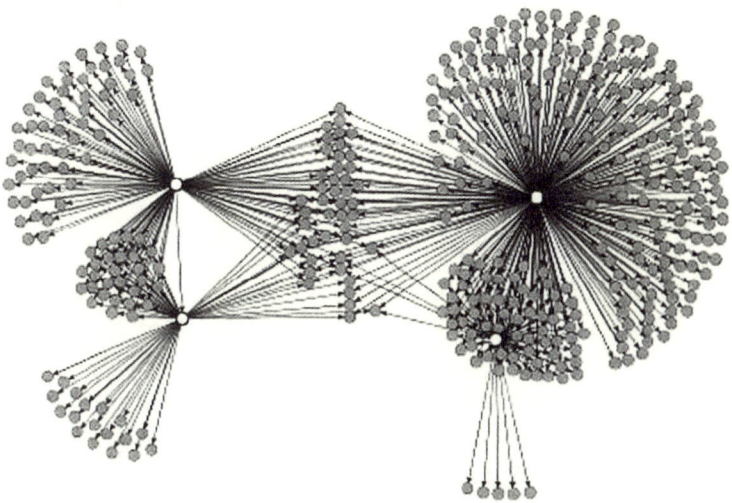

Abb. 45: Lokale Aktivität führt zu kaskadenhafter Ausbreitung eines Produkts oder einer Innovation.

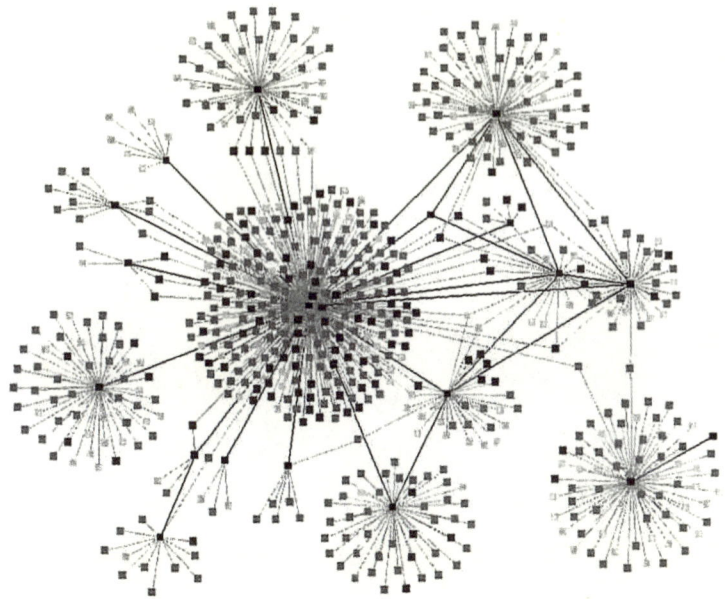

Abb. 46: Lokale Aktivität führt zu kaskadenhafter Ausbreitung einer Epidemie.

Gleichungen bekannt sind, lassen sich die möglichen Clusterbildungen systematisch berechnen.

Datenexplosion und Big Data: Big Data bezieht sich auf den Umfang der Daten, die in solchen Netzen generiert und verarbeitet werden. Die wachsende Vielfalt und Komplexität der Dienste und Möglichkeiten im Netz führt zu einer Datenexplosion von Petabytes (Abb. 47). Während die Unternehmensressourcenplanung (ERP = Entropie-Resource Planning) mit Megabytes auskam und das Kundenbeziehungsmanagement (CRM = Costumer Relationship Management) auf Gigabytes anstieg, arbeitet das Web mit Web-Logs-Angeboten, Suchmärkten und Verhaltensspuren bereits im Bereich von Terabytes. Erst mit Sensoren (RFID), mobilen Netzen, Klickströmen, HD-Videos, Audio, Bildern, SMS und MMS beginnt die Welt von Big Data im Petabyte-Bereich.

In der digitalen Welt verdoppelt sich nach aktuellen Schätzungen das weltweite Datenmeer alle zwei Jahre. Unter dem Begriff «Big Data» fassen Experten zwei Aspekte zusammen: zum einen die immer schneller wachsenden Datenberge, zum anderen IT-Lösungen und Management-Systeme, mit denen wissenschaftliche Institutionen und Unternehmen Daten auswerten, analysieren und daraus Er-

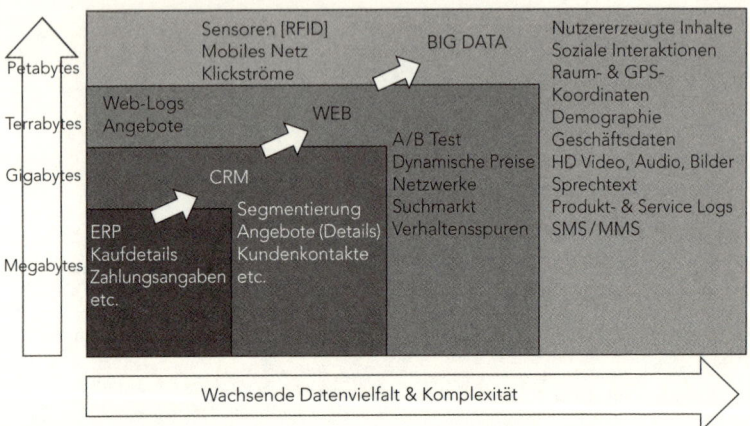

Abb. 47: Datenexplosion und Big Data

kenntnisse ableiten können. Rund um die Gewinnung, Aufbereitung und Nutzung von Daten hat sich eine Industrie entwickelt, in der Konzerne wie Google, Facebook und Amazon bloß die bekanntesten Vertreter sind. Tausende andere Unternehmen leben davon, Informationen zu generieren, miteinander zu verknüpfen und weiterzuverkaufen – ein gigantischer Markt. Mit Big-Data-Technologie erhält das Management eine deutlich verbesserte Grundlage für zeitkritische Entscheidungen unter wachsender Komplexität.[6]

Big Data und das «Ende der Theorie»?   Auch in der Wissenschaft spielt die datenintensive Forschung eine immer wichtigere Rolle: Durch Big Data soll es z. B. möglich sein, Grippewellen mit Hilfe des Internets vorherzusagen oder anhand der Genom-Sequenzierung individuelle Krebstherapien zu entwickeln. Ohne die Möglichkeiten von Big Data wäre es im CERN nicht gelungen, das Higgs-Teilchen zu finden. Chris Anderson, Ex-Chefredakteur des Magazins «Wired», hat sogar schon das «Ende der Theorie» ausgerufen: Je mehr Daten, desto schneller und effektiver die wissenschaftliche Erkenntnis.[7] Deshalb sind folgende Fragen zu stellen:

- Braucht die Wissenschaft tatsächlich keine Theorien mehr, weil riesige Datenmengen alle Antworten liefern? Haben Zufall und Intuition ausgedient?
- Viele tagtäglich gesammelte Daten werden zur Steuerung von sicherheitsrelevanten Prozessen verwendet: Wie lassen sich diese Daten vor Hacker-Angriffen schützen?
- Welche Folgen ergeben sich für die User, deren Daten über Internet und Smartphone von Unternehmen gesammelt werden – meist ohne dass die Nutzer es wissen? Mitglieder sozialer Netzwerke geben Informationen eigentlich nicht preis, damit Handelsketten oder Krankenversicherungen sie auswerten und Profile erstellen. Wie können sich Bürger und Kunden vor Datenmissbrauch schützen?

Definition von Big Data: Big Data bezeichnet Datensets, deren Größe und Komplexität (Petabyte-Bereich) durch klassische Datenbanken und Algorithmen zum Erfassen, Verwalten und Verarbeiten von Daten zu überschaubaren Kosten und in absehbarer Zeit nicht möglich ist. Dabei sind drei Trends zu integrieren:

- – Massives Wachstum von Transaktionsdatenmengen («Big Transaction Data»)
- – Explosionsartiger Anstieg von Interaktionsdaten («Big Interaction Data»):
  z. B. soziale Medien, Sensortechnologie, GPS, Anrufprotokolle
- – Neue hochskalierbare und verteilt arbeitende Software («Big Data Processing»):
  z. B. Hadoop (Java) und MapReduce (Google).

Big-Data-Algorithmen: Ein Beispiel ist der MapReduce-Algorithmus, der auf die Funktionen «map» und «reduce» aus dem funktionalen Programmieren zurückgreift und große Datenmengen durch Parallelrechnung bewältigt.[8] Um das Prinzip zu erläutern, betrachten wir ein vereinfachtes Beispiel: In einem umfangreichen Datensatz soll festgestellt werden, wie oft welche Worte vorkommen. Dazu wird zunächst der Gesamttext in Datenpakete unterteilt, für die mit der map-Funktion parallel die Häufigkeit von Worten in den einzelnen Teilpaketen berechnet wird. Diese Teilresultate werden in Zwischenergebnislisten gesammelt. Durch Anwendung der reduce-Funktion werden die Zwischenergebnislisten zusammengefügt und die Häufigkeiten für den gesamten Text berechnet. Hadoop ist ein in Java geschriebenes Framework für verteilt arbeitende Software, die auf den MapReduce-Algorithmus zurückgreift. Sie wird von z. B. Facebook, AOL, IBM und Yahoo benutzt. Die Kreditkartengesellschaft Visa reduzierte damit die Verarbeitungszeit für Auswertungen von 73 Milliarden Transaktionen von einem Monat auf ca. 13 Minuten.

Big Data bedeutet zunächst gewaltige Datenmassen:[9] Google bewältigt 24 Petabytes pro Tag, YouTube hat 800 Millionen monatliche Nutzer, Twitter registriert 400 Millionen Tweets pro Tag. Daten sind analog und digital. Sie betreffen Bücher, Bilder, E-Mails, Fotografien, Fernsehen, Radio, aber auch Daten von Sensoren und Navigationssystemen. Sie sind strukturiert und unstrukturiert, häufig nicht exakt, aber in Massen vorhanden. Durch Anwendung schneller Algorithmen sollen sie in nützliche Information verwandelt werden. Gemeint sind die Entdeckung neuer Zusammenhänge, Korrelationen und die Ableitung von Zukunftsprognosen.

Metadaten und Big Data: Prognosen werden allerdings nicht aufgrund von repräsentativen Stichproben mit den konventionellen Methoden der Statistik hochgerechnet. Big-Data-Algorithmen werten alle Daten eines Datensatzes aus, so groß, divers und unstrukturiert sie auch sein mögen. Neu an dieser Auswertung ist, dass die Inhalte und Bedeutungen der Datensätze nicht bekannt sein müssen, um dennoch Informationen ableiten zu können. Dies wird durch sogenannte Metadaten möglich.[10] Gemeint ist damit, dass wir nicht wissen müssen, was jemand telefoniert, sondern das Bewegungsmuster seines Handys entscheidend ist. Aus einem Vorratdatenspeicher lässt sich über einen bestimmten Zeitraum ein genaues Bewegungsmuster des Handybenutzers ermitteln, da sich bei jeder automatischen E-Mail-Abfrage oder einer anderen Benutzung die lokalen Funkzellen einschalten. In Deutschland gibt es ca. 113 Millionen Mobilfunkanschlüsse, deren Sensoren und Signale wie bei einem Messgerät funktionieren.

Die Daten einer E-Mail beziehen sich auf den Text des Inhalts. Metadaten der E-Mail sind z. B. Sender, Empfänger und der Zeitpunkt der Sendung. Im Immersion-Projekt des Media Lab des MIT (Massachusetts Institute of Technology) werden aus solchen Metadaten automatisch Graphen gezeichnet, die alle Kontakte als Kreise zeichnen. Registriert wird die Häufigkeit der E-Mail-Kontakte, bei denen hin- und hergeschrieben wird. Einseitige Sendungen wie z. B. Werbung werden automatisch aussortiert. Je höher die Intensität des Austausches, umso größer werden die Kreise gezeichnet. Kanten stehen für den Kontakt der Personen untereinander. Farben unterstreichen, wenn sich Cluster untereinander bilden, aber mit anderen weniger in Kontakt sind (Abb. 48).[11]

In einem früheren Experiment am MIT hatte man Bewegungsmuster von 100 Personen in einem Aufzeichnungszeitraum von 450 000 Stunden ermittelt. Damit konnte bestimmt werden, wer mit wem sich wie häufig an bestimmten Orten traf. Orte waren gruppiert als Arbeitsplatz, Zuhause und sonstige. Auf der Grundlage entspre-

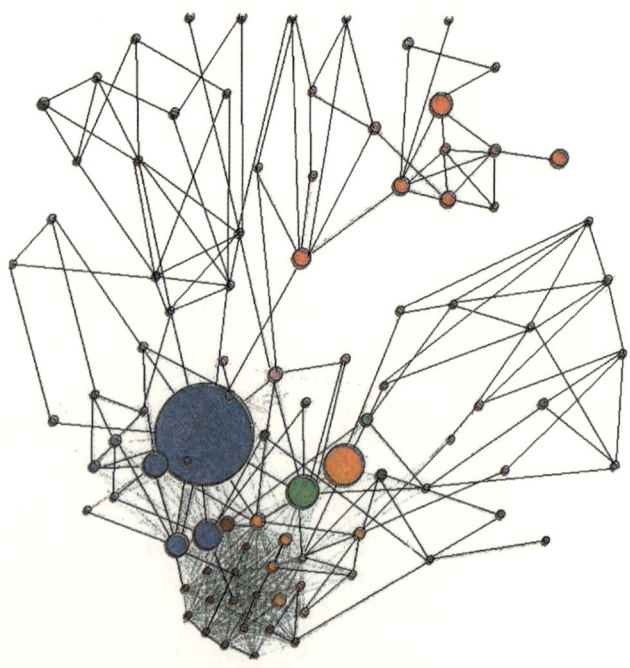

Abb. 48: Soziale Netzwerke aufgrund von Metadaten

chender Muster von Metadaten konnten Freundschaften mit einer Wahrscheinlichkeit von 90 % vorausgesagt werden.

Metadaten und Datenkontext: Häufig lassen sich aber Voraussagen aus Metadaten nur ableiten, wenn die richtigen Kontexte bekannt sind. Dazu gibt es aber heute Datenbanken und Hintergrundinformationen im Internet, mit denen die Bedeutungen erschlossen werden können. Im Prinzip funktioniert diese Erschließung von Bedeutungen wie bei einem Semantic Web. Spektakulär war die Entdeckung einer amerikanischen Bioinformatikerin, die alleine aufgrund von Metadaten den Namen eines anonymen Spenders menschlichen Erbguts ermittelte. Metadaten bezogen sich z. B. auf das Alter des Spenders und den Namen des amerikanischen Bundesstaates, in dem die Spende abgegeben wurde. Die Bioinformatikerin grenzte die Suche

durch Kombination von Ort und Alter ein, setzte eine Online-Such-
maschine ein, in der Familien zur Ahnenforschung den genetischen
Code eingaben. Dabei ergaben sich Familienangehörige der Gesuchten, deren Daten sie mit demographischen Tabellen kombinierte, um
so schließlich fündig zu werden.

Selbst in der Medizin führt die massenhafte Auswertung von
Signalen zu erstaunlich schnellen Voraussagen. So konnte der Ausbruch einer Grippeepidemie Wochen früher vorausgesagt werden, als
üblicherweise mit Datenerhebungen und statistischen Auswertungen von Gesundheitsämtern möglich war.[12] Man hatte einfach das
Verhalten der Menschen aufgrund von Milliarden von Daten in z. B.
sozialen Netzwerken ausgewertet und signifikante Korrelationen
entdeckt, die auf den Ausbruch der Epidemie aufgrund von früheren
Erfahrungswerten mit großer Wahrscheinlichkeit hinwiesen.

Big Data im Gesundheitssystem: Auf einer Frühgeburtenstation
wurde der Ausbruch einer Infektion durch Data Mining rechtzeitig
vorausgesagt. An den Babys wurden permanent 16 verschiedene
Messgrößen wie Herzschlag, Atmung, Temperatur, Blutdruck, Sauer-
stoff u. ä. registriert. Diese Messungen erzeugten 16 Datenströme mit
1260 Daten pro Sekunde. Big-Data-Auswertungen zeigten, dass es
24 Stunden vor Ausbruch der Krise zu einer korrelierten Stabilisie-
rung aller Lebensdaten kam. Die Vorwarnzeit war früh genug, um
Gegenmaßnahmen einleiten zu können. Eine Erklärung für die Konstanz der Lebensdaten 24 Stunden vor dem lebensbedrohlichen Zustand war nicht bekannt. Es konnte aber geholfen werden.

Mit Blick auf solche Beispiele spricht Peter Norvig von Google
von der «unbegreiflichen Effektivität der Daten» («The Unreasonable
Effectiveness of Data») mit Anspielung auf den Physik-Nobelpreis-
träger Eugene P. Wigner, der die «unbegreifliche Effektivität der Mathematik in den Naturwissenschaften» («The Unreasonable Effectiveness of Mathematics in the Natural Sciences») herausgestellt hatte.[13]
Die derzeitige Medizin liefert aber auch Gegenbeispiele für die Effektivität von Big Data, wenn man die Gründe und Ursachen nicht
kennt. Kein geringerer als Steve Jobs, der zur Symbolfigur effektiver
und smarter Computertechnik wurde, starb an Krebs, obwohl er mit
seinem vielen Geld alle damals zur Verfügung stehende Rechenkapa-

zität und Big-Data-Auswertung einsetzen konnte. DNA-Sequenzierung kostete damals noch große Rechenpower und viel Geld. Jobs ließ seine Krebszellen in kurzen Abständen sequenzieren, um die passende medikamentöse Behandlung kontinuierlich anpassen zu können. Solange aber die kausalen Ursachen einer Krebserkrankung nicht bekannt und der Mechanismus der Krebszellen nicht verstanden ist, hilft die massenhafte Auswertung von Daten und Berechnung von Korrelationen nur begrenzt.

Big Data in der Ökonomie: In der Wirtschaft lassen sich Datensätze als Produkte betrachten, die Teile von Wertschöpfungsketten werden. Daten werden nicht verbraucht wie Lebensmittel, sondern lassen sich wie Rohstoffe in unterschiedlicher Weise transformieren, kombinieren und recyceln, um damit immer wieder neue Geschäftsmodelle zu verbinden. So lässt sich z. B. ein Datensatz mit den Echtzeit-Lokalisationen von 100 Millionen Fahrzeugen in unterschiedlicher Weise lukrativ nutzen: Zusammen mit den Daten bestimmter Autotypen, die Autofirmen zur Verfügung stellen, Daten von Taxiunternehmen, Wetterdaten und historischen Erfahrungsmustern von Verkehrsflüssen lässt sich in einer Region ein optimales Flussmodell für den Verkehr berechnen.[14] Dieselben Daten können aber auch verwertet werden, um aufgrund der zeitlichen Verkehrsbelastung Rückschlüsse auf die wirtschaftliche Lage und den Arbeitsmarkt zu ziehen. Man könnte die Daten schließlich mit automatischen ABS-Signalen kombinieren, um die sichersten Straßen einer Region zu ermitteln.

Wiederverwendung und Kombination von Datensätzen schafft Mehrwert und Gewinn. Da sind zunächst die Besitzer von Datensätzen, die Lizenzen für die Nutzung ihrer Daten erheben können. Andere verdienen Geld mit Daten, indem sie ihre Fähigkeiten und Kenntnisse als Analysten und Berater anbieten. Schließlich gibt es die Unternehmer, die neue Geschäftsideen für Daten erfinden und sie innovativ umsetzen. Als neuer Berufszweig entwickelt sich der Datenexperte, der das Wissen und Können von Statistikern, Programmierern, Designern, Kommunikatoren und Verkäufern verbindet. Daten erzeugen also Innovationsketten und werden auf Märkten gehandelt.

Industrie 4.0 und Big Data: Big Data hängt eng mit sozialen Netzen im Alltag und Industrie 4.0 als Trend der Arbeitswelt zusammen.[15] Big Data verwendet nicht nur strukturierte Geschäftsdaten eines Unternehmens, sondern auch unstrukturierte Daten aus sozialen Medien, Signale von Sensoren und Audio- und Videodaten. Industrie 4.0 spielt auf die vorausgehenden Phasen der Industrialisierung an. Industrie 1.0 war das Zeitalter der Dampfmaschine. Industrie 2.0 war Henry Fords Fließband. Das Fließband ist nichts anderes als eine Algorithmisierung des Arbeitsprozesses, der Schritt für Schritt nach einem festen Programm durch arbeitsteiligen Einsatz von Menschen ein Produkt realisiert. In Industrie 3.0 greifen Industrieroboter in den Produktionsprozess ein. Sie sind allerdings örtlich fixiert und arbeiten immer wieder dasselbe Programm für eine bestimmte Teilaufgabe ab. In Industrie 4.0 wird der Arbeitsprozess in das Internet der Dinge integriert. Werkstücke kommunizieren untereinander, mit Transporteinrichtungen und beteiligten Menschen, um den Arbeitsprozess flexibel zu organisieren. Produkte können so individuell zur gewünschten Zeit nach Kundenwünschen erstellt werden. Technik, Produktion und Markt verschmelzen zu einem soziotechnischen System, das sich selber flexibel organisiert und sich verändernden Bedingungen automatisch anpasst. Das ist die Vision eines Cyberphysical System.[16] Dazu müssen Maschinen- und Sensordaten mit Textdokumenten verbunden, erfasst, transportiert, analysiert und kommuniziert werden. Die dazu verwendete Big-Data-Technologie zielt auf schnellere Geschäftsprozesse ab und damit auch, so die Hoffnung, auf schnellere und bessere Entscheidungen.

Big Data in Staat und Verwaltung: Big Data verspricht nicht nur in der Wirtschaft lukrative Gewinne, sondern verschafft auch Vorteile in Staat und Verwaltung. Durch gezielte Auswertung von massenhaft vorliegenden strukturierten und unstrukturierten Verwaltungsdaten können administrative Entscheidungen vorbereitet und Orientierungen für Bürger erstellt werden. Beispiel ist Wirtschaftsförderung durch Prognosen für Konjunktur, Klimaveränderung, Demographie, Städtebau, Verkehrsplanung.[17] Ebenso können Stimmungsbilder für Bürgerforen als Frühwarnsysteme für Infrastrukturmängel erstellt werden (z. B. Planungsfeststellungsverfahren für Großtechnologieprojekte).

Big Data erlaubt Rückschlüsse auf Kunden- und Bürgerverhalten. So lassen sich aufgrund von Verhaltens- und Bewegungsmustern im Netz, aber auch durch Beobachtung von Kaufverhalten oder Stimmungsbildern, Profile von Kunden und Bürgern erstellen. Um erfolgreich zu sein, wird man versuchen, zunächst ein Produktprofil und das entsprechende Kundenverhalten zu ermitteln, bevor produziert wird. Was bei einem Modeartikel, Automobil oder einer Immobilie noch sinnvoll erscheint, wird im Kultur- und Medienbereich problematisch. Man stelle sich vor, dass für eine Musik-, Film- und Fernsehproduktion zunächst Big Data zum Einsatz kommt, um die zu erwartende Quote zu berechnen. Am Ende werden Originalität und Kreativität auf der Strecke bleiben.

Big Data in Geistes- und Kulturwissenschaften («Digital Humanities»): Allerdings bieten sich auch sinnvolle Anwendungen von Big Data für Geistes- und Kulturwissenschaften an. Mit den wachsenden Leistungen von Computern wurden bereits in der Vergangenheit einzelne Werke wie z. B. von Galilei und Thomas von Aquin digital gespeichert und katalogisiert. Als Google schließlich zur systematischen Digitalisierung von Literatur weltweit überging, eröffneten sich neue Möglichkeiten der Bearbeitung, die nun unter der Fachbezeichnung «Digital Humanities» zusammengefasst werden.[18] Die Methoden der Digital Humanities gehen über die bloße Digitalisierung von Texten hinaus und bedienen sich der Methoden von Big Data. Ein wesentlicher Ansatz von Big Data besteht darin, dass man die Inhalte im Detail nicht kennen muss, um bestimmte Informationen aus Daten abzuleiten. In der Forschungsrichtung eCodicology werden Metadaten von alten Manuskripten algorithmisch erstellt, um Rückschlüsse auf Entstehungsorte, Produktionsbedingungen und kontextuale Zusammenhänge ziehen zu können. Metadaten betreffen z. B. Seitenformat, Beschriftungen, Register oder Marginalien.

In dem Projekt ePoetics wird die Ausbreitung literaturwissenschaftlicher Terminologie in einem historischen Zeitraum untersucht. Daraus ergeben sich Rückschlüsse über die Entwicklung der

Literaturtheorie in diesem Zeitraum. Ein einzelner Wissenschaftler kann nur begrenzt viele Texte lesen. Um Epochen und Stilrichtungen zu erfassen und zu kategorisieren, sind unter Umständen Tausende von Romanen und Novellen notwendig. Geeignete Software vermag Korrelationen schnell zu liefern und anschaulich in Diagrammen zu illustrieren. Aber auch hier gilt der kritische Vorbehalt bei Big Data: Der Superrechner ersetzt am Ende nicht die Bewertung und Interpretation des Literaturwissenschaftlers. Allerdings vermag geeignete Software, wie das Semantic Web zeigt, durchaus semantische Kontexte zu erkennen. Literaturwissenschaftler, die immer noch glauben, dass Computer «nur» syntaktisch Symbole verändern, haben den Ernst der Stunde und ihres Fachs noch nicht begriffen.

Automatische Schreibprogramme und Big Data: In einem nächsten Schritt kommen Software-Agenten (engl. «bots») zum Einsatz, die automatisch Texte verfassen. Bei einfachen Texten, wie sie in den sozialen Medien üblich sind, wird das nicht weiter verwundern. Twittern wir bereits mit Bots statt mit Menschen? Aber auch in bestimmten Sparten des Journalismus ersetzen Bots die Textschreiber oder unterstützen sie wenigstens. Die Firma Narrative Science bietet Software an, um Artikel in Zeitschriften automatisch zu erstellen.[19] Unternehmen nutzen diese Schreibprogramme für z. B. automatisierte Börsenberichte. Die Schreibprogramme können sich im Stil einem Verfasser anpassen. Durch Verbindung mit einer Datenbank kann der Text schnell publiziert werden. Banken greifen auf die Texte zurück und können auf diese Weise sofort auf neue Daten reagieren, um Gewinne schneller als Konkurrenten zu erzielen. Auch hier ist wieder bemerkenswert und typisch für Big Data, dass es nicht auf die Korrektheit der Daten ankommt, sondern auf Reaktionsschnelligkeit. Solange alle Beteiligten auf dieselben Daten zurückgreifen, spielt die Qualität und Zuverlässigkeit der Information für die Gewinnchancen keine Rolle.

Textabgleichungen auf der Grundlage von Mustererkennung sind seit den Anfängen der KI (Künstliche Intelligenz)-Forschung bekannt. Der Informatiker Joseph Weizenbaum beeindruckte mit seinem Frage-Antwort-Programm ELIZA schon in den 1960er Jahren seine Zeitgenossen, obwohl es nur um die Abgleichung fester Sprachmuster und Schlüsselworte ging.[20] Moderne Software zerlegt mittlerweile Sätze in einzelne Phrasen und berechnet blitzschnell die Wahrscheinlichkeiten für passende Antwortmuster auf gestellte Fragen oder passende Übersetzungen in andere Sprachen. Ein Beispiel für ein effizientes Übersetzungsprogramm war bereits das Verbmobil, eine Übersetzungsmaschine aus den Jahren 1993–2000.[21]

Ein Frage-Antwort-System ist das Programm WATSON von IBM, das die Rechenpower eines Parallelrechners und den Speicher von Wikipedia einsetzt. Im Unterschied zu ELIZA versteht WATSON also die semantischen Bedeutungen der Kontexte und Sprachspiele. Stilanalyse passt sich den Gewohnheiten des Sprechers oder Schreibers an. Eine Personalisierung des Schreibstils ist daher keine unüberwindliche Schranke mehr.

Der Einsatz solcher Programme ist nicht nur im Journalismus denkbar, wenn es um Routinetexte von z. B. Wirtschaftsnachrichten, Sportberichten oder Boulevardmeldungen geht. Auch in der Verwaltung oder Rechtsprechung werden Routinetexte verwendet, die an Bots delegierbar sind. Wir werden den Einsatz automatischer Schreibprogramme ebenso in der Wissenschaft erleben: Die Produktion von Artikeln in Fachzeitschriften in Medizin, Technik- und Naturwissenschaften ist mittlerweile so gigantisch, dass sie selbst in Spezialgebieten der Forschung von den jeweiligen Experten nicht mehr im Detail gesichtet werden kann. Die Forschungsergebnisse müssen mit großer Schnelligkeit publiziert werden, um im Wettbewerb bestehen zu können. So ist es durchaus denkbar, dass Wissenschaftler/innen in den üblichen linguistischen Aufbau (z. B. eines Preprints) nur noch die Daten, Argumente und Ergebnisse eingeben, die ein Bot in passender Formulierung dem Schreibstil des Verfassers anpasst und über eine Datenbank publiziert. Als Maßstab für den Einsatz von Bots sollte allerdings die Devise des Ahnherrn aller Digitalisierung stehen: Nach Leibniz sollten wir die Routinearbeit an Maschinen übergeben, um den Kopf für die eigentlich kreativen Aufgaben frei zu halten.

Partnersuche, Liebe und Big Data: Selbst Leibniz, der vielgereiste Diplomat und Computervisionär, hätte sich nicht vorstellen können, dass Partnersuche eines Tages computergestützt stattfinden kann. Ist Glück berechenbar? Online-Dating-Börsen verdienen viel Geld mit der Vermittlung von Partnersuche. Im Zeitalter von Big Data sind weltweite Profilberechnungen denkbar. Naheliegend war die Befürchtung, dass Online-Dating eine Art Shopping-Mentalität stützt, wonach Partnerinnen und Partner wie Modeartikel gewählt und abgelegt werden. Tatsächlich zeigen erste empirische Studien, dass im Internet entstandene Ehen etwas stabiler sind und einen geringfügig höheren Grad der Zufriedenheit auf dem Couples-Satisfaction-Index ergaben als bei der traditionellen Paarfindung.[22] Wie immer bei Big Data lag die Vermutung nahe, dass eine größere Datenbasis auch zu einer besseren Hypothese führt. Es leuchtet zunächst auch ein, dass das Internet oder soziale Medien uns viel mehr Vergleichsmöglichkeiten eröffnen, als in einem normalen Menschenleben realisierbar sind. Wie allerdings in der Wissenschaft der geniale Einfall nicht vorausberechnet werden kann, kann uns bekanntlich auch die Liebe wie ein Blitzstrahl treffen. Über die Nachhaltigkeit dieses Ereignisses ist damit noch nichts gesagt.

Big Data und Intuition: Big Data bewährt sich dort, wo es auf schnelle und vorläufige Informationen ankommt. In der Evolution mussten Menschen schnell auf neue Situationen reagieren, um zu überleben. Reflexartige Reaktionen wie z. B. das Zurückzucken bei einem heißen Gegenstand wurden genetisch verankert. Ebenso stellt der hormonelle Apparat blitzartig den gesamten Organismus mit Muskeln, Sinnen und Verstand auf Kampf- und Fluchtsituationen ein. Vorher müssen schnelle Entscheidungen über die Bewertung einer Situation getroffen werden. Dazu werden Instinkt und Intuition bemüht. Hier sieht der schottische Philosoph David Hume die Quelle für «kausale» Schlüsse: Unter geeigneten Bedingungen sind bestimmte Ereignisse in zeitlicher Abfolge eingetroffen. Tatsächlich handelt es sich dabei um Korrelationen, d. h. Assoziationen von Ereignissen, die sich als Muster einprägen und dann als Orientierung für unser Verhalten dienen, weil sie sich in der Vergangenheit bewährt haben. Wir erwarten, dass eine bestimmte Verbindung von Ereignissen auch in der Zukunft eintrifft. Big Data ist also eine Fortsetzung der schnellen instinktiven und intuitiven Reaktion mit Hightech-Tools. Korrelationen werden schneller und aufgrund einer weitaus größeren Datenbasis erstellt, als Menschen ohne Superrechner und Big Data in einer beschränkten Lebenszeit und einem beschränkten Erfahrungsradius ermitteln könnten. Hume würde aber auch Big Data als mit Superrechnern hochgerechnete Gewohnheiten bezeichnen. Sie wären im Humeschen Sinn nur schneller und effektiver als mit natürlichen kognitiven Fähigkeiten möglich, aber ebenso irrtumsanfällig und ohne Erklärungsbasis.[23]

Big Data im Fußball: Ein Beispiel liefert die Beurteilung einer Fußballmannschaft. Fußballexperten werden als Weise der besonderen Art betrachtet, die Sprüche und Prognosen aufgrund ihrer bewunderten Intuition verkünden. Manchmal treffen sie zu, manchmal auch nicht. Im Sinn Turings lässt sich Intuition als Orakelmaschine betrachten, deren Funktionsweise nicht bekannt ist. Es kommt auf die Daten und ihre Korrelationen an, mit denen diese Orakelmaschine gefüttert wird und die sie liefert. Moderne Trainer analysieren daher mit ihren Teams große Datensätze, in denen über lange Zeiträume vieler Spiele Daten über Ballbesitz, Ecken, gewonnene Zweikämpfe u. ä. gesammelt werden. Vergleiche mit den Datensätzen anderer Mannschaften führen dann zu schnellen und gelegentlich überraschenden Datenmustern und Korrelationen, die bessere Prognosen über den Zustand der Mannschaft und ihre Gewinnchancen ermöglichen.[24]

Wie berechenbar ist aber Fußball? Gilt hier nicht der Ausspruch des Fußballphilosophen Sepp Herberger: «Der Ball ist rund.» Der Dramatik eines spannenden Fußballspiels kann sich niemand entziehen. Die Spieler scheinen mit ihren Mannschaften zu einem großen Ganzen zusammenzuwachsen, das sich auf dem Spielfeld mit dem Ball hin- und herbewegt. Das geübte Auge erkennt bald unterschiedliche kollektive Verhaltensmuster: So wogen die Angriffswellen beim Konterspiel wie in einer Strömungsdynamik rhythmisch hin und her. Schließlich kann es zum «Strömungsabriss» mit «Turbulenzen» vor einem Tor kommen. War es Zufallsfluktuation oder gezielte Aktion, wenn der Ball dann plötzlich ins Tor springt? Entscheidend ist jedenfalls, dass ein Spiel nicht einfach die Summe der Einzelaktionen seiner Spieler ist. Spielsituationen ergeben sich aus dem Zusammenspiel vieler Spieler: Lokale Aktivität und Zusammenspiel (Interaktion) erzeugen Spielmuster. Fußballmannschaften mit ihren Spielern sind also Beispiele für komplexe Systeme aus vielen Elementen, deren Wechselwirkungen kollektive Ordnungen und Muster, aber auch Chaos und Turbulenz erzeugen.

Die Gesetze ihrer Dynamik untersucht die Komplexitätsforschung. Komplexitätsforschung beschäftigt sich fachübergreifend mit der Frage, wie durch die lokale Aktivität einzelner Elemente und die Wechselwirkung vieler Elemente eines komplexen Systems (z. B. Moleküle in Materialien, Zellen in Organismen oder Menschen in Märkten und Organisationen) Ordnungen und Strukturen entstehen können, aber auch Chaos und Zusammenbrüche. Würden wir die Parameterräume und die stochastischen Gesetze des Fußballs kennen, könnten wir Verhaltensmuster nicht nur prognostizieren (wie bei Big Data), sondern auch gesetzmäßig erklären.

Big Data und die totale Überwachung: Zu den spektakulärsten Anwendungen von Big Data gehören Polizeiarbeit und Kriminalistik.[25] Um Einbrüche und andere Straftaten zu prognostizieren, werden Korrelationen in umfangreichen Datensätzen über Bewegungsverhalten in bestimmten Stadtregionen erstellt, die mit Verhaltensmustern an Werk- und Feiertagen und bei Stadtevents wie z. B. Sport- und Konzertereignissen verbunden werden. Das schon seit längerem erprobte Profiling von Straftätern erhält mit Big Data eine neue Dimension. Nun werden nicht nur strukturierte Datensätze wie Dokumente, Briefe, Telefonate oder E-Mails als Informationen ausgewertet, sondern alle Bewegungsmuster, die z. B. über GPS, Apps, Mobile Phone, Stimmanalyse, Fahrzeugsignale, öffentliche Kameraüberwachung gesammelt werden können.[26] Entscheidend ist dabei, dass man weder die Inhalte und Bedeutungen noch die Absichten kennen muss, um das Verhalten eines Menschen zu prognostizieren. Die Debatte der Gehirnforschung und künstlichen Intelligenz, ob man eines Tages «Gedanken lesen» kann, ist also für die Praxis unerheblich.

Big-Data-Technologie kann allerdings auch von Firmen eingesetzt werden, um das Verhalten der Mitarbeiter zu erkunden. Für

Aufregung sorgte ein Werbevideo des Rüstungskonzerns Raytheon im Frühjahr 2013. In dem Video wurde gezeigt, wie mit öffentlichen Daten in sozialen Netzwerken ein Angestellter aufgespürt und in seinem Verhalten präzise vorausgesagt werden konnte.[27] Metadaten wie Breiten- und Längengrade des Entstehungsortes von Fotos in Facebook, aber auch Bewegungsmeldungen des Handys und andere Spuren im Netz ergaben ein Verhaltensprofil. Launig fügte der Firmenfahnder hinzu, wie, wo und wann man am zweckmäßigsten den Laptop des Mitarbeiters entwenden kann, wenn er sich an einem Montagabend in ein bestimmtes Fitnessstudio begibt.

Ist das Verhalten von Menschen prognostizierbar? Mit einer makabren Anspielung auf die National Security Agency (NSA) der USA lautet die Antwort: «Yes, we can!»

Terroristen und Kriminelle bewegen sich buchstäblich «am Rand des Chaos» einer Gesellschaft. Ausgestattet mit großem Potential zu lokaler Aktivität bleiben sie zunächst unerkannt. Aber wehe, es kommt zur Interaktion («dissipative Kopplung»)! Dann entsteht buchstäblich eine Terrorzelle, deren Aktivitätsmuster sich kaskadenhaft ausbreiten und eine Gesellschaft erschüttern kann. Hier soll Big Data helfen, terroristische Verhaltensmuster im Ansatz frühzeitig zu erkennen. Dazu dienen elektronische Spuren im Netz ebenso wie Beobachtungsdaten von Überwachungsdrohnen. Prognosen von Kriminalfällen und Terroraktionen galten vor Jahren noch als Science Fiction. In dem Film «Minority Report» (2002) werden zwar bereits Big Data und Superrechner zur Datenermittlung in Washington D.C. im Jahre 2054 eingesetzt. Aber offenbar kann man dramaturgisch noch nicht auf mystische Orakel verzichten: Menschen mit hellseherischen Fähigkeiten (sogenannte Precogs) werden durch Medikamente in einen Trancezustand versetzt, in dem sie Morde voraussehen. Der Film endet mit der Erkenntnis, dass die Precogs zwar jeden Mord vorhersehen können, gleichzeitig aber auch Visionen von Situationen haben, in denen ein Mord zwar wahrscheinlich ist, aber nicht unbedingt stattfindet.[28] Dies trifft auch auf Big Data zu und macht Exekutionen als angeblichen Präventivschlag höchst fragwürdig.

Der entscheidende Unterschied zum Science-Fiction-Film ist aber, dass wir bereits im Jahr 2013 keine mystischen Precops mehr benötigen. Im (mathematischen) Sinn von Turing lassen sich potentiellen Täter als Orakelmaschinen auffassen, deren Funktionsweise uns nicht bekannt ist. Der Clou an Big Data ist nämlich, dass wir Bedeutungen und Inhalte der einzelnen Daten nicht verstehen müssen. Die Metadaten z. B. einer E-Mail mit Empfänger, Sender, Häufigkeit der Kontakte und eventuell Schlüsselbegriffe reichen, um Korrelationen zu berechnen, Profile zu erstellen und Prognosen abzuleiten. Man muss bei der Fülle der Daten, wie der Volksmund gelegentlich sagt, am Ende nur noch Eins und Eins zusammenzählen. Und das lässt sich mit Blick auf Bits sogar wörtlich nehmen.[29]

Big Data und «A New Kind of Science»?   Suggerieren diese Ergebnisse aus geballter Rechenpower und Big Data nicht doch den Slogan von Chris Anderson vom «Ende der Theorie»? Es ist die Vorstellung, dass wir die Welt und unsere Zukunft beherrschen können, ohne ihre Gesetze, Bedeutungen und Komplexität verstehen zu müssen. Die Masse der Daten und wachsende Rechenpower werden es richten. Stephen Wolfram hatte bereits mit komplexen Musterbildungen von zellulären Automaten gezeigt, wie sich neue und überraschende Zusammenhänge aus massenhaft erzeugten Daten erkennen lassen. Er verkündete daher bereits 2002 «eine neue Art der Wissenschaft» (A New Kind of Science), die auf theoretische Erklärungen und Gesetze verzichtet und durch einfache Spielregeln, verbunden mit leistungsstarker Rechenpower, viel schneller zu Prognosen und Ergebnissen kommt, bevor langwierige und umständliche Beweise gefunden sind. Musterbildungen von zellulären Automaten werden vor allem zur Simulation von Strukturbildungen in der Natur verwendet. Wolfram verbindet sie mit weitreichenden Annahmen über die Berechenbarkeit des Universums.[30]

WolframAlpha-Wissensmaschine: Es ist naheliegend, diesen Ansatz auch auf die Berechnung der sozialen Welt zu übertragen. Soziale Netzwerke führen ebenfalls zu komplexen Musterbildungen, die sich durch Big-Data-Technologie auswerten lassen. Dazu benutzt Wolfram das von seiner Firma entwickelte Softwarepaket Mathematica und die Wolfram Language für Datenwissenschaft. Mathematica ist ein integriertes System für die vollständige Entwicklung, Berechnung, Simulation, Analyse und Dokumentation von mathemati-

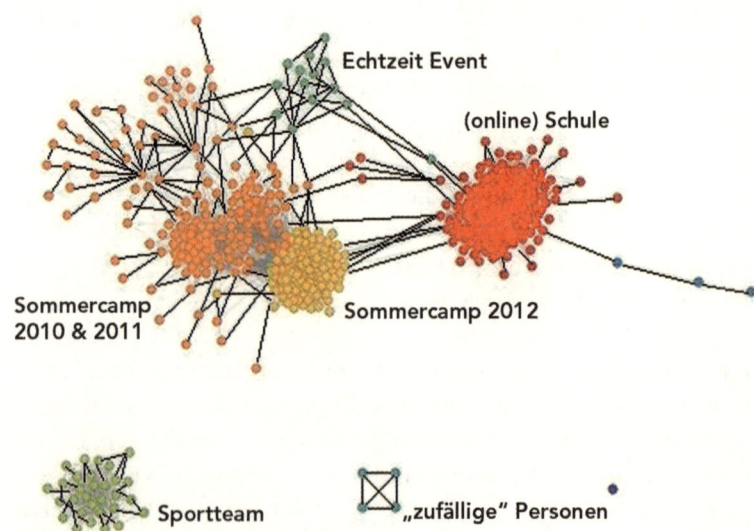

Abb. 49: Freundschaftscluster in Facebook (WolframAlpha-Wissensmaschine)

schen, technischen, natur- und wirtschaftswissenschaftlichen Problemstellungen in einer einheitlichen und plattformunabhängigen Arbeitsumgebung. Es unterstützt funktionales Programmieren und ist damit eine computergestützte Umsetzung funktionalen Denkens in der Mathematik.[31] Auf dieser Grundlage entwickelt Wolfram nun nicht nur eine Suchmaschine wie bei Google, sondern ein System, das selbst die Antworten auf Suchfragen geben kann. WolframAlpha ist also ein weiterer Schritt auf dem Weg zu der von Leibniz angestrebten Wissensmaschine.

Angewendet wird diese Wissensmaschine von Wolfram auf das soziale Netzwerk von Facebook.[32] Gemäß der Big-Data-Devise beruhen seine Ergebnisse nicht auf Stichproben, die statistisch hochgerechnet wurden. Vielmehr handelt es sich um eine WolframAlpha-Applikation. Die Aktivitäten von über einer Million Nutzer wurden über die von WolframAlpha angebotenen Tools ausgewertet. Ähnlich wie bei Musterbildungen von zellulären Automaten oder neuronalen Netzen erkennt man auch bei sozialen Netzwerken viele Ähnlichkeiten bei

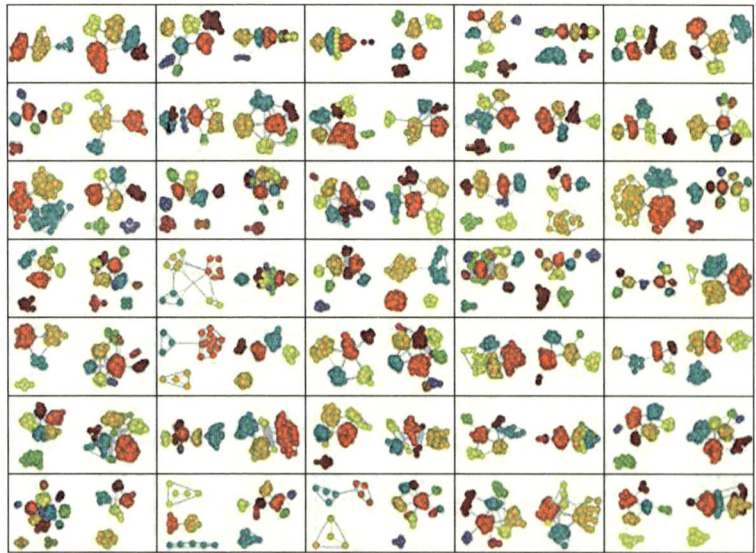

Abb. 50: Clusterbildungen von verschiedenen Personen in Facebook (WolframAlpha-Wissensmaschine)

der Clusterbildung. Wolfram zeigt am Beispiel seiner 15-jährigen Tochter, wie Cluster illustriert werden können. In Abb. 49 repräsentiert jeder Punkt einen Freund auf Facebook mit den entsprechenden Verbindungen zwischen den Freunden. Die Cluster der sozialen Netzwerke erzählen eigene Geschichten und lassen erkennen, wie sie ein Teil der Lebensgeschichte eines Menschen darstellen. In der Sprache der Systemforschung simulieren sie die Dynamik eines Systems mit entsprechender Attraktorbildung. Abb. 50 zeigt Clusterbildungen von verschiedenen Personen, die auf den ersten Blick unterschiedliche Komplexität entfalten.

Obwohl jede Person zwar verschiedene Cluster zeigt, lassen sich dennoch Ähnlichkeiten unter gleichen Bedingungen zeigen. So lässt sich beispielsweise die durchschnittliche Anzahl von Clustern in Abhängigkeit von Altersgruppen untersuchen. Teenies haben im Durchschnitt drei unterschiedliche Cluster wie Schule, Familie und Nachbarschaft. Mit zunehmendem Alter nimmt die Clusteranzahl zu.

Dazu gehören z. B. verschiedene Interessengruppen, Hobbies, Schule, Weiterbildung, Berufsumfeld oder Lebenspartnerschaft. Im Alter von 30 Jahren stabilisiert sich die durchschnittliche Entwicklung und nimmt im Alter wieder ab. Auch die Clustergröße ist in Abhängigkeit vom Alter interessant. Im Zeitalter sozialer Medien ist die Clustergröße in jungen Jahren bereits erstaunlich groß. Man kann auch die Themenhäufigkeit nach Altersgruppen differenzieren. Bemerkenswert ist, worüber Menschen sprechen oder schreiben (z. B. Sport, Musik, Mode, Beziehungen, Beruf, Schule). Dabei können auch Genderaspekte berücksichtigt werden. Eine anschauliche Illustration dieser Themen liefern Wortbilder, in denen verwandte Wörter in Abhängigkeit von ihrer Frequenz unterschiedlich groß geschrieben sind.

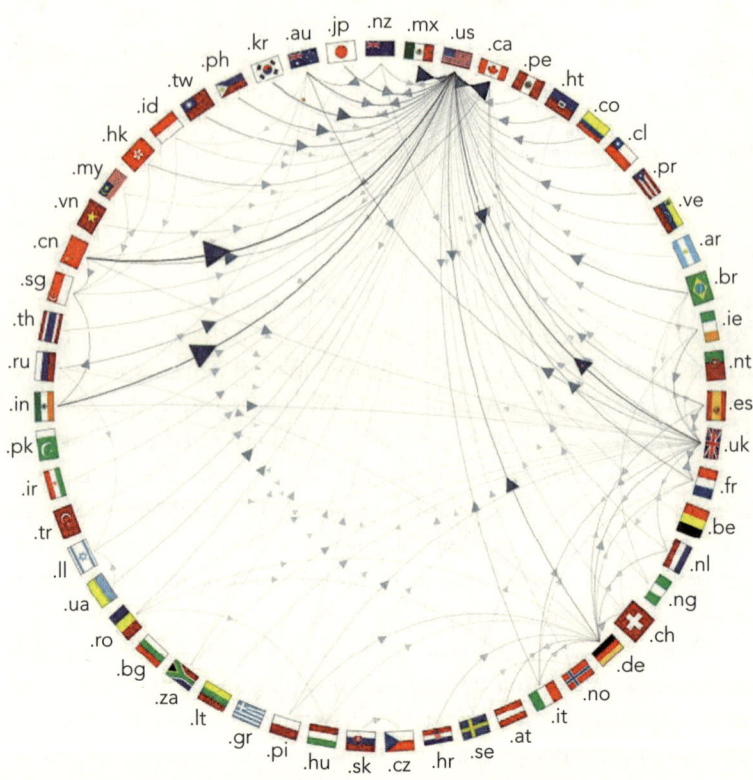

Abb. 51: Ländercluster in Facebook (WolframAlpha-Wissensmaschine)

In einem nächsten Schritt werden Clusterbildungen von über einer Million Nutzern von WolframAlpha in Angriff genommen. Nun geht es um die Frage, wie groß die einzelnen Netzwerke in der statistischen Verteilung sind. In der Auswertung stellt sich eine durchschnittliche Zahl von 342 Freunden heraus, obwohl bei Facebook maximal 5000 möglich wären. Für Fragen des demographischen Wandels ist interessant, wie die Verteilung des Alters der Freunde gegen das Alter einer Person ist. Während junge Menschen meistens Freunde der gleichen Altersgruppe haben, verbreitert sich das Verteilungsband bei älteren Menschen, da nun vermutlich an Arbeitsplätzen oder in Gemeinschaften weniger altersbasierte Freundschaften geschlossen werden.

Wolfram hat die Daten auch nach Regionen, US-Bundesstaaten und weltweit nach Ländern verglichen. Die durchschnittliche Anzahl der Facebook-Freunde eines Nutzers nach Regionen und Ländern ist jedoch äußerst vielschichtig und nicht einfach zu erklären. Bemerkenswert sind die Verschiebungen in der Facebook-Welt, bei denen Menschen zwischen Ländern ihre Beziehungen mit unterschiedlicher Intensität wechseln (Abb. 51).

Mathematische Gesetze in Mathematica-Software: Bis zu welchem Grad lässt sich die soziale Welt auf einem Computer simulieren? Es gibt bereits ca. 10 Milliarden Seiten mit semantischer Information im Netz. Alle bekannten mathematischen Gesetze in Natur-, Technik-, Sozial- und Wirtschaftswissenschaften lassen sich in der Software Mathematica repräsentieren. Tausende von Formeln können mit ihren Ableitungen in Millionen von Programmzeilen geschrieben und auf Millionen von Servern berechnet werden. Das sind gewaltige, aber endliche Zahlen, die in der virtuellen Maschine von allen verbundenen Rechnern dieser Welt bearbeitet werden können. Nach der Standardtheorie der vereinigten physikalischen Grundkräfte lassen sich diese Programmzeilen sogar auf weniger Formeln reduzieren. Vielleicht liegt eines Tages sogar die finale Vereinigung in einer «Weltformel» mit wenigen Programmzeilen vor.

Datenkompression oder Irreduzibilität der Rechenzeit? Für die Expansion des Universums und die Evolution des Lebens lässt sich vorstellen, dass alle Wechselwirkungen von Elementarteilchen, Atomen, Molekülen, Proteinen, Zellen, Organen und Organismen nach Spielregeln, wie wir sie vereinfacht z. B. von zellulären Automaten kennen, auf Supercomputern simuliert werden können. In Computerexperimenten entstehen dann komplexe Muster- und Strukturbildungen, die ähnlich zu den historisch in Expansion und Evolution erzeugten Mustern und Strukturen sind. Die Frage ist, ob durch Steigerung der Rechenkapazität die Computerexperimente so beschleunigt werden könnten, dass sie schneller ablaufen als die historische Expansion des Universums und die Evolution des Lebens. Gemeint ist nicht ein vereinfachtes Modell, mit dem wir im Prinzip die Dynamik von Universum und Leben simulieren können, sondern die Abläufe in allen Details mit immer noch endlich vielen, aber gewaltig vielen Wechselwirkungen. Oder – das wäre die Alternative – liegt eine Irreduzibilität der Rechen- und Simulationszeit vor? Die Simulation der kosmischen Expansion in allen Details braucht dann eben ihre ca. 13 Milliarden Jahre und die Menschheit ihre ca. 1,5 Millionen Jahre.

Schaut man sich die komplexen Wechselwirkungen der Proteine in einer einzigen Zelle an, dann scheint einiges für die Irreduzibilität der Rechenzeit zu sprechen. Big Data erweckt in einigen Zeitgenossen die Hoffnung, als könnten wir diese Irreduzibilität überwinden. Der Trick bestünde darin, dass wir alle Rohdaten, Details und ihre Bedeutungen nicht kennen müssen. Im Sinn von Turing betrachten wir sie als Orakelmaschinen, die auf Inputs gewisse Outputs liefern, so wie E-Mails, die von einem Absender an einen Empfänger mit gewisser Häufigkeit unter bestimmten Begleitumständen gesendet werden. Dadurch entstehen Metadaten von Metadaten, die nur Input- und Output-Relationen von Orakelmaschinen berücksichtigen. Sie werden verwendet, um mehr oder weniger wahrscheinliche Abläufe berechnen und voraussagen zu können. Dann wäre die Rechenzeit, verglichen zum faktischen Prozess in der sozialen Welt, durchaus reduzierbar. Am Ende kann es uns aber passieren, dass der falsche Terrorist erschossen wird und das Krebsmedikament doch keine nachhaltige Heilung bringt, weil nur wahrscheinliche Korrelationen vorlagen.

Werte und Gewissen in der Big-Data-Welt: In der sozialen Welt geht es nicht nur um das Verstehen von Bedeutungen von Daten, sondern um ihre Bewertung. Soziale Systeme sind von Menschen für Menschen gemacht. Heute haben wir es mit komplexen soziotechnischen Systemen zu tun, die neben technischen Daten, soziale Bedeutungen und Werte generieren. Aus der Sicht technischen Wissens erscheinen sie gelegentlich als «unstrukturiertes Wissen». «Gewissen» wird als Orakelmaschine verstanden. Metadaten über ihre Inputs und Outputs reichen aus, um sie dennoch im Ablauf kalkulierbar zu machen. Doch wohin führt diese Einstellung? Betrachten wir ein historisches Beispiel:

Berechenbarkeit in der Politik?   Das Leben des ehemaligen amerikanischen Außenministers Robert Strange McNamara (1916–2009) erzählt dazu mehr als alle Theorie. McNamara hatte an der Universität Berkeley Wirtschaftswissenschaften und Philosophie studiert und seine Ausbildung durch ein MBA-Programm der Universität Harvard ergänzt. 1940 wurde der Harvard-Dozent McNamara Stabsoffizier («statistical control officer») und beschäftigte sich mit mathematischen Modellen zur Bombardierung japanischer Städte, um deren Effekt durch den Einsatz von Brandbomben bei gleichbleibenden Kosten zu steigern. Nach dem Zweiten Weltkrieg startete McNamara eine steile Managerkarriere, die in einer äußerst erfolgreichen Tätigkeit als Präsident von Ford gipfelte. McNamara wurde zur Symbolfigur für Rationalismus und Kalkül im Management.[33] Die Hoffnungen, die heute mit Big Data verbunden werden, galten damals Operational Research bzw. dem linearen Programmieren.

Mit dieser Einstellung wurde McNamara Verteidigungsminister unter Präsident Kennedy. Politik, so seine damalige Überzeugung, sollte auf wissenschaftliche Grundlagen gestellt werden. Typisch dafür war seine Entscheidung für die Abnutzungsstrategie im Vietnamkrieg. Danach bemisst sich der Erfolg an der messbaren Anzahl der getöteten Gegner («body count»). Da die Anzahl der Vietkong endlich, das Potential der stärksten Wirtschafts- und Militärmacht der Welt aber belastbar ist, sei der Sieg nur eine Frage der Zeit. Statt preiswerter Brandbomben wie in Japan wurden nun Phosphor und chemische Entlaubung eingesetzt. McNamara und seine Militärs hatten ihre Rechnung allerdings ohne die «unstrukturierten» Faktoren von Politik, Moral und Gewissen gemacht. Es spricht für die Intelligenz McNamaras, dass er auf dem Höhepunkt des Krieges das sich abzeichnende Desaster erkannte und seine bisherige Strategie für falsch erklärte. Damit saß er zwischen allen Stühlen und verlor das Vertrauen der Regierung Johnson. Nach seinem Rücktritt als Verteidigungsminister wurde er Präsident der Weltbank, setzte sich für Strukturanpassungsprogramme und eine grüne Revolution im Agrarbereich ein. Er plädierte für eine vollständige atomare Abrüstung und bezeichnete später den Irakkrieg ebenso wie den Vietnamkrieg als politischen und moralischen Fehler.[34]

Sind Kriege berechenbar? Diese Frage beschäftigt Strategen seit den Tagen des preußischen Generals, Militärtheoretikers und Philosophen Carl von Clausewitz (1780–1831). In seinem berühmten Werk «Vom Kriege», das heute noch an Militärakademien behandelt wird, werden keine Erfolgsrezepte, sondern allgemeine Prinzipien aufgrund von Erfahrung und logischem Denken begründet.[35] Detaillierte Planung ist nach Clausewitz nur begrenzt möglich, da mit Beginn eines Feldzugs unkalkulierbare Einflüsse und Ereignisse wirksam werden, die er «Friktion» nannte. Friktion meint Reibung, Dissipation, Fluktuation und Entropie, wie sie auch aus der Physik bekannt sind. Mit Kriegsbeginn befinden wir uns, in der Sprache der Komplexitätsforschung, «am Rand des Chaos», an dem die «dissipative Kopplung lokaler Aktivitäten» inhomogene und komplexe Verhältnisse erzeugt. Die Ausführungen von Clausewitz erinnern tatsächlich streckenweise an die moderne Theorie dynamischer Systeme, nach der plötzlich kritische Situationen auftreten können, in denen alte Ordnungen instabil werden und in neue Trends umschlagen. Es gibt Attraktoren, auf die dynamische Systeme zusteuern. Entscheidungen von Heerführern finden unter Zeitdruck und beschränkten Ressourcen mit unvollständigen Informationen statt. Man müsste schon die Gleichungen dieser dynamischen Systeme kennen, um den Parameterraum eines Krieges vollständig zu bestimmen.

Entscheidungen unter Sicherheit, Risiko (mit wahrscheinlichen Informationen) und Unvollständigkeit wurden grundlegend in der mathematischen Entscheidungstheorie. John von Neumann war mit dem Ökonomen Oskar Morgenstern Begründer der mathematischen Spieltheorie, die auch in der Zeit des Kalten Krieges für Kriegsstrategien verwendet wurde. Wenn Wahrscheinlichkeiten aufgrund von umfangreichen Daten und Tabellen, so glaubte man in der McNamara-Epoche, berechenbar sind, dann liegen genaue Risikomaße vor, die Entscheidungen und ihre Folgen kalkulierbar machen. Selbst die Risiken des Atomkriegs schienen kalkulierbar. Clausewitz als Theoretiker der «Friktion» wäre hier sicher äußerst skeptisch.

Drohnen und Big Data: Die Modernität von Clausewitz zeigt sich auch in seiner Behandlung von Guerilla und Volkskriegen im Unterschied zu klassischen Konflikten zwischen Staaten. Mao Zedong nahm im chinesischen Bürgerkrieg darauf ebenso Bezug wie Lenin für seine Revolutionsstrategie. Im Konflikt mit religiös motivierten Terroristengruppen ist eine neue Stufe der kriegerischen Auseinandersetzung erreicht. Menschen, die sich selber als lebende Bomben einsetzen, sind von ihren Absichten nicht mehr abzubringen. Während die traditionelle Kriegsführung zunächst gegen Heere, dann gegen Länder, Städte und Industrieanlagen ging, wird im Zeitalter von Big Data die personalisierte Kriegsführung möglich. Drohnen können nicht nur zur Aufklärung terroristischer Aktivitäten eingesetzt werden, sondern gleich die Exekution der Strafe übernehmen und den Gegner im Präventivschlag eliminieren. Drohnen sind Teil des modernen computergesteuerten und automatisierten Krieges. Das Internet der Dinge kommt nicht nur in Wirtschaft und Gesellschaft, sondern auch in der kriegerischen Auseinandersetzung zur Anwendung. Drohnen sind fliegende Roboter, die mit technischen Infrastrukturen ebenso wie mit Menschen kommunizieren. Sensoren erlauben Wahrnehmungen, Einschätzungen und weitgehend autonome Entscheidungen in genau definierten Situationen.

Big Data und die Illusion von der Berechenbarkeit des Tötens: Als Rechtfertigung für computergestützte Tötung des Gegners wird die Schonung der eigenen Truppen angeführt. Schon im Zweiten Weltkrieg war das die amerikanische Begründung für den verheerenden Einsatz von Massenbombardements auf die Zivilbevölkerung und Atombomben in Japan. Im Zeitalter von Big Data, Computer und

Drohnen scheint die präventive Tötung einzelner Entscheidungsträger und Kommandeure am effektivsten. Die Friktion, von der Clausewitz sprach, kann aber wie in der Physik auch bei computergesteuerten Aktionen nie ausgeschlossen werden. Der scheinbar «saubere chirurgische Eingriff» ist eine militärische Illusion, die nur diejenigen haben, die Möglichkeiten und Risiken der Automatisierung fachlich nicht korrekt einschätzen können oder verschleiern wollen: Wenn neben der Zielperson auch unbeteiligte Zivilisten wie Frauen und Kinder zerfetzt werden, löst das einen kaskadenhaften Effekt der Emotionalisierung und Solidarisierung aus, der letztlich nur dem Gegner dient.

Eine Hinrichtung ohne rechtsstaatlichen Prozess aufgrund einer wahrscheinlichen Datenlage ist auch nach amerikanischem Recht fragwürdig, nach deutschem Recht jedenfalls vollständig rechtswidrig. Hinzu kommt die Verletzung des Völkerrechts, wenn solche Tötungen in fremden Ländern vorgenommen werden. Äußerst fragwürdig ist auch die Doktrin von Präventivschlägen, da sie nicht zuletzt Diktaturen als Rechtfertigung ihrer Angriffskriege (z. B. bei Ausbruch des Zweiten Weltkriegs) dienten. Im Zeitalter von Big Data ist es ebenfalls rechtlich fragwürdig, sich an der Beschaffung oder Weiterleitung von Daten zu beteiligen, die zu dieser Art von Hinrichtungen führen.[36]

In der Geschichte waren Waffen und Kriegsführung Ausdruck der jeweiligen technischen Möglichkeiten einer Zivilisation. Im Internet wird nicht nur der gezielte Krieg gegen einzelne Personen, sondern auch gegen computergesteuerte Infrastrukturen möglich. Umso autonomer automatisierte Infrastrukturen werden, umso empfindlicher werden sie gegen lokale Störungen. Terroristen zielen daher auf die elektronischen Zentren von Börse und Märkten. Umgekehrt entwickeln technisch-wissenschaftlich hoch entwickelte Länder intelligente Computerviren, die in die Infrastruktur von Atomanlagen gegnerischer Länder eingeschleust werden. Ein Beispiel war die Affäre um den Computervirus StuxNet.[37] Solche Aktionen liegen in der Grauzone von kriegerischen Handlungen und Spionage.

Big Data und die schöne neue Welt der Spionage: Unter den Bedingungen von Big Data gehen moderne Konflikte nicht mehr um

Geländegewinne wie in traditionellen Kriegen, sondern um Wissen und Innovationen. Spionage ist daher in Zukunft nicht nur Beiwerk und (geheimer) «Dienst» (Secret Service), sondern steht im Zentrum internationaler Konflikte um technisch-wissenschaftliche Innovationsstandorte. Anstelle von Gold, Baumwolle und Rohstoffe geht es nun um Daten im Netz, die Wissen und Innovation codieren.[38] Big-Data-Technologie vermag diese Daten flächendeckend abzusaugen. Die dabei verwendeten Algorithmen werden benutzt, um Konkurrenten auf den weltweiten Märkten auszuspähen. Unter dem Deckmantel der Terrorbekämpfung können so auch die Daten von Wirtschaftsunternehmen und Universitäten abgefiltert werden. Dann beginnt allerdings eine makabre «Dialektik der Aufklärung», an die man bei der Aufklärung von Spionage und Terrorismus zunächst nicht gedacht hatte.

Big Data und Gödels Entdeckung der Unvollständigkeit der Demokratie: Technische Möglichkeiten schaffen neue Begierden. Das verständliche Sicherheitsbedürfnis nach einem furchtbaren Terrorangriff darf nicht zu einer schleichenden Veränderung politischer Einstellungen und Strukturen führen. Reduktion von Risiken darf nicht zur Reduktion von Freiheit werden. Um die Freiheit zu schützen, darf die Freiheit nicht aufgegeben werden. An dieser Stelle drängt es sich auf, eine merkwürdige Begebenheit mit Kurt Gödel zu erwähnen, der die Unvollständigkeit von formalen Systemen in der Mathematik erkannte. Bei der Vorbereitung seiner Einbürgerung als Staatsbürger der USA soll er sich an der Unvollständigkeit der Verfassung gestoßen haben, die trotz vieler Einzelbestimmungen zum Schutz der Demokratie die Errichtung einer Diktatur im Rahmen der Verfassung ermöglichen würde.[39] Es ist nicht bekannt, wie Gödel im Einzelnen diesen Widerspruch herleitete. Jedenfalls ließen sich sicher ähnliche Argumente auch für die Unvollständigkeit von demokratischen Verfassungen anderer Länder finden.

Die Motivation für diese Entwicklungen liegt aber auf der Hand: Berechtigte Furcht und das Bedürfnis nach Sicherheit kann sich paranoid verselbstständigen, in das Gegenteil umschlagen und den autoritären Überwachungsstaat erzeugen, der sich wie eine Krake mit seinen Informationsnetzen über die Welt ausbreitet. Für diese Dialektik liefert Big Data die Voraussetzung. Die Glasfaserkabel und Internetknoten des World Wide Web sind die Krakenarme, die das Programm «Upstream» des britischen Dienstes GCHQ («Government Communications Headquarters») nutzt. Der amerikanische Partnerdienst NSA greift mit dem Programm «Prism» auf die Daten von Firmen wie Microsoft, Google, Facebook, Yahoo und Apple zu. Landesgrenzen werden bei dieser Ausspähung unterlaufen und Landesgesetze formal noch nicht einmal verletzt.

Dabei geht es nicht mehr um eine einzelne Person oder Partei, die raffiniert die Mechanismen der Demokratie zur Abschaffung der Demokratie benutzt. Die Übeltäter hatten in den einschlägigen historischen Beispielen noch eine menschliche Gestalt und konnten als Personen identifiziert werden. Totalitäre Regime des 21. Jahrhunderts werden sich systemisch, schleichend und unsichtbar durch Algorithmen und Big Data realisieren. Es ist eine sich abzeichnende Technokratie, die eine totale Überwachung im Rahmen von Demokratien möglich macht, weil Bürgerinnen und Bürger freiwillig bewusst oder unbewusst Milliarden von Signalen, Spuren und Nachrichten in den Netzen hinterlassen. Die Zettelkästen der Stasi wirken dagegen geradezu putzig. Vielen Nutzern scheint es zudem völlig egal zu sein, dass ihre Daten öffentlich sind. Einige Intellektuelle rufen zum Boykott der sozialen Medien auf. Angemessen und realistisch sind solche Einstellungen nicht, um den «Großen Bruder» aus Big Data auszutreiben.

Kapitel 13:

«Formeln zur Macht» – oder Berechenbarkeit unserer Zukünfte?

«Formeln zur Macht» – oder wer wird Supermacht? Im Jahr 1965 erlebte der Autor als Schüler eine für ihn denkwürdige Buchpräsentation. Der Physik-Professor Wilhelm Fucks, Rektor der TH Aachen und Direktor des Instituts für Plasmaphysik am Kernforschungszentrum Jülich war in seine Heimatstadt Leverkusen gekommen, um seinen damaligen Bestseller «Formeln zur Macht» vorzustellen.[1] Beindruckend war das Buch für den damaligen Schüler deshalb, da es historische Prozesse mit mathematischen Formeln behandelte und zu bemerkenswerten Voraussagen kam: China würde in absehbarer Zeit zur Supermacht aufsteigen und die USA mit Abstand verdrängen. Diese Voraussage war auf dem Höhepunkt des Kalten Kriegs, als sich USA und Sowjetunion als die beiden führenden Weltmächte hochgerüstet gegenüberstanden, nicht ohne weiteres zu erwarten. Krisenpunkte sind nach Fucks als metastabile Gleichgewichte vorausberechenbar. Bündnisse erbringen kalkulierbare Vorteile. Als Naturwissenschaftler stellte der Professor seine ausgewählten Parameter heraus, damals vor allem Bevölkerungswachstum, Stahl und Energieproduktion – sicher aus heutiger Sicht eine einseitige Auswahl. Aber die methodische Redlichkeit war für den Schüler auch eine klare Botschaft. Es handelt sich nach Fucks um mathematische Modelle, also Wenn-Dann-Aussagen: Wenn bestimmte Annahmen zutreffen, dann folgen mit einer bestimmten Wahrscheinlichkeit die logisch-mathematisch abgeleiteten Ereignisse. Jedenfalls waren das neue und andere Töne, als man sie sonst aus dem (damaligen?) geistes- und sozialwissenschaftlichen Unterricht an Schulen gewohnt war.

In Erinnerung ist dem ehemaligen Schüler auch, wie Fucks über seine Motivationen zu diesem Buch sprach. Als ehemaliger Wehrmachtssoldat habe er den Wahnsinn einer Welteroberungsideologie schon deshalb erkannt, da die Voraussetzungen dazu – mathematisch nachprüfbar – für Deutschlands Größenverhältnisse völlig illusorisch waren. Man hätte nur Eins und Eins zusammenzählen müssen, von den moralischen Verbrechen einmal ganz abgesehen. Auch das war in den 1960er Jahren für einen Schüler eine klare Botschaft. Allerdings war der Titel «Formeln zur Macht» auch schillernd. Gemeint war wohl, dass man mit Formeln wirtschaftliche und politische Macht berechnen und damit zu Voraussagen über zukünftige Machtkonstellationen kommen kann. Für den Schüler, der sich damals schon mit Mathematik, Physik und Philosophie beschäftigte, erinnerte der Buchtitel aber auch an Nietzsches «Wille zur Macht». Und da schien das Buch des Physik-Professors geradezu das Gegenprogramm zu verkündigen: Politiker können vieles «wollen», und Philosophen können sich in ihrem Kopfkino vieles «vorstellen». Im damaligen Atomzeitalter war es Einsteins Formel $E = mc^2$, die die Welt erzittern ließ. Wer die Sprache der Mathematik nicht versteht, kann diese Welt nicht verstehen.

Macht der Algorithmen im Zweiten Weltkrieg: Heute sind es Big Data und Algorithmen, die die Welt berechenbar machen wollen. Die Macht der Algorithmenwelt zeichnete sich bereits im Zweiten Weltkrieg ab. Bekannt ist die Geschichte der britischen und polnischen Mathematiker, Logiker und Kryptologen, denen die Entschlüsselung der deutschen Verschlüsselungsmaschine Enigma gelang.[2] Dieses Ereignis nannte der alliierte Oberbefehlshaber Dwight D. Eisenhower kriegsentscheidend. Der britische Premierminister Winston Churchill wird zitiert, wonach es den Codeknackern zu verdanken sei, dass der Krieg gewonnen wurde. Fest steht, dass die Entschlüsselung bei der Luftschlacht um England, vor allem aber im U-Boot-Krieg wesentlich zur Verkürzung des Krieges beigetragen hat. Die Verschlüsselungsmaschine Enigma (gr. Geheimnis) wurde nicht nur zur Verschlüsselung militärischer Nachrichten der Wehrmacht eingesetzt, sondern im nationalsozialistischen Deutschland auch von anderen staatlichen Stellen wie Polizei, Geheimdiensten, diplomatischen Diensten, SD, SS, Reichspost und Reichsbahn genutzt. Nahezu die gesamte staatliche Informationsinfrastruktur bediente sich dieser Maschine zur Verschlüsselung geheimer Nachrichten.[3]

Ab 1939 arbeitete Alan Turing als Kryptoanalytiker in Bletchley Park, der Zentrale der britischen Codeknacker.[4] Turing kannte die Vorarbeiten der polnischen Mathematiker und bediente sich bei der Entschlüsselung von Bedeutungen der, wie wir heute sagen würden, Metadaten einer Nachricht. Bei bereits entschlüsselten Nachrichten war ihm eine genaue Ordnung aufgefallen. Dabei spielten Metadaten wie der Ursprung der Nachrichten und die Sendezeit eine wichtige Rolle. So sendeten die Deutschen zu einer bestimmten Zeit einen Wetterbericht, in dem natürlich das Wort «Wetter» vorkam. Turing gelang es, die Milliarden möglichen Einstellungen schrittweise einzuschränken, indem er sich auf den technischen Aufbau der Enigma konzentrierte. Das Kernstück der Enigma waren Walzen mit den 26 Großbuchstaben des lateinischen Alphabets, die mit elektrischen Steckern verbunden wurden. Turing kombinierte Gruppen von elektrisch gekoppelten Enigma-Walzen, die man später Turing-Bomben nannte. Die Abläufe in einer Turingmaschine hatten Turing bei der Entwicklung seines Entschlüsselungsverfahrens inspiriert.[5]

Auf deutscher Seite waren ebenfalls Mathematiker, Logiker und Kryptologen beteiligt. Der spätere mathematische Logiker Gisbert Hasenjaeger (1919–2006) arbeitete in der Chiffrierabteilung des Oberkommandos der Wehrmacht bei Karl Stein (1913–2000), einem späteren führenden deutschen Mathematiker im Nachkriegsdeutschland. Die Abteilung wurde von dem Kryptoanalytiker Erich Hüttenhain (1905–1990) geleitet, der nach dem Krieg für die amerikanische Seite und die Organisation Gehlen, also die Vorläuferorganisation des BND, arbeitete, bevor er die bundesdeutsche Zentralstelle für Chiffrierwesen leitete.[6] Hasenjaeger, Stein und Hüttenhain hatten ihre mathematische Ausbildung an der Universität Münster erhalten.

Hasenjaeger war während des Krieges für die Enigma zuständig. Es ist wissenschaftshistorisch bemerkenswert, dass er sich nach dem Krieg mit Rechenmaschinen (z. B. Registermaschine) nach dem Vorbild der Turingmaschine beschäftigte.[7] Er war Schüler des Logikers, Philosophen und Theologen Heinrich Scholz (1884–1956), der seinen Münsteraner Philosophie-Lehrstuhl 1943 in den ersten deutschen Lehrstuhl für mathematische Logik und Grundlagenforschung umwidmen ließ. Wesentliche Einflüsse auf die theoretische Informatik gehen auf die von ihm gegründete «Schule von Münster» zurück.[8] Scholz stand seit den 1930er Jahren mit Turing in Kontakt. Turing berichtete, dass auf seine berühmte Arbeit von 1936 «On Computational Numbers. With an application to the Entscheidungsproblem» nur zwei Personen unmittelbar reagierten. Eine war Heinrich Scholz.

Wie berechenbar ist die Zukunft? Wenn die Welt berechenbar ist, dann lässt sie sich nach der Churchschen These letztlich auf einer universellen Turingmaschine simulieren. Die Zuse-Fredkin-These in der erweiterten Quantenversion von Feynman geht davon aus. Wie berechenbar ist dann die Zukunft? Es gibt deterministische Voraussagen wie in der Mechanik und probabilistische Voraussagen wie in der Strömungsdynamik oder bei Klimamodellen. Diffusions-Reaktionsgleichungen erlauben genaue Prognosen über alle möglichen komplexen Musterbildungen im Rahmen ihrer Parameterräume. Für Wirtschaft und Gesellschaft blieb die Zukunft allerdings lange Zeit ein völliges Orakel. Anwendungen mathematischer Gleichungen, wie sie Wilhelm Fucks in den 1960er Jahren verwendete (z. B. Volterra-Gleichung der Populationsdynamik), wurden mittlerweile ausgeweitet und in der Komplexitätsforschung und Econophysics für die Voraussage von Verkehrsszenarien, Märkten und Stadtentwicklungen eingesetzt (z. B. Mastergleichungen).[9] Big Data in Wirtschaft und Gesellschaft versucht ohne Gleichungen und Gesetze auszukommen, um über Metadaten, Suchalgorithmen und Superrechner zu schnellen Korrelationen und Prognosen zu kommen.

Szenarien von Zukünften: Während Big Data quantitativ mit gewaltigen Datenmengen arbeitet, versuchen die älteren Szenario- und Delphi-Techniken qualitative Einsichten über die Zukunft zu erhalten. Während Big Data inhaltliche Deutungen und Bewertungen durch Rechenpower und Datenmengen zu umgehen versucht, setzen die Szenarien-Techniken gerade auf das qualitative Verständnis von

Ereignissen. Statt Superrechner und Daten geht es also um menschliches Wissen und Verstehen von Experten, das zur Entwicklung möglicher Szenarien der Zukunft ausgewertet werden soll. Diese Ansätze können allerdings nicht auf eine determinierte Zukunft abzielen, sondern müssen ein Potential von Möglichkeiten berücksichtigen, das von den Erfahrungen, Vorstellungen und Intuitionen der ausgewählten Experten abhängt.[10]

Szenarien beschreiben zukünftige Situationen und Zustände, die als Hypothesen angenommen werden und aus denen kausale und logische Konsequenzen gezogen werden. Diese Konsequenzen erlauben eine Bewertung alternativer zukünftiger Szenarien als mehr oder weniger wünschenswert. Ausgangssituation sind Gegenwart und Vergangenheit, soweit sie durch empirische Datenanalyse zugänglich sind. Daraus wird ein Trendszenario ermittelt, das unter Annahme konstanter Nebenbedingungen in die Zukunft fortgeschrieben wird. Durch eine anzunehmende Variation der Nebenbedingungen ergeben sich jedoch alternative Möglichkeiten von Szenarien, die mit zunehmendem Abstand von der Gegenwart immer weiter vom Trendszenario abweichen. Anschaulich gesprochen bildet sich so eine Art Trichter, der sich von der Gegenwart ausgehend um die Zeitachse des Trendszenarios immer weiter öffnet. An den Rändern lassen sich positive und negative Extremszenarien unterscheiden. Ein Beispiel liefern zukünftige Szenarien der Energieentwicklung, die ausgehend von einer Fortschreibung der Gegenwartsbedingungen unterschiedliche Szenarien von variierenden politischen Entscheidungen durchspielen. Bei der Ausarbeitung der Szenarienentwicklung werden Phasen unterschieden, die von der Ausgangs- und Aufgabenanalyse über Faktoren- und Trendanalyse bis zur Ableitung von Konsequenzen, ihren Bewertungen und Interpretationen reichen.

Delphi-Verfahren: Als Bewertungsverfahren für zukünftige Entwicklungen wird das Delphi-Verfahren eingesetzt. An die Stelle des sagenumwobenen Orakels von Delphi treten nun Experten, die aufgrund ihres Wissens Trends- und Zukunftsmodelle ermitteln und bewerten sollen.[11] Als Entscheidungshilfe wurde dieses Instrumentarium z. B. von Ministerien und Wissenschaftsorganisationen eingesetzt, wenn Investitionen für zukünftige Innovationen begründet werden sollten. Dazu wird in einer ersten Runde ein Fragenkatalog vorgelegt, in einer zweiten Runde werden die Beteiligten über die Bewertungen der anderen Experten informiert, um durch Rückkopplung mit anderen Einschätzungen Schritt für Schritt weitere Bewertungsrunden einzuleiten, bis sich am Ende ein Konsens oder stabile Alternativen ergeben. Abgeschlossen werden die Delphi-Runden häufig durch eine Roadmap, mit der dem Auftraggeber eine Handlungsstrategie bzw. ein Realisierungsplan für ein Projekt empfohlen wird.

Szenario- und Delphi-Technik machen die Zukunft nicht vollständig berechenbar, aber plausibel. In der Sprache Turings lassen sich Experten mit ihrem Wissen und ihren Intuitionen als Orakelmaschinen auffassen, deren Ergebnisse aber mit berechenbaren und beweisbaren Argumenten verbunden werden können. Eine Schwachstelle ist die Auswahl der Experten. Solange man sich mit seinen Trendbewertungen in einer eingrenzbaren Disziplin bewegt, mag das noch unproblematisch sein. Wenn es aber um die zukünftige Einschätzung von soziotechnischen Systemen geht, wird die Ausgangslage deutlich schwieriger. Wer zum Bau einer Energieanlage oder eines Flughafens nur Ingenieure fragt, wird nur die Ingenieurssicht erfahren. Wer nur Sozialwissenschaftler fragt, wird nur deren Einschätzungen aufgrund sozialwissenschaftlicher Methoden hören. Hinzu kommt die betroffene Öffentlichkeit. Hier zeichnet sich ein Bewertungs- und Kommunikationsprozess ab, der nicht nur interdisziplinäres Wissen, sondern auch Meinungen und Haltungen vermitteln muss. Soziotechnische Systeme sind komplex, ihre Realisation unter den Bedingungen von Demokratie noch komplexer. Am Ende müssen aber robuste Entscheidungen möglich sein, um zukünftige Risiken einschätzen zu können.

Zukunft der Menschheit: Delphi-Technik macht Sinn zur Vorbereitung von Entscheidungsprozessen für einzelne Projekte und Innovationen. Was können wir aber über die Zukunft der Menschheit aussagen, oder sollten wir uns «realistisch» nach Art von Politikern mit dem Klein-Klein des Alltags und dem «Sichtflug» zufriedengeben? Wir können uns wünschen und vorstellen, was wir wollen. Unsere Zukünfte werden sich nur im Rahmen physikalischer Möglichkeiten abspielen können. Danach ist die Zukunft keineswegs beliebig «offen», sondern es lassen sich klare Einschränkungen angeben. Diese Bedingungen gelten nicht nur auf der Erde, sondern überall im Universum, wo Leben anzutreffen ist. Nach der Entdeckungsserie von Planeten mit erdähnlichen Bedingungen wächst die Wahrscheinlichkeit außerirdischer Zivilisationen. Es wäre eher sonderbar, wenn wir unter Milliarden von Planetensystemen alleine wären.

Energieskala zukünftiger Zivilisationen: Jede Art von Zivilisation wird von ihrem Energieverbrauch abhängen. Der russische Astrophysiker Nikolai Kardashev hatte sich bereits in den 1960er Jahren überlegt, wie sich der Entwicklungsstand zukünftiger Zivilisationen nach den Möglichkeiten ihres Energieverbrauchs einteilen lässt.[12] Dadurch erhält man eine quantitative Skala mit messbaren Größen. Dazu unterschied er drei Typen von Zivilisationen. Typ-1-Zivilisation beherrscht die Energie ihres Planeten. Die konsumierbare Energie eines Planeten wird durch den Bruchteil des einfallenden Lichts seiner Sonne bestimmt. Mit Blick auf die Erde können wir von einer Schätzgröße von ca. 10^{17} Watt ausgehen. Gemeint ist nicht nur die Sonnenenergie, die mittlerweile durch Solarstrom und Photovoltaik gewonnen wird. Fossile Brennstoffe sind in toten Pflanzen gespeicherte Sonnenenergie. Auch Wind, Wetter und Meeresströmungen werden erst durch Sonnenenergie möglich. Eine Zivilisation dieses Typs beherrscht alle diese Energieformen. Das erscheint für die Menschheit derzeit utopisch, allerdings physikalisch nicht ausgeschlossen.

Die Menschheit ist demnach noch eine Typ-0-Zivilisation mit Energieverbrauch kleiner als 10^{17} Watt. Dazu lassen sich quantitative Feinskalierungen angeben. Angefangen hat alles mit einer 0,2 PS-Zivilisation, die nur auf die Körperkraft von Menschen aufbauen konnte. Das ist die Zeit der Jäger und Sammler, bevor die Tierzucht einsetzte. Die 1-PS-Zivilisation, die durch Pferdekraft unterstützt wurde, reicht bis in das Postkutschen-Zeitalter. Erst mit der Motorisierung zunächst durch Dampfmaschinen Anfang des 19. Jahrhunderts und schließlich Verbrennungsmotoren seit Ende des 19. Jahrhunderts änderte sich der Energieverbrauch exponentiell – auf der Grundlage von Kohle und Öl, schließlich Kernenergie. Mittlerweile zapfen wir zwar die Energie auf dieser Erde in allen möglichen Speicherformen an. Aber von einer Beherrschung von z. B. Wind und Wetter ist die Menschheit noch weit entfernt, obwohl die Möglichkeit bei Nutzung entsprechender Gesetze nicht ausgeschlossen ist. Die derzeitige prozentuale Einschätzung nach dem Grad der Energienutzung liegt daher für die Menschheit bei einer Typ-0,7-Zivilisation.

In der mathematischen Theorie der Plasmaphysik haben wir die Fusionsenergie der Sonne bereits in Formeln gepackt. Der Fusionsreaktor lässt allerdings noch auf sich warten. Das wäre nach Kardashev der erste Schritt in Richtung einer Typ-2-Zivilisation: Sie beherrscht die Energie der Sonne, also ca. 10^{27} Watt. Gemeint sind nicht nur Solarzellen, mit denen Sonnenenergie passiv aufgefangen wird. Der amerikanische Physiker Freeman Dyson beschreibt, wie eine solche Zivilisation eine gigantische Kugel um ihren Heimatstern konstruiert, um seine gesamte Strahlung zu absorbieren. Eine Typ-3-Zivilisation ist galaktisch und verbraucht die Energie von Milliarden Sternen in der Größenordnung 10^{37} Watt.

Die Kardashevsche Skala können wir uns bisher nur in Bildern veranschaulichen, wie sie aus der Science-Fiction-Literatur bekannt sind.[13] Die Typ-1-Zivilisation wäre die Welt von Flash Gordon, weil dort sämtliche planetarischen Energiequellen genutzt werden können. Selbst Wind und Wetter sind dann vollständig kontrollierbar. Die Typ-2-Zivilisation ist die Planetenföderation in «Star Trek», die bereits hundert nahe gelegene Sterne kolonialisiert hat. Schließlich entspricht das Imperium im Film «Krieg der Sterne» einer Typ-3-Zivilisation: Große Teile einer Galaxie mit Milliarden Sternen werden genutzt.

Weltraumtechnologie zukünftiger Zivilisationen: Im Rahmen dieser Skalierung lässt sich aber durchaus wissenschaftliche Szenarienforschung betreiben: Welche Technologien sind heute möglich? Für welche Technologien haben wir bereits die technischen Realisationsmöglichkeiten, um sie in den nächsten Jahren zu bauen (z. B. Energietransport durch Laserstrahlen, Elektromobile)? Welche Technologien sind physikalisch denkbar, während ihre technische Realisation noch an vielen Schwierigkeiten scheitert (z. B. Fusionsreaktor, Raketenantrieb durch Fusion)? Welche Technologien sind physikalisch denkbar, aber ohne derzeit absehbare technische Möglichkeit der Realisation (z. B. Raketenantrieb durch Antimaterie, Fahrzeugantrieb mit Supraleitern)? Welche Rolle werden Nanotechnologie und Robotik in der Weltraumfahrt spielen? Wie hängen die Entwicklungsstadien der Weltraumtechnologie von den Entwicklungsstadien der menschlichen Zivilisation ab?

Zuses Vision sich selbst reproduzierender Weltraumroboter: Es ist bemerkenswert, dass der Computerpionier Konrad Zuse dazu bereits konkrete Projekte plante. Wenn das Universum nach Zuse ein berechenbarer zellulärer Automat ist, dann sollten auch Automaten zu seiner Besiedlung eingesetzt werden. Die Kernidee, die am Anfang der Theorie zellulärer Automaten stand, war das alte cartesianische Problem, wie sich Automaten analog zu lebenden Organismen selber reproduzieren sollten. Mathematisch wurde das Problem von John von Neumann mit einem universellen zellulären Automaten gelöst. Den Ingenieur und Erfinder Konrad Zuse beschäftige aber das technische Problem des Baus eines entsprechenden Roboters. Anfang der 1970er Jahre startete Zuse sein Projekt sich selbst reproduzierender Systeme mit dem Bau der Montagestraße SRS72, die mit zugeführten Werkstücken eine Kopie von sich selber bauen sollte. Die restaurierte Montagestraße steht heute im Deutschen Museum zu München.[14]

Zuse verband damit die Vision einer technischen Keimzelle, die sich mit systeminterner Datenspeicherung und Datenverarbeitung durch Rückgriff auf bereitstehende Rohstoffe selber reproduzieren kann, um zu einem komplexen System wie ein biologischer Organismus auszuwachsen. Zuses Keimzelle würde also unser Prinzip lokaler Aktivität realisieren, nach dem von außen zugeführte Signale und Energie verstärkt werden, um die Entstehung von Komplexität zu initiieren. Mit solchen Keimzellen, so Zuse, könnte sich die menschliche Zivilisation im Weltraum ausbreiten: Aus Keimzellen auf einem Planeten entstehen Roboterfabriken, die wiederum Keimzellen produzieren, die auf andere Planeten in anderen Sternensystemen geschossen werden, um dort den Selbstreproduktionsprozess zu wiederholen. 1980 haben amerikanische Physiker diese Szenarien als «Von-Neumann-Sonde» beschrieben. Im Unterschied zu Zuse hat von Neumann ein solches Weltraumprojekt nie erwähnt.

Zukünfte von Cyberphysical Systems: Neue Möglichkeiten der Materialienforschung, wie sie die Nanotechnologie eröffnet, werden für die technische Selbstreproduktion sicher von zentraler Bedeutung sein. Die bereits anlaufende Entwicklung von Cyberphysical Systems spricht allerdings dafür, dass es in Zukunft keine isoliert sich selbst entwickelnde Technologie geben wird. Vielmehr werden sich selbst reproduzierende und mehr oder weniger autonom agierende Technologien mit Menschen in soziotechnischen Systemen eingebunden sein. Das Internet der Dinge und Industrie 4.0 sind erste Schritte in diese Richtung. Der Faktor «Mensch» wird bei dieser Entwicklung eine zentrale Herausforderung sein, um seine organischen, psychischen und intellektuellen Voraussetzungen angemessen zu berücksichtigen.

Zukünfte des Lebens: Für zukünftige Szenarien wird der Stand der Lebenswissenschaften zu berücksichtigen sein. Nach heutigem Kenntnisstand der Systembiologie lässt sich prinzipiell nicht ausschließen, dass Leben beliebig verlängerbar ist. Die Gelehrten streiten noch, ob der Tod eher genetisch bedingt ist und/oder durch ein evolutionäres Fitnessprogramm, um der Population insgesamt größere Überlebenschancen einzuräumen. Mathematische Modelle der Populationsdynamik geben dafür erstaunliche Belege. An diesem Beispiel wird unmittelbar klar, mit welchen sozialen und gesellschaftlichen Konsequenzen solche langfristigen Zukunftsszenarien verbunden sein werden. Die technisch-wirtschaftlich hoch entwickelten Gesellschaften der Gegenwart haben bereits Schwierigkeiten genug, mit dem demographischen Wandel einer Gesellschaft fertigzuwerden, deren Menschen im Alter länger fit bleiben. Schließlich die politischen Fragen: Wie werden Konflikte in solchen Gesellschaften gelöst? Welche gesellschaftlichen und politischen Organisationsformen werden unter diesen Bedingungen angebracht sein?

Informationsskala zukünftiger Zivilisationen: Nun handelt es sich bei der Kardashevschen Skala um Zeitperioden der nächsten hundert, tausend und Millionen Jahre, die nach kosmischen Maßstäben klein sind. Jedenfalls gibt es Schätzungen, dass die Menschheit Ende dieses Jahrhunderts die Schwelle zur Typ-1-Zivilisation wenigstens technisch erreichen könnte. Energie ist ohne Zweifel ein zentraler Maßstab. Wie in diesem Buch gezeigt wurde, ist der Informationsbegriff aber die universelle Kategorie, mit der sich auch die sozialen, wirtschaftlichen und gesellschaftlichen Veränderungen besser erfassen lassen. Der amerikanische Astrophysiker Carl Sagan (1934–1996)[15] schlug daher eine Skala vor, die Zivilisationen nach dem Stand der Datenverarbeitung misst. Seine Skala läuft von den Buchstaben A bis Z, denen jeweils steigende Datenkapazitäten entsprechen.

Eine Typ-A-Zivilisation kann nur eine Million Bits bewältigen. Das wäre ein Entwicklungsstand, in dem nur gesprochene Sprache, aber keine Schriftsprache mit Dokumenten genutzt werden kann. Man denke an Naturvölker, wie sie z. B. im Amazonasgebiet entdeckt wurden. Eine alte Hochkultur wie Griechenland bringt es mit ihren überlieferten Schriftdokumenten auf eine geschätzte Größenordnung von einer Milliarde Bits und entspricht in der Saganschen Skala einer Typ-C-Zivilisation. Sagans Einschätzung der derzeitigen Zivilisation war vor dem Big-Data-Zeitalter. Mit Big Data sind wir auf dem Weg vom Peta (10^{15})-Byte Zeitalter zum Exa (10^{18})-, Zetta (10^{21})- und Yotta (10^{24}) Byte-Zeitalter. In Big Data sind aber nicht nur literarische, philosophische und wissenschaftliche Texte erfasst, die den größten Anteil der überlieferten Dokumente der griechischen Hochkultur ausmachen. Es wird nicht beschritten, dass auch bei den Griechen der Alltag wie in Facebook aus banalem Alltagsgeschwätz bestand. Sie sind allerdings verloren mangels technischer Möglichkeiten der Vorratsspeicherung. Die sensorischen Aktivitäts- und Bewegungsmuster entfallen völlig.

«Datengetriebene» (data driven) Prognosen: Eine – modern gesprochen – «datengetriebene» (data driven) Zivilisation hatten nach heutigem Kenntnisstand die Babylonier. In unüberschaubar vielen Tonscherben sind Keilschrifttabellen über ihre Verwaltungsabläufe, Alltagsgeschäfte, Gerichtsverfahren und politischen Auseinandersetzungen überliefert. Auch ihre Wissenschaft ist auf Messdaten geradezu versessen. In der Astronomie werden erstmals genaue Planetenbahnen festgehalten. Auf dieser Grundlage werden Voraussagen über zukünftige Mondstellungen abgeleitet.[16] Das nennen wir heute ein induktives Verfahren: Wachsende Anzahl der Daten bestärkt die

Voraussage. Es gibt kein Modell, Hypothese oder Gesetz, sondern nur die Masse der tabellarisch geordneten Daten, die extrapoliert werden. Für die Praxis der Prognosen, die im Alltag benötigt werden, reichen diese Tabellen aus. Das ist die beginnende Big-Data-Welt.

Bedeutung der Naturgesetze: Ganz anders die griechische Philosophie und Wissenschaft: Im Vordergrund stehen Logik und geometrische Modelle, um die Welt zu erklären. Beeindruckend sind bis heute ihre mathematischen Beweise, die sie exakt aus angenommenen Axiomen logisch ableiten. Auch die neuzeitliche Physik kommt bei ihren Anfängen mit eher wenig Daten aus. Dies gilt auch für die großen Durchbrüche der Quantenphysik in der ersten Hälfte des 20. Jahrhunderts, die mathematische Physiker wie Paul Dirac, Werner Heisenberg, Erwin Schrödinger u. a. mit neuen mathematischen Gleichungen auf der Grundlage von wenigen Messdaten (verglichen mit Big Data) schufen.

Erkenntnisschema mathematischer Naturgesetze: Alle Erkenntnis (Abb. 52) beginnt mit Daten, geht über zur Entdeckung von Datenmustern in endlich vielen vorliegenden Messdaten, die für alle möglichen Ereignisse im Naturgesetz verallgemeinert werden («Induktion»), und erklärt sie durch Deduktion aus physikalischen Theorien nach fundamentalen Metaprinzipien (z. B. Invarianz, Symmetrie, Erhaltungssätze).[17] Das Erklärungs- und Prognosepotential von Naturgesetzen hängt von ihrer Kapazität ab, vergangene und gegenwärtige Ereignisse (Erklärung) und zukünftige Ereignisse (Prognose) abzuleiten. So entsteht ein komplexes Netzwerk von Theorien und Gesetzen, die voneinander und von neuen Daten und Erfahrungen abhängen. Dieses Netzwerk weitet sich ständig aus, knüpft dichtere Verbindungen, erzeugt Theoriecluster und korrigiert sich aufgrund neuer Daten und theoretischer Einsichten.

In der Physik geschieht also die Erklärung von Daten durch mathematische Ableitung aus Gesetzen, Erklärung der Gesetze durch mathematische Ableitung aus übergeordneten Theorien, Erklärung von Theorien durch mathematische Ableitung aus allgemeinen Metaprinzipien der Invarianz und Symmetrie. Auch Metaprinzipien sind korrigierbar. Da von ihnen aber das ganze Wissenschaftsge-

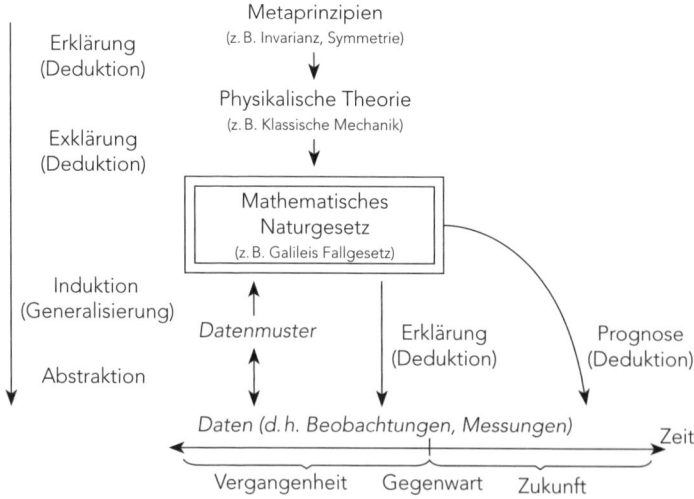

Abb. 52: Mathematische Gesetze der Natur

bäude abhängt, müssen dafür schwerwiegende und fundamentale neue Einsichten vorliegen. Das ist die idealtypische Methodologie. In der faktischen Wissenschaftsentwicklung wird auch in der Physik mit vorläufigen Rezepten durchaus erfolgreich gearbeitet: Feynmans Diagramme sind nur deshalb gut, weil sie ähnlich wie elektrotechnische Schaltbilder mathematische Gleichungen für das menschliche Vorstellungsvermögen besser illustrieren. Renormierungsverfahren in der Quantenelektrodynamik sind erfolgreich – allerdings ohne Erklärung. Jeder Physiker kennt aber diesen Mangel und verkündet deshalb kein neues Wissenschaftsparadigma, wonach wir in Zukunft keine Erklärungen und Gesetze mehr benötigen und Kochrezepte mit möglichst vielen Daten reichen.

Big Data in den Lebenswissenschaften reicht nicht: Wie grundlegend dieses Erklärungsschema durch Gesetze ist, zeigt die Wissenschaftsentwicklung, die nach Newtons Physik auch Chemie und Biologie erfasst hat. Hier ist kein Physikalismus gemeint, wonach die Gesetze des Lebens auf chemische und physikalische Gesetze reduziert werden sollen. Gemeint sind die Mathematisierung der Lebensprozesse und die Suche nach gesetzmäßigen Erklärungen. Zunächst schien bei der Entschlüsselung des Lebens alles für Big Data zu sprechen, nämlich durch massenhaft viele Daten und Data Mining zu schnellen Korrelationen und Prognosen zu kommen. Nach der Entschlüsselung des menschlichen Genoms 2001 wurden immer schnellere und preiswertere Rechner zur Sequenzanalyse und immer umfangreichere Referenz-Datenbanken zur Speicherung von Daten entwickelt. Craig Venter fühlte sich wie der neue Darwin, der anstelle der Entdeckung und Beschreibung immer neuer Tierarten wie bei Darwin das Erbgut von immer mehr Lebewesen sammelte. In der Medizin werden alle möglichen Mutationen in Krebstumoren registriert, um Korrelationen und Analogien zu entdecken. Diese Forschungen sind nützlich, stehen aber in der Gefahr, das Wesentliche aus den Augen zu verlieren. Was ist Leben? Bevor wir die Gesetze einer Zelle nicht verstanden haben, werden wir auch den Krebs nicht heilen können. Big Data ist nützlich, läuft aber als alleinige Forschungsstrategie ins Leere.

Vermessung und Berechnung des Lebens auf der Grundlage von Gesetzen: Big Data zeigt sich in Systembiologie und Gehirnforschung mit einer Bilder- und Datenflut, die uns eine erste Ahnung von der Komplexität des Lebens vermittelt. Wer die komplexen Vernetzungen von Proteinen und ihre molekularen Wechselwirkungen bei einer Zellteilung unter einem Mikroskop verfolgt hat, begreift unmittelbar die veränderte Ausgangslage für die Mathematisierung von Lebensprozessen und die Suche nach ihren Gesetzen gegenüber den physikalischen Anfängen bei Galilei und Newton. Die Situation erinnert an Stephen Wolframs Bilderflut komplexer Muster von zellulären Automaten, die durch leistungsstarke Computer simuliert werden. Verstanden haben wir diese Musterbildung aber erst, als wir die zugrunde liegenden Gesetze in Form von Gleichungen bestimmt hatten, aus denen sich die komplexen Muster im Detail präzise vorausberechnen lassen. Der nächste Schritt waren die partiellen nichtlinearen Differentialgleichungen, mit denen sich die komplexen Musterbildungen bei Diffusions- und Reaktionsprozessen gesetzmäßig erklären ließen. Grundlegend ist das Prinzip lokaler Aktivität und der damit verbundene Parameterraum, mit dem sich das Potential der jeweiligen Struktur- und Musterbildung präzise berechnen lässt.

Der Mathematiker und Bioinformatiker Eugene Myers, der an Craig Venters Genomprogramm maßgebend beteiligt war und nun das Zentrum für Systembiologie in Dresden leitet, spricht davon, das «zeitliche Aktivitätsmuster der Proteine in jeder einzelnen Zelle» auszuwerten, um so einen «vierdimensionalen Atlas der Art und Weise zu entwickeln, wie sich ein Lebewesen in Raum und Zeit entwickelt.»[18] Das gelingt aber nur, wenn wir über eine allgemeine mathematische Theorie komplexer sich selbst organisierender Systeme als gesetzmäßige Grundlage verfügen. Die in Kapitel 9 vorgestellten Modelle der Chemie, Morphogenese und Gehirnforschung auf der Grundlage des Prinzips lokaler Aktivität sind erste Schritte in diese Richtung, um die Komplexität der Lebensprozesse erklären, prognostizieren und verstehen zu können.

Prognosepotential in Wirtschafts- und Sozialwissenschaften: Auch soziale, wirtschaftliche und gesellschaftliche Systeme lassen sich im Prinzip als komplexe dynamische Systeme verstehen, in denen lokale Aktivität der beteiligten Agenten Selbstorganisationsprozesse von gesellschaftlichen Strukturen auslöst. Bekanntermaßen ist aber das Prognosepotential von Wirtschafts- und Finanzmodellen nach wie vor bescheiden. Andererseits ist der Aufstieg moderner Wirtschaftssysteme in der Neuzeit eng mit der Entwicklung mathematischer Theorien von der Zinseszinsrechnung bis zur mathematischen Statistik und Stochastik verbunden.

Big Data produziert ungeheure Datenmengen und die Auswertung von Metadaten ohne Verständnis der Inhalte, verspricht schnelle und erfolgreiche Geschäftsmodelle. Gelegentlich wird schon herausgestellt, dass es einfacher ist, mit Big-Data-Algorithmen das Verhalten eines Menschen vorauszusagen als mit Quantenmechanik die Bahn eines Elementarteilchens. Wenn wir einmal von der NSA und ähnlichen Organisationen absehen, ist aber das vordringliche Ziel von Sozialwissenschaften nicht die Voraussage des Verhaltens eines Menschen. Es geht darum, sein Verhalten und die Prozesse einer Gesellschaft zu verstehen. Verstehen ist deshalb wichtig, da Gesellschaftssysteme keine naturgegebenen Systeme sind, die von Naturkonstanten abhängen. Gesellschaftssysteme sind menschengemacht und werden von Menschen ständig verändert. Das ist aber kein prinzipieller Hinderungsgrund für hilfreiche mathematische Modelle. Mastergleichungen und stochastische Modelle sind erste Ansätze. Allerdings sind die Parameterräume sozialer Systeme bisher unüberschaubar groß. Selbst Big Data schafft bisher nur einen Bruchteil der erzeugten Datenmengen. Hier müssen Big Data, Algorithmenforschung und mathematische Modellierung zusammenarbeiten, um in Zukunft zu besseren Ergebnissen zu kommen. Würden wir diese Prozesse genauer verstehen, könnten wir wenigstens Frühwarnsysteme entwickeln, um schädlichen Trends frühzeitig entgegenzuwirken. Die Komplexität soziotechnischer Systeme ist also eine Herausforderung, an deren Anfängen wir erst stehen.

Kapitel 14

Wieso passt die Mathematik so gut auf die Welt?

Einer der erstaunlichsten Trends menschlicher Zivilisation ist die sich ständig ausbreitende Mathematisierung und Algorithmisierung von Natur und Gesellschaft, ohne die unsere Kultur und unser gegenwärtiger Lebensstandard nicht denkbar wären. Wieso passt aber die Mathematik so gut auf ihre Anwendungsmodelle? Woher kommt diese «Macht der Formeln»? Der Physiknobelpreisträger Eugene P. Wigner hatte von der «unerklärlichen Effektivität der Mathematik in den Naturwissenschaften» («The Unreasonable Effectiveness of Mathematics in the Natural Sciences») gesprochen.[1] Längst ist die Mathematisierung in nahezu allen Wissenschaften vertreten. Aber auch in Beruf und Alltag geht fast nichts mehr ohne Mathematik und Algorithmen. Leider kommt aber manchen Zeitgenossen mathematisches und algorithmisches Denken wegen schlechter schulischer Erfahrungen eher fremdartig vor. Dabei sind die Ursprünge von Mathematik und Algorithmen zutiefst menschlich und hängen unmittelbar mit menschlichen Veranlagungen zusammen, die im Lauf der Evolution entstanden sind. Regulierte Abläufe, bei denen Schritt für Schritt festgelegt und wiederholt wird, sind Vorläufer von Algorithmen.

Vom Zählen zum Zahlbegriff: Einkerbungen auf Knochen aus der Frühzeit der Menschheit zeugen von ersten symbolischen Repräsentationen solcher Regeln. So wurde z. B. jedem erlegten Tier eine Kerbe umkehrbar-eindeutig zugeordnet. Das waren die Anfänge des Zählens: Ausgehend von einer Kerbe wurde in jedem nachfolgenden Schritt den bisher erzeugten Kerben eine weitere Kerbe hinzugefügt. Menschen lernten diese Regel durch Vormachen und Nachmachen. Mit den Kerben lag ein erstes Symbolsystem vor, das sich auch auf das Abzählen anderer Objekte übertragen ließ. Andere Stämme verwendeten vielleicht andere Materialien und Zeichen. Wir können daher bei diesem Verfahren von den jeweils verwendeten Zeichen und abgezählten Gegenständen absehen (lat. ab(s)trahere). Es kommt nur auf die umkehrbar-eindeutige Zuordnung der Gegenstände und Symbole an.

Nun zeigt sich eine wichtige Fähigkeit menschlichen Denkens: Menschen können abstrahieren! Im Fall des Zählens ist das die Abstraktion von Symbolen und Gegenständen zu Zahlen. Fünf Kerben entsprechen umkehrbar-eindeutig fünf erlegten Tieren, aber auch fünf verschiedenen Menschen, Sternen, Bäumen etc. Eine (natürliche) Zahl ist also eine Abstraktion. Sie umfasst alle Mengen von Dingen, die einander umkehrbar-eindeutig zugeordnet sind. Dazu können auch gedankliche Vorstellungen wie Einhörner, Träume und Götter gehören. Zahlen existieren also nicht in Raum und Zeit wie Symbole und Objekte, die wir wahrnehmen können. Im strengen logischen Sinn einer Abstraktion sind sie auch keine Gedanken, da wir auch davon abstrahieren. Man wird einwenden, dass sie erst durch unser Denken und damit unsere Gehirne möglich wurden. Wir können sie aber auch durch Programme auf Computern repräsentieren. Auch Aliens fremder Welten werden zahlenähnliche Relationen benutzen, um Zusammenhänge im Weltall zu erfassen. Diese Erkenntnis hat bereits die frühen Philosophen und Mathematiker fasziniert: Die Mathematik hat es mit Gegenständen zu tun, die buchstäblich nicht von dieser Welt (gemeint ist, die mit unseren Sinnen wahrnehmbare physische Welt) sind. Man muss kein hartgesottener Platoniker sein und an jenseitige Welten glauben, sondern nur streng die Logik der Abstraktion beachten: Zahlen mögen im Umgang mit Dingen der wahrnehmbaren physikalischen Welt entstanden sein. Aber Wahrheiten über die Welt der Zahlen sind logisch unabhängig von Raum und Zeit der physischen Welt.

Beweis des Unendlichen: die Macht der Theorie: Die erstaunliche Kraft theoretischen Denkens zeigt sich in einem der frühesten mathematischen Beweise, die überliefert sind. Dieser Beweis zeigt zudem eindrucksvoll, was Mathematik bis heute eigentlich ist. Um 300 v. Chr. bewies Euklid die Existenz unendlich vieler Primzahlen.[2] Der Beweis ist so klar, einfach, kurz und stringent, aber in seiner Konsequenz so ungeheuerlich, dass er an dieser Stelle vorgeführt werden soll. Mit dem Unendlichen, das jenseits menschlicher Erfahrung in Raum und Zeit ist, beginnt nach Hermann Weyl die Mathematik. Bei Euklid heißt es völlig undramatisch: «Es gibt mehr Primzahlen als jede vorgelegte Anzahl von Primzahlen». Vorweg zur Erinnerung: Eine Primzahl ist eine natürliche Zahl, die genau zwei natürliche Zahlen als Teiler hat. Eine Primzahl ist also eine natürliche Zahl größer als 1, die nur durch sich selbst und durch 1 ganzzahlig teilbar ist. Beispiele: 2, 3, 5, 7, ...

Euklid argumentiert mit einem Widerspruchsbeweis. Er nimmt also das Gegenteil der Behauptung an, schließt logisch unter dieser Annahme auf einen Widerspruch. Die Annahme war also falsch. Wenn eine Aussage entweder wahr oder falsch ist («Tertium non datur»), dann gilt das Gegenteil der Annahme: Die Behauptung ist richtig.

Nun also der <u>Widerspruchsbeweis</u>: Angenommen, es gäbe nur endlich viele Primzahlen $p_1, ..., p_n$. Mit m bezeichnen wir die kleinste Zahl, die von allen diesen Primzahlen geteilt wird, d. h. das Produkt $m = p_1 \cdot ... \cdot p_n$. Für den Nachfolger $m+1$ von m gibt es zwei Möglichkeiten:

1. Fall: $m+1$ ist eine Primzahl. Nach Konstruktion ist sie größer als $p_1, ..., p_n$ und damit eine zusätzliche Primzahl im Widerspruch zur Annahme.

2. Fall: $m+1$ ist keine Primzahl. Dann muss sie einen Teiler q besitzen. Nach Annahme muss q dann eine der Primzahlen $p_1, ..., p_n$ sein. Damit ist sie auch ein Teiler von m. Die Primzahl q teilt also sowohl m als auch den Nachfolger $m+1$. Dann teilt sie auch die Differenz von m und $m+1$, also 1. Das kann aber nicht zutreffen, da 1 nach Definition keine Primzahl als Teiler besitzt.

Die Annahme, es gibt nur endlich viele Primzahlen, ist also falsch, und es gilt das Gegenteil der Annahme: Die Behauptung ist wahr.

Mathematische Welten jenseits des Abzählbaren: In der Zahlentheorie sind wir schon in wenigen Schritten von den elementaren Anfängen des Zählens in den tiefsten Fragen der Mathematik. In weiteren Abstraktionsschritten wurde das Zahlensystem von den natürlichen über die ganzen und rationalen Zahlen zu den reellen Zahlen erweitert, die nicht umkehrbar-eindeutig den natürlichen Zahlen zugeordnet werden können, also überabzählbar sind. Mengen, deren Elemente umkehrbar-eindeutig einander zugeordnet werden können, heißen auch gleichmächtig. Die Mengen gleichmächtiger Mengen sind die Kardinalzahlen, die durch entsprechende Operationen und Abstraktionen zu immer mächtigeren Größen erweitert werden können. Wir erhalten so Grade des Unendlichen. Die axiomatische Grundlage der Kardinalzahlen liefert die Mengenlehre. Mittlerweile werden in der Mengenlehre so große Kardinalzahlen untersucht, dass ihre Existenz nicht mit den üblichen Axiomen der Mengenlehre ZFC bewiesen werden kann. Daher werden zusätzliche Axiome erwogen, um noch stärkere Theorien zu erhalten, mit denen bisher unentscheidbare Sätze entschieden werden können. Man spricht dann z. B. von «unerreichbaren Kardinalzahlen», da sie mit den üblichen Methoden der Mengenlehre nicht gebildet («erreicht») werden können.

Solche Kardinalzahlen sind keineswegs beliebige abstrakte Spekulationen, sondern entsprechen mathematischen Theorien über Mengen von Objekten mit dieser Mächtigkeit. Der Zahlentheorie der natürlichen Zahlen entspricht die Kardinalzahl mit abzählbarer Mächtigkeit. Der Kardinalzahl überabzählbarer Mächtigkeit der reellen Zahlen entspricht die reelle Analysis, die in der Physik zur Anwendung kommt. Aber auch die Analysis komplexer Zahlen, die in der Elektrotechnik und Quantenmechanik Verwendung findet, bezieht sich auf diese Mächtigkeit.[3]

Von geometrischen Konstruktionen zur Idealität geometrischer Formen: Neben der Arithmetik war die Geometrie eine zentrale Quelle mathematischen Denkens. Das griechische Wort für Geometrie bedeutet Erdvermessung. Es geht also um Messen von Strecken,

Flächen und Körpern. Das setzt das Hantieren mit Werkzeugen wie z. B. Zirkel und Lineal voraus. Geometrische Konstruktionen sind nichts anderes als Algorithmen, d. h. schrittweise Verfahren zur Herstellung von Figuren und Körpern mit z. B. Zirkel und Lineal. Ähnlich wie in der Arithmetik kommt es aber nicht auf die konkreten Figuren und Körper an, die physisch aus Materialien hergestellt werden. Punkte, Geraden und Ebenen entstehen in der Euklidischen Geometrie durch Idealisierung, d. h. von Unebenheiten und Abweichungen wird abgesehen bzw. abstrahiert. Man kann sich technische Verfahren des Schleifens ausdenken, um einer homogenen Ebene möglichst nahezukommen. Aber die ideale Ebene, die ideale Gerade als Schnitt zweier Flächen und der ideale Punkt als Schnitt zweier Geraden, existieren nur als mathematische Objekte. Ähnlich wie die Zahlen existieren sie nicht in Raum und Zeit der Physik. Philosophen wie Platon war diese Idealität mathematischer Formen wohl bewusst. Ein konkret gezeichneter Kreis ist nur ein Repräsentant der idealen mathematischen Form eines Kreises, der durch alle Punkte mit gleichem Abstand zu einem Mittelpunkt definiert ist. Die Sätze der Geometrie wie der Satz des Pythagoras werden nicht durch Messungen auf der Erde begründet, sondern aus Axiomen logisch abgeleitet. Diese Sätze und ihre logischen Beweise begründen auch erst die Konstruktionen geometrischer Figuren und Körper.[4]

Lösung mathematischer Probleme durch Abstraktion: die Macht der Theorie: Wie wir schon hörten, werden in der analytischen Geometrie Punkte, Geraden und Ebenen durch Zahlenpaare, lineare und quadratische Gleichungen ersetzt. Die Gerade umfasst das Kontinuum aller Punkte, die umkehrbar eindeutig den reellen Zahlen zugeordnet werden. Diese Geometrie entspricht also der überabzählbaren Kardinalzahl der reellen Zahlen. Kurven und Flächen werden durch algebraische Gleichungen definiert und in beliebigen Dimensionen untersucht. Die algebraische Geometrie ist eine höchst abstrakte mathematische Theorie, die nur noch gelegentlich mit anschaulichen Kurven und Flächen illustriert werden kann. Der Mathematiker Alexander Grothendieck hat sie in dem nach ihm benannten Grothendieck-Universum verallgemeinert, dessen Mächtigkeit nur eine unerreichbare Kardinalzahl zugeordnet werden kann.[5] Die abstrakten

Theorien der modernen Mathematik sind häufig notwendig, um klassische Probleme der Mathematik wie das Fermatsche Problem zu lösen. Mathematik ist allerdings auch eine faszinierende Welt für sich, die sich nicht allein durch ihre Anwendung rechtfertigt.

Mathematik entsteht also aus anschaulichen Zähl- und Konstruktionsprozessen und erzeugt durch Abstraktion Universen von Mengen und Strukturen immer größerer Mächtigkeit, die nur in Ausschnitten mit der physikalischen Wirklichkeit zu tun haben. Ihre Existenz ist logisch durch Widerspruchsfreiheitsbeweise und in Abhängigkeit von angenommenen Axiomen gesichert. Wer die mathematischen Welten erforscht, weiß, dass sie von der gleichen Härte und Konsequenz sind, wie wir das aus der physikalischen Welt kennen. Als Menschen entwickeln wir diese Welten zwar mit mentalen Fähigkeiten unserer Gehirne. Aber mathematische Gesetze gelten völlig unabhängig von der Gehirnforschung. Ein Euklid oder ein Gauß hatten nicht die geringste Ahnung von ihren Gehirnen. Auch unsere heutigen Einsichten in die Funktionsweise des Gehirns helfen uns wenig bei mathematischen Problemlösungen.

Die Gesetze der Mathematik gelten im strengen logischen Sinn unabhängig von der physikalischen Raum-Zeit: Auf der Todesanzeige des theoretischen Physikers und Max-Planck-Direktors Jürgen Ehlers (1929–2008) stand: «Raum und Zeit haben für ihn aufgehört zu existieren.» Heinrich Scholz, der Gründungsdirektor des Münsteraner Instituts für mathematische Logik und Grundlagenforschung, soll vor seinem Tod zu einem befreundeten Physiker geäußert haben, dass dort, wo er jetzt hingehe, die Gesetze des Physikkollegen nicht mehr gelten, aber seine schon. Gödel hat in platonischer Tradition sogar versucht, einen logisch-mathematischen Gottesbeweis zu führen. Man muss dieser extremen Position nicht folgen. Aber auch ein Atheist erfährt in der Mathematik eigene Welten und Strukturen, deren Existenz sich nur angenommenen Axiomen und logischen Beweisen verdankt und von physikalischen Erfahrungen und Experimenten unabhängig ist. Wer sich in der Welt der Mathematik bewegt, erfährt aber auch, dass Strukturen schöner sein können, als wir es von dieser Welt gewohnt sind.

Mathematische Abstraktion und physikalische Anwendung: Umso mehr drängt sich die Frage auf, warum die Mathematik so gut auf das physikalische Universum passt und es berechenbar macht. In den Anfängen menschlicher Kulturgeschichte war die Passgenauigkeit mathematischer Verfahren und Begriffe anschaulich: Die Euklidischen Formen der Geometrie, die durch Idealisierung von Kanten, Flächen und Körpern entstehen, oder die natürlichen Zahlen, die durch Abstraktion aus Zählprozessen mit Kerben, Nüssen oder Steinen entstehen, versteht jedes Kind. Rationale Zahlen entstanden anschaulich als Proportionen bzw. Größenverhältnisse, mit denen man z. B. Strecken und Flächen an Gebäuden, auf Feldern oder am nächtlichen Himmel miteinander verglichen hat. Dann entdeckte man bereits in der Antike inkommensurable Größenverhältnisse, also Größenverhältnisse ohne gemeinsames Maß. Ein irrationales Größenverhältnis kann man nicht «sehen», sondern nur durch logischen Beweis zeigen.

Das war die Entdeckung der irrationalen Zahlen, die später durch unendliche Dezimalbruchentwicklungen dargestellt wurden. Das ist aber bereits eine drastische Abstraktion, da wir mit unseren Messverfahren nur endlich viele Stellen hinter dem Komma bestimmen können. Die klassische Physik identifizierte die idealen Punkte der Euklidischen Geometrie und ihre arithmetische Durchstellung durch unendliche Dezimalbruchentwicklungen mit der physikalischen Wirklichkeit. Deshalb sprach man auch von den «reellen» Zahlen. Nach dem Verständnis der Quantenphysik ist aber die physikalische Welt endlich und gequantelt. Die reellen Zahlen sind also alles andere als physikalisch «real». Die kontinuierlichen Mannigfaltigkeiten der Raum-Zeit in Einsteins Relativitätstheorie sind nur mathematische Approximationen, die aber mathematische Vorteile der Berechnung (z. B. Differenzieren und Integrieren) von physikalischen Größen (z. B. Gravitation) bieten.

Ein anderes Beispiel ist die imaginäre Zahl i, die genauso wenig «imaginär» wie eine reelle Zahl «reell» ist. Sie wird als Lösung der Gleichung $x^2 = -1$ definiert, da es keine reelle Zahl als Lösung gibt. Das Zahlensystem wird also erweitert, um Rechenoperationen unbegrenzt durchführen zu können. Komplexe Zahlen $z = a \pm bi$ werden geometrisch als reelle Koordinatenpaare a und b für Punkte der Ebene gedeutet. Als Rechenterme finden sie sowohl in der Elektrotechnik als auch in der Quantenmechanik Anwendung. Sie treten dort als Rechenterme auf, denen zwar keine physikalischen Objekte entsprechen, die aber Teil von logisch begründeten Rechenverfahren sind. So könnten wir mit vielen Größen der mathematischen Physik fortfahren. Die sogenannten «Observablen» der Quantenphysik sind mathematische Funktionale, also Funktionen von Funktionen, die keineswegs Beobachtungsdaten entsprechen. Erst die Eigenwerte dieser Operatoren können als Messwerte der Quantenphysik verwendet werden.

Formale Axiomensysteme, Modelle und Datenmuster: Mathematische Theorien sind formale Axiomensysteme, die unterschiedliche Modelle zulassen. Bereits Newtons Mechanik umfasst als Modelle der Erdphysik Galileis Fall- und Wurfgesetze ebenso wie Keplers Planetenmodell. Einsteins allgemeine Relativitätstheorie umfasst differentialgeometrische Modelle der Raum-Zeit, die bis heute noch nicht ausgeschöpft sind. Ob diese Modelle die Axiome der mathematischen Theorie erfüllen, wird durch logisch-mathematische Schlüsse entschieden. Ob sie aber Mess- und Beobachtungsdaten entsprechen, hängt von Mess- und Beobachtungsverfahren ab und kann mit unterschiedlicher Messgenauigkeit zutreffen.

Entscheidend ist dabei eine Fähigkeit des Menschen, die ihn als evolutionäres Erbe auszeichnet: Gemeint ist die Mustererkennung in Beobachtungsdaten, die geradezu überlebenswichtig war. Im Zeitalter von Big Data in der Wissenschaft geht es um Mustererkennung in Messdaten. Mittlerweile hängen unsere wissenschaftlichen Theorien in einem komplexen Theoriengebäude zusammen, so dass Mustererkennung auch für theoretische Zusammenhänge von Modellen und Theorien notwendig wird. Dass die klassische Mechanik nur für bestimmte Bezugssysteme gilt, wird durch eine mathematische Struktur, nämlich die Gruppe der Galilei-Transformationen, bestimmt, mit denen die Koordinaten von Raum und Zeit dieser Bezugssysteme aufeinander umgerechnet werden können. Man sagt auch, dass die Gesetze unveränderlich (invariant) mit Bezug auf diese Transformationsgruppe sind. Die Gesetze gelten anschaulich gesprochen überall dort, wo die Bedingungen dieser Bezugssysteme erfüllt sind.

Invarianz- und Symmetriegesetze der Natur: Die dabei verwendeten Transformationen sind Abbildungen der Bezugssysteme auf sich selber (gr. Automorphismus für «Selbstabbildung»), bei denen die Form der Gesetze unverändert (invariant) bleibt. Analog geht das Rosettenfenster einer Kathedrale bei Drehung um die Winkel der Rosetteile in sich selber über, ohne die Form zu ändern. Auch bei einer Spiegelung wird eine Figur auf sich selber abgebildet, ohne dass sich die Form der Figur verändert. Wir nennen Invarianzgesetze daher auch Symmetriegesetze. Statt der Form geometrischer Figuren und Körper bleibt in diesem Fall die Form der Gesetze unverändert. In der Vereinigungstheorie physikalischer Kräfte bezieht sich die Invarianz auf Eichtransformationen, die in Kapitel 1 erläutert wurden. Die sogenannte «Weltformel» wäre ein Symmetriegesetz, das der angenommenen vereinigten Urkraft des Universums entsprechen würde. Mathematisch handelt es sich um eine fundamentale Struktur von Transformationen, die wir noch nicht eindeutig kennen.

Sind mathematische Strukturen Konstruktionen des menschlichen Geistes oder reale Strukturen der Welt?   Liefert Mathematik nur Strukturen wissenschaftlicher Theorien und Modelle, die von menschlichen Gehirnen produziert werden, um Komplexität zu reduzieren, oder sind sie reale Strukturen der Welt? Falls sie nur menschliche Konstruktionen sind, warum liefern Beobachtungen, Messungen und Voraussagen diese Regularitäten? Sicher sind die mathematischen Strukturen und Modelle von uns Menschen entwickelt. Aber andererseits erlauben uns diese Denkinstrumente mit ihrer einzigartigen Präzision, komplexe Muster und Zusammenhänge zu erkennen, die zu neuen Erkenntnissen führen. Daher wurde unsere evolutionäre Fähigkeit der Mustererkennung mit mathematischen Methoden zu äußerster Präzision weiterentwickelt, um gesetzmäßige Zusammenhänge auch in komplexen Datenmengen zu erfassen.

Dass sich z. B. Zeit dehnt und Uhren bei Geschwindigkeit langsamer gehen, konnte Einstein erst prognostizieren, als er neben den Bezugssystemen der Mechanik auch die Gesetze der Elektrodynamik berücksichtigte. Zusammen mit der Konstanz der Lichtgeschwindigkeit, die als Naturkonstante bereits in den Maxwellschen Gleichungen vorkommt, musste eine neue Gruppe von Transformationen eingeführt werden, um die Raum-Zeit-Koordinaten von Bezugssystemen für Mechanik und Elektrodynamik berechnen zu können. Das war die Gruppe der Lorentz-Transformationen, mit der die mathematische Struktur der erweiterten Raum-Zeit von Mechanik und Elektrodynamik bestimmt wird.

Symmetrie und Symmetriebrechung: Andererseits finden in der Natur grundlegende Symmetriebrechungen statt.[6] Wie in Kapitel 1 gezeigt wurde, sind die physikalischen Grundkräfte, die sich während der kosmischen Expansion von der vereinigten Urkraft abspalteten, durch Teilsymmetrien charakterisiert. Mit jeder dieser Teilkräfte entsteht eine Vielzahl von neuen Elementarteilchen, die sich schließlich zu Atomen, Molekülen, Gasen und Materialien verbinden. Die Symmetrie und Einfachheit des Uranfangs geht dabei verloren und spaltet sich in kosmische Vielfalt auf. Symmetrie und Symmetriebrechung sind also komplementär aufeinander bezogen. Symmetrien von Theorien eröffnen Einsichten in invariante Grundstrukturen der Welt. Symmetriebrechungen eröffnen Einsichten in die Vielfalt und Komplexität der Welt.

Von Platon über Einstein bis Heisenberg, Dirac und Wigner wurde die Ansicht geäußert, dass die Mathematik der Naturgesetze ein Zeichen für die Symmetrie und Harmonie des Universums sei, die auf eine zentrale Ordnung verweisen. Für Stephen Weinberg, ebenfalls Nobelpreisträger wie Heisenberg, Dirac und Wigner, der sich mit den mathematischen Symmetriestrukturen der modernen Physik beschäftigt hat, sind die kosmische Welt und ihre Gesetze eher unerbittlich, abweisend und menschenfeindlich. Es bleibt die gemeinsame Einsicht in fundamentale Grundstrukturen der Welt. Nach platonischer Auffassung können wir Menschen durch unsere logisch-mathematische Erkenntnisfähigkeit an der Welt mathematischer Strukturen «teilhaben», die der physischen Welt zugrunde liegen. Die mathematischen Universen umfassen aber weitaus mehr Strukturen, als bisher in der physischen Welt entdeckt wurden. Wir müssen also die passenden mathematischen Strukturen durch empirische Mustererkennung auswählen. Das wäre die ultimative Erklärung dafür, warum die Mathematik so gut auf die physische Welt passt.

Digitale Struktur der physikalischen Welt: Nach der Quantenphysik als Grundlage mathematischer Physik ist die physische Welt in Bits gequantelt. Für eine digitale Physik rücken die algorithmischen Strukturen der Mathematik ins Zentrum des Interesses. Das ist der Kern der erweiterten Zuse-Fredkin-Hypothese, wonach das Universum ein Quantencomputer und in diesem Sinn berechenbar sei. Dass Computer und Computernetze eine eigene virtuelle Realität erzeugen, ist mittlerweile eine Alltagserfahrung von Millionen Menschen. In dem Science-Fiction-Film «Matrix» wird die Macht dieser virtuellen Welt hinter der physischen Wirklichkeit eindrucksvoll geschildert.[7] Im Zeitalter von Big Data wird diese verborgene digitale Welt Wirklichkeit. Sie erinnert an Platons Höhlengleichnis, wonach die physische Welt unserer Wahrnehmung nur die Schatten sind, hinter denen sich die eigentliche Realität verbirgt.

Gemeint ist aber nicht nur die digitale Welt, die durch unsere Technik geschaffen wird. Nach der Zuse-Fredkin-Hypothese beruht die physische Wirklichkeit unserer Wahrnehmung selber auf digitalen Computerprozessen. Wie können wir sie erkennen und gesetzmäßig erklären?[8] Dazu müssen wir Muster erkennen, die eine kürzere Beschreibung der Datenmengen zulassen. Wenn die Datenverarbeitung, die den Entwicklungsprozessen der physischen Welt zugrunde liegt, nicht auf kürzere Programme verkürzt werden kann, hätten wir ein Problem. Dann müssten wir einfach die Entwicklungsprozesse abwarten und könnten bestenfalls Computerexperimente durchführen, ohne sie durch Gesetze erklären und daraus Prognosen ableiten zu können. Das meint Stephen Wolfram mit seiner Annahme der Irreduzibilität von Komplexität: In Datenfolgen gibt es in diesem Fall keine Datenkompression, d. h. es können keine Muster erkannt werden, die als Gesetze bzw. Programme zur Erzeugung der Datenmenge verwendet werden können. Auch Big Data hält die Produktion von gigantischen Datenmengen für die schnellste Lösung von Problemen, bevor aufwendige und langwierige gesetzmäßige Erklärungen gefunden werden.

Kritik der Urteilskraft und Big Data: Das wäre, wie in diesem Buch gezeigt wurde, die Kapitulation der menschlichen Urteilskraft. Kant hat diesem Thema sein drittes Hauptwerk gewidmet.[9] Die Urteilskraft hat zwei Formen: eine bestimmende und eine reflektierende. Die bestimmende Urteilskraft subsumiert etwas Besonderes unter ein gegebenes Gesetz bzw. Regel, d. h. wir überprüfen Daten darauf, ob sie gegebene Gesetze erfüllen. Demgegenüber sucht die reflektierende Urteilskraft zum gegebenen Besonderen, d. h. zu Datenmengen, das Allgemeine, also Gesetze, Strukturen und Modelle. Bei der Suche nach allgemeinen Gesetzen geht Kant von der Erwartung aus, dass die Natur strukturierbar sei. Er spricht dabei von der Zweckmäßigkeit der Natur als regulativer Leitidee. So hat sich auch die Annahme vom Universum als Quantencomputer als zweckmäßige Arbeitshypothese erwiesen.

Das Lachen der thrakischen Magd und Big Data: Um allgemeine Gesetze hinter den Datenmengen zu erkennen, müssen gelegentlich große Abstraktionsschritte und aufwendige Theorien in Anspruch genommen werden. Der einseitige Ruf nach den schnellen Lösungen, Geschäften und Rezepten anstelle von Theorie ist im Grunde alt und stand bereits am Anfang von Philosophie und Wissenschaft. Sokrates berichtet in Platons Dialog Theaitetos von Thales von Milet, dem ersten Mathematiker und Philosophen, dass er, während er den Himmel betrachtete und Theorien nachhing, in einen Brunnen fiel. Eine thrakische Magd verspottete ihn daraufhin, dass er nach dem Wissen des Himmels strebe, aber was direkt vor seinen Füßen läge, ihm unbekannt bliebe.[10]

Das Lachen der thrakischen Magd erinnert an die geschäftstüchtigen Big-Data-Vertreter, die das «Ende der Theorie» verkünden und stattdessen auf die Daten verweisen, die buchstäblich unseren Alltag bestimmen. Dass wir den Umweg über die Theorie des Himmels, nämlich die Gravitationstheorie Newtons gehen müssen, um den freien Fall von Thales in den Brunnen zu erklären, ist spätestens seit der neuzeitlichen Physik bekannt. Platon erläutert im Anschluss an seine Geschichte, dass die Welt des Theoretikers das allgemeine Gesetz ist, das die konkreten Dinge erst erklärt. Mit Theorie beschäftigen sich par excellence Philosophie und Mathematik. Sie erfinden und entdecken neue Welten und Universen nur Kraft logischer Argumente. Sie wagen es sogar, die Existenz der physischen Welt in Frage zu stellen, um die Gründe ihrer Existenz besser zu verstehen: Warum existiert etwas und nicht nichts? Diese vorsokratische Frage aus der Zeit des Thales bewegt auch die moderne Physik, wenn sie nach Theorien für den Anfang des Universums sucht.

Thales gilt in der Antike keineswegs als lächerliche Figur. Ihm werden nicht nur die ersten Beweise der Mathematik (Satz von Thales) und astronomische Erklärungen zugeschrieben. Als Naturphilosoph erklärt er das Wasser zum Ursprung des Lebens und soll zugleich als Rechtsgelehrter eine Verfassung geschrieben haben. In Thales verdichtet sich die Vorstellung von der Macht der Theorie und der Formeln, mit denen die komplexe Welt durchsichtig, erklärbar und berechenbar wird. Die thrakische Magd erinnert uns dabei an die Risiken, wenn wir nur auf Theorie setzen und damit abstürzen können. Erst die Urteilskraft führt Thales und die thrakische Magd wieder zusammen: Ohne Thales und seine theoretischen Fähigkeiten bleiben die Alltagsgeschäfte der Magd blind und orientierungslos, ohne ihre Daten und Erfahrungen sind die Theorien und Erklärungen des Thales allerdings leer.

Anhang

Anmerkungen

Kapitel 1:

1) K. Mainzer (2012), Symmetrie und Gottes Teilchen, in: *Glanzlichter der Wissenschaft. Ein Almanach*, hrsg. vom deutschen Hochschulverband, Lucius, 83–86 (Wiederabdruck eines Artikels in der Süddeutschen Zeitung vom 16. Juli 2012).
2) K. Mainzer (1980), *Geschichte der Geometrie*, 53.
3) K. Mainzer (1988), *Symmetrien der Natur.*
4) Symmetrietransformationen werden mathematisch als Automorphismen definiert. Allgemein ist ein Automorphismus die Abbildung einer Menge (z. B. Punkte, Zahlen, Funktionen) auf sich selber, welche die Struktur dieser Menge (z. B. Proportionenverhältnisse im Euklidischen Raum, Rechengesetze für Zahlen) unverändert lassen. Axiomatisch lassen sich Automorphismen so definieren: 1) Die Identität I, die jedes Element einer Menge auf sich selber abbildet, ist ein Automorphismus. 2) Für jeden Automorphismus T lässt sich ein inverser Automorphismus T^{c} («Rückabbildung») angeben mit $T \cdot T^{c} = T^{c} \cdot T = I$. 3) Wenn S und T Automorphismen sind, dann auch die Hintereinanderausführung $S \cdot T$. Eine Menge von Elementen mit einer Verknüpfung, die diese Axiome erfüllt, heißt Gruppe.
5) Physikalische Bezugssysteme bestehen nicht nur aus drei Raumkoordinaten x_i ($i = 1, 2, 3$) und einer Zeitkoordinate t, sondern erfüllen auch das Trägheits- bzw. Inertialgesetz, wonach sich Körper gleichförmig (konstant) und geradlinig bewegen, solange keine äußere Kraft auf sie einwirkt. Daher heißen sie auch Trägheits- bzw. Inertialsysteme. Bewegen sich die Inertialsysteme gleichförmig zueinander, dann können ihre Raum- und Zeitkoordinaten durch Galilei-Transformationen aufeinander umgerech-

net werden, ohne dass sich die Gleichungen der Mechanikgesetze ändern. Die Galilei-Transformationen umfassen folgende Übergänge:

a) Den Übergang von einem Inertialsystem I zu einem im Raum um den Vektor a_i verschobenen System I' leisten die Transformationen $x_i{}^{'} = x_i + a_i$ und $t' = t$. Dabei entspricht $t' = t$ der Newtonschen Annahme der absoluten Zeit, wonach alle Zeiten im Universum auf eine Universalzeit synchronisiert werden können.

b) Den Übergang von einem System I mit Koordinaten x_i zu einem dazu gedrehten Koordinatensystem leistet die Transformation $x_i{}^{'} = a_{ik}\,x_i$ mit orthogonaler Drehmatrix a_{ik}.

c) Den Übergang von einem System I zu einem um das konstante Zeitintervall b verschobenen System I' leisten die Transformationen $t' = t + b$ und $x_i{}^{'} = x_i$.

d) Den Übergang von einem System I zu einem dagegen mit konstanter Geschwindigkeit v_i bewegten System I' leisten die Transformationen $x_i{}^{'} = x_i + v_i t$ und $t' = t$.

Die Galilei-Transformationen bilden bezüglich des Hintereinanderausführens von Transformationen eine kontinuierliche 10-parametrige Liesche Gruppe.

6) Die Form eines Naturgesetzes bleibt bei Transformation aller Koordinaten eines Bezugssystem zu einem dazu gleichförmig bewegten Bezugssystem unverändert (z. B. Galilei-Invarianz, Lorentz-Invarianz). Analog bleibt die Form einer Kugel invariant, wenn bei einer Drehung die Koordinaten aller Punkte um denselben Winkel verändert werden:

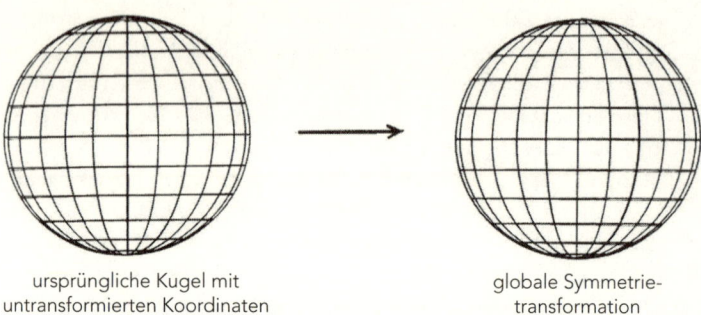

ursprüngliche Kugel mit untransformierten Koordinaten

globale Symmetrie-transformation

Auf einer Kugeloberfläche entstehen lokale Verzerrungen durch lokale Veränderungen von Koordinaten. Die Form der Kugel wird vor dem ‹Zerreißen› durch die Annahme lokaler Spannungskräfte bewahrt. In der allgemeinen Relativitätstheorie werden lokale Abweichungen von der globalen Symmetrie aufgrund von ungleichförmigen (beschleunigten)

Bezugssystemen (nach dem Einsteinschen Äquivalenzprinzip) durch Gravitationsfelder kompensiert, um die Forminvarianz (Kovarianz) der Gravitationsgleichung zu garantieren:

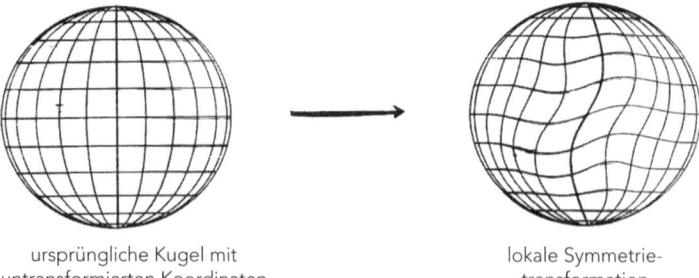

ursprüngliche Kugel mit
untransformierten Koordinaten

lokale Symmetrie-
transformation

Das Einsteinsche Äquivalenzprinzip besagt, dass «lokal», d. h. in sehr kleinen Raum-Zeit-Abschnitten, in denen sich das Gravitationsfeld nicht ändert, ein Inertialsystem so gewählt werden kann, dass sich dort die Gravitationswirkung aufhebt. Einsteins Prinzip ist durch Astronauten im Orbit bestätigt, die während des freien Falls im Gravitationsfeld der Erde Schwerelosigkeit registrieren: Fallbeschleunigung und Schwerkraft sind dort äquivalent.

7) Globale Phasentransformationen $\psi(x,t) \rightarrow \psi'(x,t) = e^{i\alpha} \psi(x,t)$ für ein Materiefeld $\psi(x,t)$ mit Phase α konstant für alle Punkte (x,t) der Raum-Zeit lassen Feldgleichungen invariant. Lokale Phasentransformationen $\psi(x,t) \rightarrow \psi'(x,t) = e^{i\alpha(x,t)} \psi(x,t)$ mit lokal sich verändernder Phase $\alpha(x,t)$ lassen Feldgleichungen von $\psi(x,t)$ nicht invariant (z. B. Schrödingergleichung, relativistische Wellengleichung eines freien Teilchens). Invarianz bei lokalen Transformationen erfordert daher Zusatzterme der Feldgleichung, die einer physikalischen Wechselwirkung des Teilchens mit einem externen Feld entsprechen (Young-Mills-Theorien).

8) P. W. Higgs (1964), Broken symmetries, massless particles and gauge fields, in: *Phys. Lett.*. 12, 132.

9) S. Weinberg (1985), Vereinheitlichte Theorie der elektro-schwachen Wechselwirkung, in: H. G. Dosch (Hrsg.), *Teilchen, Felder und Symmetrien*, Heidelberg 2. Aufl., 6–15.

10) H. Georgi (1980), Why Unify?, in: *Nature* 288, 649–651; H. Georgi, S. L. Glashow (1974), Unity of all elementary-particle forces, in: *Phys. Rev. Lett.* 32, 438–441.

11) J. Bernstein (1974), Spontaneous symmetry breaking, gauge theories, the Higgs mechanism and all that, in: *Revise Reports of Modern Physics* 46, 7–48.

12) W. Heisenberg (1959), *Wandlungen in den Grundlagen der Naturwissenschaften*, Stuttgart 9. Aufl., 163.

13) G. E. Tranter (1986), Paritätsverletzung: Ursache der biomolekularen Chiralität, in: *Nachr. Chem. Techn. Lab.* 34 Nr. 9, 866; für eine experimentelle Prüfung in optischen Antipoden vgl. M. Quack (1986), On the measurement of parity violating energy difference between enantiomers, in: *Chemical Physics Letters* 132 2, 147–153.

14) R. P. Feynman, R. P. Leighton, M. Sands (1966), *The Feynman Lectures on Physics*, Reading Mass. 2. Aufl.

15) R. P. Feynman (1967), *The Character of Physical Law*, Cambridge Mass.

16) K. G. Wilson (1975), Renormalization Group Methods, in: *Advances in Mathematics* 16, 1–186; zur Geschichte vgl. auch A. Salam (1973), Progress in Renormalization Theory since 1949, in: J. Mehra (Hrsg.), *The Physicist's Conception of Nature*, Dordrecht/Boston, 432–446.

17) C. Itzyson, J.-B. Zuber (1980), *Quantum Field Theory*, New York, 513 ff.

18) M. Gell-Mann, J. Ne'eman (1964), *The Eightfold Way*, New York 1964.

19) M. G. Doncel, A. Hermann, L. Michel, A. Pais (Hrsg.) (1987), *Symmetries in Physics* 1600–1980, Bellaterra (Barcelona).

Kapitel 2

1) R. Hahn (2005), *Pierre Simon Laplace – 1749–1827. A Determinated Scientist*, London; C. Coulston Gillispie with the collaboration of R. Fox and I. Grattan-Guinness (2000), *Pierre-Simon Laplace, 1749–1827: A Life in Exact Science*, Princeton 2. Aufl.; K. Mainzer (2010), Laplace, in: J. Mittelstraß (Hrsg.), *Enzyklopädie Philosophie und Wissenschaftstheorie*, Bd. 4, Stuttgart, 459–460.

2) K. Mainzer (1980), *Geschichte der Geometrie*, Kap. 4.1.

3) Beschleunigung a ist definiert als eine (sehr kleine) Geschwindigkeitsänderung dv in einem (sehr kleinen) Zeitintervall dt, d. h. als Differentialquotient $a = \frac{dv}{dt}$, der geometrisch dem Steigungsdreieck mit den (infinitesimalen) Seiten (Differentialen) dv und dt entspricht. Nach den Leibnizschen Rechenregeln für infinitesimale Zahlen folgt die Differentialgleichung $dv = a \cdot dt$, die geometrisch ein infinitesimales Rechteck mit Seitenlänge a und (infinitesimaler) Breite dt darstellt. Die Integration der Differentialgleichung ist nach Leibniz geometrisch die Summierung von unendlich vielen Rechtecken $a \cdot dt$ in einem (endlichen) Zeitintervall $\Delta t = t_2 - t_1$, d. h. die Geschwindigkeitsänderung Δv in diesem Zeitintervall
$$\Delta v = \int_{t_1}^{t_2} a(t)dt.$$

4) Napoleon, zit. nach: M. Berger (2005), *Cinq siècles de Mathématiques en France*, Paris, 61.

5) W. W. Rouse Ball (1908), *A Short Account of the History of Mathematics*, 4th edition London.

6) P.-S. Laplace (1814), *Essai philosophique sur les probabilités*, Paris (Neudruck, Brüssel 1967), 2–3.

7) P.-S. Laplace (1814): *Essai philosophique sur les probabilités* (s. Anm. 6), 3.

8) Am 5. März 1827 verstarb Laplace in Paris. Alexander von Humboldt, der am Begräbnis teilnahm, schrieb an seinen Bruder Wilhelm von Humboldt: «*Nous avons enterré M. Laplace: c'est une des grandes gloires de moins. La haine politique qu'on lui portait parce qu'il n'avait aucune élévation de caractère et courait toujours au secours du plus fort, a fait moins sentir sa perte ici. C'est une injustice cependant.*» (Wir haben M. Laplace begraben: Es gibt also eine große Berühmtheit weniger. Der politische Hass, den man gegen ihn trug, weil er keine Charaktergröße besaß und immer dem Stärkeren zu Hilfe kam, hat seinen Verlust hier weniger spüren lassen. Das ist indessen eine Ungerechtigkeit.)

9) J. Wills (2011), *Talleyrand. Virtuose der Macht 1754–1838*, München.

10) J. Henrich (2010), *Die Fixierung des modernen Wissenschaftsideals durch Laplace*, Berlin.

11) Brief an Friedrich Wilhelm Bessel vom 27. Januar 1829, Auszug in C. F. Gauß, *Werke. Bd. 8*, 200, vollständig in A. Auwers (Hrsg.), *Briefwechsel zwischen Gauss und Bessel*, Leipzig 1880, 487–490; Gauß soll sich über den Laplaceschen Geist ebenso distanziert geäußert haben: «*Ich leugne nicht, dass ich selbst mich zuweilen auf ähnliche Art (wie Laplace) amüsiere, nur würde ich dergleichen nie publizieren.*»

12) Kurzinformation über den Laplace-Operator in http://mathworld.wolfram.com/VectorLaplacian.html.

13) Kurzinformation über die Laplace-Transformation in http://mathworld.com//LaplaceTransform.html.

14) Kurzinformation über die Laplace-Gleichung in http://mathworld.com//LaplacesEquation.html.

15) Kurzinformation über den Laplaceschen Entwicklungssatz in http://mathworld.wolfram.com/DeterminantExpansionbyMinors.html.

Kapitel 3

1) D. Hilbert (1900), Mathematische Probleme, in: *Nachrichten der Königlichen Gesellschaft der Wissenschaften zu Göttingen, mathematisch-physikalische Klasse*.

Heft 3, 253–297; D. Hilbert (1998), Vortrag «Mathematische Probleme». Gehalten auf dem 2. Internationalen Mathematikerkongreß Paris 1900, in: Autorenkollektiv unter der Redaktion von P. S. Aleksandrov, *Die Hilbertschen Probleme* (= *Ostwalds Klassiker der exakten Wissenschaften*. Bd. 252). 4. Auflage, Nachdruck der 3., unveränderten Auflage. Deutsch, Thun u. a.

2) K. Mainzer (1980), *Geschichte der Geometrie*, Kap. 2, 4, 5.

3) D. Hilbert (1962), *Grundlagen der Geometrie*, Stuttgart 9. Aufl., 2.

4) D. Hilbert (1941), Brief an Gottlob Frege, in: *Sitz.-Ber. d. Heidelberger Akad. d. Wiss. math.-nat. Kl.* 1941, 2 Abh.

5) H. D. Ebbinghaus, J. Flum, W. Thomas (1992), *Einführung in die mathematische Logik*, Mannheim.

6) J. Audretsch, K. Mainzer (Hrsg.) (1994), *Philosophie und Physik der Raum-Zeit*, Mannheim 2. Aufl.; K. Mainzer (1980), *Geschichte der Geometrie*, Kap. 5.3.

7) F. Klein (2006), *Vorlesungen über nicht-euklidische Geometrie*, Saarbrücken; M. J. Greenberg (2008), *Euclidean and non-Euclidean Geometries – Development and History*, Freeman: New York.

8) D. Hilbert (1918), Axiomatisches Denken, in: *Mathematische Annalen 78*, 405–415.

9) D. Hilbert (1901), Mathematische Probleme 1900, in: *Archiv für Mathematik und Physik*, 3. Reihe, Band I 1901, 44–63, 213–237.

10) D. Hilbert (1922), Neubegründung der Mathematik, in: *Abhandlungen aus dem Mathematischen Seminar der Hamburger Universität*, Band I, 157–177; ders. (1923), Die logischen Grundlagen der Mathematik 1922, in: *Mathematische Annalen 88*, 151–165; M. Detlefsen (1986), *Hilbert's Program*, Dordrecht.

11) H. Weyl (1921), Über die neue Grundlagenkrise der Mathematik, in: *Mathematische Zeitschrift* 10, 39–79; ders. (1924), Randbemerkungen zu Hauptproblemen der Mathematik, in: *Mathematische Zeitschrift* 20, 131–150; C. Thiel (1972), *Grundlagenkrise und Grundlagenstreit*. Studie über das normative Fundament der Wissenschaften am Beispiel von Mathematik und Sozialwissenschaft, Meisenheim am Glan.

12) K. Mainzer (1992), Natürliche, ganze und rationale Zahlen (Kap. 1), Reelle Zahlen (Kap. 2), in: H.-D. Ebbinghaus, H. Hermes, F. Hirzebruch, M. Koecher, K. Mainzer, J. Neukirch, A. Prestel, R. Remmert, *Zahlen*, Berlin 3. Aufl., 9–44.

13) Die Mächtigkeit einer Menge nennt man auch Kardinalzahl. Die Kardinalzahl (Mächtigkeit) der natürlichen Zahlen wird mit $\aleph_0$ bezeichnet. Die darauf folgende kleinste Kardinalzahl, die größer als $\aleph_0$ ist, wird mit $\aleph_1$ bezeichnet. Die Kardinalzahl der reellen Zahlen, d. h. die Mächtigkeit des Kontinuums, wird mit **c** bezeichnet. Formal heißt die Kontinuumshypo-

these dann $c = \aleph_1$. Die Menge aller Teilmengen einer Menge M wird als Potenzmenge 2^M bezeichnet. Es lässt sich beweisen, dass die Mächtigkeit des Kontinuums mit der Mächtigkeit der Potenzmenge von $\aleph_0$ übereinstimmt, d. h. formal $c = 2^{\aleph_0}$. Daher lässt sich die Kontinuumshypothese auch als $\aleph_1 = 2^{\aleph_0}$ formulieren. Man kann nun beweisen, dass die Kontinuumshypothese mit den Axiomen der Zermelo-Fraenkel-Mengenlehre nicht widerlegt werden kann. Es lässt sich aber auch beweisen, dass sie sich mit diesen Axiomen nicht beweisen lässt. Daher kann sie mit diesen Axiomen weder bewiesen noch widerlegt werden. Sie könnte also als unabhängiges Axiom (ebenso wie ihre Negation) als Ergänzung zu den Axiomen der Zermelo-Fraenkel-Mengenlehre hinzugenommen werden. Vgl. auch P. J. Cohen (2008), *Set Theory and the Continuum Hypothesis,* Benjamin: Reading MA 1966 (with a new Introduction by M. Davis, Mineola NY 2008).

14) B. Russell (1918), The Philosophy of Logical Atomism (1918), in: J. G. Slater (Ed.), *The Collected Papers of Bertrand Russell.* Vol. 8: 1914–19, London and Boston 1986, 228.

15) L. E. J. Brouwer (1924), Über die Bedeutung des Satzes vom ausgeschlossenen Dritten in der Mathematik, insbesondere in der Funktionentheorie, in: *Journal für die reine und angewandte Mathematik* 154, 1–7; ders., Begründung der Mengenlehre unabhängig vom logischen Satz vom ausgeschlossenen Dritten, in: ders., *Collected Works,* Amsterdam 1975, 150–190; A. Heyting (1956), *Intuitionism. An Introduction,* Amsterdam.

16) Vgl. H. Hasse (1950), *Vorlesungen über Zahlentheorie,* Berlin, 1. Der «liebe Gott» steht in diesem Buch im Autorenregister.

17) H. Poincaré (1909), Réflexions sur les deux notes précédentes, in: *Acta mathematica* 32, 196.

18) Beispiel: In der reellen Analysis lassen sich alle unendlich vielen reellen Zahlen geometrisch als Punkte der Zahlengeraden darstellen. Eine kritische Anwendung des Prinzips «Tertium non datur» ist der Satz von Bolzano-Weierstrass, wonach jede beschränkte unendliche Menge reeller Zahlen mindestens einen Häufungspunkt hat. Dabei heißt ein Punkt P «Häufungspunkt» einer Menge, wenn in jedem Intervall um P unendlich viele Zahlen der Menge M liegen. Dieser Satz erweist sich als grundlegend für die reelle Analysis. Auf der Zahlengerade wird dieser Satz durch Angabe einer Intervallschachtelung bewiesen: Wir nehmen eine untere Schranke S_1 und eine obere Schranke S_2 der gegebenen Menge M an, so dass alle Zahlen x aus M auf der Zahlengeraden zwischen diesen beiden Schranken liegen, d. h. für alle Zahlen x der Menge M gilt, sie sind größer oder gleich S_1 und kleiner oder gleich S_2 (formal: $S_1 \leq x \leq S_2$). Das Intervall dieser Elemente wird mit $[S_1, S_2]$ bezeichnet. Der Mittelpunkt des Inter-

valls sei S_3. Dann ist nach dem Prinzip «Tertium non datur» die Aussage «Im Teilintervall $[S_1, S_3]$ liegen unendlich viele reelle Zahlen der Menge M» entweder wahr oder falsch. Wenn sie falsch ist, dann muss die Aussage für das andere Teilintervall $[S_3, S_2]$ richtig sein. Je nachdem welcher Fall zutrifft, bezeichnen wir das betreffende Intervall mit I_1. Der Mittelpunkt von I_1 teilt wieder dieses Intervall in zwei Teilintervalle, von denen wenigstens eins unendlich viele Zahlen von M enthalten muss. Wir setzen dann mit diesem neuen Intervall I_2 das Verfahren der Intervallbildungen fort. Dadurch entsteht eine Folge ineinander geschachtelter Intervalle $I_1, I_2, I_3, \dots$ Nach dem Axiom der Intervallschachtelung für reelle Zahlen ist dadurch genau ein Punkt definiert, der zu allen Intervallen gehört. Dieser Punkt erfüllt die Bedingung des gesuchten Häufungspunkts. Dieses Verfahren ist zwar anschaulich, aber nicht konstruktiv: Es ist nämlich keineswegs in jedem Fall möglich, die Folge dieser Intervalle konstruktiv anzugeben.

19) In E. Schmidt (1930), Über Gewissheit in der Mathematik, Berlin, wird Hilbert auf S. 12 zitiert: «*Das Operieren mit dem Unendlichen kann nur durch das Endliche gesichert werden. Die Rolle, die dem Unendlichen bleibt, ist lediglich die einer Idee – wenn man nach den Worten Kants unter einer Idee einen Vernunftbegriff versteht, der alle Erfahrung übersteigt und durch den das Konkrete im Sinne der Totalität ergänzt wird ...*»

20) Paul Lorenzen hat so das Induktionsprinzip begründet (vgl. P. Lorenzen (2000), *Lehrbuch der konstruktiven Wissenschaftstheorie*, Mannheim 1987, Stuttgart 2. Aufl.).

21) Logiker und Mathematiker wie Paul Bernays, Wilhelm Ackermann, John von Neumann, Jacques Herbrand und Kurt Gödel bewiesen die Widerspruchsfreiheit und Vollständigkeit für die klassische Aussagen- und Prädikatenlogik. Beweise bezogen sich auf Teilsysteme der *Principia Mathematica* von Russell und Whitehead. Vgl. z. B. H. Hermes (1963), *Einführung in die mathematische Logik*, Stuttgart.

22) Vgl. Anm. 1.

23) H. Hertz (1996), *Die Prinzipien der Mechanik in neuem Zusammenhange dargestellt. Drei Beiträge* (Ostwalds Klassiker der exakten Wissenschaft. Bd. 263), Frankfurt a. M.

24) D. Hilbert (1924), *Die Grundlagen der Physik*, Julius Springer: Berlin (revidierter Abdruck des ursprünglichen Artikels von 1915); vgl. auch K. Mainzer (1988), *Symmetrien der Natur*, Kap. 4.14; L. Corry (2004), *David Hilbert and the Axiomatization of Physics (1898–1918). From Grundlagen der Geometrie to Grundlagen der Physik*, Dordrecht u. a.

25) A. Einstein, Brief an H. Weyl vom 23. November 1916 (zitiert von C. Seelig, *Albert Einstein*, Zürich 1954, 200): «To me Hilbert's Ansatz about matter

appears to be childish, just like an infant who is unaware of the pitfalls of the real world ...» Dabei muss allerdings der Prioritätsstreit zwischen Hilbert und Einstein um die Begründung der Gravitationsgleichung berücksichtigt werden. Vgl. auch J. Renn, J. Stachel (1999), *Hilbert's Foundation of Physics: From a Theory of Everything to a Constituent of General Relativity,* preprint 118; D. Wunsch (2007), *«Zwei wirkliche Kerle». Neues zur Entdeckung der Gravitationsgleichungen der Allgemeinen Relativitätstheorie durch David Hilbert und Albert Einstein,* Göttingen, verbesserte 2. Aufl.

Kapitel 4

1) K. Gödel (1931), Über formal unentscheidbare Sätze der Principia Mathematica und verwandter Systeme I, in: *Monatshefte für Mathematik und Physik* 38 1, 173–198.

2) Vgl. auch J. W. Dawson (2007), *Das logische Dilemma. Leben und Werk von Kurt Gödel.* Wien.

3) Bericht über die 2. Tagung für Erkenntnislehre der exakten Wissenschaften Königsberg 1930 (in: Erkenntnis Bd. 2), R. Carnap (Hrsg.), H. Reichenbach (Hrsg.), Leipzig 1931.

4) Arithmetische Relationen bzw. Funktionen heißen in einer Formalisierung repräsentierbar, wenn die entsprechenden formalen Ausdrücke daraus ableitbar sind. Man sagt, dass eine Formalisierung Repräsentationen erlaubt, wenn alle effektiv entscheidbaren Relationen und effektiv berechenbaren Funktionen der Arithmetik in dieser Formalisierung repräsentierbar sind. Ein genügend reichhaltiges System ist dann ein solches, das Repräsentierungen erlaubt. Für genügend reichhaltige formale Systeme lässt sich zeigen, dass für jede in diesem System darstellbare Eigenschaft E ein selbstbezüglicher Satz A existiert. Anschaulich besagt dieser Satz A, dass die Eigenschaft E auf ihn (genauer die Gödelnummer $n[A]$) zutrifft. Gödel untersucht nun genügend reichhaltige formale Systeme, in denen die Menge aller darin beweisbaren Sätze (genauer die Menge von deren Gödelnummern) repräsentierbar ist. Für widerspruchsfreie formale Systeme mit dieser Eigenschaft lässt sich nämlich ein Satz A angeben, für den weder A noch seine Negation $\neg A$ in diesem System beweisbar sind.

Gödel konstruiert dazu einen selbstbezüglichen Satz nach dem Muster der Lügner-Antinomie. Nach Voraussetzung sind für die in unserem genügend reichhaltigen System ableitbaren Sätze auch die entsprechenden Repräsentationen ableitbar. Für die Negation E einer solchen ableitbaren Repräsentation existiert dann, wie eben erwähnt, ein selbstbezüglicher

Satz A. Formal besagt dieser Satz A, dass die Eigenschaft E (also die Negation der ableitbaren Repräsentation) auf ihn (genauer seine Gödelnummer $n[A]$) zutrifft. Anschaulich behauptet er von sich selber seine eigene Nichtableitbarkeit. Analog wie bei der Lügner-Antinomie folgt nun, dass weder A noch seine Negation $\neg A$ ableitbar sind: Wäre der Satz A ableitbar, dann wäre nach Voraussetzung auch seine Repräsentation ableitbar, die nach Definition die Ableitbarkeit von $\neg A$ bedeutet. Dann wäre entgegen der Voraussetzung das formale System widerspruchsvoll. Wäre aber $\neg A$ ableitbar, dann bedeutet das nach Definition von A, dass die Repräsentation des Satzes ableitbar sei, wonach A ableitbar ist. Also wäre das formale System wiederum entgegen der Voraussetzung widerspruchsvoll.

5) Für die folgenden Ausführungen vgl. auch K. Mainzer (1994), *Computer – Neue Flügel des Geistes?*

6) Vgl. K. Mainzer (2003), *Computerphilosophie.*

7) A. M. Turing (1937), On computable numbers, with an application to the Entscheidungsproblem, in: *Proc. London Math. Soc.* 2 42, 230–265, Korrektur dazu 43 (1937), 544–546, repr. in: M. Davis (Hrsg.) (1965), *The Undecidable. Basic Papers on Undecidable Propositions, Unsolvable Problems, and Computable Functions*, New York, 116–154.

8) Vgl. Kap. 13 («Macht der Algorithmen im Zweiten Weltkrieg»).

9) H. Hermes (1961), *Aufzählbarkeit, Entscheidbarkeit, Berechenbarkeit. Einführung in die Theorie der rekursiven Funktionen*, Berlin, 3. Aufl. 1978; S. C. Kleene (1974), *Introduction to Metamathematics*, Amsterdam 7. Aufl.; J. R. Shoenfield (1967), *Mathematical Logic*, Reading (Mass.), Chapt. 7 (Recursive Theory).

10) E. Börger (1985), *Berechenbarkeit, Komplexität, Logik*, Braunschweig.

11) S. Krämer (1991), *Berechenbare Vernunft. Kalkül und Rationalismus im 17. Jahrhundert*, Berlin.

12) Vgl. auch H. Hermes (1969), Ideen von Leibniz zur Grundlagenforschung: Die ars inveniendi und die ars iudicandi, in: *Studia Leibnitiana*. Suppl. III, Wiesbaden, 92–102.

13) Das folgende Argument benutzt das Diagonalisierungsverfahren, das G. Cantor bereits benutzt hatte, um die Überabzählbarkeit der reellen Zahlen zu beweisen. Vgl. dazu auch G. Chaitin (1998), *The Limits of Mathematics*, Singapore, 10.

14) Vgl. auch K. Mainzer (2003), *Computerphilosophie*, 52.

15) Als Beispiel betrachten wir die Behauptung $A(n)$, wonach die Summe $1+2+3+\dots +n$ der ersten natürlichen Zahlen gleich.

$$\frac{n(n + 1)}{2}$$

ist. Es gilt sicher der Satz $A(1)$ für $n=1$, d. h.

$$1 = \frac{1(1 + 1)}{2}.$$

Wir setzen nun $A(n)$ für eine beliebige, aber feste Zahl n voraus und beweisen unter dieser Voraussetzung die Behauptung $A(n+1)$ für den Nachfolger $n+1$. Wegen $A(n)$ gilt nach Voraussetzung die Gleichung

$$1 + 2 + 3 + \dots + n = \frac{n(n + 1)}{2}.$$

Dann folgt durch Addition von $n + 1$ auf beiden Seiten der Gleichung

$$1 + 2 + 3 + \dots + n + (n + 1) = \frac{n(n + 1)}{2} + (n + 1)$$

$$= \frac{n(n + 1) + 2(n + 1)}{2} = \frac{(n + 1)((n + 1) + 1)}{2}.$$

Das ist aber genau die Behauptung $A(n+1)$.

Kapitel 5

1) G. Gentzen (1938), Die gegenwärtige Lage in der mathematischen Grundlagenforschung, in: *Deutsche Mathematik* 3, 260.

2) G. Gentzen (1936), Die Widerspruchsfreiheit der reinen Zahlentheorie, in: *Mathematische Annalen* 112, 493–565.
Um allgemein in einer transfiniten Induktion bis zur Ordinalzahl ε_0 zu beweisen, dass alle Ordinalzahlen $< \varepsilon_0$ eine Eigenschaft haben, muss man zeigen, dass für irgendeine Ordinalzahl $\alpha < \varepsilon_0$ gilt: Wenn alle Ordinalzahlen $\beta < \alpha$ diese Eigenschaft haben, dann hat α ebenfalls diese Eigenschaft. Gentzen (1936) bewies, dass transfinite Induktion bis zu ε_0 nicht auf die gewöhnliche Induktion natürlicher Zahlen innerhalb des Systems reduziert werden kann. Seine Methode ist nicht finit, aber mit begrenzter Unendlichkeit. Im Allgemeinen misst die ordinale Beweistheorie die notwendige ordinale Komplexität von infiniten Widerspruchsfreiheitsbeweisen für mathematische Theorien. Beispiel: Für jede Ordinalzahl α kann Induktion bis zur kleinsten Cantor ε-Zahl $> \alpha$ nicht auf Induktion bis zu α reduziert werden (K. Schütte (1951), Beweistheoretische Erfassung der unendlichen Induktion in der Zahlentheorie, in: *Math. Ann.* 122, 369–389).

3) A. M. Turing (1939), Systems of logic based on ordinals, in: *Proc. London Math. Soc.* 2, 161–228; vgl. auch S. Feferman (2006), Turing's Thesis, in: *Notices of the American Mathematical Society* 53 10, 1200–1206.
Entsprechend zu Gödels Unvollständigkeit ist jede formale axiomatische Theorie T (in der die Rechenregeln der Arithmetik berücksichtigt sind) mit einer wahren, aber unbeweisbaren Aussage A_T der $\prod_1^0$-Form $\forall x\ R(x)$

verbunden, nach der eine (primitiv) rekursive Eigenschaft R für alle Zahlen x gilt. Turing (1937) schlug vor, die unvollständigen Theorien durch die entsprechenden unbeweisbaren Aussagen als Axiome zu erweitern – Schritt für Schritt entlang der effektiven Konstruktion von Ordinalzahlen, d. h. beginnend mit der Anfangstheorie T_1 und ihrer unbeweisbaren Aussage A_1,

$T_2 = T_1 \cup \{A_1\}, ..., T_n = T_1 \cup \{A_1, ..., A_{n-1}\}, ...,$

$T_\omega = T_1 \cup \{A_1, ..., A_{n-1}, ...\}, ...$

Um eine effektive Erzeugung von Theoriefolgen zu erhalten, muss man zu einer transfiniten Grenzordinalzahl α mit Theorie T_α übergehen, wobei α der Grenzwert einer effektiv präsentierten Folge $\alpha_1, ..., \alpha_n, ...$ ist und die Theorien T_{α_n} bereits erhalten sind.

4) A. Church, S. C. Kleene (1936), Formal definitions in the theory of ordinal numbers, in: *Fundamenta Mathematica* 28, 11–21.

Eine Ordinalzahl ist rekursiv genau dann, wenn sie endlich oder der Ordnungstyp einer rekursiven Wohlordnung ist. Eine Ordinalzahl α ist konstruktiv genau dann, wenn sie durch eine effektive Notation $x \in O$ *mit* $\alpha = |x|$ dargestellt werden kann.

Die Indexmenge O von Notationen ist teilweise geordnet durch $<_0$:

$$1 <_0 2 <_0 2^2 <_0 ... \begin{cases} 3 \cdot 5^{y_1} <_0 2^{3 \cdot 5^{y_1}} <_0 ... \begin{cases} ... \\ ... \end{cases} \\ 3 \cdot 5^{y_2} <_0 2^{3 \cdot 5^{y_2}} <_0 ... \begin{cases} ... \\ ... \end{cases} \\ ... \\ ... \end{cases}$$

Jede Notation $x \in O$ repräseniert eine Ordinalzahl $|x|$ mit $|1|=0$, $|2|=1$, $|2^y| = |y| + 1$,

und

$|3 \cdot 5^y| = \bigcup_n |[y](n)| = \lim_n |[y](n)|.$

Rekursive und konstruktive Ordinalzahlen fallen zusammen. ω_1^{ck} ist die kleinste nicht-konstruktive Ordinalzahl.

5) Für eine effektive Erzeugung von Theorien, die immer mehr vollständig werden, definiert Turing eine (partiell) rekursive Funktion Λ, derart dass für jeden Index $x \in O$ der Funktionswert $\Lambda(x)$ (der Index einer) Theorie T_x ist. Die ordinale Progression $\Lambda_T = \{ T_x \mid x \in O \}$ einer anfänglich unvollständigen Theorie T (z. B. Peano-System der Arithmetik) ist definiert entlang den Notationen konstruktiver Ordinalzahlen:

a) $T_1 = T$

b) $T_{2^y} = T_y \cup \{A_y\}$

c) $T_{3 \cdot 5^y} = \bigcup_n T_{[y](n)}$

Ein Theorem A ist beweisbar in der ordinalen Theorienprogression Λ_T genau dann, wenn es einen Index $y \in O$ mit A ist beweisbar in T_y gibt. Theorem A ist tiefer als Theorem B genau dann, wenn die konstruktive Ordinalzahl $\alpha = |x|$ einer Theorie T_x zum Beweis von A größer ist als $\beta = |y|$ von Theorie T_y zum Beweis von B.

Bemerkung: Turings rekursive Progression Λ_T von axiomatischen Theorien ist vollständig für Erweiterungen mit $\prod_1^0$-Sätzen (Turing 1939), unvollständig für $\prod_2^0$-Sätze: S. Feferman, C. Spector (1962), Incompleteness along paths in recursive progressions of theories, in: *J. Symbolic Logic* 27, 383–390.

6) Berechenbarkeits- und Entscheidbarkeitsgrade von arithmetischen Problemen hängen von der Kompliziertheit ihres logischen Aufbaus ab. Die Kompliziertheit eines arithmetischen Problems wird durch die Anzahl der logischen Existenzquantoren $\exists$ und Allquantoren $\forall$ bestimmt, die einem entscheidbaren Prädikat (Eigenschaft) vorausgestellt werden. So entspricht dem Problem «Alle natürlichen Zahlen x lassen sich als Summe von drei Quadratzahlen y_1^2, y_2^2 und y_3^2 darstellen» die arithmetische Aussage

$\forall x\, \exists y_1\, \exists y_2\, \exists y_3\ x=y_1^2+y_2^2+y_3^2$

(«Für alle x gibt es ein y_1, y_2 und y_3 mit der Eigenschaft $x=y_1^2+y_2^2+y_3^2$»).

Die Eigenschaft $x=y_1^2+y_2^2+y_3^2$ ist für beliebige Zahlen x, y_1, y_2, y_3 entscheidbar, da Quadrieren und Addieren berechenbare Operationen sind. Um die Aussage aber für alle Zahlen x zu verifizieren, muss eine Maschine nacheinander für 0, 1, 2, … entsprechende Quadratzahlen angeben. Das Entscheidungsproblem hängt also von x ab. Tatsächlich lassen sich für die Zahlen 0 bis 6 entsprechende Quadratzahlen angeben (z. B. $6=1^2+1^2+2^2$), aber nicht für 7. Die Maschine stoppt an dieser Stelle, und das Problem ist entschieden. Bei anderen Problemen wie der Goldbachschen Vermutung («Es gibt eine gerade Zahl, die größer als 2 ist und nicht als Summe von zwei Primzahlen dargestellt werden kann») muss eine Maschine alle Zahlen nacheinander aufzählen, um eine gerade Zahl mit den geforderten berechenbaren Eigenschaften zu finden. Es ist bis heute nicht sicher, ob die Maschine jemals stoppt, ob also das Problem entscheidbar ist.

Allgemein lässt sich jedes arithmetische Problem bzw. Prädikat P mit einem entscheidbaren Prädikat E definieren, dem ein Präfix von n Quantoren Q ($\forall$ bzw. $\exists$) vorangestellt ist, d. h.

$P(x) \leftrightarrow Qy_1 \ldots Qy_n\ E(x, y_1, \ldots, y_n)$ für alle Zahlen x.

Zwei Quantoren sind von der gleichen Art, wenn sie beide Existenz- oder Allquantoren sind. Zwei benachbarte Quantoren der gleichen Art können zu einem Quantor dieser Art zusammengezogen werden. Dadurch läßt sich jedes arithmetische Prädikat in eine Normalform bringen, bei der sich die vorangestellten Quantoren abwechseln, benachbarte Quantoren also nie von der gleichen Art sind wie z. B. $\exists y_1\ \forall y_2\ \exists y_3\ E(x,y_1,y_2,y_3)$. Wir können nun eine arithmetische Hierarchie von Klassen immer komplizierterer arithmetischer Prädikate definieren: Ein arithmetisches Prädikat gehört zur Klasse Σ_n (für $n=1,2,...$), wenn die vorangestellten n Quantoren in der angegebenen Normalform mit dem Existenzquantor beginnen. Es gehört zur Klasse Π_n, wenn entsprechend am Anfang der Allquantor steht. Es gehört zur Klasse Δ_n, wenn es zu Σ_n und Π_n gehört. Man überlegt sich leicht, dass die Klasse aller entscheidbaren Prädikate in allen Klassen Σ_n bzw. Π_n enthalten ist: Wenn ein Prädikat E entscheidbar ist, dann lassen sich nämlich beliebig viele überflüssige Quantoren hinzufügen. Aus dem gleichen Grund sind die Klassen Σ_n oder Π_n in den Klassen Σ_m und Π_m für alle $m>n$ enthalten. Die Klasse der entscheidbaren Prädikate wird daher auch mit Σ_0 bzw. Π_0 bezeichnet.

Wie wir bereits erwähnt haben, ist die Klasse der effektiv entscheidbaren Probleme eine echte Teilklasse der effektiv aufzählbaren Probleme. Tatsächlich entsteht ein effektiv aufzählbares Prädikat durch Erweiterung eines effektiv entscheidbaren Prädikats um einen logischen Existenzquantor: Allgemein heißt nämlich ein Prädikat P effektiv aufzählbar, wenn $P(x) \leftrightarrow \exists y\ E(x,y)$ für alle Zahlen x mit effektiv entscheidbarem Prädikat E, d. h. Σ_1 ist die Klasse der effektiv aufzählbaren Probleme.

7) Allgemein lassen sich die Klassen Σ_n^ψ bzw. Π_n^ψ der arithmetischen Hierarchie von Berechenbarkeits- und Entscheidbarkeitsgraden auf das Orakel ψ relativieren.

8) Der Psychologe und Ökonomienobelpreisträger Daniel Kahneman spricht daher passender von «kognitiven Verzerrungen», durch die Entscheidungsprozesse wahrnehmungs- und kontextabhängig beeinflusst werden können. Vgl. Kap. 11.

9) Vgl. K. Mainzer (1973), *Mathematischer Konstruktivismus*, Diss. Universität Münster; S. Feferman (1964), Systems of predicative analysis, in: *Journal of Symbolic Logic* 29, 1–30; ders., (1968), Systems of predicative analysis II: Representations of ordinals, in: *Journal of Symbolic Logic* 53, 193–213.

Ein Beispiel ist die hyperarithmetische Hierarchie, mit der sich Grade konstruktiver Beweise definieren lassen. Die hyperarithmetische Hierarchie ist definiert durch iterative Anwendung von Turings Sprungoperator entlang der konstruktiven Ordinalzahlen.

Turings Sprungoperator M' einer Menge M ist die effektive disjunktive Vereinigung aller in M rekursiv aufzählbare Mengen.

H-Mengen werden durch Rekursion über $<_o$ definiert:

$H_1 = \varnothing$

$H_2{}^y = H_y{}'$

$H_{3.5}{}^y = \{(x, n) | x \in H_{[y](n)}\}$ mit $(x, n) = 2^x \cdot 3^n$

M ist hyperarithmetisch genau dann, wenn M rekursiv in einer H-Menge ist. Der Turing-Grad von H_y ist durch die konstruktive Ordinalzahl $| \, y \, |$ bestimmt. Ihre Äquivalenzklassen erzeugen die hyperarithmetische Hierarchie.

In der analytischen Hierarchie Σ_n^1, Π_n^1 und Δ_n^1 beziehen sich die Quantoren auf arithmetische Funktionen. Die Klasse HYP von allen hyperarithmetischen Mengen ist gleich zur Klasse der Δ_2^1-Mengen in der analytischen Hierarchie, d. h. HYP = Δ_2^1. Hyperarithmetische Mengen liefern eine Hierarchie für die Δ_2^1-Schicht der analytischen Hierarchie. Daher begründen die HYP-Mengen eine prädikative Analysis der Δ_2^1-Mengen. Im Prinzip können transfinite Progressionen von axiomatischen Theorien zu weiteren Schichten der analytischen Hierarchie und Ordinalzahlen $> \omega_1^{CK}$ erweitert werden. Aber diese Erweiterungen hängen vom Grad der Konstruktivität und Berechenbarkeit ab, den wir bereit sind zu akzeptieren.

10) G. Gentzen (1934), Untersuchungen über das logische Schließen I, in: *Mathematische Zeitschrift* 39 2, 176–210; ders. (1934), Untersuchungen über das logische Schließen II, in: *Mathematische Zeitschrift* 39 3, 405–431; A. S. Troelstra, H. Schwichtenberg (2000), *Basic Proof Theory* (Cambridge Tracts in Theoretical Computer Science), Cambridge University Press: Cambridge 2. Aufl.

Überblick über Übergangsschemata nach G. Gentzen:

Ausgangsterme mit logischer Formel P	$P \Rightarrow P$	Reflexivität der Folgerung
Expandieren einer Definition	$\dfrac{A \equiv B}{F(B) \Rightarrow F(A)}$	Extensionalität von $\equiv_s$ und Reflexivität der Folgerung
Verknüpfen	$\dfrac{G \Rightarrow J \quad J \Rightarrow H}{G \Rightarrow H}$	Transitivität der Folgerung
Instantiieren von freien Variablen	$\dfrac{J}{J_\theta}$	Allgemeingültigkeit der Regel
Eine Herleitung:	$\dfrac{G \Rightarrow J_1 \quad J_2 \Rightarrow H}{\dfrac{(G \Rightarrow J_1)_\theta \quad J_2 \Rightarrow H)_\theta}{(G \Rightarrow H)_\theta}}$	Geeignetes Instantiieren ermöglicht anschließendes Verknüpfen. Zusammengefasst erhält man den folgenden Übergang:

Resolution	$\dfrac{G \Rightarrow J_1 \quad J_2 \Rightarrow H}{(G \Rightarrow H)_\theta}$	Voraussetzung: θ unifiziert J_1 und J_2, d. h. $J_{1\theta} \equiv J_{2\theta}$
Modus ponens	$\dfrac{G \quad G \Rightarrow H}{H}$	

11) T. Nipkow, L. C. Paulson, M. Wenzel (2002), *Isabelle/HOL. A Proof Assistant for Higher-Order Logic*, Heidelberg; dazu auch die Forschungsgruppe an der Technischen Universität München unter http://isabelle.in.tum.de.
12) A. Church (1936), An unsolvable Problem of Elementary Number Theory, in: *American Journal of Mathematics* 58 2, 345–363.
13) Anschaulich wird der Übergang von logisch-mathematischem Denken in praktisches Software-Engineering beschrieben in M. Broy, R. Steinbrüggen (2004), *Modellbildung in der Informatik*, Berlin.

Kapitel 6

1) K. Mainzer (1994), *Computer – Neue Flügel des Geistes?*
2) B. A. Toole (1992), *Ada, the Enchantress of Numbers*. Mill Valley, CA.
3) A. W. Burks. (Hrsg.) (1970), *Cellular Automata*. Univ. of Illinois Press: Urbana.
4) C. G. Langton (Hrsg.) (1989), *Artificial Life*, Redwood City, 29 (Abb. 2); ders. (Hrsg.) (1991), *Artificial Life II*, Redwood City.
5) M. Gardner (1970), The fantastic combinations of John Conway's new solitaire game of life in: *Scientific American* 223, 120–123; ders. (1971), Mathematical games: On cellular automata, self-reproduction, the Garden of Eden, and the game «Life» in: *Scientific American* 224, 112–117.
6) K. Zuse (1969), *Rechnender Raum*, Braunschweig.
7) E. Fredkin (1990), Digital Mechanics: An informational process based on reversible universal CA. *Physica* D, 254–270.
8) R. Wright (1989), *Three Scientists and Their Gods: Looking for Meaning in an Age of Information*. New York.
9) P. Petrov (2003), Church-Turing thesis as an immature form of Zuse-Fredkin thesis. (More arguments in favour of the ‹universe as a cellular automaton› idea). 3rd WSEAS *International Conference on Systems Theory and Scientific Computation*. Special session on cellular automata and applications (online version: http://digitalphysics.org/Publications/Petrov/Pet02a2/Pet02a2.htm).
10) S. Wolfram (1986), *Theory and Applications of Cellular Automata*. Singapore.

11) S. Wolfram (1994), *Cellular Automata and Complexity*. Reading MA.
12) S. Wolfram (2002), *A New Kind of Science*. Champaign Il.
13) K. Mainzer, L. Chua (2011), *The Universe as Automaton. From Simlicity and Symmetry to Complexity*, Berlin.
14)

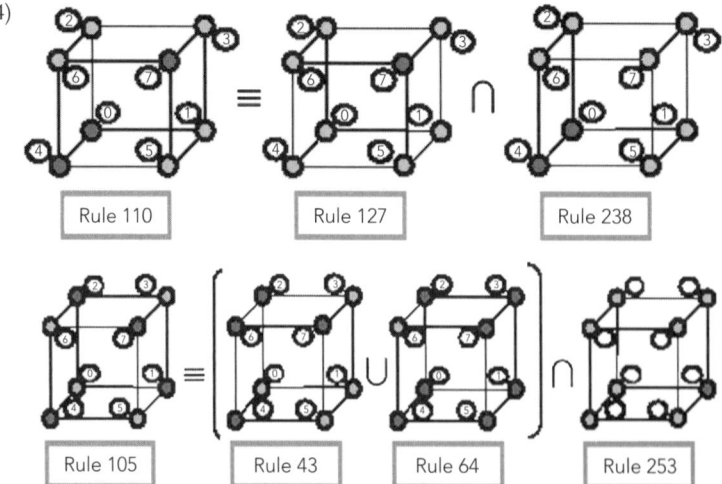

15) Man kann leicht zeigen, wie T^t eine Spiegelung des Booleschen Würfels über die Diagonalebene mit den vier Ecken 0, 2, 5, 7 des Würfels implementiert. Geometrisch tauscht die Links-Rechts-Transformation Matrix $\mathbf{T}_u^\dagger$ die zwei horizontalen Axen u_{i-1} and u_{i+1}. Das bedeutet, dass die Anwendung von $\mathbf{T}_u^\dagger$ auf einen Booleschen Würfel N äquivalent ist zum Austausch der zwei Paare von Ecken 4 und 6 auf der linken Seite und 1 und 3 auf der rechten Seite im Booleschen Würfel N, um den transformierten Booleschen Würfel $N' = \mathbf{T}_u^\dagger(N)$ zu erhalten. Ein Beispiel dieser einfachen Transformation ist $110 = \mathbf{T}_u^\dagger(124)$ für Automat $N = 124$. In Matrix-Notation wird die Transformation durch

$$\begin{bmatrix} 0 & 0 & 1 \\ 0 & 1 & 0 \\ 1 & 0 & 0 \end{bmatrix} \begin{bmatrix} u_{i-1} \\ u \\ u_{i+1} \end{bmatrix} = \begin{bmatrix} u_{i+1} \\ u_i \\ u_{i-1} \end{bmatrix} \quad \text{mit den transformierten Werten} \quad \begin{aligned} u'_{i-1} &= u_{i+1} \\ u'_i &= u_i \\ u'_{i+1} &= u_{i-1} \end{aligned}$$

realisiert. Ähnlich lassen sich auch die Transformationen $\mathbf{T}_u^*$ und $\mathbf{T}_u^\dagger$ in Matrixdarstellung für passende Boolesche Würfel definieren.
16) Vgl. Anm. 4 in Kap. 1.
17) L. O. Chua, V. I. Sbitnev, S. Yoon (2006), A nonlinear dynamics perspective of Wolfram's new kind of science. Part VI: From time-reversible attractors to the arrow of time, in: *International Journal of Bifurcation and Chaos* (IJBC)

16 5, 1097–1373; K. Mainzer (2002), *The Little Book of Time*. New York; R. G. Sachs (1987), *The Physics of Time Reversal*. Chicago.

18) J. Kari (1996), Representation of reversible cellular automata with block permutation, in: *Mathematical Systems Theory* 29 1, 47–61; K. Morita, M. Harao (1989), Computation universality of one-dimensional reversible (injective) cellular automata, in: *Transactions of the IEICE* E 72, 758–762; T. Toffoli (1977), Computation and construction universality of reversible cellular automata, in: *Journal of Computer and System Sciences* 15, 213–231.

19) Inspiriert durch den Zeitpfeil der irreversiblen Thermodynamik lässt sich jedes irreversible Muster (Attraktor) als Zeitpfeil der dynamischen Evolution auf einem Musterabschnitt auffassen (H.-D. Zeh (2007), *The Physical Basis of the Direction of Time*. Berlin 5. Aufl.). Im Allgemeinen ist ein Attraktor $\Lambda(N)$ eines zellulären Automaten N zeitreversibel, falls jede k konsekutiven (nachfolgenden) Bitstrings $\vec{x_1}, \vec{x_2}, ..., \vec{x_k}$, die $\Lambda(N)$ angehören, vollständig erzeugt werden können, indem der bilaterale Zwillingsautomat $N^\dagger = \mathbf{T}^\dagger(N)$ des Automaten N auf den letzten Bitstring $\vec{x_k}$ für k Iterationen angewendet wird. Es folgt, dass die Gleichungen.

$$\vec{x_{k-1}} = N^\dagger(\vec{x_k})$$
$$\vec{x_{k-2}} = N^\dagger(N^\dagger(\vec{x_k}))$$
$$\vec{x_{k-3}} = N^\dagger(N^\dagger(N^\dagger(\vec{x_k})))$$

.
.
.

$$\vec{x_1} = N^\dagger\underbrace{(N^\dagger(N^\dagger... (\vec{x_k}))...)}_{k-2 \text{ mal}}$$

genau dann erfüllt sind, wenn der Test für Zeitumkehr (Reversibilität) erfüllt ist. Ein Attraktor $\Lambda(N)$ ist zeitlich irreversibel genau dann, wenn $\Lambda(N)$ nicht zeitreversibel ist. Ein zellulärer Automat N ist reversible genau dann, wenn alle Attraktoren $\Lambda(N)$ von N zeitreversibel sind. Ein zellulärer Automat N ist zeitlich irreversibel genau dann, wenn alle (robusten) Attraktoren $\Lambda(N)$ von N zeitlich irreversibel sind.

20) K. Mainzer, L. Chua (2011), *The Universe as Automaton*, 20.

Kapitel 7

1) R. Feynman (1982), Simulating physics with computers, in: *International Journal of Theoretical Physics* 21 6–7, 467–488.

2) Vgl. Abb. 3 in Kap. 1.

3) J. Audretsch, K. Mainzer (Hrsg.) (1996), *Wieviele Leben hat Schrödingers Katze? Zur Physik und Philosophie der Quantenmechanik*. Heidelberg 2. Aufl.

4) J. S. Bell (1964), On the Einstein-Podolsky-Rosen-Paradoxon, in: *Physics* 1, 195–200.

5) D. Bouwmeester, A. Ekert, A. Zeilinger (Hrsg.) (2000), *The Physics of Quantum information. Quantum Cryptography, Quantum Teleportation, Quantum Computation*, Berlin.

6) D. Deutsch (1985), Quantum theory, the Church-Turing principle and the universal quantum computer, in: *Proceedings of the Royal Society of London* A 400, 97–117.

7) J. Watrous (1995), On one-dimensional quantum cellular automata. *Proceedings of the 36th Annual Symposium on Foundations of Computer Science*. Milwaukee (Wisconsin). J. Horowitz (2008), *An Introduction to Quantum Cellular Automata* (http://web.mit.edu/joshuah/www/ projects /qca.pdf).

8) Auf der Grundlage dieser lokalen Übergangsamplituden können die globalen Übergangsamplituden von einer gegebenen Konfiguration zu einer anderen Konfiguration durch $N_Q(u, v) = \Pi_i N_q(u_{i-1}, u_i, u_i, v_i)$ berechnet werden. Mit diesen Amplituden kann ein Zeitoperator T auf einem Hilbertraum mit Konfigurationen als Basiselementen eingeführt werden, d. h. $T|u\rangle = \Sigma_v N_Q(u, v)|v\rangle$.

9) W. van Dam (1996), *Quantum Cellular Automata*. Master's thesis. Computing Science Institute. University of Nijmegen (The Netherlands).

10) R. Giles, C. Thorn (1977), Lattice approach to string theory, in: *Phys. Rev.* D 16, 366.

11) J. A. Wheeler (1990), Information, physics, quantum: The search for links, in: W. Zurek (Hrsg.), *Complexity, Entropy, and the Physics of Information*, Redwood City, CA.

12) P. W. Shor (1997), Polynomial-time algorithms for prime factorization and discrete logarithms on a quantum computer, in: *SIAM Journal on Computing* 26, 1484–1509.

Kapitel 8

1) K. Mainzer (2004), Dynamical Systems, in: A. Scott (Hrsg.), *Encyclopedia of Nonlinear Science*, London, 240–241.

2) D. Kaplan, L. Glass (1995), *Understanding Nonlinear Dynamics*, New York, Kap. 5.

3) H. Poincaré (1908), *Science et Méthode*, Paris (deutsch: *Wissenschaft und Methode*, Berlin 2003).

4) J. Barrow-Green (1997), *Poincaré and the Three Body Problem*, Providence, Rhode Island.

5) Q. Wang (1991), The global solution of the n-body problem, in: *Celestial Mechanics and Dynamical Astronomy* 50, 73–88.

6) V. I. Arnold (1963), Small denominators II. Proof of a theorem of A. N. Kolmogorov on the preservation of conditionally-periodic motions under small perturbation of the Hamiltonian, in: *Russ. Math. Surveys* 18, 5; A. N. Kolmogorov (1954), On the conservation of conditionally-periodic motions for a small change in Hamilton's function, in: *Dokl. Akad. Nauk. USSR* 98, 525; J. Moser (1967), Convergent series expansions of quasi-periodic motions, in: *Math. Ann.* 169, 163.

7) K. Mainzer (2008), *Komplexität*, UTB Profile: Paderborn, Kap. 4.

8) K. Mainzer (2007), *Thinking in Complexity*, Kap. 2.

9) Dieser «Schmetterlingseffekt» kann durch den Lyapunov-Exponenten gemessen werden. Eine Trajektorie $x(t)$ startet mit einem Anfangszustand $x(0)$. Falls sie sich exponentiell schnell entwickelt, ist sie approximativ durch $|x(t)| \sim |x(0)|e^{\Lambda t}$ gegeben. Der Exponent Λ ist kleiner als Null, falls die Trajektorie von Attraktoren angezogen wird, wie Stabilitätspunkte oder Orbits. Der Lyapunov-Exponent ist größer als Null, falls die Trajektorie divergent und empfindlich gegenüber sehr kleinen Störungen des Anfangszustands ist:

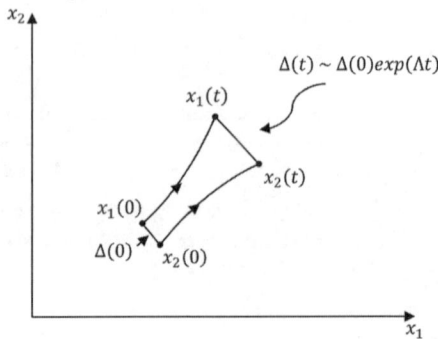

Kapitel 9

1) A. M. Turing (1952), The Chemical Basis of Morphogenesis, in: *Philos. Trans. Roy. Soc. London*, Series B 237, 37–72.

2) K. Mainzer, L. Chua (2013), *Local Activity Principle*, 172.

3) S. Smale (1974), A mathematical model of two cells via Turing's equation, in: *Lectures in Applied Mathematics*. Vol. 6 (American Mathematical Society) 15–26.

4) Mathematisch lässt sich das Prinzip der lokalen Aktivität allgemein axiomatisch definieren, um dann verschiedene Anwendungsmodelle in Phy-

sik, Technik, Chemie, Biologie und Gehirnforschung zu testen. Eine Zelle (nicht notwendig biologisch) heißt lokal aktiv an einem Gleichgewichtspunkt Q genau dann, wenn kontinuierliche und zeitabhängige Inputfunktionen $\mathbf{i}_a(t) \in \mathbb{R}^m$, $t \geq 0$ existieren, so dass zu einem endlichen Zeitpunkt T, $0 < T < \infty$, eine Netzenergie existiert, die aus der Zelle zum Zeitpunkt $t = T$ herausfließt, vorausgesetzt die Zelle hat zum Zeitpunkt $t = 0$ keine (Null) Energie, d. h.

$w(t) = \int_0^T \mathbf{v}_a(t) \cdot \mathbf{i}_a(t) \, dt < 0$,

wobei $\mathbf{v}_a(t)$ eine Lösung der linearisierten Zustandsgleichung der Zelle am Gleichgewichtspunkt mit Null Anfangszustand $\mathbf{v}_a(0) = \mathbf{0}$ und $\mathbf{v}_b(0) = \mathbf{0}$ ist.

5) Mathematisch wird die Dynamik des gesamten Systems durch ein System von diskreten Reaktions-Diffusionsgleichungen definiert, das die lokalen zellulären Zustandsänderungen in dem räumlichen Gitter beschreibt:

$$\frac{d V_1 (j, k, l)}{dt} = f_1 \left(V_1(j, k, l) \, V_2 (j, k, l), \ldots V_n (j, k, l) \right) + D_1 \, \nabla^2 V_1 (j, k, l)$$

$$\frac{d V_1 (j, k, l)}{dt} = f_2 \left(V_1(j, k, l) \, V_2 (j, k, l), \ldots V_n (j, k, l) \right) + D_2 \, \nabla^2 V_2 (j, k, l)$$

$$\vdots$$

$$\frac{d V_m (j, k, l)}{dt} = f_m \left(V_1(j, k, l) \, V_2 (j, k, l), \ldots V_n (j, k, l) \right) + D_m \, \nabla^2 V_m (j, k, l)$$

$$\frac{d V_{m+1} (j, k, l)}{dt} = f_{m+1} \left(V_1(j, k, l) \, V_2 (j, k, l), \ldots V_n (j, k, l) \right)$$

$$\frac{d V_{m+2} (j, k, l)}{dt} = f_{m+2} \left(V_1(j, k, l) \, V_2 (j, k, l), \ldots V_n (j, k, l) \right)$$

$$\vdots$$

$$\frac{d V_n (j, k, l)}{dt} = f_n \left(V_1(j, k, l) \, V_2 (j, k, l), \ldots V_n (j, k, l) \right)$$

wobei $V_\sigma (j, k, l)$ die σte Zustandsvariable, $\sigma = 1, 2, \ldots, n$ einer Reaktionszelle am Gitterpunkt $\mathbf{r} \triangleq (j, k, l)$ mit (natürlichen) Zahlenkoordinaten eines räumlichen Gitters im reellen Raum bezeichnet; D_σ, $\sigma = 1, 2, \ldots, m$ bezeichnet den positiven Diffusionskoeffizienten, der mit der Zustandsvariable $V_\sigma(j, k, l)$ verbunden ist, und $\nabla^2 V_\sigma(j, k, l)$ bezeichnet den diskreten Laplace-Operator in $\mathbb{R}^3$:

$\nabla^2(V_\sigma(j, k, l)) \triangleq V_\sigma(j + 1, k, l) + V_\sigma(j- 1, k, l) + V_\sigma(j, k + 1, l) + V_\sigma(j, k-1, l)$
$\quad + V_\sigma(j, k, l + 1) + V_\sigma(j, k, l-1) -6 \, V_\sigma(j, k, l)$ mit $\sigma = 1, 2, \ldots, m$.

6) K. Mainzer, L. O. Chua (2013), *Local Activity Principle*, Kap. 1.2.

7) K. Mainzer, L. O. Chua (2013), *Local Activity Principle*, 14 (Abb. 14). Der Para-

meterraum wird in den Bereich lokaler Passivität und lokaler Aktivität unterteilt:

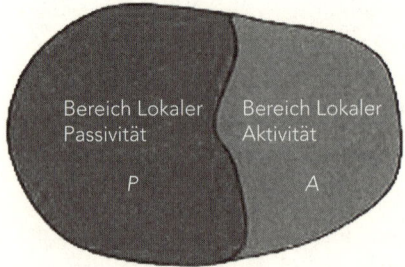

8) K. Mainzer, L. O. Chua (2013), *Local Activity Principle*, 17–22.
9) C. G. Langton (1990), Computation at the edge of chaos. Phase transitions and emergent computation, in: *Physica* D 42, 12–37.
10) K. Mainzer, L. O. Chua (2013), *Local Activity Principle*, 28.
11) K. Mainzer, L. O. Chua (2013), *Local Activity Principle*, 31.
12) A. Gierer, H. Meinhardt (1972), A theory of biological pattern formation, in: *Kybernetik* 12, 30–39.
13) K. Mainzer, L. O. Chua (2013), *Local Activity Principle*, Kap. 2.2.
14) R. FitzHugh (1969), Mathematical models of excitation and propagation nerve, in: H. Schwan (Hrsg.), *Biological Engineering*. New York, 1–85.
15) K. Mainzer, L. O. Chua (2013), *Local Activity Principle*, Kap. 2.3.
16) A. L. Hodgkin, A. F. Huxley (1952a), Currents carried by sodium and potassium ions through the membrane of the giant axon of Loligo, in: *J. Physiol.* 116, 449–472; dies. (1952b), The components of membrane of conductance in the giant axon of Loligo, in: *J. Physiol.* 116, 473–496; dies. (1952c), The dual effect of membrane potential on sodium conductance in the giant axon of Loligo, in: *J. Physiol.* 116, 497–506; dies. (1952d), A quantitative description of membrane current and its application to conduction and excitation in nerve, in: *J. Physiol.* 117, 500–544; dies. (1956), Experiments on the injection of substances into squid giant axons by means of microsyringe, in: *J. Physiol. London* 131, 592.
17) L. O. Chua (1971), Memristor – the missing circuit element, in: *IEEE Transactions on Circuit Theory* 18, 507–519.
18) K. Mainzer, L. O. Chua (2013), *Local Activity Principle*, 298.
19) K. Mainzer, L. O. Chua (2013), *Local Activity Principle*, 307.
20) K. Mainzer, L. O. Chua (2013), *Local Activity Principle*, 309.
21) K. Mainzer, L. O. Chua (2013), *Local Activity Principle*, 202.
22) H. Förstl (2007), *Theory of Mind. Neurobiologie und Psychologie sozialen Verhaltens*, Berlin.

Kapitel 10

Teile dieses Kapitels greifen auf mein früheres Buch «*Leben als Maschine?*» (2010) zurück.

1) Für einen Überblick vgl. K. Mainzer (1999), *Computernetze und virtuelle Realität. Leben in der Wissensgesellschaft*, Berlin, Kap. 2; A. S. Tanenbaum (1988), *Computer Networks*, 2. Aufl.; H.-G. Hegering, S. Abeck (1995), *Integriertes Netz- und Systemmangement*, Bonn.
2) Zum Datenflussmanagement in großen Rechnern vgl. auch T. Ungerer (1993), *Datenflussrechner*, Stuttgart.
3) B. Halabi (1998), *Internet-Routing-Architekturen. Grundlagen, Design und Implementierung*, München/Wien.
4) Zur Analogie des Datenverkehrs in Computernetzen mit dem Straßenverkehr vgl. M. Büchs, D. Kundish, P. Pyrka, K. Mainzer (2001), Physical and Virtual Mobility. Analogies between Traffic and Virtual Highways, in: F. Mayinger (Hrsg.), *Mobility and Traffic in the 21st Century*, Berlin, 231–318.
5) Dazu auch E. R. Kandel., J. H. Schwartz, T. M. Jessell (Hrsg.)(1996), *Neurowissenschaften*, Berlin, Kap. IV.
6) Vgl. R. Steinmetz (2000), *Multimedia-Technologie. Grundlagen, Komponenten und Systeme*, Berlin 3. Aufl., Kap. 7.
7) K. Arnold, J. Gosling (1996), *Java™. Die Programmiersprache*, Bonn 2. Aufl.
8) M. Weiser (1991), The computer for the 21st century, in: *Scientific American* 9, 66–75; U. Hansmann (2001), *Pervasive Computing Handbook*, Berlin; F. Mattern (2001), Das aktuelle Schlagwort – Pervasive Computing/Ubiquitous Computing, in: *Informatik Spektrum* 24, Heft 3.
9) W. Hawkins, T. Abdelzaher (2005), Towards feasible region calculus: An end-to-end schedulability analysis of real-time multistage execution, in: *IEEE Real-Time Systems Symposium*, Miami Florida.
10) E. Lee (2008), Cyber-Physical Systems: Design Challenges, in: *University of California, Berkeley Technical Report* No. UCB/EECS-2008-8 (http://www.eecs.berkeley.edu/Pubs/TechRpts/2008/EECS-2008-8.html).
11) *Cyber-Physical Systems* (2008). Program Announcements & Information. *The National Science Foundation*, Arlington, VA.
12) W. Wayne (2008), *Computers as Components: Principles of Embedded Computing Systems Design*, Amsterdam.
13) H. E. Wedde, S. Lehnhoff, B. van Bonn (2007), Highly dynamic and adaptive traffic congestion avoidance in real-time inspired by honey bee behavior, in: *PEARL Workshop 2007, Informatik aktuell (Springer)*.
14) M. Broy (1993), Functional specification of time-sensitive communication

systems, in: *ACM Transactions on Software Enginering and Methodology* 2(1), 1462–1473.

15) E. A. Lee, *Cyber-physical systems – are computing foundations adequate?*; (http:// ptolemy.eecs.berkeley.edu/publications/papers/06/CPSPositionPaper/ Lee_CPS_PositionPaper.pdf).

16) *European Technology Platform Smart Grids* (http://ec.europa.eu/research/ energy/pdf/smartgrids_en.pdf).

17) H. F. Wedde, S. Lehnhoff (2007), Dezentrale vernetzte Energiebewirtschaftung im Netz der Zukunft, in: *Wirtschaftsinformatik* 6.

18) M. Takayasu, H. Takayasu, T. Sato (1996), Critical behaviors and 1/f noise in information traffic, in: *Physica A* 233, 825; M. Takayasu, K. Fukuda, H. Takayasu (1999), Application of statistical physics to the Internet traffic, in: *Physica A*, 3.

19) E. Beltrami (1999), *What is Random? Chance and Order in Mathematics and Life*, New York, 135.

20) K. Mainzer (2007b), *Der kreative Zufall. Wie das Neue in die Welt kommt*, München, Abb. 14, 85.

21) K. Mainzer (2007a), *Thinking in Complexity*, Kapitel 7.4.

22) Abb. 32 zeigt den Reaktionsgraphen der Stoffwechselabläufe in einem E.coli-Bakterium mit verschiedenen Komponenten verdichteter Reaktionen, die unterschiedlichen biologischen Funktionen der Regulation, Kontrolle und Erzeugung von Stoffwechselprodukten entsprechen. Die Abläufe zwischen den Komponenten sind kausal geordnet. Dadurch wird es möglich, die gesamte Struktur und Dynamik einer Zelle wie im Schaltplan einer komplexen Maschine zu berechnen und vorauszusagen: Hong-Wu Ma, An-Ping Zeng (2007), *Reconstruction of metabolic networks from genome Information and its structural and functional analysis*, in: A. Kriete, R. Eils (Hrsg.), Computational Systems Biology, Amsterdam, Fig. 9.10, 185.

23) Vgl. Kap. 5.

24) C. H. Bennett (1995), Logical Depth and Physical Complexity, in: R. Herken (Hrsg.), *The Universal Turing Machine. A Half-Century Survey*, Wien 1995, 207–235.

25) Eine vereinigte Kognitionswissenschaft setzen sich zum Ziel M. Wagman (1996), *Human Intellect and Cognitive Science. Towards a General Unified Theory of Intelligence*, Westport Conn.; ders. (1995), *The Science of Cognition. Theory and Research in Psychology and Artificial Intelligence*, Wetstport Conn.; P. Thagard (1999), *Kognitionswissenschaft. Ein Lehrbuch*, Stuttgart. Den Zusammenhang von Kognitionswissenschaft und klassischer KI untersuchen G. Strube, C. Schlieder (1995), Kognition und KI, in: *KI – Künstliche Intelligenz* 6, 8–11.

26) E. Geisberger, M. Broy (Hrsg.) (2012), *>AgendaCPS< Integrierte Forschungs-agenda Cyber-Physical Systems.* Acatech Studie, Berlin, Abb. 5.3, 161.
27) Anm. 26, Abb. 5.5, 169.
28) K. Mainzer (2012), Von der interdisziplinären zur integrativen Forschung, in: *Gegenworte. Berlin-Brandenburgische Akademie der Wissenschaften* 28, 26–30.
29) Ein aktuelles Beispiel für ein integratives Forschungsinstitut ist das *Munich Center for Technology in Society* (MCTS) an der Technischen Universität München, das in der Forschung eng mit dem dortigen Institute for Advanced Study (IAS) kooperiert. Hier arbeiten Sozial- und Humanwissenschaftler mit Ingenieuren und Naturwissenschaftlern in gemeinsamen Projekten zusammen. In diesen interdisziplinären Forschungsclustern zeichnet sich die Universität von morgen ab. Sie liegen quer zu den traditionellen Fakultätsunterscheidungen von Technik-, Natur-, Sozial- und Geisteswissenschaften. Man spricht daher auch von einer Matrixstruktur: Die Fachdisziplinen werden dabei als Matrixzeilen verstanden. Die Matrixspalten sind die integrativen Forschungsprojekte, die verschiedene Forschungselemente der Disziplinen abgreifen. Diejenigen integrativen Forschungsprojekte, in denen es um die gesellschaftlichen Aspekte von Technologie geht, sind unter dem Dach des *Munich Center for Technology in Society* zusammengefasst.

Dahinter steht die grundlegende Einsicht, dass Wissenschaft nicht losgelöst von der Gesellschaft arbeitet. Ohne soziale Strukturen und gesellschaftliche Prozesse zu berücksichtigen, kann kaum eine Innovation der Ingenieur- und Naturwissenschaften Erfolg haben. Wie ließen sich etwa neue Formen der Mobilität kreieren, ohne Wissen über das künftige Zusammenleben in den Städten? Wie sollten Forscher neue Nahrungsmittel für die wachsende Weltbevölkerung entwickeln, ohne die Lage in Entwicklungsländern zu beachten? Wie könnten Roboter alten Menschen helfen, ohne auf deren Bedürfnisse Rücksicht zu nehmen? Wie sollen Großtechnologieprojekte wie z. B. Energienetze in der Gesellschaft integriert werden, ohne die damit verbundenen sozialen, ökonomischen und ökologischen Faktoren zu berücksichtigen. Nicht nur der Anwendungsforschung, auch der Grundlagenwissenschaft stellen sich Fragen, die ohne Sozial- und Geisteswissenschaften nicht beantwortet werden können: Was sind die Kriterien, nach denen wir forschen? Wie kann Wissenschaft jenseits unserer gängigen Vorstellung funktionieren? Wie lernen wir aus gescheiterten Ansätzen?

Wissen, Bewerten, Kommunizieren
Das Munich Center for Technology in Society (MCTS) der Technischen Universität München untersucht daher die Wechselwirkungen zwischen

Wissenschaft, Technik und Gesellschaft aus drei Perspektiven – Wissen, Bewerten und Kommunizieren:

- **Naturwissenschaft- & Technik-Studien**: Sozial- und Humanwissenschaftler erforschen die gesellschaftlichen Aspekte von Naturwissenschaft und Technik – darunter Philosophen, Historiker, Soziologen, Politologen und Psychologen.
- **Ethik & Verantwortung**: Wirtschafts- und Medizinethiker, Umwelt- und Technikethiker bewerten Forschung und Entwicklung.
- **Medien & Wissenschaft**: Kommunikations- und Medienwissenschaftler untersuchen, wie sich Forschung und Gesellschaft austauschen können.

Wissenschaftler des MCTS sind an allen großen Forschungsverbünden der TU München beteiligt. So werden humanwissenschaftliche Fragen von Anfang an berücksichtigt.

Dialog mit Bürgern, Planfeststellungsverfahren, Beratung der Politik

Das Munich Center for Technology in Society initiiert zudem eigene Forschungsprojekte. Die Humanwissenschaftler konzentrieren sich dabei auf die empirische Untersuchung konkreter Probleme. Wegen ihres experimentellen Laborcharakters tragen die Projekte den Titel TUMLab. TUMLabs erfüllen drei Kriterien: 1) Forschungsprojekte entstehen interdisziplinär aus Technik-/Naturwissenschaften und Sozial-/Humanwissenschaften («Interdisziplinarität»). 2) Sie sind projekt-orientiert, d. h. entwickeln ethische und sozialwissenschaftliche Fragen aus konkreten Projekten («Projektorientierung», «bottom up»). 3) Sie sind auf öffentlichen Dialog angelegt («Transparenz», «Gläsernes Labor»). Daher sind diese Laboratorien schon während der laufenden Forschung offen für die gesellschaftliche Diskussion. Dazu organisiert das MCTS Bürgerdialoge und experimentiert mit neuen Dialogformen, bei denen Menschen aus verschiedenen Bereichen mit Wissenschaftlern arbeiten. Die gemeinsamen Erkenntnisse sollen auch der Politik als Grundlage für ihre Entscheidungen dienen.

In einer immer besser informierten Gesellschaft wird der Ruf nach Partizipation an Entscheidungsverfahren über Infrastruktur- und Technologieprojekte wie z. B. Kraftwerke, Deponien und Energienetze immer lauter. Die bisherige Antwort des Rechtsstaats waren Planfeststellungsverfahren, in denen die Phasenübergänge von der Planerstellung durch den Vorhabenträger über Anhörungsverfahren, öffentliche Auslegung, Erörterung, Weiterleitung des Anhörungsergebnisses bis zum Planfeststellungsbeschluss juristisch genau festgelegt waren. Allerdings wird Beteiligung von

Bürgern und Behörden oft obrigkeitsstaatlich anmutend als «Anhörung» deklariert. Eine sogenannte «Präklusionswirkung» schließt jede Art von Einwendung nach Ablauf der Ausschlussfrist aus. Lernprozesse sind also nicht möglich, obwohl sich technische, soziale und ökonomische Bedingungen verändern können. Es handelt sich also um ein «lineares» Legitimationsverfahren, das eine veränderte komplexe Welt zur Kenntnis nehmen muss. Bis zu welchem Grad ist Partizipation möglich, ohne die Entscheidungs- und Zukunftsfähigkeit einer Gesellschaft zu verspielen? Die Spielregeln zwischen Bürgerbeteiligung, technisch-wissenschaftlicher Kompetenz (Forschungsinstitute, Universitäten u. a.), den Parlamenten als demokratisch legitimierten Entscheidungsträgern, der Judikative und Exekutive müssen neu überdacht werden. Die technisch-ökonomisch-ökologische Entwicklung verändert politische Strukturen.

Studierende sensibilisieren

Ziel muss es sein, dass künftige Generationen von Ingenieuren und Naturwissenschaftlern die Verknüpfung mit der Gesellschaft ganz selbstverständlich als Teil ihrer Arbeit betrachten. Das Munich Center for Technology in Society wird deshalb die Studierenden aller Fächer dafür sensibilisieren. Es organisiert zudem Masterstudiengänge für diejenigen, die sich vertieft mit den Inhalten des MCTS beschäftigen wollen. So zeigt der Masterstudiengang «Human Factor Engineering», dass die Berücksichtigung humanwissenschaftlicher Faktoren mit zur technischen Gestaltung des Mensch-Maschine-Verhältnisses in den Ingenieurwissenschaften gehört. Das Munich Center for Technology in Society ist Teil des Zukunftskonzepts, mit dem die TU München bei der Exzellenzinitiative 2012 erfolgreich war. Die großen Zukunftsfragen in Feldern wie Energie und Umwelt, Gesundheit und Ernährung oder Kommunikation können nur interdisziplinär beantwortet werden. Die Vision des MCTS ist, «dass die Forschung an der TUM gesellschaftsrelevante Horizonte erschließt – in der Grundlagenforschung, in der angewandten Forschung und in der Umsetzung neuer Technologien». Damit soll demonstriert werden, wie eine Problemstellung sowohl auf der technischen Ebene als auch auf der Ebene der Organisation zu erforschen, die Implikationen und spezifischen Herausforderungen im Dialog mit der Gesellschaft zu erörtern und Konsequenzen zu folgern sind. Dabei wird – in Übereinstimmung mit der Vision des MCTS – Grundlagenforschung mit angewandter Forschung kombiniert, um neue Technologien zu implementieren.

Kapitel 11

Teile dieses Kapitels greifen auf mein früheres Buch «*Der kreative Zufall*» (2007) zurück.

1) G. W. Leibniz (1986), Sämtliche Schriften und Briefe. Reihe IV: Politische Schriften. Bd. 3: 1677–1689. Hg. von L. Knabe und M. Faak, Berlin, 427 f.: «Solche Assecurations-Casse würde ein sehr herrliches werck und dem Lande in viele wege nützlich seyn; dieweil dadurch ein Capital fundirt würde, vermittelst deßen die Obrigkeit ihren unterthanen nahrung auff viele weise [... in antecessum] helffen, und sie nicht alleine durch armeen gegen feinde (deswegen sie contributiones hebet), sondern auch durch guthe anstalt etlicher maßen gegen feuer[,] waßer und andere äußerliche, von der Natur selbst herrührende gewalt schüzen [...,] dazu ihr vermittelst solche Assecurations-Casse mittel gegeben und hülffliche hand gebothen werden muß.»
2) G. W. Leibniz (2000), *Hauptschriften zur Versicherungs- und Finanzmathematik*. Hg. von E. Knobloch und J.-M. Graf von der Schulenburg, Berlin.
3) G. W. Leibniz (1996), *Hauptschriften zur Grundlegung der Philosophie* II. Hg. von E. Cassirer, Abschnitt VII, Hamburg, Kap. 39, 656–658.
4) G. W. Leibniz (1875–1890), *Die philosophischen Schriften*. Hg. von C. I. Gerhardt Bde. 1–7, Berlin, Bd. II, 109.
5) G. W. Leibniz (1986), *Die Theodizee von der Güte Gottes, der Freiheit des Menschen und dem Ursprung des Übels*. Bd. II. Hg. und übers. von H. Herring, Darmstadt, § 307, 98.
6) J. Bernoulli (1705/1713), *Ars conjectandi*, in: I. Schneider (Hrsg.) (1988), *Die Entwicklung der Wahrscheinlichkeitstheorie von den Anfängen bis 1933*. Einführungen und Texte, Darmstadt, 63; A. de Moivres (1738/1756): *The Doctrine of Chances*, in: Schneider (1988), *Die Entwicklung der Wahrscheinlichkeitstheorie*, 105 ff.
7) C. F. Gauß (1823), *Theoria combinationis observatioum erroribus minimis obnoxiae*, in: Schneider (1988), *Die Entwicklung der Wahrscheinlichkeitstheorie*, 244 ff.
8) L. A. J. Quételet veröffentlichte 1835 sein Werk *Sur l'homme et le développement de ses facultés* und propagierte darin eine «physique sociale» unter der Bezeichnung «statistique».
9) R. von Mises (1919), Grundlagen der Wahrscheinlichkeitsrechnung, in: *Math. Z.* 5, 52–99; ders. (1936), *Wahrscheinlichkeit, Statistik und Wahrheit. Einführung in die neue Wahrscheinlichkeitslehre und ihre Anwendung*, Wien, 2. Aufl.
10) A. N. Kolmogorov (1977), *Grundbegriffe der Wahrscheinlichkeitsrechnung*, Berlin 1933 (repr. 1973, 1977); dazu auch J. Barone, A. Novikoff (1977/1978), A

history of the axiomatic formulation of probability from Borel to Kolmogorov, in: *Arch. Hist. Ex. Sci.* 18, 123–190.

11) P. Basieux (1993), Die Welt als Roulette – Die Zähmung des Zufalls, München 3. Auflage, 37.

12) Auf Poisson geht auch die Bezeichnung «Gesetz der großen Zahl» zurück, die er in seinem *Lehrbuch der Wahrscheinlichkeitsrechnung und deren wichtigsten Anwendungen* (Übers. von C. H. Schnuse, Braunschweig 1841, V) einführte.

13) S. D. Poisson (1837), *Probabilité des jugements en matière criminelle et en matière civile, précédées des règles générales du calcul des probabilitiés*, Paris.

14) Der zentrale Grenzwertsatz wurde von den russischen Mathematikern A. A. Markov 1898 und A. Ljapunov 1900 erstmals bewiesen.

15) P. Lévy (1925), *Calcul des Probabilités*, Gauthier-Villars: Paris; M. Lévy, S. Solomon (1996), Power laws are logarithmic Boltzmann laws, in: *Int. J. Mod. Phys.* C7, 595–601.

16) H. Cramér (1969), Historical review of Filip Lundberg's works on risk theory, in: *Scandinavian Actuarial Journal*, 6–9.

17) P. Embrechts, C. Klüppelberg, T. Mikosch (2003), *Modeling Extremal Events for Insurance and Finance*. Berlin, 4. Aufl., 9.

18) Bachelier, L. (1900), Théorie de la spéculation. Dissertation, in: *Annales Scientifiques de l'École Normale Supérieure* 17, 21–86.

19) Leibniz hatte mathematische Stetigkeit als fundamentale Eigenschaft aller physikalischen Funktionen und Differentialgleichungen angenommen, in denen die Kontinuität aller Prozesse der Natur zum Ausdruck kommen sollte: Die Natur macht keine Sprünge! Also durften die entsprechenden Kurven keine «Knicke» und abrupten Diskontinuitäten aufweisen. Diese Annahme über die Natur übernahm A. Marshall in seinem 1890 erschienenen Buch «*Principles of Economics*».

20) H. M. Markowitz (1959), *Portfolio Selection: Efficient Diversification of Investments*, New Haven.

21) F. Black, M. Scholes (1973), The pricing of options and corporate liabilities, in: *Journal of Political Economy* 81, 637–654.

22) Vgl. auch K. Mainzer (2007), *Der kreative Zufall. Wie das Neue in die Welt kommt*, München, 249 (Anm. 8).

23) D. Colander, H. Föllmer, A. Haas, M. Goldberg, K. Juselius, A. Kirman, T. Lux, B. Sloth (2008), The financial crisis and the systemic failure of academic economics, in: *Discussion Papers* 09–03. Department of Economics, University of Copenhagen 2008.

24) Lord Turner (2009), *The Turner Review*. A regulatory response to the global banking crisis. March 2009. The Financial Services Authority.

25) International Monetary Fund (2009), *Global Financial Stability Report: Responding to the Financial Crisis and Measuring Systemic Risk*. Washington, April 2009.

26) H. Föllmer, A. Schied (2004), *Stochastic Finance. An Introduction into Discrete Time*, Berlin, 2. Aufl.

27) F. Knights (1921), *Risk, Uncertainty, and Profit*. Ph. D. Yale 1921.

28) P. Artzner, F. Delbaen, J.-M. Eber, D. Heath (1999), Coherent measures of risk, in: *Mathematical Finance* 9(3), 203–228.

29) K. Detlefsen, G. Scandolo (2005), Conditional and dynamic convex risk measures, in: *Finance Stoch*. 9 (4), 539–561; F. Riedel (2006), Dynamic convex risk measures: time consistency, robustness, and the variational representation of preferences, in: *Econometrica* 74, 1447–1498.

30) H. Föllmer, A. Schied (2008), Convex and coherent risk measures. *Working Paper*, Institute for Mathematics, Humboldt-University Berlin.

31) H. Simon (1957), *Administrative Behavior: A Study of Decision-making Processes in Administrative Organizations*, New York.

32) K. R. Popper (1959), *The Logic of Scientific Discovery*. London.

33) B. Russell (1948), *Human Knowledge. Its Scope and Limits*, London (Routledge Classics: London and New York 2009).

34) N. N. Taleb (2007), *The Black Swan – The Impact of the Highly Improbable*, New York.

35) D. Hume (1976), *Eine Untersuchung über den menschlichen Verstand*. Hg. u. übers. von H. Herring, Stuttgart, VII. Abschnitt: Über den Begriff der notwendigen Verknüpfung, 99.

36) D. Hume (1976), *Eine Untersuchung über den menschlichen Verstand* (s. Anm. 34), VI. Abschnitt: Über Wahrscheinlichkeit, 79.

37) D. Helbing (2008), *Managing Complexity: Insights, Concepts, Applications*, Berlin; W. Weidlich (2002), *Sociodynamics. A Systematic Approach to Mathematical Modelling in the Social Science*, London; vgl. auch K. Mainzer (2007), *Thinking in Complexity*, Kap. 7.2–7.3.

38) Dazu auch H. Haken (1990), *Synergetik. Eine Einführung. Nichtgleichgewichts-Phasenübergänge und Selbstorganisation in Physik, Chemie und Biologie*, Berlin 3. Aufl., Kap. 42.

39) W. Weidlich, M. Braun (1992), The master equation approach to nonlinear economics, in: *Journal of Evolutionary Economics* 2, 233–265.

40) K. Mainzer (2010), Challenges of complexity in management, in: S. Schloemer, N. Tomaschek (Hrsg.), *Leading in Complexity. New Ways of Management*, Heidelberg, 5–23.

41) R. Selten (2001), *Die konzeptionellen Grundlagen der Spieltheorie einst und jetzt*, Bonn Econ Discussion Papers, Universität Bonn; G. Gigerenzer, R.

Selten (Hrsg.) (2002), *Bounded Rationality: The Adaptive Toolbox*, MIT Press Books.

42) D. Kahneman, A. Tversky (1979), Prospect theory: An analysis of decision under risk, in: *Econometrica* 47 2, 263–291; D. Kahneman, A. Tversky (Hrsg.) (2000), *Choices, Values, and Frames*, Cambridge.

43) K. Mainzer (1988), *Symmetrien der Natur.*

Kapitel 12

1) D. Easley, J. Kleinberg (2010), *Networks, Crowds, and Markets. Reasoning about a Highly Connected World*, Cambridge.

2) W. Zachary (1977), An information flow model for conflict and fission to small groups, in: *Journal of Anthropological Research* 33 4, 452–473.

3) L. A. Adamic, E. Adar (2005), How to search a social network, in: *Social Networks* 3 27, 187–203 (Abb. 40: http://www-personal.umich.edu/ladamic/img/hplabsemailhierarchie.jpg).

4) J. Leskovec, L. Adamic, B. Huberman (2007), The dynamics of viral marketing, in: ACM Transactions of the Web 1(1) May.

5) A. McKenzie, I. Kashef, J. D. Tillinghast, V. E. Krebs, L. A. Diem, B. Metchock, T. Crisp, P. D. McElroy (2007), Transmission network analysis to complement routine tuberculosis contact investigations, in: *American Journal of Public Health* 97 3, 470–477.

6) BITKOM (Hrsg.) (2012), *Big Data im Praxiseinsatz – Szenarien, Beispiele, Effekte*, Berlin.

7) C. Anderson (2008), The end of theory?, in: *WIRED* 16 7 (http://www.wired.com/science/discoveries/magazine/16-07/pb_theory).

8) J. Dean, S. Ghemawat (Google Labs), *MapReduce: Simplified Data Processing on Large Clusters* (http://research.google.com/archive/mapreduce.html).

9) V. Mayer-Schönberger, K. Cukier (2013), *Big Data – A Revolution that will transform how we live, work and think*, London.

10) Hinter dem neuen Begriff der Metadaten steht historisch das ältere Prinzip der Verweisung und der formalen Vorgaben bei Büchern und Texten als jahrhundertelange bibliothekarische Praxis. Daraus entstehen im Zeitalter von Computer und Big Data ganz neue Möglichkeiten, die zunächst zu erfolgversprechenden Geschäftsmodellen führen. Vgl. auch U. Hambuch (2008), *Erfolgsfaktor Metadatenmanagement: Die Relevanz des Metadatenmanagements für die Datenqualität bei Business Intelligence*, Saarbrücken.

11) Media Lab MIT (immersion.media.mit.edu): Zur Rolle der Metadaten brachte *Die Frankfurter Allgemeine Sonntagszeitung* im Wissenschaftsteil

vom 4. August 2013 Nr. 11 (Seite 62) einen sehr klaren Artikel von Pjotr Heller, in dem auf den Einsatz von Datennetzen bei Metadaten verwiesen wird.

12) J. Ginsburg (2009), Detecting influenza epidemics using search engine query data, in: *Nature* 457, 1012–1014; A. F. Dugas (2012), Google flu trends: correlations with emergency department influenza rates and crowding metrics, in: *CID Advanced Access* January 8.

13) A. Halevy, P. Novik, F. Pereira (2009), The unreasonable effectiveness of data, in: *IEEE Intelligent Systems* March/April, 8–12. Der Aufsatz bezieht sich auf einen Ausspruch von E. P. Wigner, der im letzten Kapitel im Zentrum steht.

14) V. Nick (2010), Tech.View: Cars and Software Bugs, in: *The Economist* May 16; Vehicle Data Recorders: Watching Your Drivings, in: *The Economist* June 23 2012.

15) Vgl. dazu Arbeitskreis Industrie 4.0 von acatech (http://www.acatech.de/ industrie4.0) und die von den Verbänden BITKOM, VDMA ZVEI getragene Plattform Industrie 4.0.

16) acatech (Hrsg.) (2011), *Cyber-Physical Systems. Innovationsmotor für Mobilität, Gesundheit, Energie und Produktion*, Berlin; K. Mainzer (2010), *Leben als Maschine?*, Kap. 6.

17) Anwendungen gibt es auch in Versicherungen und Risikoabschätzungen: Vgl. L. Scicm (2010), Insurers test data profiles to identify risky clients, in: *Wall Street Journal* November 19.

18) S. Schreibman, R. Siemens, J. Unsworth (2004), *A Companion to Digital Humanities*, Oxford. 1999 schrieb ich das Buch *Computernetze und virtuelle Realität. Leben in der Wissensgesellschaft* (Springer: Berlin), das ebenfalls digitale Geistes- und Sozialwissenschaften als Zukunftsaufgabe forderte. Wie immer in den Geistes- und Sozialwissenschaften ist dieser Prozess mit heftigen Geburtswehen verbunden. Dazu z. B. M. Thaler (2012), Controversies around the Digital Humanities, in: *Historical Research* 37 3, 7–229. Mittlerweile wurden auch Professuren an deutschen Universitäten zum neuen Fachgebiet eingeführt.

19) Ein Beispiel liefert die Software der Firma Narrative Science (http://www. narrativescience.com/) sowie der Finanzinformationsdienst/Verlag Hanley Wood (http://hanleywood.com/) und die Journalistenplattform «The Big Ten Network» (http://btn.com/).

20) J. Weizenbaum (1978), *Die Macht der Computer und die Ohnmacht der Vernunft*, Frankfurt.

21) Vgl. die ausführliche Würdigung in K. Mainzer (2010), *Leben als Maschine?*, 221–224.

22) Vgl. eine Untersuchung des Leiters des Centers for Cognitive and Social Neuroscience der University of Chicago, John T. Cacioppo, mit seinem Team: J. T. Cacioppo, S. Cacioppo, G. C. Conzaga, E. L. Obburn, T. J. VanderWeele (2013), Marital satisfaction and breakups differ across online and offline meeting venues, in: *Proceedings of the National Academy Sciences (PNAS)* Early Edition, 1–6.

23) Zur Rolle einfacher und verlässlicher Heuristiken bei Menschen unter den Bedingungen von Intuition und beschränkter Rationalität vgl. auch G. Gigerenzer, P. M. Todd, and the ABC Research Group (1999), *Simple Heuristics that make us smart*, Oxford.

24) Diese Ergebnisse gehen zurück auf meine Studie *Fußball als komplexes System*, die ich mit Unterstützung meines TU-Kollegen Martin Lames (Lehrstuhl für Trainingswissenschaft und Sportinformatik) und angeregt durch meinen fußballbegeisterten Sohn Benedikt «aus Spaß» verfasst habe. Der Privatstudie liegt auch ein Glossar zugrunde, in der Grundbegriffe der Theorie komplexer dynamischer Systeme auf Fußball angewendet wurden.

25) Vgl. auch die ältere Studie L. Zedner (2007), Pre-criming and post-criminology?, in: *Theoretical Criminology* 11 2, 261–281.

26) J. Margolis (2010), When smart grids grow smart enough to solve crimes, in: Neustar 18. März.

27) Vgl. auch das Video, das Ryan Gallagher in seinem Artikel «Software that tracks people on social media created by defence firm» in *The Guardian* am 10. Februar 2013 erläutert.

28) P. K. Dick (2003): *Minority Report. Stories*, München.

29) V. Mayer-Schönberger (2010), Beyond privacy, beyond rights: towards a ‹systems› theory of information governance, in: *California Law Review* 98, 1854–1885.

30) Vgl. Kapitel 6.

31) S. Wolfram (2005), *The Mathematica Book*, Cambridge 5. Aufl.

32) Zu den folgenden Ausführungen vgl. den Stephen-Wolfram-Blog: *Data Science of the Facebook World* (24. April 2013).

33) P. Rosenzweig (2010), Robert S. McNamara and the Evolution of Modern Management, in: *Harvard Business Review* December, 87–93.

34) R. S. McNamara, B. VanDeMark (1995), *In Retrospect: The Tragedy and Lessons of Vietnam*, New York.

35) C. von Clausewitz (1977), *Vom Kriege*, Esslingen 18. Aufl.

36) K. Mainzer, Drohnen, komplexe Systeme und das Ende der konventionellen Konfliktlösung. Interview des *Deutschlandradio* in der Sendung Kulturfragen am 2. Juni 2013 (Audio-on-Demand-Player).

37) N. Falliere, L. O. Murchu, E. Chien (2010), W32.Stuxnet Dossier, Semantec. (In verschiedenen Versionen bisher bei Semantec veröffentlicht.).

38) Vgl. auch J. Müller-Quade (2012), *Mitten ins geheim: Wie die Kryptographie mit geheimen Daten umgeht, ohne Geheimnisse preiszugeben*, Hamburg; H. Baars, H.-G. Kempe (2008), Management support with structured and unstructured data – an integrated business intelligence framework, in: *Information Systems Management* 25, 132–148.

39) Es gibt viele Schilderungen jener merkwürdigen Einbürgerung von Kurt Gödel in Begleitung von Oskar Morgenstern und Albert Einstein im Jahr 1947. Vgl. z. B. R. Goldstein (2006), *Kurt Gödel. Jahrhundertmathematiker und großer Entdecker*, München.

Kapitel 13

1) W. Fucks (1965), *Formeln zur Macht. Prognosen über Völker, Wirtschaft, Potentiale*, Stuttgart, 3. Aufl.

2) D. Kahn (1974), *The Code Breakers – The Story of Secret Writing*. Reissue.

3) H. Ulbricht (2005), *Die Chiffriermaschine Enigma – Trügerische Sicherheit*. Ein Beitrag zur Geschichte der Nachrichtendienste. Dissertation Braunschweig.

4) F. H. Hinsley, A. Stripp (1993), *Codebreakers – The Inside Story of Bletchley Park*. Reading, Berkshire.

5) M. Pröse (2004), *Chiffriermaschinen und Entzifferungsgeräte im Zweiten Weltkrieg – Technikgeschichte und informatikhistorische Aspekte*. Dissertation Technische Universität Chemnitz, Leipzig.

6) F. L. Bauer (2008), Erich Hüttenhain – Entzifferung 1939–1945, *Informatik Spektrum* 31, 249–261.

7) K. Schmeh (2009), Enigma's Contemporary Witness – Gisbert Hasenjaeger, in: *Cryptologia* 33, 343–346.

8) H. Scholz (1961), *Mathesis Universalis. Abhandlungen zur Philosophie als strenger Wissenschaft*. Hrsg. von H. Hermes, F. Kambartel, J. Ritter, Basel.

9) Vgl. K. Mainzer (2007), *Thinking in Complexity*, Kap. 7.

10) Beispiele für zahlreiche Untersuchungen zur Szenariotechnik sind F. Wilms (2006), *Szenariotechnik. Vom Umgang mit der Zukunft*, Bern; acatech (Hrsg.) (2012), *Technikzukünfte. Vorausdenken – Erstellen –Bewerten*, Berlin.

11) Eine Zusammenfassung liefert z. B. M. Häder (Hrsg.) (2002), *Delphi-Befragungen. Ein Arbeitsbuch*. Wiesbaden.

12) N. S. Kardashev (1964), Transmission of information by extraterrestrial civilizations, in: *Soviet Astronomy* 8 2, 217–221.

13) So deutet sie der amerikanische theoretische Physiker Michio Kaku in seinem Buch *Die Physik der Zukunft. Unser Leben in 100 Jahren* (Reinbeck 6. Aufl. 2013).

14) N. Eibisch (2011), Eine Maschine baut eine Maschine baut eine Maschine ..., in: *Kultur und Technik* 1, 48–51.

15) Vgl. auch I. S. Slovskij, C. Sagan (1966), *Intelligent Life in the Universe*, San Francisco.

16) B. L. van der Waerden (1966), *Erwachende Wissenschaft. Bd. 1: Ägyptische, babylonische und griechische Mathematik*, Basel, 2. Aufl.; K. Mainzer (1980), *Geschichte der Geometrie*, Kap. 1.2.

17) Abb. 48 auch K. Mainzer (2014), The Concept of Law in Natural, Technical, and Social Systems, in: *European Review (Academia Europaea/Cambridge University Press)* 2.

18) G. W. Myers, R. Casiado (2009), *Algorithms in Bioinformatics*. 5th International Workshop WABI, Berlin.

Kapitel 14

1) E. P. Wigner (1960): The unreasonable effectiveness of mathematics in the natural sciences, in: *Communications on Pure and Applied Mathematics* 13 1, 1–14.

2) Das wunderschöne Buch *Proofs from THE BOOK*, das von Martin Aigner und Günter M. Ziegler herausgegeben wurde (Berlin, 2. Aufl. 2001) beginnt mit diesem Beweisklassiker. Dieses Buch geht von der Annahme des Mathematikers Paul Erdös aus, dass es «DAS BUCH» gibt, in dem Gott die perfektesten Beweise gesammelt hat. Man müsse als Mathematiker nicht an Gott glauben, aber an DAS BUCH! Jedenfalls liefert das von Aigner und Ziegler herausgegebene Werk Musterstücke von Beweisen aus der Geschichte der Mathematik. Wer also wissen will, was Mathematik eigentlich ist, schaue in DAS BUCH!.

3) H.-D. Ebbinghaus, H. Hermes, F. Hirzebruch, M. Koecher, K. Mainzer, J. Neukirch, A. Prestel, R. Remmert, *Zahlen*, Berlin 3. Aufl. 1992.

4) K. Mainzer (1980), *Geschichte der Geometrie*.

5) Alexander Grothendieck (*1928) war ein genialer Mathematiker in der zweiten Hälfte des 20. Jahrhunderts, der eine eigene abstrakte Version der algebraischen Geometrie entwarf. In immer weiteren Abstraktionsschritten gelang es ihm, neue Methoden in die Mathematik einzuführen und offene Probleme zu lösen. Als ihm schließlich die Fields-Medaille verliehen werden sollte, lehnte er den Preis aus politischen Gründen ab und zog

sich 1970 aus der Mathematik zurück. Er widmete sich Philosophie, Meditation und Religion (W. Scharlau (2010), *Wer ist Alexander Grothendieck? Anarchie, Mathematik, Spiritualität, Einsamkeit. Eine Biographie. Teil 3: Spiritualität*, Norderstedt). Grothendieck betonte die abstrakte Seite der Mathematik, die in immer neuen Schritten der Verallgemeinerung Theorien und Gebiete zusammenfasst, um zu höheren Gesichtspunkten vorzustoßen – wie auf einer steilen Gebirgsersteigung in immer dünnerer Luft. Das geschieht allerdings nicht l'art pour l'art, sondern um neue Beweise und Theoreme finden zu können. Vgl. auch R. Hartshorne (1997), *Algebraic Geometry*, New York.

6) K. Mainzer (1988), *Symmetrien der Natur*.

7) W. Irwin (Hrsg.) (2002), *The Matrix and Philosophy. Welcome to the Desert of the Real*, Chicago; R. Meinhold (2009), Being in the Matrix: An Example of Cinematic Education in Philosophy, in: *Prajna Vihara. Journal of Philosophy and Religion* (Bangkok Assumption University) 10 1–2, 235–252.

8) In dem Zusammenhang wird das Konzept von Gödelmaschinen diskutiert. Inspiriert von Gödels Unvollständigkeitsbeweis handelt es sich um selbst-referentielle universelle Problemlösungssysteme, die sich selber optimieren, wenn ihre eigene Unvollständigkeit festgestellt wurde (vgl. dazu auch J. Schmidhuber (2009), Ultimate Cognition à la Gödel, in: *Cognitive Computation* 1(2), 177–193). Damit könnten digitale Modelle evolutionärer Prozesse modelliert werden.

9) I. Kant (1913), Kritik der Urteilskraft, in: *Kants Gesammelte Schriften* (Akademieausgabe) Band V, Königlich Preußische Akademie der Wissenschaften, (ab 1922): Berlin.

10) Platon (2004), Theaitetos, in: E. Loewenthal (Hrsg.), *Platon: Sämtliche Werke in drei Bänden*, Bd. 2, unveränderter Nachdruck der 8. durchgesehenen Auflage, Darmstadt.

Literaturverzeichnis

acatech (Hrsg.) (2011), *Cyber-Physical Systems. Innovationsmotor für Mobilität, Gesundheit, Energie und Produktion*, Springer: Berlin

acatech (Hrsg.) (2012), *Technikzukünfte. Vorausdenken – Erstellen – Bewerten*, Springer: Berlin

L. A. Adamic, E. Adar (2005), How to search a social network, in: *Social Networks* 3 27, 187–203

M. Aigner, G. M. Ziegler (2001), *Proofs from THE BOOK*, Springer: Berlin 2. Aufl.

K. Arnold, J. Gosling (1996), *Java™. Die Programmiersprache*, Addison-Wesley: Bonn 2. Aufl.

P. Artzner, F. Delbaen, J.-M. Eber, D. Heath (1999), Coherent measures of risk, in: *Mathematical Finance* 9(3), 203–228

J. Audretsch, K. Mainzer (Hrsg.) (1990), *Vom Anfang der Welt. Wissenschaft, Philosophie, Religion, Mythos*, C.H.Beck: München 2. Aufl.

J. Audretsch, K. Mainzer (Hrsg.) (1994), *Philosophie und Physik der Raum-Zeit*, BI-Wiss. Verlag: Mannheim 2. Aufl.

J. Audretsch, K. Mainzer (Hrsg.) (1996), *Wieviele Leben hat Schrödingers Katze? Zur Physik und Philosophie der Quantenmechanik.* Spektrum Akademischer Verlag: Heidelberg 2. Aufl.

H. Baars, H.-G. Kempe (2008), Management support with structured and unstructured data – an integrated business intelligence framework, in: *Information Systems Management* 25, 132–148

L. Bachelier (1900), Théorie de la spéculation. Dissertation, in: *Annales Scientifiques de l'École Normale Supérieure* 17, 21–86

J. Barrow-Green (1997), *Poincaré and the Three Body Problem*, American Mathematical Society: Providence, Rhode Island

F. L. Bauer (2008), Erich Hüttenhain – Entzifferung 1939–1945, *Informatik Spektrum* 31, 249–261

J. S. Bell (1964), On the Einstein-Podolsky-Rosen-Paradoxon, in: *Physics* 1, 195–200

E. Beltrami (1999), *What is Random? Chance and Order in Mathematics and Life*, Copernicus: New York

C. H. Bennett (1995), Logical Depth and Physical Complexity, in: R. Herken (Hrsg.), *The Universal Turing Machine. A Half-Century Survey*, Springer: Wien 1995, 207–235

M. Berger (2005), *Cinq siècles de Mathématiques en France*, ADPF Ministère des Affaires Étrangères: Paris

J. Bernstein (1974), Spontaneous symmetry breaking, gauge theories, the Higgs mechanism and all that, in: *Revise Reports of Modern Physics* 46, 7–48

BITKOM (Hrsg.) (2012), *Big Data im Praxiseinsatz – Szenarien, Beispiele, Effekte*, Berlin

F. Black, M. Scholes (1973), The pricing of options and corporate liabilities, in: *Journal of Political Economy* 81, 637–654

E. Börger (1985), *Berechenbarkeit, Komplexität, Logik*, Vieweg: Braunschweig

D. Bouwmeester, A. Ekert, A. Zeilinger (Hrsg.) (2000), *The Physics of Quantum information. Quantum Cryptography, Quantum Teleportation, Quantum Computation*, Springer: Berlin

M. Broy, R. Steinbrüggen (2004), *Modellbildung in der Informatik*, Springer: Berlin

A. W. Burks (Hrsg.) (1970), *Cellular Automata,* Univ. of Illinois Press: Urbana

G. J. Chaitin (1998), *The Limits of Mathematics*, Springer: Singapore

G. J. Chaitin (2001), *Exploring Randomness*, Springer: London

G. J. Chaitin (2002), *Conservations with a Mathematician. Math, Art, Science and the Limits of Reason*, Springer: London

G. J. Chaitin (2007), *Thinking about Gödel and Turing. Essays on Complexity 1970–2007*, World Scientific: Singapore

L. O. Chua (1971), Memristor – the missing circuit element, in: *IEEE Transactions on Circuit Theory* 18, 507–519

L. O. Chua, V. I. Sbitnev, S. Yoon (2006), A nonlinear dynamics perspective of Wolfram's new kind of science. Part VI: From time-reversible attractors to the arrow of time, in: *International Journal of Bifurcation and Chaos* (IJBC) 16 5, 1097–1373

C. von Clausewitz (1977), *Vom Kriege*, Bechtle Verlag: Esslingen 18. Aufl.

P. J. Cohen (2008), *Set Theory and the Continuum Hypothesis,* Benjamin: Reading MA 1966 (with a new Introduction by M. Davis, Dover Publications: Mineola NY 2008)

L. Corry (2004), *David Hilbert and the Axiomatization of Physics (1898–1918). From Grundlagen der Geometrie to Grundlagen der Physik*, Kluwer Academic Publisher: Dordrecht

C. Coulston Gillispie with the collaboration of R. Fox and I. Grattan-Guinness (2000), *Pierre-Simon Laplace, 1749–1827: A Life in Exact Science*, Princeton University Press: Princeton 2. Aufl.

H. Cramér (1969), Historical review of Filip Lundberg's works on risk theory, in: *Scandinavian Actuarial Journal*, 6–9

M. Davis (Hrsg.) (1965), *The Undecidable. Basic Papers on Undecidable Propositions, Unsolvable Problems, and Computable Functions*, Hewlett: New York

J. W. Dawson (2007), *Das logische Dilemma. Leben und Werk von Kurt Gödel*. Springer: Wien

K. Detlefsen, G. Scandolo (2005), Conditional and dynamic convex risk measures, in: *Finance Stoch.* 9 (4), 539–561

M. Detlefsen (1986), *Hilbert's Program*, Reidel/Kluwer Academic: Dordrecht

D. Deutsch (1985), Quantum theory, the Church-Turing principle and the universal quantum computer, in: *Proceedings of the Royal Society of London* A 400, 97–117

P. K. Dick (2003), *Minority Report. Stories*, Heyne: München

M. G. Doncel, A. Hermann, L. Michel, A. Pais (Hrsg.) (1987), *Symmetries in Physics 1600–1980*, Seminari d'Història de les Ciències Universitat Autònoma de Barcelona: Bellaterra (Barcelona)

H. G. Dosch (Hrsg.) (1985), *Teilchen, Felder und Symmetrien*, Spektrum der Wissenschaft: Heidelberg 2. Aufl.

D. Easley, J. Kleinberg (2010), *Networks, Crowds, and Markets. Reasoning about a Highly Connected World*, Cambridge University Press: Cambridge

H. D. Ebbinghaus, J. Flum, W. Thomas (1992), *Einführung in die mathematische Logik*, BI-Wiss. Verlag: Mannheim

H.-D. Ebbinghaus, H. Hermes, F. Hirzebruch, M. Koecher, K. Mainzer, J. Neukirch, A. Prestel, R. Remmert (1992), *Zahlen*, Springer: Berlin 3. Aufl.

P. Embrechts, C. Klüppelberg, T. Mikosch (2003), *Modeling Extremal Events for Insurance and Finance*. Springer: Berlin, 4. Aufl.

S. Feferman (1964), Systems of predicative analysis, in: *Journal of Symbolic Logic* 29, 1–30

S. Feferman (1968), Systems of predicative analysis II: Representations of ordinals, in: *Journal of Symbolic Logic* 53, 193–213

S. Feferman (2006), Turing's Thesis, in: *Notices of the American Mathematical Society* 53 10, 1200–1206

R. P. Feynman, R. P. Leighton, M. Sands (1966), *The Feynman Lectures on Physics*, Addison-Wesley: Reading Mass. 2. Aufl.

R. P. Feynman (1967), *The Character of Physical Law*, The M. I. T Press: Cambridge Mass.

R. Feynman (1982), Simulating physics with computers, in: *International Journal of Theoretical Physics* 21 6–7, 467–488

R. FitzHugh (1969), Mathematical models of excitation and propagation nerve, in: H. Schwan (Hrsg.), *Biological Engineering*, McGraw-Hill: New York, 1–85

H. Föllmer, A. Schied (2004), *Stochastic Finance. An Introduction into Discrete Time*, De Gruyter: Berlin 2. Aufl.

H. Förstl (2007), *Theory of Mind. Neurobiologie und Psychologie sozialen Verhaltens*, Springer: Berlin

E. Fredkin (1990), Digital Mechanics: An informational process based on reversible universal CA. *Physica* D, 254–270

W. Fucks (1965), *Formeln zur Macht. Prognosen über Völker, Wirtschaft, Potentiale*, Deutsche Verlags-Anstalt: Stuttgart 3. Aufl.

M. Gardner (1971), Mathematical games: On cellular automata, self-reproduction, the Garden of Eden, and the game «Life», in: *Scientific American* 224, 112–117

E. Geisberger, M. Broy (Hrsg.) (2012*)*, *>AgendaCPS< Integrierte Forschungsagenda Cyber-Physical Systems*. Acatech Studie, Springer: Berlin

M. Gell-Mann, J. Ne'eman (1964), *The Eightfold Way*, W. A. Benjamin Inc.: New York

G. Gentzen (1934), Untersuchungen über das logische Schließen I, in: *Mathematische Zeitschrift* 39 2, 176–210

G. Gentzen (1934), Untersuchungen über das logische Schließen II, in: *Mathematische Zeitschrift* 39 3, 405–431

G. Gentzen (1936), Die Widerspruchsfreiheit der reinen Zahlentheorie, in: *Mathematische Annalen* 112, 493–565

H. Georgi, S. L. Glashow (1974), Unity of all elementary-particle forces, in: *Phys. Rev. Lett.* 32, 438–441

A. Gierer, H. Meinhardt (1972), A theory of biological pattern formation, in: *Kybernetik* 12, 30–39

G. Gigerenzer, P. M. Todd, and the ABC Research Group (1999), *Simple Heuristics that make us smart*, Oxford University Press: Oxford

G. Gigerenzer, R. Selten (Hrsg.) (2002), *Bounded Rationality: The Adaptive Toolbox*, MIT Press Books: Cambridge Mass.

R. Giles, C. Thorn (1977), Lattice approach to string theory, in: *Phys. Rev.* D 16, 366

J. Ginsburg (2009), Detecting influenza epidemics using search engine query data, in: *Nature* 457, 1012–1014

K. Gödel (1931), Über formal unentscheidbare Sätze der Principia Mathematica und verwandter Systeme I, in: *Monatshefte für Mathematik und Physik* 38 1, 173–198

R. Goldstein (2006), *Kurt Gödel. Jahrhundertmathematiker und großer Entdecker*, Piper: München

M. J. Greenberg (2008), *Euclidean and non-Euclidean Geometries – Development and History*, Freeman: New York

I. Hacking (1975), *The Emergence of Probability. A Philosophical Study of Early Ideas about Probability, Induction and Statistical Inference*, Cambridge University Press: London, repr. 1999

M. Häder (Hrsg.) (2002), *Delphi-Befragungen. Ein Arbeitsbuch*, Westdt. Verlag: Wiesbaden

R. Hahn (2005), *Pierre Simon Laplace – 1749–1827. A Determined Scientist*, Harvard University Press: Cambridge Mass.

H. Haken (1990), *Synergetik. Eine Einführung. Nichtgleichgewichts-Phasenübergänge und Selbstorganisation in Physik, Chemie und Biologie*, Springer: Berlin 3. Aufl.

B. Halabi (1998), *Internet-Routing-Architekturen. Grundlagen, Design und Implementierung*, Carl Hanser Verlag: München

A. Halevy, P. Novik, F. Pereira (2009), The unreasonable effectiveness of data, in: *IEEE Intelligent Systems* March/April, 8–12

U. Hambuch (2008), *Erfolgsfaktor Metadatenmanagement: Die Relevanz des Metadatenmanagements für die Datenqualität bei Business Intelligence*, Vdm: Saarbrücken

U. Hansmann (2001), *Pervasive Computing Handbook*, Springer: Berlin

R. Hartshorne (1997), *Algebraic Geometry*, Springer: New York

H. Hasse (1950), *Vorlesungen über Zahlentheorie*, Springer: Berlin

H.-G. Hegering, S. Abeck (1995), *Integriertes Netz- und Systemmangement*, Addison-Wesley: Bonn

W. Heisenberg (1959), *Wandlungen in den Grundlagen der Naturwissenschaften*, S. Hirzel Verlag: Stuttgart 9. Aufl.

D. Helbing (2008), *Managing Complexity: Insights, Concepts, Applications*, Springer: Berlin

J. Henrich (2010), *Die Fixierung des modernen Wissenschaftsideals durch Laplace*, Akademie Verlag: Berlin

R. Herken (Hrsg.), *The Universal Turing Machine. A Half-Century Survey*, Springer: Wien 1995

H. Hermes (1963), *Einführung in die mathematische Logik*, Teubner Verlagsgesellschaft: Stuttgart

H. Hermes (1978), *Aufzählbarkeit, Entscheidbarkeit, Berechenbarkeit. Einführung in die Theorie der rekursiven Funktionen*, Springer: Berlin, 3. Aufl.

H. Hertz (1996), *Die Prinzipien der Mechanik in neuem Zusammenhange dargestellt. Drei Beiträge*, Ostwalds Klassiker der exakten Wissenschaft. Bd. 263, Verlag Harri Deutsch: Frankfurt a. M.

D. Hilbert (1900), Mathematische Probleme, in: *Nachrichten der Königlichen Gesellschaft der Wissenschaften zu Göttingen, mathematisch-physikalische Klasse.* Heft 3, 253–297

D. Hilbert (1918), Axiomatisches Denken, in: *Mathematische Annalen* 78, 405–415

D. Hilbert (1924), *Die Grundlagen der Physik*, Julius Springer: Berlin (revidierter Abdruck des ursprünglichen Artikels von 1915)

D. Hilbert (1962), *Grundlagen der Geometrie*, B. G. Teubner: Stuttgart 9. Aufl.

F. H. Hinsley, A. Stripp (1993), *Codebreakers – The Inside Story of Bletchley Park*, Oxford University Press: Reading, Berkshire

A. L. Hodgkin, A. F. Huxley (1952), A quantitative description of membrane current and its application to conduction and excitation in nerve, in: *J. Physiol.* 117, 500–544

D. Hume (1976), *Eine Untersuchung über den menschlichen Verstand*. Hg. u. übers. von H. Herring, Reclam: Stuttgart

W. Irwin (Hrsg.) (2002), *The Matrix and Philosophy. Welcome to the Desert of the Real*, Open Court: Chicago

C. Itzyson, J.-B. Zuber (1980), *Quantum Field Theory*, McGraw-Hill: New York

D. Kahn (1974), *The Code Breakers – The Story of Secret Writing*, Macmillan: Reissue

D. Kahneman, A. Tversky (Hrsg.) (2000), *Choices, Values, and Frames*, Cambridge University Press: Cambridge

M. Kaku (2013), *Die Physik der Zukunft. Unser Leben in 100 Jahren*, Rowohlt: Reinbeck 6. Aufl.

E. R. Kandel. J. H. Schwartz, T. M. Jessell (Hrsg.) (1996), *Neurowissenschaften*, Springer: Berlin

I. Kant (1913), Kritik der Urteilskraft, in: *Kants Gesammelte Schriften* (Akademieausgabe) Band V, Königlich Preußische Akademie der Wissenschaften, De Gruyter (ab 1922): Berlin

D. Kaplan, L. Glass (1995), *Understanding Nonlinear Dynamics*, Springer: New York

N. S. Kardashev (1964), Transmission of information by extraterrestrial civilizations, in: *Soviet Astronomy* 8 2, 217–221

J. Kari (1996), Representation of reversible cellular automata with block permutation, in: *Mathematical Systems Theory* 29 1, 47–61

D. Kehlmann (2005), *Die Vermessung der Welt*, Rowohlt: Reinbek bei Hamburg

S. C. Kleene (1974), *Introduction to Metamathematics*, North Holland: Amsterdam 7. Aufl.

F. Klein (2006), *Vorlesungen über nicht-euklidische Geometrie*, VDM Müller: Saarbrücken

A. N. Kolmogorov (1977), *Grundbegriffe der Wahrscheinlichkeitsrechnung*, Springer: Berlin 1933 (repr. 1977)

S. Krämer (1991), *Berechenbare Vernunft. Kalkül und Rationalismus im 17. Jahrhundert*, De Gruyter: Berlin

A. Kriete, R. Eils (Hrsg.) (2006), Computational Systems Biology, Elsevier: Amsterdam

C. G. Langton (Hrsg.) (1989), *Artificial Life*, Addison-Wesley: Redwood City

C. G. Langton (1990), Computation at the edge of chaos. Phase transitions and emergent computation, in: *Physica* D 42, 12–37

C. G. Langton (Hrsg.) (1991), *Artificial Life II*, Addison-Wesley: Redwood City

P.-S. Laplace (1814), *Essai Philosophique sur la Probabilité*, Paris (Deutsch: Philosophischer Versuch über die Wahrscheinlichkeit, Ostwalds Klassiker 233, Leipzig 1932, repr. Akadem. Verlagsgesellschaft: Leipzig 1986)

P. Lévy (1925), *Calcul des Probabilités*, Gauthier-Villars: Paris

P. Lorenzen (2000), *Lehrbuch der konstruktiven Wissenschaftstheorie*, B. I. Wissenschaftsverlag: Mannheim 1987, Metzler: Stuttgart 2. Aufl.

K. Mainzer, *Mathematischer Konstruktivismus*, Diss. Universität Münster 1973

K. Mainzer (1980), *Geschichte der Geometrie*, B. I. Wissenschaftsverlag: Mannheim

K. Mainzer (1988), *Symmetrien der Natur*, De Gruyter: Berlin

K. Mainzer (1994), *Computer – Neue Flügel des Geistes?*, De Gruyter: Berlin

K. Mainzer (1996), *Gehirn, Computer, Komplexität*, Springer: Berlin

K. Mainzer (1999), *Computernetze und virtuelle Realität. Leben in der Wissensgesellschaft*, Springer: Berlin

K. Mainzer (2003a), *KI – Künstliche Intelligenz. Grundlagen intelligenter Systeme*, Wissenschaftliche Buchgesellschaft: Darmstadt

K. Mainzer (2003b), *Computerphilosophie – Zur Einführung*, Junius Verlag: Hamburg

K. Mainzer (2004), Dynamical Systems, in: A. Scott (Hrsg.), *Encyclopedia of Nonlinear Science*, Fitzroy Dearborn: London, 240–241

K. Mainzer (2005a), *Symmetry and Complexity. The Spirit and Beauty of Nonlinear Science*, World Scientific: Singapore

K. Mainzer (2005b), *Zeit. Von der Urzeit zur Computerzeit*, C.H.Beck: München 5. Aufl.

K. Mainzer (2007a), *Thinking in Complexity. The Computational Dynamics of Matter, Mind, and Mankind*, Springer: Berlin 5. Aufl.

K. Mainzer (2007b), *Der kreative Zufall. Wie das Neue in die Welt kommt*, C.H.Beck: München

K. Mainzer (2008), *Komplexität*, UTB Profile: Paderborn

K. Mainzer (2010), *Leben als Maschine? Von der Systembiologie zur Robotik und Künstlichen Intelligenz*, Mentis: Paderborn

K. Mainzer, L. Chua (2011), *The Universe as Automaton. From Simplicity and Symmetry to Complexity*, Springer: Berlin

K. Mainzer (2012), Von der interdisziplinären zur integrativen Forschung, in: *Gegenworte. Berlin-Brandenburgische Akademie der Wissenschaften* 28, 26–30

K. Mainzer, L. Chua (2013), *Local Activity Principle*, Imperial College Press: London

K. Mainzer (2014a), The new role of mathematical risk modeling and its importance for society, in: C. Klüppelberg, D. Straub, I. M. Welpe (Hrsg.), *Risk – A Multidisciplinary Introduction*, Springer: Berlin

K. Mainzer (2014b), The concept of law in natural, technical, and social systems, in: *European Review (Academia Europaea/Cambridge University Press)* 2

H. M. Markowitz (1959), *Portfolio Selection: Efficient Diversification of Investments*, John Wiley & Sons Inc.: New York

V. Mayer-Schönberger (2010), Beyond privacy, beyond rights: towards a ‹systems› theory of information governance, in: *California Law Review* 98, 1854–1885

V. Mayer-Schönberger, K. Cukier (2013), *Big Data – A Revolution that will transform how we live, work and think*, John Murray: London

F. Mayinger (Hrsg.) (2001), *Mobility and Traffic in the 21st Century*, Springer: Berlin

A. McKenzie, I. Kashef, J. D. Tillinghast, V. E. Krebs, L. A. Diem, B. Metchock, T. Crisp, P. D. McElroy (2007), Transmission network analysis to complement routine tuberculosis contact investigations, in: *American Journal of Public Health* 97 3, 470–477

J. Mehra (Hrsg.) (1973), *The Physicist's Conception of Nature*, D. Reidel: Dordrecht

R. v. Mises (1919), Grundlagen der Wahrscheinlichkeitsrechnung, in: *Math. Z.* 5, 52–99

R. v. Mises (1936), *Wahrscheinlichkeit, Statistik und Wahrheit. Einführung in die neue Wahrscheinlichkeitslehre und ihre Anwendung.* Springer: Wien, 2. Aufl.

K. Morita, M. Harao (1989), Computation universality of one-dimensional reversible (injective) cellular automata, in: *Transactions of the IEICE* E 72, 758–762

J. Müller-Quade (2012), *Mitten ins geheim: Wie die Kryptographie mit geheimen Daten umgeht, ohne Geheimnisse preiszugeben*, Murmann Verlag: Hamburg

G. W. Myers, R. Casiado (2009), *Algorithms in Bioinformatics.* 5th International Workshop WABI, Springer: Berlin

T. Nipkow, L. C. Paulson, M. Wenzel (2002), *Isabelle/HOL. A Proof Assistant for Higher-Order Logic*, Springer: Heidelberg

Platon (2004), Theaitetos, in: *Platon: Sämtliche Werke in drei Bänden*, hg. von E. Loewenthal, Bd. 2, unveränderter Nachdruck der 8. durchgesehenen Auflage, Wissenschaftliche Buchgesellschaft: Darmstadt

H. Poincaré (1908), *Science et Méthode*, Paris (deutsch: *Wissenschaft und Methode*, Xenomoi-Verlag: Berlin 2003)

K. R. Popper (1959), *The Logic of Scientific Discovery*, Routledge: London

M. Pröse (2004), *Chiffriermaschinen und Entzifferungsgeräte im Zweiten Weltkrieg – Technikgeschichte und informatikhistorische Aspekte*. Dissertation Technische Universität Chemnitz, Leipzig

M. Quack (1986), On the measurement of parity violating energy difference between enantiomers, in: *Chemical Physics Letters* 132 2, 147–153

F. Riedel (2006), Dynamic convex risk measures: time consistency, robustness, and the variational representation of preferences, in: *Econometrica* 74, 1447–1498

P. Rosenzweig (2010), Robert S. McNamara and the Evolution of Modern Management, in: *Harvard Business Review* December, 87–93

B. Russell (1948), *Human Knowledge. Its Scope and Limits*, George Allen & Unwin Ltd.: London (Routledge Classics: London and New York 2009)

R. G. Sachs (1987), *The Physics of Time Reversal*, University of Chicago Press: Chicago

W. Scharlau (2010), *Wer ist Alexander Grothendieck? Anarchie, Mathematik, Spiritualität, Einsamkeit. Eine Biographie. Teil 3: Spiritualität*, Books on Demand GmbH: Norderstedt

S. Schloemer, N. Tomaschek (Hrsg.) (2010), *Leading in Complexity. New Ways of Management*, Carl-Auer Verlag: Heidelberg

K. Schmeh (2009), Enigma's Contemporary Witness – Gisbert Hasenjaeger, in: *Cryptologia* 33, 343–346

J. Schmidhuber (2002), Hierarchies of generalized Kolmogorov complexities and nonenumerable universal measures computable in the limit, in: *International Journal of Foundations of Computer Science* 13(4), 587–612

J. Schmidhuber (2009), Ultimate Cognition *à la* Gödel, in: *Cognitive Computation* 1(2), 177–193

E. Schmutzer (1972), *Symmetrien und Erhaltungssätze der Physik*, Akademie-Verlag: Berlin

I. Schneider (Hrsg.) (1988), *Die Entwicklung der Wahrscheinlichkeitstheorie von den Anfängen bis 1933*. Einführungen und Texte, Wissenschaftliche Buchgesellschaft: Darmstadt

H. Scholz (1961), *Mathesis Universalis. Abhandlungen zur Philosophie als strenger Wissenschaft*. Hrsg. von H. Hermes, F. Kambartel, J. Ritter, Benno Schwabe & Co: Basel

S. Schreibman, R. Siemens, J. Unsworth (2004), *A Companion to Digital Humanities*, Blackwell: Oxford

K. Schütte (1977), *Proof Theory*, Springer: Berlin

A. Scott (Hrsg.), *Encyclopedia of Nonlinear Science*, Fitzroy Dearborn: London

J. R. Shoenfield (1967), *Mathematical Logic*, Addison-Wesley: Reading (Mass.)

H. Simon (1957), *Administrative Behavior: A Study of Decision-making Processes in Administrative Organizations*, MacMillian: New York

S. Singh (2000), *Fermats letzter Satz. Die abenteuerliche Geschichte eines mathematischen Rätsels*, dtv: München

J. G. Slater (Ed.) (1986), *The Collected Papers of Bertrand Russell.* Vol 8: 1914–19, George Allen & Unwin: London, Boston

I. S. Slovskij, C. Sagan (1966), *Intelligent Life in the Universe*, Holden-Day: San Francisco

S. Smale (1974), A mathematical model of two cells via Turing's equation, in: *Lectures in Applied Mathematics.* Vol. 6 (American Mathematical Society) 15–26

R. Steinmetz (2000), *Multimedia-Technologie. Grundlagen, Komponenten und Systeme,* Springer: Berlin 3. Aufl.

N. N. Taleb (2007), *The Black Swan – The Impact of the Highly Improbable*, Random House: New York

A. S. Tanenbaum (1988), *Computer Networks*, Prentice Hall: Englewood Cliffs N. J. 2. Aufl.

M. Thaler (2012), Controversies around the Digital Humanities, in: *Historical Research* 37 3, 7–229

C. Thiel (1972), *Grundlagenkrise und Grundlagenstreit.* Studie über das normative Fundament der Wissenschaften am Beispiel von Mathematik und Sozialwissenschaft, Hain: Meisenheim am Glan

T. Toffoli (1977), Computation and construction universality of reversible cellular automata, in: *Journal of Computer and System Sciences* 15, 213–231

B. A. Toole (1992), *Ada, the Enchantress of Numbers*, Strawberry Press: Mill Valley, CA.

A. S. Troelstra, H. Schwichtenberg (2000), *Basic Proof Theory* (Cambridge Tracts in Theoretical Computer Science), Cambridge University Press: Cambridge 2. Aufl.

A. M. Turing (1937), On computable numbers, with an application to the Entscheidungsproblem, in: *Proc. London Math. Soc.* 2 42, 230–265, Korrektur dazu 43 1937, 544–546

A. M. Turing (1939), Systems of logic based on ordinals, in: *Proc. London Math. Soc.* 2, 161–228

A. M. Turing (1952), The Chemical Basis of Morphogenesis, in: *Philos. Trans. Roy. Soc. London*, Series B 237, 37–72

H. Ulbricht (2005), *Die Chiffriermaschine Enigma – Trügerische Sicherheit.* Ein Beitrag zur Geschichte der Nachrichtendienste. Dissertation Braunschweig

W. van Dam (1996), *Quantum Cellular Automata*. Master's thesis. Computing Science Institute. University of Nijmegen (The Netherlands)

B. L. van der Waerden (1966), *Erwachende Wissenschaft. Bd. 1: Ägyptische, babylonische und griechische Mathematik*, Birkhäuser-Verlag: Basel 2. Aufl.

M. Wagman (1996), *Human Intellect and Cognitive Science. Towards a General Unified Theory of Intelligence*, Praeger: Westport Conn.

Q. Wang (1991), The global solution of the n-body problem, in: *Celestial Mechanics and Dynamical Astronomy* 50, 73–88

W. Weidlich (2002), *Sociodynamics. A Systematic Approach to Mathematical Modelling in the Social Science*, Taylor & Francis: London

S. Weil (2010), *André und Simone – Die Familie Weil*, Leipziger Universitätsverlag: Leipzig

M. Weiser (1991), The computer for the 21st century, in: *Scientific American* 9, 66–75

J. Weizenbaum (1978), *Die Macht der Computer und die Ohnmacht der Vernunft*, Suhrkamp: Frankfurt

H. Weyl (1921), Über die neue Grundlagenkrise der Mathematik, in: *Mathematische Zeitschrift* 10, 39–79

H. Weyl, *Raum, Zeit, Materie. Vorlesungen über allgemeine Relativitätstheorie*, Berlin 1923, repr. Wissenschaftliche Buchgesellschaft: Darmstadt 1961

H. Weyl (1982), *Philosophie der Mathematik und Naturwissenschaft*, R. Oldenbourg: München 5. Aufl.

H. Weyl (1931), *Gruppentheorie und Quantenmechanik*, Hirzel: Leipzig

H. Weyl (1968), *Gesammelte Abhandlungen*. 4 Bde., Springer: Berlin

E. P. Wigner (1960), The unreasonable effectiveness of mathematics in the natural sciences, in: *Communications on Pure and Applied Mathematics* 13 1, 1–14

F. Wilms (2006), *Szenariotechnik. Vom Umgang mit der Zukunft*, Haupt Verlag: Bern

K. G. Wilson (1975), Renormalization Group Methods, in: *Advances in Mathematics* 16, 1–186

S. Wolfram (1986), *Theory and Applications of Cellular Automata*, World Scientific: Singapore

S. Wolfram (1994), *Cellular Automata and Complexity*, Addison-Wesley: Reading MA

S. Wolfram (2002), *A New Kind of Science*. Wolfram Media, Inc.: Champaign Il

S. Wolfram (2005), *The Mathematica Book*, Cambridge University Press: Cambridge 5. Aufl.

R. Wright (1989), *Three Scientists and Their Gods: Looking for Meaning in an Age of Information*, HarperCollins: New York

D. Wunsch (2007), *«Zwei wirkliche Kerle». Neues zur Entdeckung der Gravitationsgleichungen der Allgemeinen Relativitätstheorie durch David Hilbert und Albert Einstein*, Termessos verbesserte 2. Aufl.

H.-D. Zeh (2007), *The Physical Basis of the Direction of Time*, Springer: Berlin 5. Aufl.

W. Zurek (Hrsg.) (1989), *Complexity, Entropy, and the Physics of Information*, Addison-Wesley: Redwood City

K. Zuse (1969), *Rechnender Raum*, Friedrich Vieweg & Sohn: Braunschweig

Abbildungsnachweis

(Die abgekürzten Buchtitel beziehen sich auf das Literaturverzeichnis. Mit der Angabe «nach» sind veränderte Zeichnungen der Quelle markiert.)

Abb. 1 (S. 37): Platonische Körper als Weltformel [K. Mainzer (1980), *Geschichte der Geometrie*, 53] – **Abb. 2** (S. 41): Spontane Symmetriebrechung und Separation der Teilkräfte [nach J. Audretsch, K. Mainzer (1990), *Vom Anfang der Welt*, 98] – **Abb. 3** (S. 43): Veranschaulichung von Formeln durch Feynman-Diagramme – **Abb. 4** (S. 47): Symmetrien von Teilchenmultipletts [C. Itzyson, J.-B. Zuber (1980), *Quantum Field Theory*, New York, 513 ff.] – **Abb. 5** (S. 50): Berechnung der Beschleunigung – **Abb. 6** (S. 73): Schema einer Turingmaschine – **Abb. 7** (S. 98): Sich selbst reproduzierende zelluläre Automaten [C. G. Langton (Hrsg.) (1989), *Artificial Life*, Redwood City, 29 (Abb. 2)] – **Abb. 8** (S. 103): Komplexes Muster des zellulären Automaten 110 [nach K. Mainzer, L. Chua (2011), *The Universe as Automaton*, 23] – **Abb. 9** (S. 105): Wahrheitswert- bzw. Zustandstafel eines zellulären Automaten [K. Mainzer, L. Chua, *The Universe as Automaton*, Fig. 1 d), 18] – **Abb. 10** (S. 106): Würfelstruktur eines zellulären Automaten [K. Mainzer, L. Chua, *The Universe as Automaton*, Fig. 2 b), 23] – **Abb. 11** (S. 107): Beispiele des Komplexitätsindex κ = 1, 2, 3 mit parallelen Ebenen, die alle Ecken gleicher Farben separieren für Automat 232 (**a**), Automat 110 (**b**) und Automat 150 (**c**) [K. Mainzer, L. Chua, *The Universe as Automaton*, 26] – **Abb. 12** (S. 108): Symmetriegesetze zellulärer Automaten [K. Mainzer, L. Chua, *The Universe as Automaton*, Fig. 3, 36] – **Abb. 13** (S. 109) : Kleinsche Vierergruppe der Symmetrie [K. Mainzer, L. Chua, *The Universe as Automaton*, 40] – **Abb. 14** (S. 112): Test der Zeitsymmetrie in der Musterbildung von Automat 62 [K. Mainzer, L. Chua, *The Universe as Automaton*, 68] – **Abb. 15** (S. 113): Nachweis eines Zeitpfeils in der Musterbildung von Automat 62 [K. Mainzer,

L. Chua, *The Universe as Automaton*, 69] – **Abb. 16** (S. 115): Zelle als dynamisches System [K. Mainzer, L. Chua, *The Universe as Automaton*, 21] – **Abb. 17** (S. 129): Dynamik eines Oszillators (Masse an einer Feder) im Experimentalraum (a), als Zeitreihe von Messdaten (b) und im Zustandsraum (c) [D. Kaplan, L. Glass, *Understanding Nonlinear Dynamics*, Springer: New York 1995, 210–212] – **Abb. 18** (S. 131): Zwei- und Mehrkörperprobleme – **Abb. 19** (S. 134): Komplexitätsgrade von Zeitreihen und Attraktoren [K. Mainzer (2008), *Komplexität*, 48] – **Abb. 20** (S. 138): Turings Berechnung zellulärer Strukturbildung [K. Mainzer, L. Chua (2013), *Local Activity Principle*, Kap. 5.1 Fig. 1] – **Abb. 21** (S. 141): Einflusssphäre S_{ijk} der Zelle (i,j,k) am Gitterpunkt mit den Koordinaten i, j, k (= 1, 2, ...) [K. Mainzer, L. Chua, *Local Activity Principle*, Kap. 1.1 Fig. 1] – **Abb. 22** (S. 145): Vermessung des Parameterraums der Musterbildung (z. B. Brüsselator in der Chemie) [K. Mainzer, L. Chua, *Local Activity Principle*, Kap. 2.1 Fig. 2] – **Abb. 23** (S. 146): Computersimulation der Musterbildung (z. B. Brüsselator in der Chemie) [K. Mainzer, L. Chua, *Local Activity Principle*, Kap. 2.1 Fig. 4] – **Abb. 24** (S. 147): Musterbildung (cell assemblies) im Gehirn (PET-Aufnahmen) [nach K. Mainzer (1997), *Gehirn, Computer, Komplexität*, Springer: Berlin, 60] – **Abb. 25** (S. 149): Hodgkin-Huxley-Modell eines Axons [K. Mainzer, L. Chua, *Local Activity Principle*, Kap. 6.3 Fig. 44] – **Abb. 26** (S. 150): Hodgkin-Huxley-Modell einer Gehirnzelle [K. Mainzer, L. Chua, *Local Activity Principle*, Kap. 6.3 Fig. 49a] – **Abb. 27** (S. 153): Verschaltungsmodell für Bewusstseinsbildung [nach K. Mainzer (2007a), *Thinking in Complexity*, 158] – **Abb. 28** (S. 156): Von Daten und Information zu Wissen – **Abb. 29** (S. 157): Vom Wissen über Informations- zur Datenverarbeitung [nach M. Broy, R. Steinbrüggen (2004), *Modellbildung in der Informatik*] – **Abb. 30** (S. 167): Virtuelle Maschine eines Computers (a) und des World Wide Web (b) [nach K. Mainzer (1999), *Computernetze und virtuelle Realität*, 22, Abb. 3] – **Abb. 31** (S. 175): Komplexitätsgrade von Signalmustern [K. Mainzer (2007b), *Der kreative Zufall*, 85, Abb. 14] – **Abb. 32** (S. 177): Komplexes Proteinnetz in einer Zelle (E.Coli-Bakterium) [A. Kriete, R. Eils (Hrsg.) (2006), *Computational Systems Biology*, Amsterdam, 185, Fig. 9.10] – **Abb. 33** (S. 182) : Integrations- und Schichtenmodell eines Cyberphysical System [E. Geisberger, M. Broy (Hrsg.) (2012*), >AgendaCPS< Integrierte Forschungsagenda Cyber-Physical Systems*. Acatech Studie, Springer: Berlin, 161, Abb. 5.3] – **Abb. 34** (S. 183): Integrierte Modelle und Architekturen von komplexen soziotechnischen Systemen [E. Geisberger, M. Broy (Hrsg.) (2012*), >AgendaCPS< Integrierte Forschungsagenda Cyber-Physical Systems*. Acatech Studie, Springer: Berlin, 169, Abb. 5.5] – **Abb. 35** (S. 189): Die Gaußsche Glockenkurve und das Gesetz der großen Zahl [K. Mainzer, *Der kreative Zufall*, 38, Fig. 2] – **Abb. 36** (S. 196): Galton-Brett mit Bernoulli-Verteilung [K. Mainzer, *Der kreative Zufall*, 50, Fig. 4] – **Abb. 37** (S. 198):

Konvergenz von Wahrscheinlichkeitsverteilungen zur Gaußschen Glockenkurve [K. Mainzer, *Thinking in Complexity*, 204, Fig. 5.11] – **Abb. 38** (S. 200): Lundbergs Risikoprozess einer Versicherung [P. Embrechts, C. Klüppelberg, T. Mikosch (2003), *Modeling Extremal Events for Insurance and Finance*, 9] – **Abb. 39** (S. 204): Beispiele von geometrischen Brownschen Bewegungen [P. Embrechts, C. Klüppelberg, T. Mikosch, *Modeling Extremal Events for Insurance and Finance*] – **Abb. 40** (S. 206): Normalverteilung bei der Berechnung der VaR (Value at Risk) [Lord Turner (2009), *The Turner Review*. A regulatory response to the global banking crisis, 23] – **Abb. 41** (S. 207): Kurzzeitbeobachtungen verfehlen die Gesamtdynamik! [Lord Turner, *The Turner Review*. A regulatory response to the global banking crisis, 23] – **Abb. 42** (S. 222): Wertfunktion der neuen Erwartungstheorie (prospect theory) [nach D. Kahneman, A. Tversky (Hrsg.) (2000), *Choices, Values, and Frames*] – **Abb. 43** (S. 228): Muster- und Clusterbildung in einer sozialen Gruppe [D. Easley, J. Kleinberg (2010), *Networks, Crowds, and Markets*, 8] – **Abb. 44** (S. 229): Muster- und Clusterbildung durch E-Mail-Links [D. Easley, J. Kleinberg, *Networks, Crowds, and Markets*, 3] – **Abb. 45** (S. 231): Lokale Aktivität führt zu kaskadenhafter Ausbreitung eines Produkts oder einer Innovation. [D. Easley, J. Kleinberg, *Networks, Crowds, and Markets*, 14] – **Abb. 46** (S. 231): Lokale Aktivität führt zu kaskadenhafter Ausbreitung einer Epidemie. [D. Easley, J. Kleinberg, *Networks, Crowds, and Markets*, 15] – **Abb. 47** (S. 232): Datenexplosion und Big Data [nach BITKOM, *Big Data im Praxiseinsatz – Szenarien, Beispiele, Effekte*] – **Abb. 48** (S. 236): Soziale Netzwerke aufgrund von Metadaten [nach *Die Frankfurter Allgemeine Sonntagszeitung* im Wissenschaftsteil vom 4. August 2013 Nr. 11 (Seite 62)] – **Abb. 49** (S. 248): Freundschaftscluster in Facebook (WolframAlpha-Wissensmaschine) [Stephen Wolfram/Blog: *Data Science of the Facebook World* (24. April 2013)] – **Abb. 50** (S. 249): Clusterbildungen von verschiedenen Personen in Facebook (WolframAlpha-Wissensmaschine) [Stephen Wolfram/Blog: *Data Science of the Facebook World* (24. April 2013)] – **Abb. 51** (S. 250): Ländercluster in Facebook (WolframAlpha-Wissensmaschine) [Stephen Wolfram/Blog: *Data Science of the Facebook World* (24. April 2013)] – **Abb. 52** (S. 271): Mathematische Gesetze der Natur

Sachverzeichnis

Personenverzeichnis